이토록 완벽한 불균형

MORE: Life On The Edge of Adventure and Motherhood
Copyright © 2023 by Majka Burhardt
All rights reserved.
Korean translation rights arranged with Aevitas Creative Management, New York through Danny Hong Agency, Seoul.
Korean translation copyright © 2025 by Gilbut

이 책의 한국어판 저작권은 대니홍 에이전시를 통한 저작권사와의 독점 계약으로
㈜도서출판 길벗에 있습니다. 신저작권법에 의해 한국 내에서 보호를 받는 저작물이므로
무단전재와 복제를 금합니다.

모험하는 엄마라는
벼랑 끝의 삶에 대하여

이토록
완벽한 불균형

마이카 버하르트 지음
노지양 옮김

MORE
Life on the Edge of
Adventure and
Motherhood

길벗

추천의 글

고작 쌀알 하나 깊이만큼의 얼음을 뚫은 금속 톱니 네 개에 매달려 있는 아기 엄마의 모습. 너무나 불안하고 걱정되는 그림이겠지만 그런 생각은 접어주시기를. 우리 모두는 엄마이기 전에 한 사람이라는 것을 사람들은 흔히 잊곤 한다.

임신은 벼락같은 축복이자 끝없는 절벽으로 내몰리는 일. 그 과정에서 포기해야 할 일들에 대해 우리는 어떤 마음가짐이어야 하는지 알려주는 이가 많지 않았고, 늘 내게도 숙제인 부분이었다. 누구도 보상해주거나 알아주지 않는 듯한 과정 속에서 새로운 생명을 만날 수 있다는 설렘과 소중함은 나날이 커지는, 엄마들만이 느끼는 이 양가적인 마음을 알아줄 책이 여기 있다.

—김소영(방송인, 책발전소 대표)

세계 6대 마라톤 최연소 완주, 6박 7일 250km 몽골 고비사막 마라톤 완주, 철인 3종 완주…. 두 번의 출산으로 나 또한 모든 도전이 멀게만 느껴졌고, 세상에서 잊힌 기분이었다. 그러나 임신 중에도 출산 후에도 유아차를 밀며 달리기를 이어갔고, 덕분에 깨달았다. 나를 지켜낼 때 비로소 아이도 더 강하게 안아줄 수 있다는 것을. 내게 삶의 우선순위가 달라져도 내 안의 열망은 여전히 살아 있다는 사실을 상기시켜준 이 책이 당신에게도 든든한 동행이 되어주길 바란다.

—안정은(작가, 러닝전도사)

세 아이가 태어남과 동시에 내 이름 옆에 새로운 이름이 더해졌다. 무대가 아닌 곳, 엄마로 불리는 삶에는 그만한 행복과 충만함이 있었지만 발레리나로서 김리회가 없어진다면 나는 대체 누구일까 생각했다. 그리고 깨달았다. 어제의 나와 오늘의 나 사이에서 균형을 잃지 않기 위해서라도 엄마라는 이름 뒤에 마침표가 붙어서는 안 된다는 걸. "아이 낳고 정말 다시 춤출 수 있어요?" 더는 이런 질문이 필요 없는 미래로 나아가기 위해 오늘도 나만의 걸음을 뗀다. 이 책을 읽는 분들도 마침내 자기만의 균형을 찾아가길 응원한다.

—김리회(국립발레단 수석 무용수)

이 글을 읽는 분들에게

    이 책은 저의 이야기로, 다른 사람의 이야기가 자연스럽게 섞여 있습니다. 하지만 절대 완전하지는 않습니다. 어떻게 그럴 수 있을까요?
    회고록이란 한쪽 눈으로만 보는 외안경이 아닙니다. 게다가 이 책은 현재 시점에서 기억 속 과거를 회상하며 쓴 글이 아닙니다. 매일매일 순간순간에 실시간으로 남긴 기록을 그대로 가져와 엮은 글로, 당시 심경과 현실을 여과 없이 드러내고 있으며 이제 막 엄마가 된 사람이 성숙하고 변화하고 치유되는 과정을 있는 그대로 보여줍니다.
    저의 기록 중 일부는 다른 사람의 기억과는 다를 수 있습니다. 때로는 저와 그들이 받아들이고 싶어 하지 않을 정도로 다를 수도 있습니다. 하지만 이 모든 여정이 저를, 우리를 여기까지 데려다주었습니다.
    제 언니는 우리 모두는 같은 다이아몬드 위, 다른 단면에 산다고 말하는데 이 책은 우리가 사는 다이아몬드 중 저의 단면입니다.

마이카 버하르트

차례

추천의 글	04
이 글을 읽는 분들에게	07
2021. 4. 1.	12
2015. 11. 18.	16
2016. 6. 29.	68
2017. 7. 11.	194
2021. 4. 1.	420
후기	423
감사의 말	425

2021. 4. 1.

편지 ○ 네 살 반

2021. 4. 1.

이레나와 카즈에게.

엄마가 된다는 것은 내 인생에서 가장 외로운 일이었단다. 너희에게는 그게 아름답고 가슴 벅차고 만족감을 주는 일이라고 말해야겠지? 당연히 그럴 때도 있긴 해. 그런 감정들이 감싸올 때는 감사히 받아들이기만 하면 되지. 허나 정작 무릎이 푹 꺾여버리는 기분, 이 세상에 홀로 남겨진 것 같은 기분을 다시, 또다시 느끼고 그러면서도 나 스스로 몸을 일으켜야 하는 순간도 있어. 슬픔, 두려움, 불안함이 덮쳐 올 때지.

지난 5년 동안 내가 가장 원한 건 나의 엄마, 나를 일으켜줄 엄마였어. 지금의 우리 엄마, 그러니까 너희 외할머니인 푸치 할머니 말고. 그 엄마는 몬태나에 사시니 전화도 할 수 있고 비행기만 타면 만날 수 있지. 나는 갓난아이를 키우고 있을 때의 엄마를 보고 싶었단다. 불가능하다는 건 알았지만 간절히 원하는 건 어쩔 수 없잖니. 그 엄마를 붙잡고 묻고 싶었어. 엄마 나 어떻게 해야 해요? 이런 감정을 느껴도 되나요?

나의 엄마가 젊은 엄마였을 때로 되돌아가보고 싶었지만 그곳으로 가는 문을 찾을 수 없었다. 그래서 지금 너희한테 줄 수 있는 건 너희 엄마인 나밖에 없구나.

언젠가 너희도 사랑과 성장이라는 어마어마한 무게 아래, 너희의 일부가 계속 떨어져 나가야 네 자신이 되는 느낌을 받을지 몰라. 언젠가는 너희가 전혀 모르는 시절의 기억과 이야기가 필요할지도 모르고. 이 책은 그런 이야기야. 우리의 이야기지.

나의 아가들, 그날이 온다면 이 사실만 알고 있으렴. 너희는 혼자가 아니야. 너희는 단 한 번, 한순간도 혼자였던 적이 없어.

2015. 11. 18.

동영상 일기 ● 6주 5일
2015. 11. 18.

　나는 금속 톱니 네 개, 기껏해야 쌀알 하나 깊이만큼의 얼음을 뚫은 이 톱니 덕분에 이 세상에 매달려 있다.
　사실 내가 아니라 우리가 매달려 있지.
　나는 양손에 빙벽등반 도구를 들고 두 발에는 아이젠을 찼어. 나는 딱 너만 한 크기의 금속 도구를 이용해 이 세상에 닻을 내리고 있고 우리는 지금 이제 막 얼기 시작한 11월의 얼음 위에 함께 있어.
　얼음에 쌀알 하나 크기로 패인 자국의 상대적 압착력에 대해 이전까지는 생각해본 적이 없어. 내 배에 6주째 살고 있다는 네가 그것과 같은 크기라는 것을 알기 전까지는 그랬어.
　네게 제안을 하나 할게. 너는 내 배에 그대로 있는 거야. 그리고 잘 크기만 해. 등반은 엄마가 다 할게. 지금까지는 얼음 암벽의 꽁꽁 얼어붙은 틈새에 서서 등반 장비로 위장한 무기를 휘두르며 200피트까지 올라와 있는 게 매우 정상적인 일로 보여. 이건 나의 스포츠야. 빙벽등반을 할 때 나는 나로서 온전하다고 느껴.

오늘은 네 아빠와 같이 오르는 중인데 내 몸에 밀입국한 너와 함께 등반을 하며 장비를 다루는 게 어떤 느낌인지 시험하는 중이야. 한편 네 아빠는 지난 6주 동안 몸에 아무 변화가 없었지.

비밀 하나 알려줄까? 이건 네 첫 번째 빙벽등반이 아니란다. 한 달 전 너를 데리고 캐넌 클리프 블랙 다이크(미국 뉴햄프셔주 프란코니아에 있는 절벽으로, 암벽등반과 빙벽등반으로 유명하다_편집자)에 다녀왔어. 그때는 네가 있는지 몰랐거든. 그날 차가운 공기 속에서 얼음 덩굴을 오르는 기분은 참으로 근사했지.

오늘은 바지가 왠지 더 꼭 끼는 것 같고 네 아빠에게 리드를 하라고 했어. 기분이 좋진 않아. 적어도 내 입장에서는 그래. 네 아빠의 꿈이 이뤄진 것만 같아. 우리는 8년 동안 함께 등반을 하면서 누가 리드를 했는지 표를 만들면서도 누가 더 그 횟수가 많은지는 따지지 않는 척했단다. 혹시 아빠가 미래 언젠가 내가 임신 중에 포기한 것들을 다시 가질 수 있는 제안을 해주지 않을까?

아무래도 아닐 것 같지.

나는 이제까지 살아오면서 무엇이건 더 큰 일, 더 힘든 일을 하기 위해 나를 밀어붙였어. 아마도 더 어려운 일을 성취하는 게 더 가치 있는 일이라고 생각한 것 같아.

너를 품고 가기 위해 벌써부터 한발 뒤쳐지고 있다고 느끼는데 과연 이게 자랑스러워해야 할 일인지 두려워해야 할 일인지 아직은 모르겠구나.

노트패드 ○ 8주 4일

2015. 12. 1.

너는 둘이래.

음성 일기 ○ 9주

2015. 12. 4.

 오전 10시 59분이다. 40도에 맑은 날이고 나는 차를 몰고 메인주 포틀랜드로 가고 있어. 내 담당 물리치료사와 트레이너를 만나 너희를 성장시키면서도 내 체력과 정신력을 유지하는 법에 관한 조언을 들으려고 해. 지금 핸들 위에 두 손을 올려놓고 있어. 너희 둘처럼. 지금 내 배 안에서 너희 손 두 쌍이 자라고 있을까? 너희에게 편지를 쓰고 있다고 말하고 싶지만 편지라기엔 말이 많을 텐데 엄마는 언제나 수다쟁이였다는 사실도 미리 고백할게.

 내 차 앞에서 한 남자가 건널목을 건너고 있는데 한 살짜리 아기를 어깨에 척 올리고 걷고 있더라. 아마 아빠와 그의 아이겠지? 전에는 이런 모습을 보고 기분이 좋을 땐 귀엽다고, 나쁠 땐 내 갈 길을 막는다고 생각했겠지. 그런데 오늘은 어땠을까? 질투가 났단다. 몸이 부들부들 떨릴 정도로 부러웠어. 나는 우리 아이들, 그러니까 너희를 절대 저렇게 안고 다닐 수 없겠지 싶어서. 너희는 둘이잖니. 난 어떻게 해야 할까? 하나는 등에 업고 하나는 앞으로 안고 다녀야 하나. 아니면 하나는 어깨 위에 올리고 하나는 팔에 안아야 하나.

 이 엄마에게는 계획이 있었단 걸 알아두렴. 그리고 언제나 어떤 사람이 계획이 있다고 말하면 그다음에 나올 말을 조심해야 한다는 것도 알아두고.

그 계획이란 너희 아빠와 내가 아이를 갖기 위해 노력해보는 거였어. 내가 마음을 먹은 건 딱 그 정도뿐이었고 너희 아빠에게도 딱 그만큼의 결단력이 생기길 바랐지. 시도가 성공하고 그 계획대로 된다면 우리에게 아이 하나가 생기겠지. 더도 말고 하나. 그 정도라면 엄마가 되는 내 모습이 상상 가능했지. 우리가 한 아이를 키운다는 전제 아래에서는 비교적 편안한 딩크 부부 생활을 자연스럽게 정리하고 다음 단계로 넘어갈 수 있겠다 싶었어. 하나는 괜찮지 않을까? 여행을 할 수 있는 아이, 독립적인 아이, 우리가 어디나 데리고 다닐 수 있는 아이. 우린 충분히 할 수 있어. 그렇게 생각했더랬어.

그 계획 속에서는 피터와 내가 앞으로 쭉쭉 뻗어가고 있어. 여전히 내 커리어가 있고 프로 운동선수로 살아가고 그리고 또 그리고.

내 인생은 대체로 그리고와 그리고의 연속이었어. 마음만 먹으면 뭐든지 할 수 있다는 걸 보고 자랐지. 우리 부모님이 그러셨으니까. 두 분은 뭐든지 하실 수 있었을 거야. 이혼하셨고 엄마 아빠 모두 풀타임 시터를 고용할 능력이 됐으니까.

지금 당장은 너희가 알았으면 좋겠구나. 엄마는 모든 걸 원해. 전문 등반가가 되고 싶고, 국제 환경보호 단체를 이끌면서 항상 글을 쓰고 싶고, 좋은 파트너가 되고, 그러면서 엄마가 되고 싶어. 너희 둘의 엄마, 쌍둥이 엄마가 되고 싶다.

***

지금은 운전을 하고 있지 않아. 엉엉 울면서는 운전을 할 수가 없거든. 갓길로 빠져서 포장도로와 먼지 풀풀 나는 길 사이에 차를 아무렇게나 세워놨어.

쌍둥이라니. 나는 어깨가 들썩이도록 울고 있어.

'케냐행 티켓 끊었어!' 핸드폰에 이런 메시지가 와 있네. 내 등반 파트너 케이트의 문자야. 나는 더 크게 울었어.

'좋겠다!' 아이폰 문자에 점이 사라지자 나도 바로 답장했지.

'다음에는 같이 가야지.' 친구가 또 답을 보냈어.

나는 지금 울면서 웃고 있다. 너희 둘이 있는데 내 계획이 어떻게 가능할까? 내 인생에 관해 아는 게 이렇게 없는데 어떻게 계획이라는 걸 세울 수 있을까?

네가 한 명이 아니라 둘이라는 걸 알게 된 순간에도 울다 웃다 했었지.

"그렇게 됐네." 그 소식을 듣고 너희 아빠에게 말했어.

"그렇게 됐네." 나는 텅 빈 차 안에서 우리 모두에게 말하고 있어. 체리 크기 수정체인 너희와 너희 아빠와 나 모두에게.

음성 일기 ○ 9주

2015. 12. 4. (이후)

아직 포틀랜드로 가는 차 안이야.

우리 200퍼센트로 가자. 그게 내 새로운 계획이야. 이 200프로의 개념은 작년 레가도Legado 론칭 준비를 위해 아프리카 모잠비크에 두 번째 방문했을 때 탄생했다고 할 수 있어. 레가도는 내가 론칭하기 위해 노력하고 있는 혁신적인 국제 환경보호 단체란다. 모잠비크의 구루라는 작은 마을, 새벽 2시였고 나는 5개 언어로 말하는 팀원 18명과 함께 있었고 우리 옆에는 등반 로프 700피트, 클라이밍 보호 장치 200여 개, 에틸알코올 방부제 2갤런, 망원경 세 개, 텐트 열 개, 참치 캔 62개 그리고 7,940피트 나물리산에서 22마일 떨어진 지점인 2,000피트 화강암 벽 바닥에 연결된 후크 하나가 있었어. 나물리산은 우리가 앞으로 한 달 동안 살게 될 장소기도 했지. "우리는 200프로로 갑시다." 나는 모든 사람에게 말했어. 계속 그렇게 하자고 요구했고 한 달 동안 정말 200프로로 노력했단다.

이게 바로 그때까지 내가 살아온 세상이야. 가능한 모든 순간, 레가도를 위해 달려왔다. 하지만 레가도와 너희가 서로 밀접하게 연결됐을 거라고는 생각 못했겠지? 내 부제병(foot rot, 발가락 염증)에 대해서도 당연히 모르겠지만.

***

5개월 전, 레가도 때문에 세 차례나 아프리카 여행을 한 후 프랑스에 등반을 하러 갔어. 서른여덟 살이 됐고 그제야 아기 갖는 걸 조금씩 고민하기 시작했지. 하지만 말라리아 예방약과 너희 아빠를 자주 보지 못하는 상황으로 자연 피임을 하고 있었어. 그러다 6개월 만에 프랑스에서 너희 아빠와 만나 둘만의 시간을 가진 거야. 하지만 샤모니산 근처 발레 블랑쉬 빙하 정상 부근의 완벽한 화강암 틈에 내 손과 발을 끼워 넣은 지 한 시간 만에 생각했어. 난 아기를 원하지 않아. 난 등반을 더 하고 싶어.

너희 아빠에게 난 준비가 되지 않았다고 말했고 내 나이를 고려했을 때 그 말은 곧 아기를 갖지 않겠다는 뜻이나 마찬가지였어.

그런데 2주 후 내 오른쪽 새끼발가락과 네 번째 발가락 사이에 구멍이 났다. 이 구멍은 뼈까지 닿을 정도로 깊었고 그 사이로 미지근

하고 냄새나는 고름이 줄줄 흘러 나왔지. 그저 등산화와 내 발가락들이 서로에게 쓸리는 단순한 행위 때문에 이 사태가 벌어진 거야. 섹시한 구석이나 근사한 면은 어디에도 없어. 그냥 발에 난 염증일 뿐이야. 발이 나을 때까지 등반은 물 건너가버렸지. 그러다 비가 오기 시작했어. 폭우로 샤모니의 손바닥만 한 아파트에 갇혀버렸고 그때 뉴햄프셔에 사는 친구가 전화로 둘째가 생겼다는 소식을 전해줬어. 그 말을 듣고 순간 바닥에 쭈그리고 앉아 울고 말았지. *내 계산이 틀렸으면 어떡하지?* 그렇게 생각한 것 같아.

발에 난 염증 하나 때문에 계획이 이렇게 틀어져버리는데, 과연 암벽등반이 아기를 포기할 정도로 가치 있을까? 이 부제병은 엄마가 되는 것과 어떤 관련이 있을까? 아니 이 두 가지를 같은 선상에 놓고 말하는 게 맞을까?

그날 밤 너희 아빠에게 아기를 갖고 싶다고 말했어. 진심이었어. 200프로. 알고 보니 그동안 내내 여기로 오려고 그랬나 보다.

***

우리는 너희를 만들려고 노력하기 시작했지만 바로 성공하진 못했어. 생리를 시작하면 울었고 내 눈물은 점점 커지는 임신에 대한 갈망을 반영하는 그래프의 데이터로 해석했지. 하지만 지금 와서 돌아보면 단순히 호르몬 때문 아니었나 싶기도 해.

우리는 다시 시도했고 나는 마음을 편안하게 먹기로 했어. 이번이 아기를 가질 수 있는 단 한 번의 기회라 여긴다면 우리는 병원에 갈 거고 내 자궁 모양이 적절한지, 내 나팔관이 정상적으로 기능하는지 확인해보기로 했지. 온갖 종류의 산전 검사를 다 받을 준비가 돼 있었어. 꼭 필요해서가 아니라 확신을 갖고 싶었거든. (그때 이미) 서른아홉이라서 최상의 조건에서 시도하고 싶었어.

　마음은 편하게 먹으려고 했지만 너희가 내 자궁에 쉽게 나타날 거라고 믿진 않았어. 그래서 등반할 때도 오르막에서 피곤하면 바로 속도를 늦췄어. 그래도 캐넌 마운틴에 얼음이 생겼을 때 친구 알렉사와 블랙 다이크에서 시즌 첫 빙벽등반을 했지. 모든 피치pitch(로프 한 번에 등반할 수 있는 거리로 대략 30에서 60미터_옮긴이)마다 내가 리드를 했고 장비와 아이젠을 빙벽에 위치시키면서 내 겨울의 몸이 살아 돌아오는 것을 느꼈어.

　탭, 스윙, 킥, 탭, 킥, 킥.

　이건 내 음악이야.

　다음 날에는 다시 마음을 편안하게 먹고, 등반은 하지 않고 새로운 픽과 아이젠을 주문하고 빙벽등반 장비는 다음 겨울 시즌을 위해 정리하기로 했어.

　나는 뭐든 할 준비가 돼 있었지.

　그러다 산부인과 병원 예약을 하려고 한 날이자 그 달 생리 예정일에 뭐가 나와도 상관없다는 심정으로 임신 테스트를 해보기로 했어. 내가 막대에 소변을 보고 있을 때 너희 아빠는 소파에서 낮잠을 자고 있었지. 희미한 줄이 생겼는데 긴가민가했지만 아빠를 깨워야 할 정도로 중요해 보이긴 했어.

　"나 어쩌면 임신인가 봐."

　"'어쩌면' 임신이라는 것도 있어?" 너희 아빠가 물었어.

　다른 테스트기도 시도해봤지. 희미한 줄이 또 생겼어. 구글로 찾아봤어. 인터넷의 의견은 하나같더라. 가짜 양성 반응은 없고 희미한 선도 선이라고. 나는 임신이었어.

　그날 밤 잠을 이루지 못했어. 우리가 정말 이 일을 하긴 하는구나.

계속 속으로 되뇌었지. 그런데 밤늦도록 뒤척이던 어느 순간 이 문장에서 '우리'가 사라졌다. *내가 이걸 하는구나.* 달빛이 환하게 들어오던 그날 밤, 나는 깨어 있고 너희 아빠는 세상 아무 근심 없는 사람처럼 쿨쿨 자고 있었지. 애초에 아기를 갖는 문제에서 내가 우리를 이쪽으로 끌고 왔으니 이 꿈을 미래까지 끌고 가야 할 사람도 나여야 한다는 생각뿐이었어.

임신 확인 후 첫째 주는 매일매일, 너희를 다시 돌려보내야 하는 건 아닐까 하며 반나절 정도를 보냈다. 그렇다고 구체적으로 임신 중단을 고려한 건 아니지만 마음속 깊은 곳에서 아기 하나를 키우는 건 (그때는 내가 둘을 키우게 될지 몰라서) 내가 정말 하고 싶은 일이 아니라는 생각이 자꾸 들었어. 그렇게 첫 주가 둘째 주가 되고 셋째 주와 넷째 주가 됐지. 그 임신 초기 주수에 내 마음속에는 같은 생각이 계속 오갔어. 행복해. 흥분돼. 이제 시작이야. 난 할 수 있어. 그런데 만약 혹시, 우리가 돌이킬 수 없는 실수를 저지른 거라면?

임신이라는 실수. 아이가 없이도 충분히 번민 가득하고 불완전하고 여러 면에서 영원과는 거리가 먼 결혼이란 형태 안에서 또 다른 형태의 영원한 존재를 만들기로 한 실수.

사실은 아이가 있는 사람 중 행복한 결혼 생활을 하는 사람을 한 명도 못 본 것만 같아. 내가 아는 부모들의 부부 관계는… 한마디로 엉망이야. 이런 말을 함부로 내뱉어선 안 된다는 걸 알아. 사실 글로 남겨서도 안 되는 생각일지 몰라. 본보기가 될 만한 가족을 찾고 싶은데 적어도 내가 아는 가족 중에는 *내가 원하는 가정을 가진* 사람은 없어.

하지만 나는 아무것도 모르는 바보 멍청이인걸. 나도 알아. 지금도 무슨 말을 하고 있는지 모르겠구나. 부모이자 부부라는, 물살이 사납게 흐르는 커다란 강 바깥에 서 있을 뿐이면서.

너희 아빠에게 우리에게는 새로운 모델이 필요하다고 말했더니 아직 미니밴을 살 준비는 안 된 것 같다고 하네. 나는 자동차 모델이 아니라 결혼 모델이라고 말했어.

음성 일기 ○ 9주
2015. 12. 4. (이후)

도로 갓길에 차를 세워놓고 못난이처럼 엉엉 울고 있어. 너희 아빠가 문자로 출발 날짜가 바뀌었다고 알려왔거든. 친구 베른트와 남미 끄트머리에 있는 알파인 클라이밍의 성지 파타고니아에 가기로 한 여행 날짜지.

'생각보다 날짜가 앞당겨질 것 같아 다음 주에 가기로 했어. 지지해줘서 고마워!' 이 문자에서 신경을 꺼버려야 해. 아니면 남편을 바꾸고 친구도 바꾸거나.

너희 아빠의 직업은 국제 공인 산악 가이드로, 1년의 반 정도는 미군 특수 부대에서 로프 인명 구조 작업과 산악 지대 생활 훈련 강사로 일하고 1년의 반은 일반인에게 등반에 관한 모든 것을 가르치는 일을 해. 집 근처에서도 하고 전 세계로 출장 다니며 등반을 꿈꿔온 사람들을 지도하지. 남은 시간엔 뭐할까? 맞춰보렴. 취미 등반을 해. 이제 너희도 곧 아빠의 남은 시간을 차지하게 되고 우리의 모든 시간의 일부가 되겠지. 바로 지금도 너희는 이미 내 모든 시간을 차지하고 있어. 하지만 너희 아빠는… 아직은 아냐.

엄마도 이번 겨울 파타고니아 등반을 가려고 했던 거 아니? 황금빛 화강암, 푸른색 얼음, 이 세상에서 가장 완벽하게 삐쭉삐쭉한 알파인 스카인 라인. 임신 테스트기에서 희미한 파란 선을 본 후에도 솔직히 임신 중에도 알파인 등반을 할 수 있을 줄 알았어. 말썽이 하나 생겼다면 항상 피곤하고 속이 느글거린다는 거였고 3일간의 등반은 고사하고 1일 등반, 아니 등반 장소까지 여덟 시간 걸어가는 산행도 상상하기 어렵게 되고 말았지.

3주 전 너희 아빠는 파타고니아에 혼자 가기로 했고 나도 찬성이라고 말했어. 공정하게 말해서 그가 혼자 가기로 한 결정은 둘이 같이 했지만 (나의 결정이 수동적이라면) 그의 결정은 보다 주도적이지. 그래서 나도 아프리카 여행에서 모은 마일리지를 써서 멕시코행 티켓을 예약했어.

그러고 무려 3일을 혼자 파타고니아를 가라는 내 제안을 덥석 받아들인 너희 아빠를 미워하면서, 나는 안 가도 괜찮다는 말이 진심인 줄 알고 있는 너희 아빠에게 속으로는 열심히 화를 내면서 보냈다.

내 말은 진심이 아니었거든. 진심이 뭐였는지 나도 모르겠어.

***

임신 중기까지도 주변 사람에게 임신 사실을 비밀에 부치는 사람이 있지. 나는 5주 차에 클라이밍 장비 스폰서들에게 말했어. 물론 그때는 내가 너희 중 한 명만 이야기한 것 같아.

밴프(캐나다 앨버타주의 도시로, 로키산맥에 위치한 밴프 국립공원은 뛰어난 자연경관으로 유명하다. 밴프 산악영화제는 1976년 개최된 이래 국제 산악영화제 중 최고 권위를 자랑하는 밴프의 대표 축제이다_편집자) 산악영화제만 오면 왜 이렇게 일찍 눈이 떠지는지 모르겠어. 올해도 다르지 않았지만 이번 4시 기상은 시차가 아니라 입덧 때문이었어. 새벽 4시 15분, 영화제 첫날, 어둑어둑한 새벽, 나는 무상으로 제공된 호텔 방을 나와 이미 밴프 운동 센터로 가고 있었어.

로잉머신, 스쾃, 복근 운동, 스파이더맨 푸시업. 완료, 완료, 완료. 다음으로 풀업을 하려고 밴드에 발을 걸치고 점프를 했어. 하지만 손에서 바를 놓쳤고 나는 밴드 때문에 튕겨져 나와 검은색 플로어 매트에 벌러덩 나뒹굴었지. 눈물이 왈칵 나오더라. 처음에는 놀라서, 두 번째는 아파서, 세 번째는 임신 중에 극대화된다는 감정 분출 드라마 때문에.

내가 서둘러 체육관을 나설 때 친구이자 가끔 같이 등반을 하는 사라 후에니켄이 막 문을 열고 들어오고 있었지. "나 임신했어." 인사 대신 이 말을 했어.

그날 오후 내 첫 장비 스폰서에게 말했고 역시 아이를 키우는 아빠인 운동선수 매니저를 떠보며 반응을 봤어.

"이제 임신 5주라고요?"

"네. 이른 거 알지만 이번 겨울에 왜 파타고니아를 못 가는지 미리 말씀드려야 할 것 같아서요…."

그 회사 카탈로그와 마케팅 자료를 위해 빙벽등반을 하는 내 사진을 많이 보냈는데 이번에는 그렇게 하지 못할 것 같다는 이야기까진 차마 할 수 없었어. 그때만 해도 내가 빙벽 시즌에 등반이 가능할 거라 생각했거든.

배가 부르진 않았으니 아직 너희가 공식적인 데뷔를 하진 못했어. 하지만 며칠 후 밴프에서 나와 토미 캘드웰, 소니 트로터를 포함해 등반가 다섯 명이 패널로 앉아 영화제 40주년을 기념하는 행사가 있었는데 그날 사람들 앞에서 임신을 발표할 뻔했어. 사회자인 에드 더글라스가 아이가 있는 아빠인 둘에게 부모이자 등반가로 사는 건 어떠냐고 물었지. 토미와 소니는 전문적으로 등반을 하면서도 가족과 전 세계를 여행할 수 있어 만족한다고 이야기했고.

사회자인 에드는 그들에게 새 시대를 열었다고, 클라이머 아기가 태어나 가족과 함께 모험과 방랑의 삶을 산다니 얼마나 근사하냐고 했지. 들으면서 헛소리라고 생각했어. 토미나 소니도 아내 직업이 전문 등반인은 아니잖아. 만약 아내도 산악인이라면 그 생활이 가능할까? 묻고 싶었지. 사라도 패널에 포함돼 있었지만 우리 둘 다 이 대화에서 아직까진 부모로 취급되지 않았어.

점점 불러오는 배가 검은색 스타킹과 빨간색 드레스를 압박했고 나는 관중 200명에게 이 옷이 왜 이렇게 불편하고 이 논의가 얼마나 불편한지 말을 해버릴까 말까 했지. 하지만 너희를 비밀로 남기고 적당한 때가 오면 입을 열겠다고 생각하며 참았다.

그게 3주 전이야. 3일 전 나는 초음파 검사용 침대에 누워 있었고, 너희 아빠는 내 옆에 있었고, 마벨이라는 초음파 기사가 내 배를 스캔하고 있었어. 1분도 채 지나지 않아 마벨은 기구 사용을 멈추더니 컴퓨터에서 눈을 떼고 나를 똑바로 바라봤어.

"근래에 뭐 다른 특별한 건 못 느끼셨나요?"

나는 알았지.

"혹시 쌍둥이인가요?"

"그렇게 보이는데요."

사실은 내 입에서 나온 말이 이 말이 아니라고 말하고 싶다. 하지만 이미 솔직하기로 약속했으니 솔직하게 말할게. "농담 아니죠?" 난 이렇게 물었어.

"이런 일에 농담하고 그러면 안 되죠." 마벨이 말했어.

너희 아빠 손을 꼭 잡고 웃기 시작했어. 사실 눈물을 흘리고 있었다는 건 너희 아빠가 손으로 내 볼을 닦을 때야 알았다. "여보…." 아빠는 입을 겨우 열었어.

"긍정적으로 보자." 내가 아빠의 말을 막았지. "좋은 것만 생각하자."

그날 이후 3일 동안 잠을 못 잤어. 쌍둥이 유모차와 동시 수유를 검색했지. "우린 할 수 있어." 너희 아빠를 볼 때마다 말했단다. 하지만 곧 너희 아빠는 파타고니아에 가고 나는 나 혼자에게만 그 말을 하게 되겠지.

음성 일기 ◐ 9주 1일
2015. 12. 5.

아발론산은 3,442피트 높이로, 화이트 마운틴에 있는 우리 집에서 45분이 걸리고 동쪽으로 잘 닦인 등산로로 가면 정상까지 왕복 3.5마일밖에 안 돼. 고작 3.5마일이라니까.

너희 아빠에게 바로 그 말을 하고 있었어. 아직 등산 바지를 그대로 입고 윗옷은 첫 단추만 대충 풀어놓고서 너희 아빠 무릎에 얼굴을 묻고 훌쩍거리며.

"당신 아무래도 등산은 줄이고 낮잠을 늘리는 게 좋겠어." 내 머리카락을 조심스럽게 쓰다듬으며 아빠가 말했지.

그래서 오후 2시 10분인 지금 파자마를 입고 안대를 하고 우리 반려견 타미건을 내 옆 이불 밑에 쏙 들어가게 한 다음 너희에게 음성 일기를 남기는 거야.

오늘 등산을 시작하면서 이번 겨울에 오르고 싶은 산의 목록을 만들었어. 숙련된 기술이 필요 없는 일반 등산 코스라 여행하기도 쉬웠고 등산 파트너 앤과 나는 눈을 뚫고 꽤 높이 올라갔거든.

"키어사지산도 가고 크로포드도 가고 볼드페이스도. 가봤던 곳도 새로운 곳도 다 가봐야지." 앤에게 말했어.

"한 번에 하나씩 하자, 호랑이." 앤은 그다지 열성적이진 않게 대답했지.

18개월 전 앤과 나는 터키에서 12일 동안 낮에는 석회암 암벽을 등반하고 밤에는 다양한 종류의 작은 슬리핑 트레일러에서 같이 잤어. 10주 전에도 앤과 함께 뉴햄프셔의 단풍잎 사이로 보이는 회색 화강암을 올라갔어. 바위는 단단하고 건조했고 나는 강하고 능력 있었지. 부속 장비를 꼬아 화강암 틈에 꽂을 때마다 굳건히 버텼어. 아니 적어도 80피트인 스크리밍 옐로 존커스 4분의 3 높이까지는 그랬지만 이탈해 버렸고 줄을 잡고 떨어졌지. 다치지는 않았지만 등반에 성공하지는 못했어.

그날 암벽을 떠나기 전 내 핸드폰 메모장에 암벽 틈에 넣을 장비 순서를 하나하나 적은 거 아니? 다음에 필요한 피스가 몇 개고 정확히 어디에 꽂아야 할지 세세히 적어놨어. 나는 원래 내가 가장 좋아하지만 실패한 등반에만 그렇게 해. 언젠가 다시 돌아갈 테니까.

이제 앤과 나는 등반이 아니라 등산 파트너네.

***

내 발가락 염증 이야기 기억나니? 그건 나았단다. 한 주 푹 쉰 다음에 여름에는 샤모니에서 몇 년 동안 한 것 중 가장 좋았던 알파인 화강암 등반을 경험했어. 완벽한 마무리가 된 이유는 13번째 피치에서 아빠와 바꿔 내가 리드했기 때문이야. 트레라포르트의 캘리포니아 드림이라고 프랑스의 주황색 화강암 중에서도 가장 아름다운 화강암이야 (맞아, 나는 화강암에 집착해. 너희가 이제야 알아서 다행이지). 1,500피트 높이의 루트를 올라가며 한 발씩 내디딜 때마다 머릿속에는 난 앞으로도 이걸 더 원한다는 생각밖에 없었지. 정상에 올라서서 주변의 삐쭉삐쭉한 정상을 탐욕스럽게 바라봤어. "다음에는 샤모즈야. 그다음에는 레퓌블리크, 그다음에는 그레퐁에 오를 거야." 마치 술 취한 당구 선수가 다음에 칠 공을 부르는 것처럼 몽블랑의 정상 이름들을 외쳐댔단다.

오늘은 아발론산을 올라가는데 높이 올라갈수록 쌓인 눈이 점점 깊어졌고 정상으로 가기 직전에는 눈에서 내 발을 꺼낼 때마다 몸에 힘을 줘야 했어. 앤도 나와 똑같이 힘든 척하더라. 2주 전에 우리가 같이 초코루아에 올라갈 때는 앤이 나를 위해 간식을 챙겨 왔는데 난 필요 없다고 해놓고는 다 먹어치웠어.

이번에는 등산로 초입에 세워둔 차로 돌아왔을 때 앤이 나를 안아 줬고 내 눈물에 대해서는 아무 말도 하지 않았어.

이제 그만해야겠다. 너희 아빠가 지금 계단에서 낮잠 잔다더니 안 자고 뭐 하냐고 한마디 하네.

음성 일기 ○ 9주 2일

2015. 12. 6.

어젯밤, 원래는 자야 할 시간에 자지 못하고 앞으로 우리 가족여행은 어떻게 갈지 고민해봤단다. 너희 아빠가 일어나자마자 나는 생각해둔 질문을 바로 던졌어.

"내가 아이 둘을 데리고 비행기를 탈 수 있을까? 내가 둘 다 안고 타면 둘 모두 비행기표가 공짜일까?"

너희 아빠는 좋은 사람이지. 먼저 나를 감싸안아준 다음 어른 한 명당 아기 한 명이고 우리가 둘이니까 괜찮을 거라고 했어.

우리는 더 넓은 집을 알아보고 있단다. 레가도, 그러니까 내가 1만 1,000달러 자본과 과학, 환경보호, 클라이밍을 결합한다는 무모한 아이디어로 세운 단체가 론칭을 앞두고 있어. 내년 봄과 가을에는 이 단체가 시작되는 과정을 찍은 나의 새 다큐멘터리 영화 〈나물리 Namuli〉(나물리는 모잠비크에서 두 번째로 큰 산으로, 인간의 탐사가 가장 덜 이뤄진 자연의 보고이다_편집자) 북미 상영 행사로 스케줄이 빽빽해. 나는 성인이 된 후 처음으로 임금을 받게 될 것 같아. 하지만 출산휴가는 없겠지. 내가 일도 많이 하고 경력을 발전시키면서 너희와 함께할 시간을 찾을 수 있을까? 이 모든 걸 같이할 수는 없을까?

오늘 아침 6시 20분쯤 되니 아기와 함께 여행하고 등반하고 영화제 행사를 다니는 씩씩한 워킹맘 개념은 공중에 사라져버렸어. 아니 적어도 나 혼자서도 할 수 있을 거라는 비전은 사라졌지. 아기가 아기들이 됐으니 말이야.

"여행 갈 때마다 다른 아기를 데려갈 수도 있지. 번갈아가면서 데리고 가면 되잖아. 아니면 시터를 구하면 되지."

아침 내내 육아 옵션을 검색했고 오전 9시에는 여러 선택지를 비교, 분석하면서 우리가 어디까지 감당할 수 있고 어떻게 예산을 마련할 수 있을지 계산해봤어. 두 아이를 어린이집 종일반에 보내면 비용이 두 배가 들어 오페어(대체로 젊은 외국인이 현지 가정에 입주해 아이를 돌봐주면서 숙식과 급여를 제공받는 일_옮긴이) 비용과 비슷하더라. 너희 아빠에게 손님방은 앞으로 몇 년 동안은 다른 사람이 사용할 거라고 했지. "이렇게 하려면 당신이나 나나 일을 열심히 해야 해." 아빠와 나에게 말했어. "우리가 계속 일을 한다면 말이지."

그다음에는 엑셀 파일에 우리가 파타고니아, 나미비아, 유럽 등등으로 등반 여행을 다녀오면서 모은 마일리지를 정리했지. 이 마일리지로는 아기들과 출장을 갈 때 같이 갈 오페어의 비행기표를 살 거야. 그래야 내 경력을 이어갈 수 있으니까.

그리고 남은 하루 동안은 이런 결정 안에서 내 어떤 정체성이 죽는 듯한 기분을 느끼지 않으려고 노력하면서 보냈어.

노트패드 ○ 9주 3일
2015. 12. 7.

내 전화기 알람이 방금 꺼졌어. 이 한밤중에 나는 선스위트 푸룬 주스를 잔뜩 사놓는 것이 좋겠다고 결정했어.

음성 일기 ○ 9주 4일
2015. 12. 8.

좋은 아침! 새벽 4시 13분이야. 나는 지금 뉴햄프셔 인터베일의 우리 집과 메인주 포틀랜드 사이 어딘가에 있어. 메인주 공항이 우리 집에서 가장 가까운 공항이거든. 오늘은 새벽 6시 비행기를 타고 친구와 일주일 동안 멕시코의 해변에 있을 거야. 하지만 보이는 게 다가 아니지. 크리스티와 나는 지난 10년 동안 등반 파트너였어. 언제나 서로를 지지하면서 에티오피아에서의 첫 등반부터 집 근처에서도 가장 난도 높은 암벽등반을 함께했지. 하지만 이번 여행에서 우리는 서퍼가 될 거야. 내가 무사히 멕시코까지 비행기를 타고 갈 수 있다면 말이지. 정

정: *우리가 무사히 멕시코까지 비행기를 타고 갈 수 있다면 말이지.*

마치 내 아기들이 아닌 다른 누군가에게 이야기하는 것 같네. 내 아기들인데!

먼저, 임신부터 첫 3개월 동안 일어나는 일 자체가 완전한 사기가 아닌가 싶다. 진화적인 관점에서 정말 앞뒤가 안 맞아. 내가 너희 둘을 내 뱃속에 넣고 건강하게 성장시키고 인구를 늘리고 인류라는 종의 번식을 위한 생물학적 욕구에 순순히 복종하고 있는데 왜 이렇게까지 괴롭기 그지없는 입덧과 싸워야 할까?

너희가 기절할 만큼 귀엽고 이 모든 걸 감수할 만한 가치가 있어서 우리 모두 기억상실증에 걸릴 때를 대비해, 그리고 내가 극단적인 수면 부족으로 이 시기에 무슨 일이 일어났는지 기억 못 할지도 모를 상황을 대비해 현재 내 느낌을 기록하려고 해.

지금은 새벽 4시 15분이고 나는 새벽 2시 55분에 깼어. 그 전에 2시 5분에 깼고 1시 5분에도 깼어. 자정에 깼고 11시에도 깼고 10시에도 깼어. 9시에 침대에서 잠들었지. 자기 전에는 쿠키 세 개를 먹고 네 번째 쿠키는 땅콩버터를 올려서 먹었어. 쿠키를 이렇게 먹었는데도 침대에 갈 때는 속이 메스꺼웠어. 일어나 커피 한 잔을 마셨어. 새벽 3시에 감자 팬케이크를 만들어 먹고 3시 20분과 35분 사이에 달걀프라이도 하나 먹었어. 지금은 4시 16분이야. 45분 지났는데 또 속이 느글거려. 이 중 타당하다고 할 수 있는 게 있니? 며칠 동안 변비에 시달려야 하는 게 타당한가? 너무 배부르고 소화기관에서 음식물이 소화되고 있지만 지금 괴롭지 않을 유일한 방법은 계속 먹는 것뿐이야. 이 모든 게 하나도 앞뒤가 맞질 않아.

어제는 의사에게 갔어. 너희 중 한 명의 심장 소리를 들었지. 아기 A의 소리. 병원에서는 너희를 아기 A와 아기 B라고 부르고 있어. 나는 아기 A와 아기 1이라고 불러. B로 불리면서 인생을 시작하는 건 자기 자신으로 살아가는 누군가에게 바람직하다고 할 수 없잖아.

다음 주에는 너희가 태반을 공유하고 있는지 확인하기 위해 또 한 번 초음파 검사를 받을 예정이야. 엄마 뱃속에서 안전하고 건강하게 자랄 수 있도록 너희가 한배를 건강하게 공유하고 있기를.

어젯밤에는 우리에게 줄 만트라를 하나 만들었단다.

나는 임신 주수를 끝까지 무탈하게 채울 건강하고 튼튼한 아기들을 만들고 있다. 나는 씩씩하고 건강한, 임신 중인 여전사다.

나는 혼자 이 말을 하고 또 하고 또 할 거야. 나 스스로 믿을 때까지.

음성 일기 ◯ 9주 5일

2015. 12. 9.

Yo vomité. 혹시 필요할까 봐 알아뒀어. 스페인어로 "나는 토했다"라는 뜻이야. "나는 3일 동안 토했다." *Yo vomité durante tres días.*

처음은 멕시코 사율리타 마을 한복판 광장에서 어린이 4~5명 앞에서였어. 무릎이 꺾이면서 꽃밭에 구토를 해버리고 말았는데 그 와중에도 사람들 앞에서 오줌을 싸진 않기 위해 나는 다리를 꼬고 있어야 했지. "*Yo soy okay*(난 괜찮아)." 처음엔 광장 아이들에게 말했고 그다음에는 너희에게 말했고 그다음 며칠 동안 너희에게 여러 번 말했어.

크리스티는 서핑 중이야. 왓츠앱에서는 너희 아빠가 파타고니아의 다음 정상인 아구하 메르모스에 가고 있다고 나오네. 나는 축축한 시트 안에서 몸을 공처럼 말고 천장에서 돌아가는 선풍기로 멕시코의 더위를 간신히 식히면서, 페디아라이트pedialyte를 최대한 적게 마시면서 장염

이 가라앉기만을 고대하고 있어. 그래야 쌍둥이를 임신했다는 이유로 하루 종일 '아침 입덧'을 하는 평범한 일상으로 돌아갈 수 있겠지.

노트패드 ○ 11주 2일

2015. 12. 20.

"난 괜찮고 멀쩡해. 당신은 그것만 알고 있으면 돼." 너희 아빠가 말했어.

뉴욕 거리는 파타고니아 산맥에 있는 사람과 통화하기에 적당한 장소는 아니야. 누구 폰에 더 잡음이 많이 들어가는지 잘 모르겠네.

"무슨 일 있었어?" 내가 물었지.

"벤과 제스가 엑소셋 침니(암벽 지대에서 타고 올라갈 수 있게 세로로 갈라진 곳_옮긴이) 200피트 위에 올라가 있었는데 제스가 잘못 건드린 얼음덩어리가 벤의 등에 떨어졌어. 근데 벤은 안 다쳤어."

"벤이 당신 전에 맞았어, 나중에 맞았어? 베른트가 침니 첫 구간에 올라간 거 아니야?" 아빠가 어젯밤 보낸 문자로는 아구하 슈탄다르트의 엑소셋 루트까지 갔다 왔고, 그와 파트너 베른트는 14마일 위에 있는 토흐 밸리 베이스캠프에 있다가 엘 찰텐 마을까지 내려오려 했었대.

"전에. 그래서 올라가기 전에 그 친구가 괜찮은지 확인했어. 그리고 폴란드 팀이 오늘 또 얼음에 맞았다는 이야길 방금 들었네."

나는 곧 개봉할 레가도 영화 회의 때문에 택시를 타고 미드타운에서 첼시로 가고 있었어. 폴란드 팀이란 1년 전 너희 아빠와 내가 파타고니아 피츠로이에서 등반할 때 우리 뒤에 올라온 부부 팀인데, 우리가 1,000피트까지 올라가 내가 리드하기 시작했을 때 딱 한 번 봤어.

"아주 높은 곳에서 떨어진 얼음을 맞아서 의식을 잃었대. 아내가 남편을 데리고 내려왔고."

엑소셋은 내가 파타고니아에서 가장 가고 싶은 암벽이야. 아니면 모든 게 변하기 전에 가보고 싶었던 곳이라고 해야 하나.

내 폰을 확인했어. 회의까지 3분이 남아 있었지.

"나도 뉴스 있어. 유전자 검사는 못 했어. 쌍둥이는 못 한대. 아기 둘 다 정상이라는 걸 확인하려면 양수 검사를 두 번 해야 한대."

"위험도 두 배네."

"두 배가 우리의 새로운 하나인가?"

"무슨 말인지 전혀 모르겠는데." 너희 아빠가 말했어.

"나도 몰라. 이제 가볼게. 엑소셋은 다 끝냈어?"

"지금은 그래."

음성 일기 ○ 12주

2015. 12. 25.

새벽 5시 32분이야. 이 작은 악당들. 너희가 날 이렇게나 빨리 깨웠단다.

오늘 우리는 멕시코와 뉴욕에서 돌아왔고 몬태나에 사는 너희 외할머니인 푸치 할머니를 만나러 왔어. 리틀 미션 크릭 랜치로 돌아가려는데 스윙글리 로드에서 눈이 내리기 시작하네.

지금 컨디션은 안 좋아. 배도 고프고 속도 울렁거리고 슬프고 잠도 못 자서 많이 피곤해. 내가 나 같지가 않아. 앞으로도 오랫동안 나 같지가 않을까 봐 무서워.

나는 강할 때 나답다고 느끼는 사람이거든. 등반을 할 때, 내가 완전하고 독립적인 자아일 때 강하다고 느껴. 하지만 나는 이제 세 명이니 독립적이라고 할 수가 없네. 나는 우리니까. 세 사람, 여섯 개의 손, 서른 개의 손가락, 서른 개의 발가락. 그런데 이 모든 손가락과 발가락이 왜 내게 힘을 더해주지 않고 나를 더 가라앉게 할까? 벌써 산후우울증을 느끼는 건가? 그런 게 있긴 한가?

나는 강인하고 언제나 운동을 하는 임신부 여신이 되고 싶었어. 하지만 팔굽혀펴기를 그만뒀고 이런 배로 빙벽등반은 불편하다고 판단 내렸어. 이렇게 두 배로 불은 몸 상태라면 얼음덩어리 타깃이 될 확률도 급격히 높아지지 않겠니. 너희 아빠가 나보다 자유롭다는 이유로 그에게 화내지 않으려고 이를 악물고 노력 중이야. 너무 전형적이지. 나는 전형적이야. 전형적이라고 느끼는 게 정말 싫어.

나는 허구한 날 남편을 원망하는 임신부이자 엄마는 절대 되고 싶지 않아. 너희 아빠에게 화내고 싶지 않아. 우리는 운동선수이자 등반가로서 서로를 지지하기로 했지만 내 경력이 이렇게 긴 휴식기에 들어갔는데도 이전처럼 평등한 상태가 유지될까? 나는 남는 시간에 기저귀 가는 탁자와 유모차와 수유베개를 검색하고 있고 남편은 이 시간에 엘 찰텐에서 빵이나 먹으며 날씨가 바뀌어 또 다른 등반을 할 수 있길 기다리고 있을 텐데 우리가 어떻게 같을 수 있을까?

내가 엄마가 돼가고 있다는 건 알겠어. 너희 둘을 건강하게 지키는 게 내 주요 관심사가 됐으니까. 그래서 지금 내가 여기 있고 파타고니아에 있지 않은 거겠지. 너희 아빠도 당연히 건강한 아기들을 원하겠지. 그래도 지금은 파타고니아에 *있잖아*. 내가 임신 중일 때 너희 아빠가 아예 등반을 하지 않아야 된다는 말이 아니야. 하지만 진실에 가깝게 말하자면 우리가 이 자리에 오리라는 걸 몰랐기 때문에 이런 시간이 올 거라고 예상하지도 못했다는 거야. 만약 너희 아빠가 임신을 했다면 내가 파타고니아에 갔을까? 아마 그랬겠지.

내가 내년에는 복귀할 수 있을까?

내 등반 경력은 수없는 복귀로 이뤄졌다고 말할 수 있어. 두 차례 등 수술, 어깨 수술, 손가락 인대 파열, 발 골절 등에서 회복한 다음 복귀했지. 하지만 아기 두 명을 데리고 다시 게임으로 들어갈 수 있을지 나도 모르겠네.

내 친구 케빈은 암벽등반을 숨 쉬는 것처럼 쉽게 하는 사람이고 그에게도 아이가 있어. 내가 쌍둥이를 임신했다는 소식을 듣고 내게 축하 문자를 보내줬지. 케빈은 내가 미래에 쌍둥이를 양팔에 안고 다니는 끝내주게 멋진 엄마가 될 거라고, 그 점에서 더 높은 점수를 받게 될 거라고 하더라. 그게 중요하지 않아야 한다는 걸 알아. 그런데 내게는 미치게 중요해.

마음의 변화가 필요하구나. 내가 이 경험을 장악해야 해. 6월에는 너희를 얻을 거고 나는 내 방식대로 할 거야. 강하게, 힘차게, 정직하게, 인간적으로. 나는 끝내주게 잘해낼 예정이야.

나는 강하고 건강하고 행복해….

어쩌면 중요한 건 이걸지도 모르겠다. 행복하다고 말할 수 있어야 하지.

나는 강하고 건강하고 행복한, 임신 중인 여전사야. 끝장이지!

이렇게 말하니까 약간 설득이 되는걸.

사실은 행복하다고 느껴진 않아. 행복을 찾아야 하지.

그래. 여긴 몬태나고 크리스마스야.

내년 크리스마스에는 내 옆에 6개월짜리 쌍둥이 아기들이 있을 거야.

노트패드 ○ 12주 2일

2015. 12. 27.

　너희 이모(내 언니)는 카페인을 몇 잔 마신 북미 산토끼처럼 크로스컨트리 스키를 해. 쉴 새 없이 올라갔다 내려갔다 반복하고 있어. 이모의 타이츠 겉으로 드러난 햄스트링과 대퇴부 네갈래근이 보여. 우리가 미션 크릭 트레일을 올라갈 때도 나는 눈이 듬성듬성 쌓인 길을 앞서 걸어가는 이모만 따라갔어. 이모는 어제 도착했는데 열여섯 시간을 운전하고 차에서 내린 지 10분도 안 돼서 스키를 타러 가자고 했지.
　"컨디션은 좀 어때?" 이모가 물었어.
　나는 한 발을 먼저 내밀고 다음 발을 끌면서 내가 지금 이모를 따라한다는 걸 깨달았지. 그건 내 성격도 내 스키 스타일도 아니거든. 그래서 일부러 멈췄어. "괜찮아. 배가 가끔 뭉쳐."
　"난 지니 임신 중에도 열심히 스키를 탔어. 앞으로 넘어지고 나서부터는 못 탔지만."
　"맞아 그랬지, 그게 언제였더라?" 마치 자세히 기억하고 있는 것처럼 물었어.
　"32주 차. 그래서 침대에서 쉬었지."
　그 부분은 기억나서 고개를 끄덕였어.
　"하지만 너를 보아하니 너는 나처럼 그렇게 오래 스키 타진 못할 것 같은데."
　나도 계산을 해본다. 32주면 5월이 되고 뉴햄프셔에는 눈이 남아 있지 않아 스키를 못 탈 거야. 나는 그 점을 지적하고 싶었지만 그러는 대신 속도를 늦춰 이모와의 거리를 떨어뜨렸어.
　4주 전, 이모는 이 소식을 전한 네 번째 사람이었어.

"언니! 언니 쌍둥이 이모 된다!"

"와, 너 배가 산만 해지겠네." 이모의 첫 반응이었지.

언제까지 이럴까? 사실 나는 어린 시절 너희 이모, 그러니까 내 언니가 나보다 2년 먼저 한 결정을 기준으로 내 길을 정했단다. 언니가 달리기를 하면 나는 원반던지기나 포환던지기를 했고, 언니가 노래를 하면 나는 글을 썼지. 언제나 다른 레인에 섰어. 하지만 이제 나는 몬태나 트레일을 언니를 따라 걷고 있네.

내가 2층으로 일하러 간 사이 이모는 스키를 타고 와서 바로 달리기를 하러 가네. 너희 할머니는 마을 헛간에서 1월에 아이다호에서 열릴 마술(馬術)대회 훈련을 하고 있어.

우리 엄마는 딸들을 강하게 키웠다. 어린 시절 내내 우리 집 팬트리 캐비닛에는 이 메모 카드가 붙어 있었지. 할머니는 몬태나로 이사 가면서 이 카드를 가져가지 않았어. 더는 필요 없었거든.

노트패드 ○ 13주 2일

2016. 1. 3.

침술사인 내 친구 캐머런은 손가락으로 내 배를 가리키고 공중에서 한 바퀴 돌리더니 말했어. "이건 너 할 수 있네."

"그리고 이거." 운동선수이자 엄마인 캐머런은 내 머리를 가리키면서 똑같은 동작을 취했어. "이것도 할 수 있을 거야. 하지만 더 힘들겠지."

지금은 모두가 저마다 의견이 있어. 우리 엄마도 항상 엄마만의 의견이 있었지.

엄마는, 그러니까 너희 할머니는 내게 여러 번 말했어. "언젠가 너도 열아홉 살에 전업 등반가가 되겠다고 선언하고 스무 살에는 서른한 살 등산 가이드와 결혼하겠다는 딸을 낳고 키워봐라."

나는 너희 중 하나는 딸이었으면 좋겠어. 둘 다 아들일까 봐 조금은 겁나. 강한 딸을 키우는 건 내가 항상 보고 자란 일이니까. 그 방식으로 아들 둘을 키울 수 있겠다는 생각도 들지만 아들이라면 한 번에 하나씩만 키우고 싶어. 어떻게든 우리가 같이 방법을 찾겠지. 그 방법이 무엇이 될지 겁이 나.

너희가 내게 내 삶에서 얼마나 많은 것이 가능할지 가르쳐줄 것만 같아. 하지만 그 외에도 뭔가 더$_{more}$ 있겠지. 내가 알지 못하는 뭔가가 더 있겠지.

그 뭔가가 다가오고 있다는 건 확실히 알겠어.

노트패드 ◐ 16주 1일

2016. 1. 23.

이틀 후에는 의사가 내 배에 7.5센티미터 길이의 바늘을 찌르게 될 거야. 내 배라니 너희 집이지. 두 번을 찌를 거야. 이 두 번이라는 점 때문에 너희 할머니에게 전화를 했어.

"내가 엄마를 필요로 할 때 엄마가 올 수 있다고 한 말 기억해요?"

"당연하지."

"나 엄마 필요한데."

나는 우리 집에서 북쪽으로 두 시간 걸리는 뉴햄프셔주 포츠머스 버스 정류장에 할머니를 마중 나갔어.

"엄마, 손주들 태어나면 정식 티켓 사서 다닐 거예요?" 할머니가 내 차 옆자리에 앉았을 때 물었지. 할머니의 의붓딸이자 너희 의붓이모가 항공사 직원이라 12분의 1 가격에 비행기표를 살 수 있거든. 보통 일반적인 비행시간의 세 배에, 두 번 정도 더 경유하긴 하지만.

"내 친구는 RV를 한 대 샀는데 손녀가 태어나니까 그 차를 딸네 집 앞 진입로에 3개월 내내 세워뒀더라." 할머니는 대답 대신 이렇게 말했어.

나는 고속도로로 들어가면서 우리 집 진입로 길이를 생각하고 있었지.

"난 그렇게는 못할 것 같아. 내 라이딩 스케줄이 있다 보니까."

"뉴햄프셔에도 말 있어요, 엄마."

"그럴지도. 오늘 어떠니?"

"엄마 임신했을 때 속 쓰렸던 거 기억나요?"

"기억 하나도 안 난다. 그냥 닥치면 겪었지." 할머니가 대답했어.

노트패드 ○ 17주 3일

2016. 2. 1.

친구이자 등반 파트너였던 캐롤라인이 노르웨이에서 빙벽등반을 하고 있네. 인스타그램과 너희 아빠가 말해줬지.

캐롤라인과 남편인 애덤 사이엔 세 살짜리 아이가 하나 있고 그 부부가 하는 가족여행은 내가 보기엔 적절해 보이는데 아이가 둘이라면 어떨까?

편지 ○ 18주 3일

2016. 2. 8.

투츠와 맥구츠에게.

이건 너희 진짜 이름이 아니니 걱정은 마. 너희가 6월 세상에 데뷔할 즈음에는 더 나은 이름을 골라놓을게. 예정일이 7월 19일이긴 하지만 아무도 6월 30일을 넘길 거라 생각하진 않네.

지난주에 너희가 아들 하나, 딸 하나라는 걸 알게 됐어. 그래서 이제는 너희에게 정식으로 첫 편지를 쓸 때가 온 것 같다는 생각이 들었지. 그래. 맞아. 편지 한 통을 너희 둘에게 보내. 아마 너희는 처음부터 공유에 익숙해질지도 모르겠구나.

사실 내가 엄마가 되기를 애타게 갈망해온 건 아니야. 나는 서른아홉이고, 이전까지는 엄마가 되는 것 외의 그 모든 것에 집중해왔어.

작년에는 파타고니아의 피츠 로이 정상에서 새해 종을 울렸지. 환경보호 사업을 논의하기 위해 38명이 참석한 심포지엄을 열었고, 두 달 동안 에티오피아와 모잠비크를 세 번 오갔고, 집 근처 뉴햄프셔에서 내 생애 가장 어려웠던 빙벽등반을 하기도 했고, 세 번째 책 기획서를 썼고, 5주 동안 샤모니의 완벽한 알파인 화강암 암벽을 너희 아빠와 등반했고, 제작 기간이 총 4년 걸린 영화를 완성했지.

나는 바쁘게 살았어. 바쁜 게 좋았어.

이론적으로는 내가 엄마가 되기까지 몇십 년이 걸렸다고 할 수 있지. 많은 사람이 "당신이 삶에서 할 수 있는 가장 멋진 역할"이라고 고백하는 일을 추구하기로 선택하는 데 이만큼이나 오랜 시간이 걸렸구나.

나는 아기를 갖는 데 심리적 장벽이 있었어. 너희 때문이 아니라 나 때문에.

내가 경력을 쌓는 동안 사람들은 내게 아이가 생긴다면 내 인생이 달라질 수밖에 없을 거라고, 여행을 하지 못하고 등반 강도나 횟수도 줄여야 한다고 했지. 기본적으로 창조하고 확장하는 내 능력을 포기해야 한다고 말했어. 사람들이 내게 그 이야기를 할 때마다 한 대씩 때려주고 싶었지만 하지 못했네(너희도 그러면 안 된다). 대신 나는 그런 한계를 지우는 태도에 대항해 고개를 더 높이 들고 더 강하게 나가기로 결정했어. 이론적으로 그랬다는 말이야. 이제 현실을 직시할 시간이지. 사실 너희 아빠와 내가 아기를 갖기로 노력하기 시작한 이유는 우리가 부모가 되는 과정에서 우리 자신을 잃지 않을 자신이 있다는 대화를 여러 번 했기 때문이야. 다시 말하지만, 아마 모든 부모가 높은 다이빙대 앞에서 발을 내딛기 전에 스스로에게 중얼거린 말이었겠지.

그런데 너희는 아기 '하나'가 아니라고 하고 이 아이러니에 대해 가장 먼저 웃을 수 있는 사람이 내가 아닐까 한다.

너희는 지금 과감하고 아름다운 세상에 들어가고 있어. 나는 그 세상 안에서 내 신념과 열정을 불태우며 호기심으로 돌진했고 사실 이걸 내 경력으로 만들었어. 언제나 효과가 있었던 건 아니야. 가끔은 더 평범한 궤적을 갈망하기도 했지. 그 방식은 내 숨을 깊이 들이마시게 해주고, 내 영혼을 땅에 고정시켜 내가 이 우주에 속한다는 걸 알게 해주었어.

너희 둘 또한 '평범한 방식'은 아니지 않을까.

내가 이제까지 해온 것 중 가장 중요하고 놀랍고 심장에 새겨질 일은 언제나 주변 사람이 소위 "너무 과하다"고 말한 일의 결과였어. 나는 스물두 살에 직접 도급을 맡겨 꿈의 집을 지었고 어깨 수술 후 복귀 등반을 에티오피아 사암탑에서 하기도 했어. 나는 동부 해안가를 봉쇄할 정도로 강한 눈 폭풍을 뚫고 계속 운전해 노스 콘웨이까지 갔는데 그게 중요하다고 생각해 나와 내기를 했기 때문이고 결국 그곳에서 너희 아빠와 사랑에 빠졌지.

　너희가 내 안에서 자랄 때 너희는 내가 해왔고 하게 될 일의 절정이 되리라는 걸 알아. 너희는 엄마를 닮았을 거야. 왜냐면 이미—자궁에서부터—너희라는 쌍둥이 팀의 모토가 '더more' 아니겠니. 너희는 하룻밤에 여덟 번 소변을 보게 하고, 이전에 먹을 수 있다고 생각한 것의 두 배나 되는 돼지고기를 먹게 하고, 지금까지 내가 느낀 가장 큰 사랑 때문에 훌쩍훌쩍 울게 만들지. 이 모든 걸 생각하면 우리는 서로 완벽하게 합이 맞는 짝이 아닐까 한다.

　내가 전부 다 이해했다는 말은 아니야. 내 나이가 되면 언니, 사촌, 친구, 지인이 부모가 되는 모습을 보지만 그중 부모란 무엇인지 전부 이해하고 파악하는 사람은 한 명도 없었어. 나 또한 당연히 완전히 이해하진 못하겠지만, 어떻게든 이 대단하고 아름다운 세상을 함께 헤쳐나갈 거야.

　너희와 함께 이 '더more'가 어떤 모습으로 다가올지 너무나 궁금하구나.

음성 일기 ◯ 23주 1일

2016. 3. 12.

　그래, 이 꼬마 녀석들아. 우리는 네브래스카주 링컨으로 갔다가 미니애폴리스, 시애틀, 오클랜드로 갔다 다시 미니애폴리스로 돌아왔다가 시카고로 향했다가 마지막으로 메인주 포틀랜드로 왔단다. 나는 영화 상영 후 다섯 차례 있었던 감독과의 만남 행사에서 레가도 창업이 어떻게 6일 만에 이뤄졌는지 설명했어. 물론 그사이 비행기를 타고 내리고의 반복에 온갖 종류의 교통수단을 체험했고 너희는 노련한 복식조처럼 잘 따라와줬지. 아무튼 굉장히 짜릿하고 즐거운 경험이었어. 이제 집에 도착했고 앞으로 18일 동안은 비행기를 타지 않아도 되는구나. 완전 성공처럼 느껴져.

오늘은 너희가 엄마 배에서 산 지 23주가 됐고 그렇다는 건 앞으로 15주는 더 머물러야 한다는 뜻이야. 내게는 기다리기 긴 시간 같아. 그렇지만 아주 빨리 갈 것 같다는 생각도 들어.

***

엄마 배는 정말 많이 불렀단다. 정말 거대해.

"불편하시겠어요. 그래도 거의 다 온 거죠?" 오늘 갤리 안에 있는 승무원이 복도를 겨우 비집고 지나가는 나를 보며 이렇게 말하더라.

나는 코웃음 치면서 예정일이 6월 말이라고, 아직 3개월 반이나 남았다고 말했지.

그 승무원 얼굴에 스친 충격 때문에 내가 얼마나 다르게 보이는지, 또 내가 다르게 보이는 이유가 너희, 너희 둘이라는 걸 깨달았지. 임신 초기 너희가 이 안에 있을 때는 외부엔 너희 존재감이 물리적으로 드러나진 않았어. 이제 내 배의 둥그런 곡선과 예정일 앞에서 사람들 눈이 휘둥그레지는 게 보여.

다음 주에는 너희를 보러 간다. '쌍둥이 관측', 너희 아빠와 나는 초음파를 그렇게 불러. 아빠는 가능하면 꼭 같이 가고 우리는 새 소식을 할머니 할아버지에게 전하지. 너희는 조부모가 여섯 명이나 있어. 내 친정 쪽 관계가 조금 복잡하거든. 하지만 엄마와 아빠는 우리 가족이 복잡해지지 않기 위해 최선을 다해 노력할 거란다.

가끔은 너희 아빠와 나를 걱정하기도 해. 우리에게 이 일을 해낼 수 있는 근원적인 능력이 있을까? 서로 협동하면서 잘해낼 수 있을까? 우리도 모르는 사이에 각자 역할이 분리되고 있는 것 같아. 나는 일을 하거나 너희를 맞을 준비를 하고 너희 아빠는 일을 하거나 클라이밍을 하지. 나는 이미 더 많이 준비하고 계획하고 있고 너희 아빠는 둘 다 덜 하고 있어.

아빠 전에 사귄 남자친구는 새를 무척 사랑하는 사람이었단다. 언젠가 침대 위에 누워 파랑어치blue jays에 관해 이야기하는데 그가 말하더라. "엄마 새에게 일이란 둥지에 앉아 있는 거야. 생물학적으로 그래. 인간들처럼."

얼마 후에 그 남자친구와 헤어졌어. 이제 내가 엄마 새가 됐네.

노트패드 ○ 26주 3일
2016. 4. 4.

오늘 처음 보는 사람 두 명이 내 배를 만지고 지나갔어. 내가 우체국에서 상자를 내 배 앞에 올려놓지 않았다면 아마 세 명이 됐을 거야.

인류 재생산에 기여하고 있다는 이유로 너희가 공공 자산이 되는 것만 같아.

실은 나도 다르지 않지. 나도 임신한 사람의 배를 만지고 싶어서 손이 근질거린 적이 있는걸. 내가 미리 물어봤기를. 내 생각엔 먼저 물어본 다음에 만져봤던 것 같긴 해. 그런데 내가 앞으로 또 만지고 싶어 할지 궁금하긴 하다.

물론 명확히 말하고 지나갈게. 엄마 배를 만지고 싶어 한 사람은 모두 여자였어.

"그 배 안고 돌아다니기 힘들지 않나요?" 릭은 국제 등산 장비 International Mountain Equipment라고 우리 집 근처 뉴햄프셔주 콘웨이에 있는, 미국에서 가장 오래된 등산 장비 매장 대표야. 나는 쌍둥이가 태어나기 전 집 비우기 프로젝트 때문에 내 크로스컨트리 스키 부츠를 팔기 위해 들렀지.

"아직은 괜찮아요."

릭은 고개를 저었어. "배를 어디 쉬게 두어야 하지 않아요?" 그가 묻고는 계산대를 툭툭 쳤어. "그럴 수 있다면 여기에다 올려놔요."

음성 일기 ○ 28주 1일

2016. 4. 16.

안녕 얘들아.

너희 둘은 지금 야외에서 햇볕을 쬐고 있어. 아니 그에 가장 가까운 일을 하고 있다는 이야기인데, 내가 지금 셔츠를 위로 올려 배를 내놓고 뉴햄프셔주의 따뜻한 봄기운을 받고 있거든.

오늘로 너희가 내 배 안에서 산 지도 28주가 됐구나. 굉장히 중요한 주수인데 만약 너희가 오늘 당장 태어난다 해도 살아남을 확률이 상당히 높거든(너희는 6월에 태어나니까 그럴 리는 없을 테지만).

내가 말했지. 중요한 날이라고. 여기까지 오느라 우리 모두 수고했어.

이번 주 너, 아기 공주님은 엄마 배 위쪽, 네 형제 위에 올라가 있다가 다시 밑으로 쭉 내려오더니 쌍둥이 형제와 얼굴을 맞대는 듯하더

라. 나는 정말 아팠어. 이 이야기를 하려던 건 아니지만.

　태동을 느끼지 않아도 배를 내려다보면 너희 둘이 발을 차는 걸 볼 수 있어. 마치 배에서 외계인의 팔다리가 튀어나오는 것 같지. 네 개의 발이 나를 차고 네 개의 무릎과 손이 온갖 군데를 다 찌르는 걸 보고 있으면 굉장히 신기해. 아들 너는 아주, 아주아주 커. 2주가 빠르다고 하네. 딸은 딱 그 주수에 맞게 크고 있다고 해. "엄마 배에 아가들이 생겼어요"라는 동요가 생각나네.

　오늘은 좋은 날이야. 어떤 날은 힘들지만 오늘은 참 좋네.

　사랑한다, 꼬맹이들아. 첫날부터 너희를 사랑했다는 걸 언제나 알아줬으면 해. 너희를 내 안에 넣고 키우는 게 예전만큼 힘들진 않아. 요즘에는 사랑이 나를 이끌고 나가고 있어. 그리고 너희 아빠를 사랑해. 분명 좋은 일이지. 앞으로도 이 사랑이 계속 많이 필요할 테니까.

음성 일기 ○ 28주 6일
2016. 4. 21.

　어쩌면 언젠가 너희도 각각 아기를 갖게 되겠지. 그때가 되면 네 엄마가 너희를 임신했을 때 무슨 생각을 했는지가 담긴 이 일기가 도움이 될 수도 있겠다. 아니 소름 끼친다고 생각하려나. 둘 다일 수도.

　아마 둘 다일 것 같아.

　사랑해.

　오늘은 차로 트윈 마운틴까지 가서 사라 할머니(우리는 이 할머니를 할미할미라고 부르기로 했어)를 모시고 매사추세츠주 윌리엄스 칼리지에서 열리는 〈나물리〉 상영회에 참석하려고 해.

음성 일기 ◐ 28주 6일

2016. 4. 21. (이후)

"다음 여행은 어디로 가세요?"

"다음 영화 만들고 계세요?"

"대학생 때부터 이 일을 하게 될 줄 아셨나요?"

오늘 밤, 나는 윌리엄스 칼리지에서 영화 〈나울리〉 상영 후 학생들 질문을 받았어. 그런데 아무도 내 몸 안에서 뭐가 자라고 있는지, 너희가 바깥세상으로 나왔을 때 어떨 것 같은지는 묻지 않더라.

극장 조명 때문에 관객들이 보지 못한 건 아냐. 질의응답 시간에는 굉장히 밝았거든. 어쩌면 내 무릎 위로 50파운드 정도 무게의 배가 나와 있어도 그들에게는 보이지가 않나 봐. 내가 대학에 다닐 때 교내에서 임신한 사람을 만난 적이 있었나? 단 한 명도 기억이 안 나네. 그래도 내 인생 4년을 보낸 곳 주변 어딘가에서 새로운 생명이 전혀 태어나지 않았을 거라 가정하진 않아.

우리는 그저 우리가 보고 싶은 걸 선택하지. 내게 중요한 것만 보기로 선택해.

"제가 지금 쌍둥이 임신 중이에요." 나는 관객들에게 말했어. "아마 다음 여행은 이 쌍둥이를 만나는 일이 되겠죠." 나는 우리 모두에게 말했어.

한 숨 쉬고 덧붙였어. "그래도 10월 영화 상영 투어에 3개월 된 우리 아이들을 데리고 갈 수 있길 바라고 있습니다."

***

호텔방으로 돌아와 이를 닦았어. 배 때문에 잠옷이 위로 들려서

팬티까지 노출하고 말았네. 할미할미와 같이 방을 쓰고 난 다음에야 의식했지만. 폰을 들고 메모장에 '모유 수유 잠옷 살 것'이라고 적었다. 그리고 '더 큰 속옷 사기'도.

편지 ○ 30주 5일
2016. 5. 4.

지금 와서 생각하니 75분 거리 장소에서 산전 수업을 받기로 한 것부터가 적신호였어.

아니면 입을 다물고 있을 걸 그랬어.

둘라doula(분만을 돕는 전문적 지원자로 정서적·신체적으로 산모를 지원한다_옮긴이) 강사인 카를라는 먼저 돌아가며 자기소개를 하라고 했어. 이름, 임신 주수, 사는 곳.

"마리아나예요. 36주입니다." 첫 여성이 말했어. 그가 말을 마치기도 전에 내 입에서 이 말이 튀어나왔지. "어머나, 배가 작네요."

다음은 페니였어. "저는 35주예요."

"아직 배가 작은데." 내가 끼어들었어.

그때 너희 아빠가 내 손을 잡았어. 나는 손을 꿈틀거리면서 내 손을 빼려고 했지. 그런데 아빠는 내 손을 더 세게 쥐더라.

***

그날 집으로 오는 길에 너희 아빠가 차 안에서 크게 한숨을 쉬었어.

"여보, 그래도 그건 아니지."

"무슨 말이야?"

"내가 임신부는 아니지만 자기 임신 주수를 밝힐 때마다 남한테 배가 작다는 말을 듣고 싶진 않을 것 같아."

우리의 도요타 매트릭스는 깨진 아스팔트 위에서 덜컹거렸고 나는 허벅지에 손을 올려놓고 숨을 들이켰어.

"당신 괜찮아?"

"괜찮아." 내가 말했지. 다음에 한 번 덜컹거릴 때는 한 손을 차 지붕에 얹고 한 손은 허벅지에 놓고 있었는데 소변이 나왔어. 아주 조금.

"그래도 다들 배가 너무 작은 걸 어떡해."

"그래도 작다는 표현 대신 다른 걸 쓰는 게 좋지 않을까?"

우리 앞에는 먼지와 도로가 번갈아 나타나는 길이 8마일이나 더 뻗어 있었어.

"아니면 다음을 만들지 말든가." 내가 말했지.

"그것도 좋은 생각이네."

***

산전수업을 하고 싶었던 이유는 둘라가 운영하는 출산 센터에서 하는 수업이어서였어. 우리가 다시 평평한 도로 위에 올라갔을 때 나는 전화를 걸어 우리 집에서 10분 거리 병원에서 간호사가 하는 수업을 예약했어.

편지 ◐ 32주 3일

2016. 5. 16.

맥구츠와 투츠에게.

미안. 새 이름을 지어주기로 했었지. 정식 이름을 부를 날이 곧 올 거야. 아직은 5주가 남았네. 너희가 바깥세상에서의 삶을 개시하는 날까지 5주, 내가 배로 너희를 품지 않고 내 팔로 안기까지 5주.

매일 낮과 밤, 1분 1초, 0.1초도 빠짐없이 우리 세 명은 함께 여행하고 있어. 하지만 지금은 밤에 관해 이야기하고 싶구나. 밤에 나는 11시에, 새벽 1시, 3시, 4시에 깨서 우리가 어디로 가고 있는지 한참동안 생각하곤 해. 그 순간에 나는 너희들의 발차기와 꼼지락거림을 느끼고 싶지만 그때는 너희들도 대체로 조용하지. 그런데 지금은 내가 노크를 해야겠어.

***

7년 전, 나미비아 북서부에서 한 힘바족 여인을 만났어. 이른 저녁에 마리엔플루스 밸리에서 한 시간 동안 희끄무레하던 초원이 황금빛으로 변하는 광경을 지켜보기도 했어. 섭씨 45도가 넘는 더운 날씨에 너희 아빠, 케이트, 나는 화강암 암벽 그늘을 찾아 등반하고 내려온 길이었고 그 수직 암벽은 우리가 묵고 있는 힘바 가족의 진흙과 풀로 엮은 집에서 멀리 배경처럼 보였지. 힘바족과는 언어로 소통하기가 어려웠어. 2009년이었고 35일 일정 중 20일째였는데 경제 위기 때문에 통역사 예산이 삭감됐었거든. 힘바 가족은 우리 팀 등반을 처음부터 끝까지 지켜봤고 우리는 그 가족 집에 머물면서 손짓 발짓 몸짓이 동원된 의사소통 시스템을 만들어갔지. 그날 밤에는 가족의 한 여인과 왠지 잘

통하는 느낌이라 같이 앉아 있었어. 그 여인이 손으로 형광녹색 밧줄에 손을 뻗었고 나는 우리가 그 줄을 이용해 암벽 타기를 한 사람들이라고 확인해줬지. 내가 고개를 끄덕이니까 그는 고개를 흔들었어.

    그 여인은 9개월이나 10개월쯤 돼 보이는 아들을 업고 있었어. 내가 얼굴을 마주치고 장난스러운 표정을 지으면 나한테도 같은 표정을 지어줄 정도로는 큰 아이였지. 아이 엄마와 나는 암벽등반과 아기에 관해 무언의 소통을 열심히 했어. 엄마는 내가 아기를 더 가깝게 볼 수 있도록 등을 돌렸고 그 엄마가 옆으로 몸을 돌릴 때 그의 맨살을 덮은 주황색 포대기 사이로 살짝 나온 배를 봤어. 나는 그 엄마를 쳐다봤고 우리 눈은 다시 그의 배로 옮겨 갔지. 그는 내 손을 잡고 가까이 끌어당겨 자기 배에 댔어. 팔꿈치로 걸리적거리는 포대기를 치우고 내 손바닥을 자기의 팽팽한 배에 올리는 거야. 그때 아기가 태동을 했어. 우리는 둘 다 웃었지. 그리고 그의 손이 내 배로 다가왔어.

    힘바족 여성은 오른손으로 주먹을 만들어 내 배꼽 근처 위에서 몇 번 돌렸어. 나를 만지긴 했는데 손가락 관절로, 마치 문을 노크하듯이 내 배 피부를 톡톡 친 거야. 톡톡. 두 번. 다른 손으로는 암벽 정면을 가리켰어. 그녀는 고개를 젓더니 다시 한번 배를 두드렸어. "아니, 아니, 아니야." 그녀가 말했어.

***

    그 여인의 이름을 물어보지 못해 안타까워. 몇 년 후 출간한 에세이에서 그 여인이 내 배에 노크한 일화를 썼는데 그때는 아기가 없어도 괜찮다는 이야기를 하려고 가져온 거였어. 여행, 등반, 모험, 위험 감수, 끝까지 밀어붙이기로 이뤄진 내 인생에 만족하고 반드시 엄마가 되지 않아도 된다는 사실 앞에서 편안하다는 말을 하고 싶었어. 그리고 정말로 괜찮았지. 나는 빈 배를 가질 수도 있었지.

인생은 참 아이러니해. 너희 둘은 정말로 너희 아빠와 내 인생에서 가장 큰 역설이자 기쁨이야. 너희가 이 세상에 도착할 날을 준비하면서 엄마가 얼마나 흥분되고 기대되고 행복한지 말하고 싶어. 하지만 거짓말은 하지 않을게. 너희는 엄마인 내게서 완전한 확신과 신념에 찬 태도를 기대해선 안 되고 혹시라도 나중에 너희가 부모가 될 때도 100퍼센트 확신할 거라 생각하지 않았으면 좋겠다.

밤이 되면 의심과 두려움이 심하게 고갤 들어. 잠 못 드는 밤이면 깜깜한 어둠 속에서 뒤척이면서 근심에 빠지기도 해. 하필 그 순간에 너희 꼬맹이들은 유난히 조용하지. 난 너희가 꼼지락거리면서 지금 내 배에서 안전하게 잘 지낸다고 말해주길 바라는데. 밖으로 나와도 건강할 거라고 날 확신시켜주길 바라는데.

그래서 지난주부터 새로운 방법을 시도하고 있어. 너희가 유난히 조용하고 나는 갑자기 두려울 때, 나는 그 힘바족 여인이 했던 행동을 하기로 해. 내 배를 톡톡 노크하는 거야. 지금은 너희가 대답을 해주네.

편지 ○ 34주 3일

2016. 5. 30.

토요일, 케이트에게 전화했어. 사실 연락을 피하고 있었거든. 음성메시지 두 개에 열 개도 넘는 문자메시지가 왔고 내 전화기에 케이트 이름이 수십 번 떴지만 받지 않았어.

클라이밍 모임에는 다음 행선지 대화만 가득해. 그 사람들 대화 아래엔 언제나 더 넓은 바깥세상으로 여행을 떠난다는 가정이 깔려 있지. 내면으로의 여행은 아니야. 언제나 목적지가 있고 단거리, 장거리로 어디론가 떠나는 이야기를 하지.

케이트는 나와 가장 친한 친구 중 하나야. 우리는 열 번 넘게 같이 전 세계를 누비면서 등반을 했어. 그런데 작년에 샤모니를 등반하다가 살짝 어긋난 것 같아. 나는 아프리카 레가도 관련 출장을 몇 차례 갔다가 막 도착한 참이었고 케이트는 피사의 사탑이라고 이름 붙은, 요세미티 계곡에서 가장 기술적, 물리적으로 까다롭다고 소문난 암벽에서 시범 등반을 하고 온 참이었어. 작은 홀드만으로도 내 프로텍션(암벽이나 빙벽 등반에서 선등자가 추락에 대비해 만들어두는 자기방어 수단으로, 루트 중간중간 일정한 간격으로 나무, 볼트, 너트 등을 사용해 만든 중간 확보물_옮긴이)보다 훨씬 높이 올라가는데 나에겐 거의 불가해한 광경처럼 여겨졌지. 그 친구에게는 누워서 떡 먹기처럼 쉬워 보였고 나는 그보다 한참이나 뒤쳐진 것만 같았어.

사실 암벽등반만을 위한 삶을 살기 위해 너희와의 인생을 포기할 준비가 된 여행이었어. 케이트도 부분적으로는 동기부여가 됐지. 아니면 그 친구 때문에 내가 이류 등반가가 된 것만 같은 열등감을 느꼈거나. 케이트는 점점 내게서 멀어지고 우리 삶은 분리되는 것처럼 보였어. 어쩌면 레가도가 원인이라고도 생각했지. 나는 산을 집으로 생각하는 사람들과 일하면서 산을 사랑하는 삶을 선택했고 그는 우아하고 단순하게 산을 오르는 삶을 선택했을 뿐이라고.

발톱 궤사가 우리 이야기의 주인공으로 떠오르리라고 누가 알았을까?

***

케이트에게 내가 먼저 전화를 했어. 집 밖으로 나가 강아지 장난감 '척잇!'으로 우리 강아지 타미건에게 테니스공을 던져주기 시작했어. '척잇!(애완견 장난감 중 하나로, 공을 집을 수 있는 긴 막대기가 포함되어 있어 몸을 깊이 숙이지 않고도 공을 던질 수 있다_편집자)'은 두 달 전 샀는데 더는 내가 몸을 숙여 공을 주워줄 수 없게 됐거든. 강아지에게 계속 공을 던지면서 케이트에게 그동안 잘 지냈냐고 물었어. 콜로라도의 무시무시한 흑암 거벽인 거니슨의 블랙캐니언을 길게 다녀왔다고 하더라. 유타 사막을 여자친구들과 캐니어링(트래킹, 암벽타기, 급류타기 등으로 길이 없는 곳을 이동하는 것_옮긴이)했다고도 했어. 또 볼더링에서도 새로운 레벨로 올라가려고 노력 중이라고도 하고 시에라네바다산맥의 악명 높은 암벽인 1,000피트 높이 5.12난도의 로맨틱 워리어 등반도 했고 또 계속해서 늘어나는 야심만만한 목표들도 하나씩 도전해보고 싶다고 했어.

나는 임신과 아기 이야기만 하고 싶진 않아서 친구의 여행과 모험에 관해 자세히 물어봤지. 하지만 클라이밍은 이제 내게 먼 이야기처럼 느껴지더라. 사실 이전에 우리가 클라이밍 이야기만 하진 않았거든. 등반가 특유의 용어로만 대화하지도 않았고 등반에서의 무모하고 어려웠던 순간을 일일이 언급한 것도 아니었어. 지나고 나서 몇 마디 하는 정도였지.

내가 임신하기 전 우리 대화는 이런 식이었어.

케이트 나 드디어 피사의 사탑 완주했다.
나 멋지다. 이번에 난 위딘 리즌이라는 딱딱한 빙벽 루트 했어.
케이트 무서웠니?
나 조금.

그리고 다음 여행지 이야기를 하고 최근 여행이 어떤 느낌이었는지 잠깐 근황을 이야기하고 우리만큼 등반을 하는 파트너와 사랑하고 사는 건 어떤지 이야기했지. 하지만 오늘 통화에서 나는 자연스럽지가 않았어.

"너는 어떻게 지내는지 아직 이야기 안 해줬잖아." 케이트가 말했어.

친구에게 정말로 내 일상을 말하기 시작하면 불평하는 소리처럼 들리지 않을까. 화장실에 가려고 일어날 때마다 끙끙거리는 소리를 낸다는 이야기. 계단에서는 올라갈 때나 내려갈 때나 상관없이 하나씩, 그러니까 한 발을 올리고 다음 한 발을 옆으로 놓고 난간을 꼭 붙잡고 올라간다는 이야기. 소파에 누워 있을 때도 항상 옆에 수낭을 놓고 매일 엄청난 양의 물을 마신다는 이야기. 지난 4주 동안 80퍼센트는 누워 있어야 했다는 이야기.

이건 케이트의 문제가 아니야. 나도 알아. 케이트는 세상에서 가장 다정하고 공감 능력이 뛰어난 친구야. 우리는 함께 전 세계를 여행했고 그는 내가 고생하는 것을 자주 봤어. 어쩌면 너무 많이 봤으려나. 어쩌면 그게 문제일지 모르겠다. 그녀를 위해, 그녀에게는 내가 언제나처럼 씩씩한 무적이고 싶었나 봐.

"잠깐만." 타미건이 공을 배수로에 빠뜨렸을 때 말했어. 그걸 집으려고 몸을 숙이다 터진 신음 소리를 덮기 위해 핸드폰을 막았어.

"내 쌍둥이들과의 첫 여행은 아마 이번 가을에 레드가 되지 않을까 싶어. 그때쯤이면 애기들 4개월이겠다. 나 항상 거기 등반 해보고 싶었거든."

"우리 거기서 만나도 되겠다." 케이트가 말했어. "잠깐. 나 그때 이란 가는구나."

"레드 다음에 그리스는 어때?"

"피터는 어때?"

"피터가 뭐?"

"남편은 여행에 대해 어떻게 생각하냐고."

"물론 같이 파타고니아에 가고 싶어 하지. 하지만 내가 파타고니아에 가려면 출산하고 적어도 1년은 기다려야 할 것 같아. 그때 우리 다 같이 가도 좋겠다."

나는 케이트가 그리워. 그녀와 함께한 내 인생도 그립고. "아니면 내년 여름에 샤모니는 어떨까?" 내가 제안했어.

나는 자꾸 여행 아이디어를 냈는데 그 인생을 다시 찾고 싶었나 봐. 마음속 깊은 곳에서는 어떤 형태로든 그 삶으로 돌아가리라는 것을 알았지만 '옛것을 다시 찾는 것'이라고 생각하고 싶진 않았어. 왜냐하면 나는 지금 뭔가 완전히 새로운 국면으로 나아가는 거니까. 내 인생을 과거의 한때와 비교하고 싶지 않고 지금 이때에 머물고 싶어. 나도 알아. 지금 이 순간의 내 인생은 내가 만드는 거야. 언제나 그래왔어.

타미건이 그늘에 눕기에 나는 의자를 펴서 그 옆에 뒀어. 곧 내릴 뉴잉글랜드의 비 때문에 공기는 무거웠지. "우리는 아직도 새집 구하고 있어." 케이트에게 말했어. "너 나 알지? 내가 트레드월 없으면 못 사는 거." 트레드월은 훈련을 위해 집에 설치하는 이동형 클라이밍 벽이야. "꼭 트레드월 설치할 공간이 있는 집으로 찾고 있어. 예전 몸 찾아야지."

내 말에 나 스스로 몸을 움찔하고 멈췄지만 케이트는 눈치 못 챈 것 같았어. 그다음에는 간단히 인사를 하고 전화를 끊었지.

나는 겨우 몸을 일으키고 타미건을 불러 집으로 들어왔어. "예전 몸 찾아야지." 앞으로 이런 말은 안 하려고 해. 사실 내 몸은 예전으로 돌아가지 않을 테니까. 그럴 수도 없지. 몸은 앞으로 나아가지. 나는 이 몸과 함께 앞으로 나아가는 거야.

음성 일기 ○ 35주 1일

2016. 6. 4.

안녕 아가들.

35주가 됐네. 너희가 신생아 중환자실이 있는 메인주 병원이 아니라 뉴햄프셔주 우리 동네 병원에서 태어날 수 있다는 뜻이지.

너희를 만나기까지 최대 3주가 남았어. 나는 매일 점점 더 자주 오래 누워 있어. 거의 집 밖으로 한 발자국도 안 나가는 것 같아. 필요한 물건을 사러 하루 한 번 정도 나갈까 말까. 병원에 가긴 하지. 혼자 드라이브를 하기도 하고 그마저 하지 않기도 해. 최근에는 몇 번 운전하다 놀란 적이 있어서 너희 아빠와 상의해 운전은 하지 않기로 했어.

난 언제나 임신이 내 몸에 놀라운 경험이 될 거라 생각해왔지. 임신이 나를 완전히 닫힌 것처럼 느끼게 할 거라고는 생각하지 못했어. 이제 너희를 내 배에서 내보내야 할 때가 왔는데도 나는 너무 작게 느껴져. 마치 누에고치 속에 갇혀 있었던 것만 같고, 더 커지고 열리고 넓어지고 무엇이든 만날 준비가 된 것 같진 않아.

너희 아빠와 지난주에 내 배 모양의 석고상을 떴고 석고가 마를 동안 그걸 배에 덮은 채 밖에 나가서 걸었어. 석고는 내 피부에 밀착돼 있었는데 나는 처음으로 그게 임신 기간 내내 날 덮고 있었고 나 자신, 내 자아는 그 임신 뒤에 있었다는 생각이 들더라. 그 석고를 떼어냈을 때 아주 잠깐 동안 임신에서 벗어난 것 같은 생각이 들었어. 짧은 순간이었지. 생각이었을 뿐이고.

노트패드 ○ 36주

2016. 6. 10.

"우리 한 바퀴 쌩하니 돌고 올까요?" 중고차 딜러가 보내준 미니밴이 도착한 날 너희 아빠에게 물었어.

"그럴까요?" 아빠가 말했지.

너희 아빠는 내가 조수석에 올라가는 걸 도와줬고 우리는 34도 날씨에 창문을 내리고 약 800미터 정도 '로드 트립'을 떠났단다.

집을 네 채 정도 지났을 때 아빠에게 몸을 기대 목뒤 잔머리를 만지며 장난스러운 소리를 냈어. 우리가 8년 전 만났을 때 영하 15도 날씨에 그의 낡은 스바루에서 그에게 키스하고 싶어 보냈던 신호야. 이번엔 아빠의 머리가 땀으로 축축했는데 내가 만약 몸을 자유롭게 움직일 수만 있었다면 몸을 기대 키스했을 거야.

"언젠가 쌍둥이 임신한 아내를 태우고 미니밴 기사 노릇을 하게 될 줄 알았나요?"

"꿈에도 생각 못 했소이다." 아빠가 말했어.

음성 일기 ○ 36주 4일

2016. 6. 14.

그래, 너희 둘. 너희가 엄마 배에 대각선으로 삐딱하게 몰려 있어. 너희 둘이 엉킬까 봐 두렵구나. 아니, 솔직히 말해 아들 네가 딸을 뭉갤까 봐 겁난다. 너는 많이 크잖아. 평균의 90퍼센트라고 하니. 반면 우리 딸은 작은 쪽이야. 사실 우리는 이 문제 때문에 걱정을 했는데 의사들은 너희를 개인으로 보고 서로 비교하지 말라고 해. 물론 그렇게 하기가 힘들지. 너희는 똑같으니까. 바로 옆에 찰싹 붙어 있으니까. 아니 퀘벡식으로 말하자면 나란히 side by each 있으니까.

임신은 내가 했던 일 중에 육체적으로 가장, 정말이지 가장 힘겨운 일이었어. 나는 온종일 누워만 있어. 보통은 아무것도 하고 있지 않다고 보면 돼. 대부분의 시간 동안 옆으로 누워 움직일 때마다 수축하는 배를 바라보고 있을 뿐이야.

지난 36주 동안 최종 목표는 너희를 내 안에서 안전하게 지키는 거였지. 이제 거의 그 목표 지점에 다다랐고 이제는 너희를 밖으로 꺼내는 것에 관해 생각할 때가 왔네. 다른 쪽으로 내놓을 준비는 완전히 됐지. 너희가 신선한 공기를 마시게 해야지. 그리고 너희는 내가 움츠러들 때도 인간 엄마로 자라나게 해줬으면 좋겠다.

너희를 낳는다고 생각하니 떨리고 긴장돼. 하지만 무섭진 않아. 내가 계획할 수도, 통제할 수도, 원하는 대로 되도록 만들 수도 없고 내버려둬야 한다는 걸 알아. 너희가 하나라면 어떻게든 계획을 하려고 노력했을 수도 있지만 이미 너희는, 너희라는 200퍼센트를 어떻게 받아들여야 하는지 가르쳐줬지.

음성 일기 ○ 36주 5일

2016. 6. 15.

난 너희를 만날 준비가 됐어. 아빠는 다음 주까지 기다리고 싶다고 하네.

너희 아빠에게 당신의 편의를 위해 임신을 더 유지하라고 하는 게 옳지는 않은 것 같다고 말했어. 나쁜 뜻으로 한 말도 아니고 경솔한 말도 아니었지만 그저 그렇게 말한다는 것 자체가 지금 우리가 얼마나 다른 입장에 있는지 보여준다고 할 수 있지.

그의 인생도 곧 변하겠다. 더 커지는 동시에 더 작아지겠지. 너희가 들어오니 더 커지고 그의 자유가 극적으로 줄어들 테니 작아질 거야.

나는 그 반대야. 내 인생은 임신 막바지에 달할수록 점점 더 좁아졌지. 그런데 이제 내가 다른 국면으로 갈 테니 다른 길이 열릴 거야.

지난밤 너희 둘이 너희만의 박자에 맞춰 엉덩이를 흔들고 등과 발끝을 둥그런 집 구석구석에 쿵쿵 부딪히더라. 그 사이에 싱커페이션 리듬으로 딸꾹질을 해가면서.

"아기들이 나온다니 믿어지지가 않아. 인생에서 경험한 다른 그 어떤 것과도 달라." 너희 아빠가 말했어.

"탄생이?"

"모든 게 다. 다른 그 무엇과 비교해도 달라. 무슨 일이 있어도 일어나잖아."

나는 그 자리에서 아빠의 말이 이어지길 기다렸어. 달리 갈 곳도 없었지만.

"예를 들어 피츠 로이라면."

"당신은 임신과 출산을 피츠 로이 등반과 비교하는 거야?" 내가 끼어들었어.

"잠깐. 그게 아니고. 우리는 항상 등반을 계획하면서 하잖아. 하지만 필요하다면 언제든 되돌아갈 수 있었어. 안 그래?"

너희 둘은 마치 조용히 하라는 말을 들은 것처럼 움직임을 멈추고 아빠 이야기를 들었어.

"만약 등산 도중에 눈이 많이 내려 위험하다는 생각이 들면 바로 하산하면 되지. 기온이 올라가 얼음이 깨질 위험이 있어도 내려오면 되고. 정상 코앞까지 갔다가 올라가지 않고 빙 둘러 내려오기도 해."

나는 아빠의 손을 잡고 너희가 있는 배에 하나씩 올려놓았어. "여기에 집중해봐." 내가 말했지. "너희는 만약이나 어쩌면이 아니야. 너희는 우리야."

우리는 나란히 서서 몸을 겹쳐봤어. 너희, 엄마 그리고 아빠 순서로. 그 순간 내가 거하게 트림을 해버리고 말았네.

"오늘은 무알콜 맥주의 날이었다고." 나는 어깨를 으쓱했어.

"너희가 무알콜 맥주를 마시고 자란 거 잊지 마라." 너희 아빠는 내 배를 쓰다듬었어.

***

너희가 내 인생에 이제 곧 천둥처럼 나타나리라는 사실이 좋아. 무슨 일이 있어도 나는 너희를 낳겠지. 내가 안을 수 있는 생명체, 내가 만질 수 있는 손가락, 내 아기들이 되겠지.

내 인생에서 일어난 일 중에 이렇게까지 필연적으로 느껴진 일은 없었던 것 같아. 아니, '필연적이다'라는 단어도 이 경험을 묘사하기에는 너무 수동적이야. '심오한', '진실한', '난공불락'이 더 적확하겠다.

인생의 여러 국면에서 너희는 마음을 바꿀 수 있어. 결혼하지 않을 수 있고 대학에 가지 않을 수 있고 모잠비크에 가지 않을 수 있지. 할머니를 방문하고 조카를 안을 수 있지. 하지만 이 시점에서, 쌍둥이를 임신한 지 36주 5일 차에 코스를 변경할 수는 없어.

물론 코스를 변경하길 원하지도 않지만.

***

지난 새벽에 너희를 만날 뻔했어. 내 몸에 많은 일이 일어나고 있어. 변하고 있지. 느낄 수 있어. 점점 준비를 하고 있네. 난 무서워. 내가 움직이면 너희도 움직이고 너희 몸을 조정해 내 자궁은 다시 수축하지. 그러니까 내가 주먹을 너무 꼭 쥐고 자서 손에 감각이 없어지거나 아니면 화장실에 가야 해서 깨어날 때마다 우리 모두 행동을 개시할 준비를 한다는 거야. "우리 같이하자." 내 배의 피부를 통해 너희를 머리부터 발가락까지 쓰다듬으며 너희에게 속삭인다.

내 말이 너희 둘을 예측한 거 알고 있지? 처음 임신하려고 노력할 때 나는 건강하고 튼튼한 아기들을 쉽게 만들 수 있을 거라 생각했어. 아기들이라고 복수를 썼지만 아무 의미도 없고 문법적으로 정확하니까 그렇게 썼을 뿐이지. 내가 양수 검사를 받고 내 배에 7.5센티미터 바늘을—두 번—찌르기 전에도 나는 "건강하고 튼튼하고 완전한 염색체의 아기들을 쉽게 만들어야지"라고 말했었어. 이제까지 살면서 만트라는 내게 중요한 역할을 했고 너희가 온전한 방식으로 자라길 바라서 한 말이야. 이제 그 말대로 우리가 이렇게 있네.

지난 36주 동안 여기까지 올 수 있을지 궁금했단다. 다른 차선은 얼마든지 있을 수 있잖아. 일이 잘못될 가능성, 일이 잘 풀리지 않을 가능성. 나는 너희를 생각보다 일찍 가질 수도, 잃을 수도 있었지. 하지만 더는 그러지 않아. 너희는 내 것이야. 우리 것이야.

2016. 6. 29.

음성 일기 ◐ 생후 1일

2016. 6. 29.

　언젠가 너희를 세상에 내놓기 위해 41시간의 진통이 필요했다는 이야기를 해줄 날이 오겠지. 그중 4분의 1은 열에 들뜬 꿈을 꾸는 것 같았다는 이야기, 초록색 짐볼 위에서 양수가 터졌고 그 공은 너희를 어떻게든 바깥에 내놓으려고 할 때 내 다리 사이에 있었다는 이야기를 할 수 있으려나. 이건 다른 시간대 이야기야. 너희는 지금 현재의 이야기지.

　이레나 버하르트 두세트Irenna Burhardt Doucette. 너는 건강하고 다리가 길고 가늘어서 전체 비율만 보면 마치 거인 같아. 너는 2.3킬로그램의 힘이다. 너에겐 속눈썹과 손톱이 있어. 너는 엄마 가슴에 닿자마자 바로 젖을 빨았지. 너는 내 할머니 이름인 이레나를 물려받았지만 n이 두 개라 너만의 이름이야. 우리 할머니는 폴란드 최초의 여성 변호사 중 한 명이었단다. 내 아빠를 창조하고 내 엄마를 사랑하는 힘이 있는 분이었지.

카즈 레이먼드 두세트Kaz Raymond Doucette. 너는 짙은 색 곱슬머리에 물에 몸을 담그는 걸 참 좋아한다. 네 동그란 볼을 들이마시고 싶어. 너는 오늘까진 정식 이름이 없었지만 이제부터 우리 아빠 크리스트조프 카지미에즈와 네 고조할아버지 레이의 유산을 물려받게 됐어. 하지만 너만의 카즈라는 이름으로.

너희는 서로에게 익숙해. 한배 안에서 38주 하고도 나흘을 같이 보냈으니 놀랄 일은 아니어야 할 텐데도 놀랍다. 너희는 병원 한 침대에 누워 서로의 몸을 파고들지.

너희는 내 양쪽 겨드랑이에 딱 맞아서 내가 마지막에 병원 가방에 던져 넣은 잠옷 안으로 쏙 들어간다. 수유할 때마다 이 잠옷이 우리를 덮어주고 있지. 항상 말이야.

너희는 어제 태어났단다. 오늘은 아빠와 엄마의 세 번째 결혼기념일이야. 너희 아빠에게 이 얼마나 완벽하냐고 했어. 너희가 너희만의 특별한 날을 보내고 난 다음 우리는 우리만의 특별한 날을 보내겠지. 올해는 우리의 특별한 날이 오롯이 너희 중심으로 돌아가고 있어.

어쩌면, 언제나 너희 중심으로 돌아가진 않을 수도 있다고 생각한 내가 바보였나 보다.

음성 일기 O 6일

2016. 7. 4.

너희는 자라고 있어. 나는 너희를 세상에 내놓은 내 몸을 치유 중이고 내 영혼은 활짝 열어뒀지. 왜냐면 너희가 이제 이곳에 있으니까.

모두가 여기 이곳에 있고 각자 해야 할 일을 하고 있어.

노트패드 ◯ 8일

2016. 7. 6.

어젯밤 아이폰 메모

─ 밤 10시 30분
    둘 다 쉬했고 갈아줌
    둘 다 8분 동안 수유
    I 응가
    K 응가
    둘 다 10분 수유
    I 쉬
    둘 다 5분 수유

─ 오전 12시 48분
    둘 다 쉬했고 갈아줌
    둘 다 4분 수유
    K가 잠들려고 해서 얼음물을 귀 뒤에 대고 깨워 수유
    K 응가
    둘 다 10분 수유
    I 응가
    K 응가

둘 다 4분 수유
I 응가

―― 오전 3시 10분
둘 다 세 번 응가 세 번 쉬
대략 25분 수유

오전 4시 20분.
나는 잠에서 깼는데 너희는 아니네. 신생아 젖 먹일 때 30분 동안은 먹여야 한다고 하던데. 혹시 다 합쳐서 30분이라는 말일까? 너희 아빠에게 물어봤어. 하지만 아빠는 밤교대가 끝난 다음 잠이 들었고 우리는 이제 우리 침대에 누웠어.
어쩌면 아빠를 깨워야 할까 봐. 상주 기저귀 갈기 담당자로서 응가 횟수랑 시간은 아빠가 확인해야 하는 거 아닌가? 이레나가 젖을 먹기 전에 쌌나 아니면 먹은 다음에 쌌나?
이 기록을 언제까지 해야 할까?
아이폰이 아니라 종이에 써야겠다.

음성 일기 ○ 11일
2016. 7. 9.

너희 외할머니가 오늘 떠나셔. 하지만 떠나시기 전에 할머니는 여름 휴가 차량으로 꽉 막힌 도로에서 세 시간 동안 45마일 자전거를 타셨지.
오늘 아침에 할머니가 너 이레나를 안고 네 턱선을 쓰다듬으시더

라. 생후 1주일 아기에게 턱선이라는 게 있다면 말이지만. "우리 손녀딸이 이 할미처럼 머리가 좋아야 할 텐데. 운동도 선수급으로 잘해야지."

할머니는 커피를 한 모금 마시고 마지막으로 덧붙였어. "마음이 따뜻한 사람이 되길."

3주 전 너희 할머니는 애리조나에서 자전거를 타시다가 우리에게 '미니뇌졸중'이라 부르라고 명한 일을 겪으셨어. 사실 그 일은 말도 꺼내지 말라고 명하시기 때문에 대체로는 부를 일도 없지만. 이번에는 너희 할머니보다 자전거가 먼저 뉴햄프셔에 도착했네. 할머니가 아무리 내게 낮잠 자라고 잔소리해도 내가 자지 않는 것처럼 내가 아무리 말해도 자전거 타시는 건 막을 수가 없어.

"내가 쓰러져서 곰한테 잡아먹힌다면 그렇게 끝나는 거지 뭐." 아침부터 33도까지 올라간 날씨에 우리 집 앞으로 자전거를 끌고 나가다 뒤를 살짝 돌아보며 내게 말씀하시더라.

너희는 외할머니가 얼마나 멋지고 기가 세고 무시무시한 여성인지 알게 될 거야. 할머니는 열렬히 사랑하고 완전히 사랑하고 자신의 다른 일에서 늘 그래오신 것처럼 경쟁적으로 사랑하신단다. 너희가 할머니를 잘 알게 되길, 아주 잘 알게 되길 하나님께 기도해. 그러지 못할지도 모른다고 생각하면 미칠 듯이 괴로워. 그러면 너희를 내가 서른아홉 살, 할머니가 70세일 때 낳은 내 잘못이라고 생각하게 될 거야.

언젠가 너희가 아기를 갖게 되면 나는 너희 옆으로 가서 도와줄 거야. 우리 엄마가 우리 집에 와 있는 게 얼마나 힘든 동시에 얼마나 좋았는지 기억하려고 할 거야. 엄마가 내 아기들을 안고 사랑해준 것, 언제나 사랑이 가득한, 내 바람보다는 조금은 더 거친 손으로 너희를 안아 올리는 모습을 기억할 거야.

엄마가 우리 집에 있었고 한집에서 엄마에게 의지할 수 있었던 게 얼마나 좋았는지 기억할 거야. 그러면서도 마흔이 다 된 나이에 엄마와 같은 집에 산다는 게 얼마나 보통 일이 아닌지를 기억할 수도 있겠지. 나만의 시스템을 만들 수 있게 도와준 사람이지만 나와는 다르게 하는 사람이기도 하잖아.

할머니는 이제 재활용하는 법을 새로 배우시고 우리 집 규칙을 어기시기도 하고 우리가 스펀지로 살살 닦아달라고 한 팬을 수세미로 박박 닦으시기도 해. 집안일은 당신 방식으로 알아서 하고 싶다고, 지시는 줄여줬으면 좋겠다고 요구하시기도 해. 맞아. 가끔 유기농 달걀을 안 먹으면 어떠니.

할머니는 곧 라이딩에서 돌아오실 거야. 배웅해드리러 갈 때 너희가 입을 옷을 골라놓자. 물론 아직은 너희가 옷을 입는다고 할 수 없지. 너희 아빠와 내가 총 여덟 개의 팔다리에 옷을 꿰어 입히는, 옷 갈아입히기 게임을 하는 거지. 나는 아무리 깜찍해도 단추가 있는 옷은 포기했어. 우리의 새로운 인생에서 지퍼보다 더 귀여운 건 없구나. 너희 아빠는 기저귀나 속싸개만 입혀놓는 식으로 더 간소화하고 있어. 하지만 똥 기저귀 갈기 분야에서 아빠가 점수를 획득하고 있고 또 동북부 최고의 속싸개 싸기 달인이라서 그 결정은 아빠에게 맡겼어.

너희 아빠와 나는 8년 동안 우리만의 클라이밍 시스템을 만들어왔고 우리가 빌레이 앵커(빌레이는 등반가를 보호하는 시스템을, 앵커는 등반자나 로프 등을 암벽에 고정하는 장치 또는 방법을 뜻한다_편집자)에서 리드 순서를 바꿀 때 자동적으로 장비를 상대에게 넘겨줬었어. 사랑도 넘치고 멘털 붕괴도 넘치는 현장 체험이라 할 수 있는 지난 열하루 동안 우리는 너희와 함께 가장 효율적인 시스템을 만들어온 것 같아.

매일 낮과 밤에 우리는 컨베이어 팀처럼 움직이고 아빠는 너희를 내게 데리고 와 젖을 먹게 하고 아기들을 닦아줘. 어젯밤에는 아빠가 너희 둘 사이를 종종거리며 총 열한 번 기저귀를 갈았단다. 지금까지는 신기록이야.

이레나. 아빠가 새 기저귀를 갈아줄 때 아빠를 똑바로 쳐다보면서 짓는 표정이 있거든? 아빠가 기저귀 찍찍이를 채우기 전에 네가 다시 기저귀를 적실 때 짓는 표정. 그럴 때마다 우리는, 아니 나는 웃겨 죽어. 물론 너무 크게 웃지 않으려고 노력은 해. 아직도 제왕절개 수술한 곳의 실밥이 터지지나 않을까 걱정이고, 오줌이 나올까 봐, 내 질에서 뭔가 나올까 봐 조심하고 있으니까. 너희 아빠를 놀리고 싶지도 않고.

하지만 오늘은 어떤 고난과 어려움이 닥쳐도 너희에게 단추 있는 옷을 입히고 싶구나. 할머니와 사진을 찍고 싶고 언젠가 이 사진이 필요할 날이 있을 테니까. 할머니는 아직 떠나지도 않았는데 벌써부터 멀리 계신 것만 같다. 그래서 사람들이 시간을 멈추고 싶어 하나 봐. 그러면서도 어떻게든 계속해나가는 방법을 배우지.

사랑한다, 내 아가들. 너희가 태어난 지 11일이 됐어. 카즈, 엄마가 녹음하는 내내 너는 아기띠로 묶여 내 가슴에 매달려 있었어. 녹음 전에 미리 이렇게 해놨지. 이레나 곰돌이야, 너는 할머니가 만들어준 요람에 누워 있구나. 우리는 썩 괜찮은 밤을 보냈다. 나는 3개월 만에 처음으로 청바지를 입었어. 오늘은 중요한 날이야. 사랑해, 우리 갓난쟁이들. 내 몸을 찢고 나와줘서, 내 심장을 활짝 열어줘서, 멈추지 않아줘서 감사하고 사랑해.

노트패드 ○ 22일

2016. 7. 20.

새롭게 안 사실이 하나 있는데 엄마 몸은 입으로는 계속 구토를 하면서도 갓난아기 둘에게 젖을 먹일 수 있다는 것. 도무지 원인을 알 수 없는 이유로 어젯밤 밤새 구역질을 계속했기 때문에 의식이 또렷했다고 생각하진 않지만 어떻게든 일어나서 너희에게 젖을 먹였다.

하루를 시작하기도 전에 너무 지쳤어. 이 상태를 어떻게 불러야 할까?

음성 일기 ○ 1개월 2일

2016. 7. 30.

친구와 세상과의 끈이 떨어지는 것을 처음 경험한 건 전업 등반가가 되고 8개월 만의 일이었어. 엄마로서는 4주 만이네.

게리 포크가 240피트 높이 바위에서 떨어져 사망했대. 그가 수백 번을 등반한 그랜드 테톤 암벽의, 수백 번 올라간 바위 위였지. 너희 아빠는 그 바위 위에 열 번도 넘게 올라가봤고 나도 가본 적 있어. 여기 뉴햄프셔에서 눈을 감고도, 와이오밍의 지름 1미터 정도 금회색 화강암 바위를 떠올릴 수 있지. 하지만 내 두뇌는 그 이미지를 오래 붙들고 있지 못하고 게리와 케이트의 네 살과 9개월 아이들이 있는 장면으로 바뀌고 마는구나. 아빠가 죽는 순간 아이들은 낮잠을 자고 있었을까? 울고 있었을까? 워터파크에서 미끄럼틀을 타고 있었을까?

그날은 산악 가이드인 게리가 가이드 업무를 하는 평범한 하루일 뿐이었어. 아니, 평범한 하루가 됐어야 했지. 지금 순간 산악 가이드라는 일도 진절머리 나. 내가 그 일을 하는 사람인 게 싫다. 그런 사람과 결혼했다는 사실도 싫어.

***

 8개월 만에 처음으로 등반할 준비를 하고 있어. 오늘은 아니고 조만간 갈 것 같아. 이 일이 어디에 맞을까. 게리는 어디에 맞을까. 나와 똑같은 일을 하는 친구의 죽음은 어디에 맞을까?
 산에서 목숨을 잃은 사람 소식을 들을 때마다 내 머릿속에서 짜깁기 패턴이 나타나. 내가 그들과 얼마나 친했나? 내가 그들이 죽기 전 간 곳과 같은 지점을 여행했던가? 이 서사 어디에 내 이야기와 사고를 분리해주는 단층선이 존재하는가? 20년 동안 머리로 열심히 미적분을 하고 있는데 이제 너희도 이 계산식의 일부가 됐고 나는 이 문제 앞에 두 배로 나약해진 채로, 내 몸의 모든 신경이 날카로워진 채로 맹비판 당하고 얼얼해질 때까지 맞기를 기다리고 있는 것만 같아.
 나는 게리를 잘 알지 못했지만 너희 아빠와는 친한 편이었어. 나는 열아홉 살 때부터 암벽을 타면서 머릿속으로는 파트너를 잃는 시나리오를 수없이 돌려봤어. 이제 그 파트너는 너희 아빠지.
 이번 주 브리티시 콜롬비아 퍼셀 산맥의 부가부스산에서 한 등반가가 폭스바겐만 한 크기의 바위 옆을 지나가다 살짝 건드렸는데 그 바위가 떨어지면서 깔려 죽고 말았어. 몇천 년 동안 한자리를 지키던 바위가 눈 깜짝하는 순간 자리를 이탈해 한 생명을 끝내고 말았지. 그 일이 다시 일어날 확률은 얼마나 될까? 내 머리는 자동으로 그 사고와 나를 철저히 분리하려 한다.
 너희 조부모님과 비등반가 친구는, 내가 클라이밍을 그만두길 바라는 마음을 더는 숨기지도 않아. 이제 너희가 있으니까. 나는 굳이 이야기하진 않아. 그들의 두려움을 내 굳은 의지로 밀어내는 게 언제나 내 방어법이었어. 하지만 내게 너희가 있다는 것, 내가 너희 엄마라는 상태가 나를 바꾸지 않을까? 지난 여름, 국제단체 일을 하느라 몇 달 동안 등반하지 못하고 지내다 샤모니에 올라갔을 때도 나약해진 기분이었는데 이제 더 오랜 휴식 끝에 엄마라는 새로운 역할을 짊어진 채 산에 가면 어떤 느낌일까? 그 사이 늘어난 몸무게 70파운드와 다시 뺀 50파운드의 감각은 어떻고. 내 새로운 몸으로 좁은 바위틈에서 균형을 잡을 땐 또 어떤 느낌일까.

오늘, 지난 이틀 동안 보려고 아껴둔 민주당 전당대회 인터넷 방송을 보면서 너희 둘에게 젖을 먹였어.

힐러리 클린턴이 무대 위로 올라가는데 세 계단 올라갈 때쯤 나는 울고 있었지.

도널드 트럼프를 뽑는 세상이 아니라 힐러리 클린턴이 대통령인 세상에서 너희를 키우고 싶다. 엄마는 전자인 세상을 원하지 않아. 이런 일에 비한다면 암벽등반이라는 건 참 하찮아 보이는구나.

"우리도 선거운동 해야 하지 않을까." 얼마 전 너희 아빠에게 말하자 아빠가 움찔했어.

"난 하고 싶은데."

너희 아빠는 잠깐 멈춰서 얼마나 할 일이 많을지 생각해보라고 했어. 하지만 나는 잠깐 멈출 틈도 없었어. 나는 너희를 안아주고 사랑하고 이 세상에 갓 나온 너희에 대한 어마어마한 책임감에 눌린 채 속옷을 제대로 입은 것만으로도 감사하려고 노력하느라 바쁘니까.

음성 일기 ○ 5주 2일

2016. 8. 3.

    너희를 낳은 날 상의는 탈의한 채 허리 아래로는 진통을 하면서 리클라이너에 앉아 한 손으로 이메일을 쓰고 있었던 것 아니? "네. 되도록 빠른 시일 내에 미팅을 잡아서 나물리산 환경보호를 위한 5년 지원금에 관해 논의하고 싶습니다."

    이제 그 지원금을 받기 위해 본격적으로 일하기 시작했어. 적어도 아침 6시 43분부터 7시 14분까지는 매일 하려고 하지.

    엄마는 아무래도 손목굴증후군에 걸릴 것 같다. 일단 수유하느라 너희 머리를 받치고 있는 데다 너희 머리를 팔로 감싸 품 안에 재운 채 열심히 타이핑했거든. 사실 손목굴증후군이든 뭐든 상관없어. 어쩌면 수면 부족과 젖 냄새 나는 너희와의 잦은 접촉과 그동안 감히 꿈꾸지도 못한 금액의, 내 인생 최대의 지원금이 나올지도 모른다는 사실에 취해 있는지도 모르겠다.

    내가 지금 짜맞추려는 조각이 맞춰지지 않는다면 그에 관해서도 할 말이 많겠지. 하지만 지금 이 순간은, 도취감을 받아들이려고 해.

음성 일기 ○ 5주 6일

2016. 8. 7.

    우리는 케이트 이모와 이제 너희 이모부가 된 마이크의 결혼식에 다녀오는 길이야. 너희는 너희 자체로 그리고 내 확장된 일부로 이 결혼식에 참석했어. 나는 양팔에 너희를 하나씩 안고 예식장 안을 걸었지.

지금 기분이 어떠냐면… 너무 피곤해. 너무 슬퍼. 너무 행복해. 너무 인간적이야. 엄마 같기도 해. 더는 나 아닌 사람인 척하고 있진 않아. 나다워.

우리는 예식장을 같이 걷다가 너희를 안고 싶어 하는 친구들에게 하나씩 넘겨주고 식 중에는 나 혼자 서 있었어. 하지만 그 이후로 저녁 내내 너희가 중심이었지. 너희 하나 혹은 둘을 안고 집과 연회 장소를 오갔다. 너희를 안고 있지 않을 때도 내 짙푸른 색 드레스에 모유가 스며들었지. 카즈를 단 한 명의 댄스 파트너로 삼고 천막 주변을 계속 돌면서 품에서 재웠는데 내가 있어야 할 곳에 있으면서도 무대에서 다른 사람들과 춤추고 싶다는 내 소망이 이뤄진 것 같았어.

이 모든 상황을 고려하면, 엄마는 다른 모든 사람이 엄마로 보는 사람이 돼야 해. 하지만 엄마가 아닌 나로는 잘 봐주지 않는 것 같아.

너희가 태어났을 때 할머니는 너희와 이 세상을 헤쳐가게 된 게 자랑스럽지 않으냐고 물었어. 사실 너희와 한 팀으로 움직이는 걸 자랑스러워하게 될 거란 생각은 한 번도 해본 적이 없었어. 같이 잘 움직이지 않아서일까. 우리가 한 팀으로 주로 하는 건 수유뿐, 결혼식이 있던 이번 주에도 아주 많은 시간을 나는 소파 위에서 상의를 탈의한 채 보냈고 너희 아빠와 가족과 친구들이 돌아가면서 기저귀를 갈아주는, 사랑하고 안아주고 뽀뽀하는 대가족 시스템 안에서 너희를 돌봤지. 이 시스템에서 평생 살고 싶어. 혹은 적어도 낮에는 그렇게 살고 싶다. 밤에는 그 시스템이 없어도 지낼 수 있지. 이번 주에는 너희 아빠가 충분히 잠을 자고 가족 친지들과 충분한 시간을 보내게 해주고 싶었어. 그 말인즉슨 나는 둘 다 하지 못했다는 뜻이고 그 말은 곧 내가 엄마라는 뜻이지.

쌍둥이 엄마. 인스타그램 프로필을 이렇게 업데이트하고 보니 이 말이 내 소개 끝에 오진 않네. 지금은 나를 소개할 때 가장 먼저 와야 할 말 같아.

***

너희는 벌써 생후 6주가 됐네. 시간이 너무 빨리 가. 나는 아직 준비도 안 됐는데 너희는 벌써 많이 커버렸구나. 앞으로도 준비가 될 것 같진 않지만. 우리 인생, 우리가 함께하는 시간이란 게 너무 부서질 듯 연약해 보여. 실제로 연약하겠지. 그러면서도 강하겠지. 그저 삶이겠지.

무엇보다 내가 너무 취약하게 느껴져. 끔찍하게 취약하지.

너희도 약하면서도 강하지. 이번 주에 이레나를 다트머스 소아과에 데리고 갔을 때 그렇다고 느꼈어.

의사는 네 작은 머리를 안아서 눈에 관을 삽입하고 코까지 연결해 눈물길을 뚫어줬어. 너는 처음에는 소리를 질렀지만 이내 멈추고 그저 코를 살짝 찡그리고 눈만 끔뻑끔뻑하고 있었지. 나는 네 옆에 서 있었는데 내가 아기를 안고 있어서가 아니라 뭘 해야 할지 몰라서였어.

너를 보고 있는데 마음이 찢어지는 줄 알았어. 그러면서도 그 순간이 우리를 하나로 묶어줬지. 나는 네 고통을 목격하고 싶지 않았고 네가 고통을 느끼길 바라지 않았어. 그러면서도 한순간도 놓치고 싶지 않았어. 이 모든 일이 일어나는 도중에 네 옆에 존재하고 싶었어.

그 와중에 옆방에서 카즈는 나를 찾으며 울었지. 카즈는 병원까지 왕복하는 다섯 시간 그리고 병원 치료 두 시간 동안 날 도와줄 사람으로 고용한 제인이라는 젊은 여성과 같이 있었어. 그때 우리 중 누구도 필요한 걸 갖고 있지 못했지만 다 함께 모인 순간에 우리는 다 갖고 있었다.

너희의 모든 구석구석을 사랑하고 싶어. 어느 것도 놓치고 싶지 않고 다음 순서로 빨리 넘어가고 싶지 않아. 너희가 내 다음 순서니까. 너희는 내가 할 일이고 나는 엄마니까.

음성 일기 ◯ 7주 5일
2016. 8. 20.

나는 진입로에서 손톱을 깎고 있어. 너희 손톱은 보통 소파에서 깎아주는데 말이야.

"로프, 랙, 헬멧, 다 준비됐음?" 아빠가 장비 방에서 나와 차 문을 열 때 내가 물었어.

"모유, 아기, 애들 돌봐줄 이모 준비됐음?" 너희 아빠가 물었지.

"내 다른 인생을 방문하러 갑시다." 우리 집 앞 긴 진입로에서 차가 출발했고 아빠는 운전대에, 나는 그 옆에 자리를 잡으며 말했지.

***

6년 전 〈클라이밍 매거진〉에 두 번째 등 수술 이후 복귀에 관한 글을 실은 적이 있어. 그 글을 쓸 땐 내가 쌍둥이를 낳고 컴백하는 날이 있으리라고는 꿈에도 생각하지 못했단다.

하지만 컴백이란 건 뒤로 돌아가는 걸 의미하지 않아. 말했지만 앞으로 나아가는 거야.

가능하다는 걸 알아. 우리 모두 해보지 않았니. 모든 운동선수는 회복하고 복귀해. 모든 운동선수는 자신의 새로운 버전을 만들어내면서 그 버전이 어떤 활동을 할지 스스로도 궁금해하지.

가끔은 등반의 진정한 미학은 이 안에 있는 듯해. 다시 시작해 내

길을 다시 오를 기회가 있다는 것. 여러 단계를 통과하고 크고 작은 위기를 통과하면서 나 자신을 끝까지 돌아보고 가능한 곳까지 앞으로 전진해보는 것.

음성 일기 ○ 7주 5일
2016. 8. 20. (이후)

등반하느라 너희와 정확히 세 시간 18분 떨어져 있었구나. 우리가 다시 만나기 전, 문을 열고 안으로 들어가는 데만도 12단계가 필요했어. 너희는 내게 달라붙었고 나는 너희를 안고 볼을 부비고 이마와 코와 귀에 열심히 내 지문을 찍었지.

너희 아빠는 우리의 새집 차고로 가서 내가 다시 훈련할 트레드월을 조립하고 있어. 지금은 암벽 시즌이고 빙벽 시즌이 오고 있거든. 아니, 전에는 그렇게 생각했지. 이제는 더 단순해졌고 날씨에 의존하진 않아. 신생아 시즌이고 쌍둥이 시즌이지.

우리 새집은 잭슨에 있고 지금 살고 있는 인터베일의 노란색 집에서 9분 거리야. 너희가 태어난 날 매물로 올라왔고 너희가 세상 밖으로 나온 지 채 24시간이 되지 않았을 때 매입했지. 내가 말했잖아. 엄마는 중요한 일을 한꺼번에 해치우는 걸 좋아한다고. 맞지?

음성 일기 ○ 8주 2일

2016. 8. 25.

"카일과 스콧, 수색하고 있는데 아직 소식이 없대." 아빠가 부엌에서 말했어.

우리가 거실 파란색 소파에 자리를 잡았을 때 들은 말이야. 내 발은 스툴 위에 있고 마이베스트프렌드 2인용 수유 브라는 타이어 안쪽 튜브처럼 내 몸에 둘려 있고 팔 아래 너희 머리를 받쳐줄 쿠션이 하나씩 더 있었지.

너희를 한 명씩 내려다보며 아빠에게 물었어. "언제 실종됐는데?"

"5일 전에. 아니 더 됐나?" 그의 칼이 도마 위에서 뭔가 썰고 있었지. 당근이었을 거야.

나는 스콧 애덤슨을 만난 적이 없어. 마지막으로 카일 뎁스터를 만난 건 3년 전이고 그가 우리 동네 아이스 클라이밍 축제에 와서 히말라야 K7과 오거Ogre 1에 다녀온 이야기를 해줬어. 이 두 사람은 지금 파키스탄 오거 2에서 실종됐고, 나는 알아. 우리가 지금 이미 아는 사실을 인정하고 싶지 않다는 걸. 그들을 영원히 찾지 못할 거라는 걸.

음성 일기 ○ 8주 4일

2016. 8. 27.

아무도 모유 수유 모임에 유모차를 가져가면 안 된다는 걸 말해주지 않았어.

아무도 모유 수유 모임에서 가슴을 가려야 한다는 것도 이야기해주지 않았지.

 하지만 가슴을 가리고 너희 둘을 수유하는 건 불가능하고 그런 방법이 있다고 해도 내가 배우고 싶지 않아.

 그리고 열다섯 명의 젖 먹이는 엄마들과 젖먹이들과 또 다른 기어 다니는 아기들로 가득한 작은 방 뒤에는 쌍둥이 유모차를 펼칠 공간이 없다는 것도 몰랐지.

 우리는 어딜 가나 작은 트럭이 움직이는 것 같아. 아니면 두 대 연결 이동 주택 같아. 아니면….

 그리고 신발. 마치기 전에 신발 이야기도 해야겠다. 친구들에게 받은 아기 신발이 열네 켤레쯤 되는데 이미 다 줘버렸어. 누가 아기들에게 신발을 신기겠니?

 모유 수유 모임 엄마들은 그렇더라. 모두가 아기에게 신발을 신겼더라.

편지 ○ 8주 5일

2016. 8. 28.

 내게 인생은 더는 1인분이 아니네. 집중 면에서도, 우선순위 면에서도 1인을 위한 게 될 수가 없어. 너희가 그렇게 했지.

 어제는 우리 레가도가 또 거액의 지원금을 받게 됐다는 걸 알았어. 올해 이 정도 투자를 받은 아프리카 프로그램은 레가도밖에 없어. 엄마 일이 너희와는 딱히 관련이 없을 거라 생각하겠지만 실제로 아주 깊은 관련이 있단다.

 너희 둘을 낳고 두 달 동안 어떻게든 시간을 내 이 지원금을 신청

했고 가능한 투자금은 모두 다 받았어. 따라서 이제 곧 나와 함께 일할 능력 있는 사람들과 함께 팀을 꾸릴 수 있고 나도 적어도 약간의 출산휴가를 (무급이지만) 받을 수 있을 것 같구나. 둘 다 발전의 징표지.

내가 설립한 환경 단체가 지구환경기금Global Environment Facility, GEF, 유엔개발계획United Nations Development Programme 등의 컨소시엄에서 지원금을 받게 됐단다. 이런 유명한 국제기관, 학교 다닐 때 공부하면서 나 들어본 단체, 처음 전업 등반가가 됐을 때 내 인생의 일부가 되리라고 생각도 못한 기관이 이제 내 뒤와 옆에서 엄마 일을 지원하고 있어.

6년 전 모잠비크에 있다는 화강암 수직 암벽을 사진으로 봤어. 잘 찍힌 사진도 아니고 아주 근사한 암벽도 아니었지만 뭔가 있었어. 새로웠어. 그 사진을 보기 전에는 모잠비크 암벽등반은 들어본 적도 생각한 적도 없었지.

두 달 뒤 답사를 가보기로 했어. 그 암벽에 가는 건 아니었고 더 큰 목표가 있었지. 모잠비크에 있는 7,936피트의 나물리산으로 가기로 한 거야. 등반하기 위해서뿐 아니라 이 산과 산의 다양한 생물을 보호하는 프로그램을 론칭하기 위해서였어. 물론 그 지역 주민과 함께. 나는 클라이밍 스폰서로부터 지원을 받았고 더 큰 일을 하기 위해서는 더 큰 지원을 받아야 한다는 걸 알았지. 그러기 위해 대체로 이런 식으로 일을 해.

"안녕하세요. 저는 마이카 버하르트라고 하고 새 프로그램을 론칭하려고 합니다. 등반과 과학 연구를 결합한 나물리산에 관한 프로그램으로 지구의 다양한 생물 종이 사는 지역을 보호한다는 목표도 있습니다."

나물리, 나물리 숲과 생물다양성이 얼마나 중요한지에 관해 3분간 발표를 하고 반응을 기다리지. "매우 야심찬 계획 잘 들었습니다. 이전에 어떤 일을 하셨죠?"

여러 가지 버전의 답변을 시도했단다.

나미비아에서 비슷한 등반 프로그램을 만들었지만 과학 연구팀이나 지역사회 참여는 없었습니다. 그 경험이 이 일의 영감이 됐고….

저는 새로운 문제를 공략하는 팀 조직에 전문성이 있기에….

아뇨. 비슷한 일을 해본 적은 없습니다. 하지만 좋은 아이디어라고 생각하니까 이 일을 할 수 있게 내게 돈을 주세요….

결국 소수 팀을 만들어 나물리에 갔고 내 클라이밍 스폰서에게만 지원받았어. 더 큰 목표와 규모의 프로젝트로 만들기까지 3년이 걸렸고 수없이 거절당했지만 우리는 이제 조명받기 시작했어. 오늘 우리는 모잠비크 환경보호 단체와도 파트너십을 맺고 나물리 지역사회 주민과 긴밀하게 일하며 그들의 산을 보호하기 위한 새로운 계획을 시도하고 있어.

내가 "시도하고 있어"라고 한 이유는 이건 투자자가 아니라 너희 이레나와 카즈를 위한 이야기이기 때문이야.

우리는 인생을 구분하려고 하고 개인적 관심사와 우리 삶의 일 영역 사이에 교차점이 거의 없다고 믿지. 나는 유엔개발계획 담당자들이 암벽등반을 이해하지 못하거나 이해하지 않으려 한다고 들었어. 하지만 레가도에는 암벽등반, 환경보호, 지역 발전, 생계 수단에 관한 이야기가 다 들어 있어. 그리고 레가도는 너희 둘 사이에 샌드위치처럼 끼어 있다고 생각해.

엄마는 37일 후면 마흔 살이 돼. 진짜 어른으로 진입하는 나이처럼 느껴져. 게다가 나는 엄마야. 새롭게 성장하는 조직을 만들었고 생각한 것보다 더 많은 점을 연결할 수 있을 것 같아. 지금 나는 울고 있단다. 좋아서, 행복해서, 이 예측 불가능한 인생에 압도돼서 눈물을 흘리고 있어.

음성 일기 ◯ 9주 1일

2016. 8. 31.

왜 내가 그동안 열심히 멀티태스킹을 해온 이유가 결국 너희를 갖기 위한 준비였다는 생각이 들까? 내 경력을 위해서라고 생각했다니 얼마나 어리석어? 우리가 여기서 끝나지 않을 거라 생각했다니 얼마나 어리석지? 이레나, 너는 지금 내 가슴에 기대고 아기띠 안에서 자고 있어. 그리고 난 카즈의 기저귀를 갈아주고 이 편지를 구술하고 있어.

다음 주에 오페어인 애나가 와서 우리와 같이 지내게 될 거야. 독일에서 왔고 제과제빵 전문가라고도 해. 이게 내 구원이 되려나 함정이 되려나.

애나가 우리와 같이할 날이 다가올수록 오페어 고용에 관해 여러 가지 생각을 하게 돼. 아니, 꼭 그렇진 않아. 너희 아빠와 나는 둘 다 풀타임으로 일하고 있고 이 일, 육아에는 도움이 필요해. 실은 오래전부터 계획하긴 했는데 열흘 후에 애나가 너희를 돌본다고 생각하니 그냥 내가 일을 그만두고 너희를 키워야 하는 건 아닌가 싶어.

하지만.

엄마는 *하고 싶은* 일이 있어.

너희의 가장 좋은 부분을 놓칠 것 같은 기분이야. 하나도 놓치고 싶지 않은데 일을 하면서 도움 하나 받지 않고 너희를 돌보려고 하다간 내가 미쳐버리겠지. 하고 싶은 일과 해야 할 일 사이의 지속적인 갈등이 엄마로 사는 일의 주요 쟁점이 아닐까 싶다.

지원금은 받기로 했고 어제는 네 시간 동안 예산 관련 서류를 작성했어. 스프레드시트를 채우고 전화하는 와중에 카즈 네 입에 고무젖꼭지를 넣어주고 너를 안아주려고 했고 이레나는 앉혀야 울지 않으니

앉히려고 했지. 하지만 이건 내가 원하는 엄마가 되는 방식이 아닌 것 같았어.

너희에게 온전히 집중하고 싶은데.

너희를 속속들이 즐기고 싶은데.

혼자 육아를 해내면서도 이 세상에서도 놀라운 뭔가를 창조해내고 싶은데.

앞으로 이 일이 어떻게 풀릴지는 모르겠지만 일단은 해보려고 노력할 거야.

노트패드 ○ 10주 2일

2016. 9. 8.

우리는 우리의 원래 포지션으로 다시 돌아왔어. 너희 아빠는 타코와 코울슬로를 만들고 있어. 강판에 양배추를 썰고 있지. 나는 무릎 위에 카즈의 머리를 안정적으로 눕히고 소파 수유대에 걸어놓은 카멜백 물통에서 내 입으로 천천히 물을 넣고 있지.

"나 봤어."

"뭘 봤어?"

"그 여자 이야기. 모르는 사람이지만." 물맛이 이상했고 노즐을 내려다보니 물때가 끼어 있었어.

"아니 몰랐다고 해야 하나. 줄리아 말이야."

아빠는 당근을 갈았어.

"저녁 먹으며 나눌 대화는 아니긴 한데." 나는 이레나가 잠이 들지 못하게 얼굴에 바람을 불었어. "아니면 하고 싶지 않은 대화라고 해야 하려나."

"나도 말하지 말까?"

"당신이 시작 안 했지. 내가 봤다고 했지."

그 일이 일어나지 않길 바랐어. 그는 너희 아빠와 내가 4년 전 등반한 것과 매우 비슷한 화강암 암벽을 횡단하다가 홀드를 부러뜨렸어. 나는 아까부터 우리와는 전혀 비슷하지 않다고 결론 내렸지. 하지만 내 머릿속에서 두 사건이 겹쳐지고 있어. "계속 생각나. 어떤 홀드, 어떤 산, 어떤 릿지였는지가."

"하지만 당신도 알잖아. 팰리세이드 트래버스는 아니었어." 아빠가 정정해줬어.

"그게 중요한가?" 나는 우리 둘에게 말해.

동부 시에라네바다산맥에 있는 4,000피트 암벽 노스 팰리세이드 한쪽 면에서 해가 뜨는 장면을 생각한다. 등반 3일째고 몸은 잠을 원하지만 암벽은 내게 침낭에서 나오라고 유혹하지. 그때 내가 너희 아빠를 얼마나 의지했는지.

"내 물 또 더러워졌네."

"또?"

그날 밤 너희가 잠에 든 다음 나는 지하에서 튜브 세척제를 찾아 튜브에서 녹색 침전물을 빼내고 물을 채우고 다음 날 수분 보충을 위해 벽에 걸어놓았어.

음성 일기 ○ 10주 4일

2016. 9. 10.

오늘 외할머니가 전화해 새로운 심리상담가를 찾기로 했다고 말했어.

"자꾸 화나는 기분 드는 게 싫어서 말이야."

할머니는 페이스타임을 믿지 않는데 그건 우리 둘 모두에게 잘된 일이야. 나는 엄마 말에 동의하는 척하는 소리를 낼 수 있고 할머니는 내가 울고 있다는 것을 알 필요 없으니까.

난 우리 엄마를 사랑해. 하지만 화를 잘 내지 않는 사람이 되기 위해 71세까지 기다리고 싶진 않아.

"너와 피터한테 있는 그 글귀 알아?" 할머니가 물었어.

"교환할래?" 아빠와 내가 요즘 가장 많이 주고받는 말이지만 지금 할머니가 한 말의 뜻은 분명 이게 아닐 거야.

"네 언니가 네 결혼식 때 우리가 같이 만든 숄에 퀼트로 꿰매 더한 글귀 있지? 나는 그 글귀를 항상 생각해. '판단에서 사랑으로.'"

나는 더 운다. 어쩌면 71세 나의 엄마와 39세 나는 인정하고 싶은 것보다 더 비슷할지도 몰라.

판단에서 사랑으로.

판단에서 사랑으로.

쉽지 않은 하루하루를 헤쳐나갈 때 머릿속 묵주처럼 이 문장을 되새긴다.

효과는 없어. 하지만 부모님 둘 다 가톨릭 냉담자라는 사실이 내게 도움이 되지도 않는 것 같아. 내가 느끼는 건 언제나 판단과 분노야. 거의 내 디폴트가 돼버렸지.

너희 아빠가 좌변기 뚜껑을 열어놓고 나갈 때, 아직 복근에 힘이 없어 스콧을 못하고 무너져버릴 때, 나는 인간 둘을 돌보고 있는데 아빠는 핸드폰이나 컴퓨터를 하면서 얼마나 피곤한지 말할 때, 나는 하루 종일 쌍둥이를 돌보고 있었는데 아빠가 퇴근하고 집에 와서 아이 둘을 동시에 본 힘들다고 말할 때, 내 달걀을 설익히지만 아무 말 못 하고 아빠가 요리하길 바랄 수밖에 없을 때.

숨 쉬자. 마이카. 네 반응을 조절하자. 거기서부터 시작이다. 판단에서 사랑으로.

이렇게 거지 같은 기분으로 너희 아빠에게 짜증 내고 싶지 않아. 그에게 최선의 나를 보여주고 싶어. 그러다 아빠가 더 자주 나타나지 않는다거나 내게 최선의 모습을 보여주지 않을까 봐 두려워.

그가 도와주지 않는다면…

그가 한 단계 나아지지 않는다면…

그는 잘하지만 내가 알아보지 못한다면…

충분하지 못하다면…

내가 화를 멈추지 못한다면.

우리 사이는 어떻게 될까?

너희 아빠가 지금보다 나아지지 않고 첫 남편 에디와의 관계처럼 될까 정말이지 무서워. 일부러 첫 결혼과 반대되는 결혼 생활을 할 수 있는 남편을 선택했는데. 나는 이 결혼과 반대되는 뭔가를 선택하고 싶지 않아.

음성 일기 ○ 10주 4일

2016. 9. 10. (이후)

그래. 난 할 수 있어.

새로운 계획이 있단다. 다정함. 애정, 경청, 이해.

너희 아빠와 나를 위한 계획이고 너희를 위한 계획이지.

작게 시작하려고 해. 어떻게 하는진 알고 있거든. 너그럽고 친절하려고 최대한 노력할 거야. 남편에게 애정을 표현하고 휴식을 주고 필요한 걸 챙겨주고 필요한 게 뭔지 물을 거야. 결국 이 모든 게 내게 돌아올 거라 믿거든.

일주일 동안 해보려고 해.

만약 다음 주 화요일까지 내게도 똑같이 해주지 않는다면 여기에 관해 대화를 나눌 거야. 지금 이 삶이 우리 삶이니 아빠도 이해했으면 좋겠다. 쇠뿔도 단김에 빼라고 했듯이 우리는 정면 승부로 상황을 더 나아지게 만들어야 해.

너희 아빠도 싸우고 있는 것 알아. 너희 아빠가 훌륭한 아빠가 되길 바라고 그렇게 되리라는 것도 알지. 나는 그 사람을 참 좋아한단다. 아침에 일어나 영국, 독일, 오스트리아 억양이 섞인 영어로 아침 메뉴를 이야기하는 사람. 너희들 뺨에 돼지 소리 나는 뽀뽀를 하면서 "사랑해"라고 말하는 사람. 내가 어떻게 도와주면 그 아빠로 돌아갈 수 있을까? 그가 어떻게 날 도와주면 내가 그 엄마가 될 수 있을까?

노트패드 ○ 10주 5일

2016. 9. 11.

다 큰 남자 둘이 〈웰컴 투 더 정글〉을 부르며 음악에 맞춰 아기 발을 자전거 페달처럼 돌리고 있어.

저게 바로 내가 샤워를 하기 위해 필요한 거야.

샤워를 마치고 나갈 때도 다시 노래가 들리더라. 액슬 로즈가 선창하면 너희 아빠가 따라 부르는 소리가 들렸지. 아빠는 딸의 새 별명을 부르며 이레나에게 노래를 불러주고 있네.

"똑같이 불러보고 카즈도 좋아하나 봐야지." 아빠는 리처드 삼촌에게 말해.

리처드 삼촌은 아빠의 친형제는 아니야. 가장 친한 친구 중 하나지. 어쩌다 보니 근래 우리 집에서 많은 시간을 보내게 됐는데 그 삼촌 집은 여기서 네 시간 걸리는 메인주에 있고 우리 집을 뉴햄프셔에서 등반할 때 숙소 겸 가이드 사무실로 사용하고 있거든. 우리 집에 하도 자주 와서 내가 임신했을 때 만약 앞으로도 뉴햄프셔 우리 집을 게스트하우스로 이용하고 싶다면 쌍둥이를 돌봐줘야 한다고 말했어. 한 번도 아이는 원한 적 없다던 이 삼촌은 지금 열과 성을 다해 너희와 놀아주고 있고.

샤워하면서 리처드 삼촌과 너희 아빠가 웃으며 노래하는 소리를 듣는데 두 남자가 너희들 팔다리를 음악에 맞춰 까딱까딱 움직이는 모습이 그려지더라. 칭얼거리거나 우는 소리가 전혀 들리지 않았고 나는 다리털을 밀까 말까 고민했지.

어쩌면 내가 리처드 삼촌을 호기심을 담아 신기하게 바라보는 것처럼 너희 아빠도 그렇게 바라봐야 할까 보다.

20대 초반, 점점 더 어려운 코스에 도전하고 있을 때 선배 산악인이 "위쪽으로 떨어져라fall upward"라고 말한 적이 있어. 더는 노력하지 않고 로프에 매달리거나 쓰러지면 실패라고. 노력하다가 쓰러질 거면 적어도 올바른 방향으로 쓰러지라고 했어.

어쩌면 나는 너희 아빠와 그 일을 하고 있는지도 모르겠다. 너희와 함께 위쪽으로 떨어지기. 너희의 부모가 된다는 건 우리에게는 궁극적인 온사이트onsight라 할 수 있어. 온사이트란 암벽등반 용어인데 사전 지식이나 정보 없이 단 한 번의 시도로 추락 없이 완등하는 걸 의미해. 하지만 등반가로서는 온사이트에 실패하면 다른 암벽을 찾아서 다시 온사이트를 시도해. 부모로서 온사이트는 성공하든 실패하든 다른 암벽은 타지 못하고 같은 '등반'만 계속하지. 아빠도 한 번도 가보지 않은 길인데 어떻게 한 번에 완등하길 기대하겠어. 우리는 지금 우리가 어디로 가고 있는지 몰라. 두 배나 몰라.

리처드 삼촌은 이제 너희를 포대기로 업는 법을 알아. 너희 아빠가 가르쳐줬거든. 이렇게 사소한 것 하나도 리처드 삼촌을 완전히 바꾸지 않았니? 엄마는 지금 인생에서 가장 가파른 10주간의 학습곡선 위에 있다. 정정: 우리가 그 위에 있어. 너희 아빠와 엄마 둘이 있지. 이제는 과거의 우리로는 돌아갈 수 없어. 서로에게도 그렇고 어느 누구에게도 과거의 우리가 될 수 없어. 우리에게는 오직 위쪽으로 떨어지기만 있는 거야.

음성 일기 ○ 10주 6일

2016. 9. 12.

　　나는 지금 뉴잉글랜드 어린이 놀이공원에서 가장 인기 많은 스토리랜드 주차장에 차를 세우고 있어. 알고 보니 잭슨에 있는 우리 집에서 5분밖에 안 걸리는 곳이네. 언젠가는 우리도 놀이공원 안까지 들어가 보겠지. 차를 그늘 아래 20분 동안 세워두고 시동도 걸어놓고 있어. 카즈는 뒷자리에서 자고 이레나는 앞자리에 데려와 젖을 먹이는 중이야. 사실 집까진 거의 다 왔어. 그런데 이레나 네가 갑자기 울음을 터트리면서 깨는 거야. 그래서 하는 수 없이 시동을 켜놓고 환경을 망치고 있지. 너희 둘 다 울지 않는 1분이 필요한데 자동차 시동을 끄는 순간 카즈 네가 깰 게 분명하잖아.

　　우리 오페어 애나는 어제부터 집에 와서 일을 시작했어. 우리 집에서 숙식하고 2층에 있는 침실을 써. 애나는 일주일에 45시간 동안 너희를 돌보고 너희와 관련된 집안일을 해. 처음에는 그 낮 시간대에 아이들을 맡기고 일을 할 수 있을 거라 생각했는데 막상 해보니 나는 아이들을 맡길 수가 없더라. 나는 도움을 받을 뿐이었어. 아이를 맡긴다고 하면 너희를 애나에게 완전히 넘겨주는 느낌이잖아. 하지만 한 번에 너희 둘을 모두 보는 건 애나에게도 매우 벅찬 일이야. 나도 이제야 조금은 할 만하다고 느끼지만 그렇지 않을 때도 많거든.

　　그래서 우리는 너희를 같이 본다. 내가 아기띠에 너희 둘 중 하나를 재우면 애나가 다른 하나를 안고 있는 식이지. 나도 알아. 애나가 집에 있으니 얼마나 운이 좋은지 아는데 그래도 약간은 편해져야 하는데 왜 똑같은 느낌일까?

　　그래서 일을 하지 못했어. 내가 커리어를 포기하고 너희들 엄마로만 살고 너희 아빠가 우리를 부양할 수도 있겠지. 하지만… 너희 아빠는 일하다가 언제라도 죽을 수도 있는데 그땐 우리 어떻게 되는 거지? 싱글맘이 돼 너희 둘을 키우면서 슬픔과 절망에 휩싸인 채로 우리를 먹여 살릴 직업을 되찾기 위해 싸우고 있어야 할까? 그보다는 이렇게 하는 편이 낫지. 그리고 엄마는 일을 사랑해. 일을 하지 않는다는 건 단 한 번도 생각해본 적 없어. 이 말을 가장 먼저 했어야 했나.

아니야. 너희 아빠가 산에 갈 때마다 죽을 수도 있다고 생각하진 않아. 내가 죽을 수 있다고도 생각하지 않지. 그렇게 생각했다면 어떻게 암벽등반을 했겠니? 지금 우리가 등반을 합리적으로 잘하고 있다며 정당화하는 것 자체가 밸런스가 맞지 않는 일일까? 마치 너희 둘의 엄마 아빠가 되는 게 아닌 등반이 목표인 것처럼 말하는 걸까?

지금 이 시간에는 일하고 있을 줄 알았어. 이 소중한 정신 에너지를 가사 노동 시스템을 정하고 애나가 너희에게 익숙해지게 하며 보내고 있네. 하지만 이 시간도 필요하겠지. 그래야 언젠가는, 이론적으로는 일을 할 수 있게 되니까.

일을 하지도 못하는데 도움을 받느라 너무 많은 돈이 드는구나.

너희 둘은 젖을 너무 자주 먹어서 내가 모유 수유를 하지만 않으면 얼마나 쉬웠을까 생각하게 돼.

그렇지만.

모유 수유와 일 사이에서 하나만 선택하고 싶진 않아. 젖 먹이는 건 나를 위한 것, 너희를 위한 것, 우리를 위한 거야. 어쩌면 유축을 해 놓고 서재로 도망가버릴 수도 있겠지만 그 서재도 방음이 되지 않는 다락이라 내 몸은 언제나 너희들 울음소리에 반응하겠지. 유축기로 짜 놓은 우유를 젖병으로 먹이느니 너희가 배고플 때 내가 내려와 바로 먹이는 편이 더 낫지 않겠니.

96

이래서 사람들이 집에서 나와 밖에서 일을 하나 봐. 하지만 이래서 나는 집에서 일을 하고 싶어.

나도 쉬고 싶다. 이렇게 말하는 것만으로도 나쁜 사람이 된 기분이지만.

내가 너희를 돌볼 때 너희가 낮잠을 자는 게 나은지 아니면 애나가 돌볼 때 너희가 자는 게 나은지 모르겠어. 그러면 애나가 더 쉽게 너희를 돌볼 수 있을까. 하지만 그러면 나는 너희가 낮잠 잘 때 너희 얼굴을 보고 있을 수 없겠지.

요즘에는 누구도 너희 아빠와 내게서는 좋은 모습을 끌어내지 못하는 것 같은데 우리 가족 네 명 중 누구도 밤잠을 제대로 못 자고 있으니 말이다.

방금 깼구나, 카즈. 우리 아들, 괜찮아. 카즈. 계속 자자. 아가야. 누구 하나는 자야 하니까.

음성 일기 ○ 11주

2016. 9. 13.

또다시 집에서 5분 거리 길에 차를 세워놓고 자동차 조수석에서 수유를 하고 있어. 보통은 이때 육아 일기를 녹음하지. 내가 너희 둘에게 지금을 위해, 또 나중을 위해 이렇게 말을 하고 있을 때 너희와 함께 있는 느낌과 애착이 배가 되는 것 같아. 그리고 내 목소리가 내게도 위안이 돼.

이레나. 내가 3일 전 보스턴에서 집에 왔을 때 네가 나를 가장 반겨주더라. 그때 기차역에서 애나를 데리러 갔다가 근처 클라이밍 센터에서 클라이밍에 관해 세 시간 동안 강연하면서 전문 운동선수로서의 내 삶으로 잠시 돌아갔지. 그렇게 아홉 시간 동안 집을 비웠는데 그 전에 너희를 두고 잠깐 외출한 시간의 세 배였어. 그래서 그런지 어젯밤에는 새벽 2시 이후부터 한 시간마다 수유를 했는데도 네가 만족하지 않더구나. 자기 전에 더 먹고 싶어 했어. 우리는 너희 방 소파에 앉아 있고 카즈는 자고 있었지. 너는 내 오른쪽 젖꼭지를 부드럽게 잡아당겨 빨았고 네 손은 내 가슴 위에 불가사리처럼 붙어 있었어. 나는 왼손으로 네 손가락을 만져봤어. 내가 이제까지 만진 것 중 가장 부드러운 손가락과 피부. 너무나 섬세하고 너무나 완벽하고 너무나 내 것이지.

"엄마는 이건 포기 안 할 거야. 포기 못 해."

네 대답은 계속 젖을 쪽쪽 빨아 먹는 거였지만.

"앞으로 이걸 어떻게 해야 할진 모르겠구나, 이레나."

다시 말하지만 이제껏 알았던 적은 없지.

***

오늘 오전에 우리 단체가 나물리 관련 사업을 한 단계 더 발전시킬 지원금을 받을 수 있다는 걸 알았어. 지금은 처리할 예산이 없는 1만 1,000달러 청구서를 받았고 파타고니아 책 계약서에 서명도 했지. 또 10월에 강연이 있는데 어떻게 시간을 내야 할지 아직은 대책이 없어. 밴프 산악영화제에서 영화 상영을 해야 하는데 이건 D.C.에서 회의하고 '가는 길'에 들러야 할 것 같고 이 회의 또한 켄터키에 등반하러 '가는 길'에 들러야 해.

그 와중에 내가 모유 수유만 하지 않으면 훨씬 더 수월할 거란 생각을 하고 있지.

우리 오페어 애나와 우리 셋이 다 같이 갈 거야. 일을 맡긴 기관에서 애나를 위한 비용을 댈 수 있을 만큼 충분한 자금을 지급해주고 있으니 호사라는 것도 알아. 하지만 해결책이라기보다는 일회용 밴드 같은 느낌이야.

자투리 시간이 조금이라도 나면 2층에 잽싸게 올라가 컴퓨터 앞에 앉아. 이때도 보통 아기띠에 너희 둘 중 하나가 안겨 있지. 상자에 올려놓은 내 노트북 앞에 서서 타자를 치면서 몸을 움직여 너희를 재우지. 일인지 육아인지 헷갈리는 이 일도 애나와 같이 있는 아이가 깰 때 끝이 나고 내 집중력이나 능력은 이제 부푼 가슴에서 모유를 빼내는 일에 사용돼야 하지.

일은 플러그를 꽂듯이 다시 시작하면 돼. 물론 그 일은 일부 '조정' 되겠지. 하지만 결국 하긴 한다. 이메일을 쓰고 회의를 주관해. 지구상에서 가장 생물학적으로 다양한 산 밑 지역사회가 그들의 터전을 보존하도록 돕는 단체를 위한 회의지. 그러면서 너희 중 하나가 낮잠을 잘 수 있게 어르고 반드시 그 시간에 도우미가 다른 아이를 재우게 하지. 너희 둘이 동시에 잠을 자야 동시에 수유를 할 수 있으니까. 그래야 이 낮잠 재우기와 젖먹이기와 일하기를 또다시 반복할 수 있으니까. 이건 조정할 수 있는 일이 아니야. 그저 미친 짓이지. 그래서 오늘도 포기하고 너희를 데리고 낮잠 드라이브를 나왔어.

그래서 엄마가 여기 있어. 꿈과 환상의 스토리랜드 주차장에서 쌍둥이 수유를 하면서.

노트패드 ○ 11주 3일

2016. 9. 16.

'이번 밴프 영화제 가세요?' 내가 먼저 사라 휘니켄에게 문자를 보냈어. 일부러 일찍 보낸 건데 워낙 바쁜 분이라 시간을 미리 조율해야 하거든. 사라는 전업 가이드로 일하며 전문 등반가로서 점점 확고한 입지를 다지면서도 파트너와 아이 둘을 낳아 키우는, 더 영구적인 고정 배역을 맡게 된 분이란다.

'그럼요! 산행 어때요?' 그가 대답했어.

약 5분 동안 머릿속으로 열심히 계산을 하고 계획을 세웠지. 81세 새아버지와 71세 어머니가 3개월 된 쌍둥이를 여덟 시간 동안만 맡아 주면 밴프에서 등반을 할 수 있을 거라고. 그러다가 그날은 부모님이 나를 응원하기 위해 영화제까지 오느라 하루 종일 여행한 다음 날이고 무척 피곤하실 거라는 생각까지 미쳤지.

'산행이라면 쌍둥이를 아기띠로 안고 한 시간 정도 산길을 걷는 걸 말씀하시는 건가요?' 결국 난 답장을 보냈지.

'바로 그거죠.' 사라가 말했어.

음성 일기 ○ 11주 6일

2016. 9. 19.

지금 나는 밴의 운전석에 앉아 있고 컴퓨터는 핸들 위에 올려놓고 있어. 가슴골 사이로 땀이 주룩주룩 흐르지만 창문은 모조리 꽁꽁 닫아놨는데 그래야 애나와 너희 아빠가 집 안에서 너희를 달래는 소리나 너희가 우는 소리를 듣지 않을 수 있거든. 너희를 낳기 전에는 아기 울음소리가 얼마나 멀리까지 퍼질지 아무런 감이 없었어. 게다가 너희가 우니까 타미건까지 같이 짖고 그 소리에 너희는 더 크게 울어. 이 혼돈에도 불구하고 밴은 내게 완벽한 사무실이 돼줘야만 해. 하지만 아이폰 배터리는 간당간당하고 중요한 투자자는 일하는 *우리*가 아니라 *일 자체*에 투자하고 싶다고 말하고 있어.

　컴퓨터에 메모를 하면서 집중하려고 했어. 실은 내가 이 대화에 속해 있는 느낌도 아니었어. 나는 규모가 큰 환경보호 단체를 유치하고 싶은 것도 아니었거든. 내가 머리로 그린 레가도와는 다른 뭔가로 바꾸고 싶어 하는 사람들의 조건을 승낙하고 싶지 않았어. 지구상 어떤 장소를 위해 새로운 방식을 만들어내고 싶고, 이 지역 사람들이 그들의 미래를 위해 스스로의 힘을 사용하게 하고 싶었어. 이 목표를 위해서는 내가 온몸으로 더 열심히 싸워야 하네. 그것도 애들한테 숨어 차에 갇힌 채 말이야.

편지 ○ 3개월

2016. 10. 4.

카즈와 이레나에게.

　오늘 엄마가 마흔이 됐어. 누구에게 물어보느냐에 따라 늙은 나이도 젊은 나이도 될 수 있다는 걸 알아. 하지만 마흔이라는 상대적 나이를 누가 어떻게 생각하는지는 관심 없어. 내가 관심 있는 건 오직 너희 둘 옆에서 마흔이 됐다는 거야. 오늘 너희는 이 세상에 나온 지 3개월 1주가 됐어. 너희가 마흔이 될 때도 너희 곁에 있을 수 있도록 내 모든 힘을 다해 모든 걸 다 할 거라는 건 믿어도 돼. 하지만 문득 내가 너희 마흔 살까지 너희 곁을 지켜주지 못할 수도 있다는 생각을 하지 않을 수 없었어(엄마가 노산에 너무 집착하니? 구글에 검색해봤더니 미국인 평균수명은 78.74세였어).

이렇게 말하면 이해하려나. 우리 엄마와 아빠의 마흔 살이 나는 기억이 나. 하지만 너희는 기억 못 하겠지. 부모님 생신을 축하하던 날을 기억하고 아빠 생일 선물로 산 '포티 앤드 스포티Forty and Sporty' 티셔츠를 기억해. 우리 부모님이 마흔이었을 때 그들이 어땠는지, 소망과 꿈은 뭐였는지, 무엇이 두려웠는지, 뭘 자랑스러워했는지, 뭘 원했는지는 몰라. 너희 조부모님은 아직 살아계시니 전화를 걸어 물어볼 수도 있겠지. 하지만 내가 원하는 건 40년 전에 이 질문을 해보는 거야. 왜냐하면 내게는 이 마흔 살 생일이 특별하고도 두렵게 느껴지는데 하루 종일 왜 그런지 고민하고 있거든. 물론 엄마가 된 후로 첫 생일이라는 건 알지만.

그래서 오늘 너희에게 내 바람, 내 두려움, 내가 아는 것을 이야기해두려고 해. 혹시라도 나중에 너희가 엄마를 더 잘 알고 싶어질 때 이 편지를 이용하렴. 어느 누구도 마흔이 됐을 때 인생이 뭔지 잘 모른다는 증거로 삼아도 좋겠다. 혹은 엄마가 부모로서의 여정을 시작할 때 카시트를 어떻게 끼워야 하는지도 모르고 젖을 먹인 다음에는 꼭 턱밑을 닦아줘야 우유가 목에 껴 상한 치즈가 되지 않는다는 걸 몰랐다는 것도.

내 바람: 너희가 강인하면서 연약하길 바라. 우리가 함께하는 시간 동안 지칠 정도로 반복된 일상에도 만족하는 부모가 될 수 있길 바라. 내가 이 세상에서 일할 수 있는 방법을 찾고 세상에 약간의 변화를 만들면서도 너희와 함께 시간을 보내고 싶은 점점 커지는 욕구에도 진

실할 수 있길 바라. 우리 다리와 팔과 폐의 힘으로 같이 이 세상을 탐험할 수 있길 바라. 너희가 같은 시간에 낮잠을 자길 바라. 엄마가 분명 저지르게 될 실수를 너희가 용서해주길 바라. 내가 나를 용서하길 바라.

내 두려움: 너희가 등반을 좋아하지 않을까 봐 두려워. 너희가 등반을 좋아할까 봐 두려워. 너희가 성인이 되기 전에 내가 죽을까 봐 두려워. 너희 조부모님 여섯 명 중 누군가 죽을까 봐, 우리 집 푸들이 죽을까 봐 두려워. 이 상실이 일어났을 때 내가 너희의 아픔을 달래주지 못할까 봐 두려워. 너희가 고양이를 키우고 싶어 할까 봐 두려워.

내가 아는 것: 엄마가 된다는 건 내 인생에서 느낀 가장 강력한 힘이야. 너무 강해서 숨을 헉하고 들이켜게 해. 나를 울게 해. 너희를 너무 사납게 사랑해서 내가 터져버릴까 봐 두려워. 너희는 나를 행복하게 해. 모두가 이 시간이 빠르게 지나간다고 하네. 이해해. 너희가 생후 1일이었을 때부터 처음으로 너희를 안았을 때로 다시 돌아가고 싶다고 생각했으니까. 처음으로 너희 둘이 같이 있던 시간, 알몸으로 너희 아빠의 크게 들썩이던 가슴에 안겨 있던 순간을 원해. 시간이 흐르고 하루가 흘러갈 때마다 너희를 더 많이 원하게 돼. 나는 아이를 더 원하진 않아. 엄마와 아빠에겐 이미 너희가 있으니까. 하지만 너희 하나하나와 더 많은 걸 원해. 더 많은 시간, 더 많은 키스, 더 많은 웃음, 줄 것이 너희 응가라면 그것까지도. 알아. 내가 이렇게 말한다고 이 시간이 갑자기 팽창할 리도 없고 내게 더 많은 선물을 줄 리도 없지. 너희를 더 많이 가질 유일한 방법은 우리가 이 세상 안에서 함께하는 시간에 늘 깨어 있는 거겠지.

이게 바로 마흔의 엄마다. 너희에게 지쳐 있고 감동하고 있고 경이로워하는 엄마. 더 말해주고 싶지만 이제 그만하고 자야 할 시간이

다. 우리 모두 다 같이 잠을 좀 자자. 우리는 잠이 필요해. 우리 앞에 함께할 생이 있으니까.

음성 일기 ○ 4개월

2016. 11. 1.

미네소타에 왔어. 엄마가 어릴 때 자랐지만 너희는 절대 그럴 리 없는 곳이지. 애나와 너희와 나는 어제 비행기를 타고 왔고 그사이 우리는 옷을 여섯 번 갈아입었고 응가가 기저귀에서 넘치는 사건은 세 건밖에 없었지. 와서는 사촌들과 이모들과 고모들과 삼촌들과 이모부와 외숙모와 이모라 불러야 하는 어린 시절 엄마 친구들도 모두 만났지.

우리는 이곳에서 1,474마일 떨어진 곳에서 산다. 내 성인기 대부분을 보낸 곳이기도 하지. 가끔은 우리 모두 무너지고 뒤집어져 내가 여기서 살고 내 삶과 우리 가족의 삶이 다 합쳐졌으면 좋겠어. 하지만 카즈, 오늘 너는 마크 삼촌의 손을 빨았으니 20년 전 돌아가신 그의 아버지, 오마르 할아버지에게 가장 가까이 간 거야.

우리는 너희 이모 집에 있고 밤마다 이모는 네 사촌들이 아기였을 때 찍은 사진 앨범 두 권을 꺼내 와. 너희가 이 세상에 나오기 12년 전, 10년 전 나온 언니 오빠지. 제니가 너와 이름이 비슷한 이레나 할머니와 찍은 사진이 있네. 내 할머니는 너희를 안아줄 수 없겠구나. 너희 할아버지 할머니가 지금의 너희를 안듯이 소여가 안겨 있는 사진도 있다. 이 사진에서 이들은 현재보다 더 어리고 더 밝은 버전이네.

자기 전 너희 아빠에게 문자를 보냈어. 앞으로 사진 많이 찍자고. 필요한 사진: 너희 독사진. 둘이 같이 있는 사진. 카즈가 뒤집기 하는 사진. 이레나의 얄미운 미소 사진. 너희의 볼록 나온 배 사진. 점점 커지는 너희 세계의 사진.

음성 일기 ○ 4개월

2016. 11. 3.

오늘 아침에 미니애폴리스 세인트폴 공항의, 절대 알고 싶지 않은 이유로 더럽고 끈적끈적한 공중화장실에 앉아서 양쪽 유두를 잡고 번갈아가며 젖을 짜내고 있었어. 너희 엄마가 다시 '바깥세상'에 나갔다는 증거란다. 엄마가 영화 상영 행사에 다니고 있다는 뜻이고, 그건 너희가 아직 엄마 배에 있었을 때 내가 세운 위대한 계획의 일부지.

어제저녁의 위대함은 내가 지원금 모금 행사에 갔고 블라우스 밖으로 모유가 새어 나올지 모를 상황에서 지지자와 새로운 투자자를 설득한 일이었어. 지속 가능한 삼나무숲 만들기에 대한 아이디어가 쏟아져 나오기도 했지. 참고로 우리 레가도가 일하는 지역에는 삼나무가 없어.

오늘 아침의 위대함은 핸즈프리 유축기였는데 유축하면서도 이메일로 아프리카 주요 투자처에 다음 주 D.C.에서 언제 지구환경기금 팀장을 만나야 할지 썼단다.

또 하나의 위대함 혹은 절박함은 5일 후인 다음 주 화요일에 계획된 연이은 회의 스케줄을 보면서 더 많은 양을 유축하기로 한 것이지. 2개 국가, 4개 주에서 열리는 투어로 너희와 며칠 동안 떨어져 있어야 하는데 그에 대비해 냉동 모유를 충분히 가져오지 않았다는 사실을 깨달으며 공포가 내 배에서부터 스멀스멀 올라왔어. 이 문제를 해결할 유일한 사람은 나뿐이지. 그래서 공항 화장실에서 유축을 하면서 너희 할머니가 화장실 밖 유모차에서 너희를 잘 재우고 있길, 캐나다로 가는 길에 내 모유를 충분히 유축해 이 미친 계획이 작동하길 바랬지.

또 다른 위대함은 내가 방금 유축한 모유가 미니애폴리스 공항 검색대에서 폭발 가능성 있는 액체로 걸려 이 모유를 폐기할지 아니면 더 검사할지 물어봤다는 거지. 나는 지구환경기금 팀장과의 회의와 그 단체의 지원으로 이익을 얻을 나물리 사람들을 생각하면서 대답했어. "아뇨, 5온스도 폐기하지 못합니다. 그건 저희 아이들 하루치 모유의 8분의 1이고 이 모유가 있어야 제가 엄마로서 더 큰 세상에서, 또 아이들 세상에서 변화를 만들 수 있습니다."

아! 그리고 오늘은 너희 아빠 생일이다. 지금 뉴욕주에서 친구와 등반하고 있어. 혼자서. 친구와. 아기 없이.

마지막 위대함은 내가 진심으로 그를 응원한다는 거야. 처음 제안했을 때는 그렇진 않았거든. 아빠가 이 영화 투어에 나와 함께 오길 바란 건 아니야. 그건 우리 협상 테이블에 없었어. 처음부터 그건 물어보지도 않았어.

노트패드 ○ 4개월

2016. 11. 5.

밴프 영화제 첫날 밤.

엄마들을 위한 칵테일파티가 마련됐네. 너희에게 젖을 먹이고 파티복으로 갈아입고선 영화제 오프닝 파티에 정확히 48분 동안 머물다 왔다.

거의 모든 사람과 포옹하고 안부 인사를 했으니 성공이었다고 생각해. 그런 다음 너희 할머니 할아버지에게 돌아왔지.

"우리 딸, 여기 오니까 기분 좋니?"

"나한테 맞는 일을 하는 기분이에요." 내가 말했지.

***

1일 차, 이후

지금은 새벽 4시야. 호텔 데스크에 사정사정해서 받아낸 아기 침대 두 개가 텅 비었고(한 가족에 하나씩입니다, 고객님) 우리 셋은 침대에 대각선으로 누웠어. 떨어지지 않게 베개를 빙 둘러놓았지.

"자다가 엄마 필요하면 깨워라." 어젯밤 바로 옆 객실에 있는 할머니가 주무시기 전에 말했어. 하지만 세 시간 내내 비행기 안에서 4개월 쌍둥이를 안고 어르고 재운 71세 할머니에게 차마 그런 부탁을 할 순 없는 거잖니?

노트패드 ○ 4개월

2016. 11. 6.

나는 내 영화 상영 중에 잠이 들었어.

앞에 나가서 영화 소개를 해야 하는데 말이야.

렌트한 타운하우스에 돌아가 보니 너희 둘은 거실에서 내 친구 미스티와 미스티 여동생 팔 안에서 울고 있더라. 미스티와 난 에티오피아 최초의 트레일러닝 대회 행사 중에 만났는데 미스티는 그 행사의 참여자였지. 오늘 먼저 아기를 봐주겠다고 했는데 고맙게도 친구 한 명을 더 데리고 왔어.

"애기들이 잠을 통 안 자네. 그래서 침실에서 자던 우리도 아무래도 2층에 올라와 애들이랑 같이 있어야 할 것 같았어." 미스티가 어깨를 으쓱하며 말했어.

"너무너무 고맙다. 정말로."

노트패드 ○ 4개월
2016. 11. 6.

오늘 우리는 같이 사람들을 만나러 나갔어. 제인과 커피숍에서 2시 30분에 만나기로 했는데 2시 45분에 겨우 도착했네.

제인은 엄마 친구이자 파타고니아에서 오래 일한 사진 편집자이고 내가 도착한 날 문자를 보냈어. '쌍둥이 애기들 너무 보고 싶어!'

"너무 신기하지?" 이레나가 자기 팔뚝에 한 덩이 모유를 토하고 있을 때 그렇게 묻더라.

"그럼 신기하지." 나는 손수건으로 모유를 닦아주면서 말했어.

"나중에 생각해도 그럴 거야. 그치?"

나는 고개를 끄덕였어. 내 주변에는 내가 알던 사람들, 같이 등반하고 사진 찍고 영화를 만들고 여행을 하고 그 외 많은 것을 같이 한 사람들이 있었어.

"우리 다음에는 같이 레드산 올라가자." 내가 말했어. 필요 이상 큰 목소리로.

편지 ○ 4개월 반

2016. 11. 9.

　난 힐러리가 앞서가는 걸 보고 잠들었어. 우리는 D.C. 근교에 있는 내 대학 동창 에릭의 지하실에 깐 캠핑 매트리스 위에 다 같이 누워 있었지. 너희가 새벽 2시에 깼길래 너희 둘을 안고 의자에 앉아서 같이 젖을 먹였어.
　아빠가 뉴스를 보고 있다 말했어. "트럼프 당선 확정이네."
　혹시 너희, 이 엄마 가슴에서 나온 모유에서 분노의 맛이 느껴지지 않았니? 눈물이 멈추지 않더라. 너희를 더 꼭 끌어안고 울었고 나를 너희를 동시에 흔들며 달래고 있었다. "안 돼, 안 돼, 안 돼." 나는 계속 같은 소리를 했어. "이건 아니야. 이러면 안 돼."
　이레나는 캠핑 매트리스 사이 틈에 빠졌고 그날 밤에는 우리 중 누구도 편히 잠을 자지 못했어.

편지 ○ 4개월 반

2016. 11. 9. (이후)

　새벽 6시. 샤워를 하고 정장으로 갈아입었다. 유축기를 챙겨 가방에 넣고 아직 어두컴컴한 D.C.로 갔어. 회의가 연달아 있고 그사이 틈틈이 유축을 하는 일정이었지. 아침 7시 30분에 여는 유일한 화장실인 코너베이커리 화장실을 차지했어. 개수대 옆에 서서 유축기를 고정하고 되도록 이 좁은 화장실의 아무것도 건드리지 않으려고 하면서, 제발 아무도 들어오지 않길 바라면서, 내 유방을 비우는 데 걸리는 15분에 죄책감을 느끼면서 그 일을 했지. 나중에는 지구환경기금 여자 화장실 좌변기에 앉아 옷을 다 입은 채 유축을 했지. 제발 젖병을 빨리 채우고 제시간에 네이처컨서번시The Nature Conservancy 아프리카의 회의 탁자로 돌아가길 바라면서.

네 장소에서 다섯 차례 회의를 마치고 돌아와 에릭의 소파에서 너희 둘 수유를 하면서 프로그램 어시스턴트와 스피커폰으로 통화를 했고 그 집 열린 문으로 택시 운전수에게 집 잘 찾아오셨다고, 곧 나가겠다고 소리를 질렀지. D.C. 공항에 겨우 시간 맞춰 가서 켄터키행 밤 비행기를 탔어. 너희 아빠는 거의 다 도착했다고 했어. 중간에 D.C.에서 잠깐만 멈추고 뉴햄프셔에서 켄터키까지 냉동한 모유를 넣은 아이스박스를 싣고 오는, 초인적인 힘이 필요한 여행을 마쳤다는 뜻이야. 아무리 유축을 열심히 해도 회의 마지막 날, 애나에게 너희 둘을 맡기고 열두 시간 떨어져 있어야 하는데 모유량을 맞출 수 없을 것 같아서였어.

처음 이 일정을 짜면서 사실은 내가 받을 보상을 생각했지. 영화 상영 투어를 하고 D.C.에 들러 레가도를 위한 투자 회의를 하고 켄터키로 가서 출산 후 첫 등반을 하는 거지. 시간상 가장 효율적이지 않을까. 하지만 이 과정에서 너희를 거의 잃어버릴 뻔했어.

열흘 동안 2개국 다섯 개 공항 검색대를 통과했어. 애나와 나는 이제 눈만 마주쳐도 척척 통해. 애나는 필요한 손이 돼주고 나는 순서에 상관없이 필요하기만 하면 그 손을 빌리지. 비행기에서 타고 내릴 때 기저귀 가는 건 내가 해. 그리고 똥 묻은 옷을 그냥 버릴지 아니면 지퍼락에 네 시간 동안 넣어놨다가 자동차를 타고 숙소에 가서 세제를 푼 물에 담그고 문지르고 빨고 또 빠는 일을 반복해야 할지 고민하지. 그리고 기저귀를 갈아주고 옷도 갈아입힌 새 아이는 애나에게 넘겨주고 다른 아이를 받아.

오늘 밤 카즈는 레이건 국제공항 화장실에서 기저귀 1번으로 당첨됐어. 나는 실례한다고 말하고 줄 서 있는 여성들을 뚫고 기저귀 교환대로 갔지. 그리고 카즈를 눕히고 뒤집고 돌리고 나왔어. 그리고 4분 후 이레나를 데려가서 같은 코알라 케어에 눕혔지.

"어? 방금 여기 오지 않으셨어요?" 줄 서 있던 한 여성이 물었어.

"마술 부리는 거 같죠, 그죠?"

그는 웃었어. 이레나 얼굴을 보고 장난을 쳐주자 이레나도 옹알거렸지.

"제가 잠깐 안고 있을 테니 얼른 화장실 다녀오실래요?"

나는 이레나를 그 낯선 사람이 뻗은 팔에 맡기고 고맙다고 말하기도 전에 내 가방을 들고 일어났어. "빛의 속도로 돌아올게요."

화장실에 들어가자마자 숨을 내쉬면서 어마어마한 양의 소변을 내보냈어. 숨을 들이쉬면서 소변을 멈추고 로켓처럼 좌변기에서 일어나는 동시에 화장실 걸쇠를 열고 나왔지.

이레나는 안전하게, 무탈하게, 그 여자분 팔에 안겨 있더라. 그제야 바지 후크를 채우는데 심장이 얼마나 뛰던지. 멍청한 마이카. 멍청한 것. 아주 잘하는 짓이다. 속으로 생각했어.

"저도 딱 이만한 손녀가 있어요." 그 여자분이 말했지.

그래, 이 여자분은 아무 잘못 없어. 하지만 이건 멍청한 짓이었어. 제발 정신 차려.

***

이레나와 같이 애나에게 돌아와서 애나도 화장실에 갔다 오라고 했어.

"애나?" 걸어가는 그녀에게 말했어.

"네?"

"다른 사람한테 애기 맡기고 화장실에 들어가지 마세요, 알았죠? 그러지 말고 나한테 다시 돌아와요."

"당연하죠." 그는—독일인으로서—그런 건 생각해본 적도 없다는 듯 눈썹을 치켜올렸어.

애나가 화장실에 갔을 때 너희 아빠에게 문자를 보냈지. '여행 규칙: 비행기처럼 막힌 공간에서는 낯선 사람에게 아기를 맡겨도 된다. 물론 보이는 곳에서.'

너희 아빠는 물음표로 답장했어.

'어쨌든 기억하고 있으라고.' 탑승 안내 방송이 나올 때 답 문자를 보냈어.

켄터키행 비행기에서 두 시간 내내 나는 '쌍둥이 젖 먹이기'를 열심히 해냈어. 착륙한 다음 내가 운전대를 잡고 애나와 너희를 데리고 칠흑 같은 밤을 뚫고 산장까지 왔지. 내가 다시 산악인이 돼보기 위해서.

음성 일기 ◐ 4개월 반

2016. 11. 10.

여러 주와 나라를 거치는 여행에서 잘못된 선택만 하고 있는 것 같아. 4개월 반 쌍둥이를 데리고 여행하면서 등반할 수 있다고 생각한 것 자체가 큰 착각이고.

캐나다 캘거리에 도착하자마자 너희는 떼쓰며 울기 시작했고 내가 절대 운전을 맡기지 않겠다고 결심한 81세인 내 새아버지, 너희의 파파D가 어쩔 수 없이 운전대를 잡고 우리를 밴프까지 데려다줘야 했어. 나는 뒷좌석 너희 둘 사이에 끼어 앉아 너희에게 내 손가락이 젖가슴이라고 열심히 설득하다 실패해서 어쩔 수 없이 안전벨트를 풀고 진짜 가슴을 한 명당 하나씩 내놨고 몸은 너희 자동차 시트에 기대고 얼굴은 등받이에 묻었지. 파파D에게 산길 도로에 눈이 쌓여 있으니 안전 운전 해달라고 부탁했고 그러다 만약 충돌 사고라도 나면 안전벨트를 안 한 내가 가장 먼저 창문 밖으로 튕겨나갈 거란 생각에 날 위로했다가 무서워했다가 했어. 캐나다의 겨울에 맨가슴으로 내동댕이쳐지면 어떻게 되려나.

***

집에서는 우리만의 체계가 있잖아. 나는 항상 같은 시간에 너희 둘에게 젖을 물리는 편이야. 특히 밤에는 그렇게 해. 낮에는 너희 아빠나 애나가 너희를 내 팔에 교대로 안겨주지. 밤에는 너희 아빠와 나뿐이야.

하지만 너희와 여행을 할 때는 그 체계가 무너져버리잖아. 너희 아빠가 없고, 애나가 너희 이모로 바뀌기도 하고, 너희 이모는 내 엄마가 되기도 하고, 나는 언제든 너희 하나를 안아줄 누군가가 되기도 해. 하지만 밤에는 어떻게 할까?

처음으로 집 밖에서 잔 날 밤, 카즈를 너희 이모네 집 지하실 소파에 뉘었어. 너는 그 위에서 굴러다니다가 내가 아기 침대에서 이레나를 데려오는 그 90초 사이 베개에 숨이 막힐 뻔했어. 한 1분 동안 같이 젖을 먹고 있었는데 이레나가 응가를 했고 카즈 너는 응가를 하면서도 계속 젖을 먹더라. 이레나는 절대 그렇게 하지 않지.

기저귀는 방 반대편에 있었어. 그래서 일어나서 걸어가 집어 오려고 했지. 우는 이레나를 달래고 카즈에게 계속 젖을 먹이면서. 그러느라고 나는 바지에 오줌을 적시기도 했다.

　그날 밤 가장 먼저 운 건 나였어. 그다음이 이레나. 그리고 카즈를 내 젖꼭지에서 강제로 떼어냈을 때는 우리 셋이 됐지. 우리 셋은 이레나가 기저귀를 갈 때까지 울다가 다시 젖 먹이기로 돌아갔어. 바닥에 엉덩이를 조금만 붙이고 앉아서, 기저귀 더미에 둘러싸여서, 정말 이상한 포지션으로 너희에게 젖을 먹이고 있었어. 그래도 잠시나마 조용하니까 좋더라.

　이제 우리는 너희 아빠와 함께 켄터키의 컴컴하고 축축한 산장에 있어. 밤에는 갈색 가죽 소파에서 젖을 먹이는데 가죽은 내 허벅지 땀 때문에 끈적끈적해지고 일어나려고 할 때마다 쩍 하고 테이프 떼는 소리가 나. 다시 너희 아빠가 이 체계 안에 들어와 다행이라 생각했다가 다시 이곳엔 어떤 체계도 없다는 걸 알게 됐어. 너희 둘은 더는 같은 시간에 자지 않는데 내가 그렇게 만든 거지. 너희 중 하나가 올 때마다 나는 너무 피곤해서 거실에 나갈 수가 없고 너희 아빠와 다른 쌍둥이 하나는 반쯤 깨버리지. 그러면 우리 넷은 다 같이 축 처지고 무력해져.

　그래서 지금 새벽 3시 우리 넷이 시트도 맞지 않는 풀 사이즈 매트리스 위에 누워 있는 거란다. 너희 아빠는 자고 있네. 나는 너희 둘 사이에서 몸을 돌리면서 내가—우리가—몇 달 동안 만들어온 시스템의 마지막 매듭을 엉클어트려버리고 있다.

노트패드 ○ 4개월 반

2016. 11. 12.

이레나, 너는 내가 정확히 35피트 위에 올라가 있을 때 일어나길 좋아하고 너 카즈는 내가 어딜 등반하고 있다는 사실에 아무런 감각도 없지. 너는 그냥 항상 나를 찾고 그 사실을 모두가 알게 만들어.

우리는 등반 여행 이틀째였고 나는 총 두 개 피치에 올랐어. 평소의 8분의 1 정도라고 할까. 내가 두 번 나가 있는 동안 너희 둘 중 하나는 많이 울었다더구나.

나는 언제나 레드강 고르주에 오르고 싶었어. 하지만 출산 후 복귀 등반으로 미국 남동부 등반 메카로 여행을 정한 건 잘못이었다는 생각이 든다. 아니면 더 검색을 했어야 했거나. 통신망 부족에 관해 말이지. 혹은 4개월 반 쌍둥이의 부모로서 통신망 부족은 곧 우리가 안심을 할 수 없어서 애나와 아이들끼리 두지 못하고 애나, 아이들, 우리 등반 친구들이 전부 다 이동해야 했다는 뜻이라는 걸. 혹은 4개월에 수면 퇴행이 일어날 수 있고 쌍둥이라면 문제는 심각하다는 것. 혹은 어떤 아기들은 4개월쯤 이가 나기 시작한다는 것도 미리 고려해야 했겠지.

그런데 이런 건 검색하고 싶다 해도 어디서 해야 할까?

"암벽등반을 하는 엄마라니 참 멋지네요." 오늘 오후에 어떤 사람이 이렇게 말하더라. 나는 이런 말 하는 사람이 싫어. 아니요. 등반을 나와 있는 건 내가 아니에요. 나는 말하고 싶어. 이 몸은 카즈가 울 때마다 같이 떨리는 몸이에요. 카즈보다 20피트, 40피트, 80피트 위에 올라와 있어도 마찬가지죠. 애써 손가락으로 벼랑 끝을 잡고, 애써 복근을 조이고, 애써 내 마음과 머리가 처음부터 이걸 원했다고 생각해야만 하죠.

개념상으로는 충분히 좋고 가능하지. 수유하고 재운 다음 너희 둘을 내 친구 팔에 안겨주고 나는 암벽을 오르면 되겠지. 모두가 기꺼이 도와주려고 할 테니까. 베른트는 아침에 프랑스 패스트리인 팽 오 쇼콜라, 팽 오 레종, 타르트 오 프레 같은 말을 하면서 아기들을 재우려고도 했어. 에르디스는 원래 그랬듯이 보스 엄마처럼 너희 옷을 입히고 너희 주의를 다른 데로 돌리게 해줬지. 하지만 모두가 필요로 하는 사람은 결국 나인걸.

내 친구 사샤가 어젯밤 남편과 도착했어. 아침에 길에 유모차를 세워놓고 등반하러 가는 그를 배웅했는데 그가 돌아왔을 때, 그가 다시 식료품을 사러 갈 때도 나는 거기 있었어. 알고 보니 사샤는 해결사였어. "있잖아. 내가 이갈이용 장난감 사다 줄까? 뭐 먹을 거 필요하면 사다 줄까? 핸드폰이 더 잘 터지는 산장 있는지 알아봐줄까?"

그럴 수만 있다면. 나는 생각했지. 하지만 이런 부탁을 받지 않으면 더 좋지 않을까.

음성 일기 ○ 4개월 반

2016. 11. 13.

지난밤, 길을 걷다가 그래도 높은 곳에 올라가면 전화가 된다는 걸 알고 내 새로운 쌍둥이 엄마 친구인 레베카에게 전화를 걸었어. 그녀는 산악 가이드와 결혼했고 암벽등반은 이제 하지 않아. 우리보다 6년 더 빨리 부모가 됐어. 내가 몇 달 전 이 여행을 계획하고 있다고 말하니까 그녀는 미쳤다고 했었어. "제발 캠핑은 가지 마." 그녀가 말했어. 엄밀히 따지면 우리가 캠핑을 온 건 아니지. 산장에 있으니까. 그렇다고 해도 나는 사과부터 했었어.

"네 조언을 안 들어서 미안해. 이건 실패야. 완전히 실패야."

"너무 스스로에게 가혹한 거 아니니. 네 유일한 실패는 네가 너무 쿨하다고 생각한 거야."

"나는 내가 정말 이럴 줄은⋯." 말을 시작했지만 레베카의 말은 아직 끝난 게 아니었어.

"너는 쿨하지 않아. 너는 쿨함의 반대야. 그러니까 쿨한 척 그만하고 그냥 너대로 살아."

그래서 우리는 다시 공항에 왔고 너희는 렌트한 자동차에 잠들어 있어. 애나는 우리의 서커스 같은 여행이 시작되기 전에 화장실에 갔고 나는 우리 현실을 이렇게 언제 들을지 모르는 후손들에게 속삭이고 있어.

내가 6개월 동안 준비해온 8일간의 등반 여행을 3일 만에 포기하게 됐구나.

너희 아빠는 수학 문제 풀 듯 숫자에 집중하면서 자신이 등반할 수 있는 시간을 빼고 있었지. 나는 너희, 아니 우리를 집에 데리고 오는 데 집중하고 있었고. 오늘 우리는 12일 동안 여섯 번째와 일곱 번째 비행을 할 거야. 너희 아빠가 마음속에 품고 있는 기대는 우리 없이 혼자 하루 동안 등반을 하는 거야. 그리고 바로 산장에 와서 짐을 싸고 열일곱 시간 운전해 내일 뉴햄프셔로 돌아가는 거지.

"아무래도 무리일 것 같지 않아?" 어제 너희 아빠에게 말했어.

"그래도 내일 한번 해보면 어때? 당신은 자고 내가 애나와 같이 아이들을 데리고 갈게."

나는 한푼이라도 아끼려고 노력하던 젊은 등반가 시절을 생각하면 호사라고 할 수 있는 산장을 둘러봤어. 이 정도면 어쩌다 한 번씩만 들르는 사치스러운 숙소였지. 지금 내 눈앞에 보이는 건 우리가 도착했을 때 깔려 있던 까끌까끌한 침대 시트―우리가 직접 갈아야 했던―와 내 모유를 보관할 수 없었던 냉장고와 내가 밤이면 밤마다 아이들을 재우기 위해서 안고 서성거려야 했던 합판 마루가 깔린 거실이야.

"난 애들 낳고부터 낮잠 자본 적이 없어. 당신 그거 알아?" 내가 물었지.

"그럼 이렇게 하면 어떨까?" 너희 아빠가 무슨 말인가 하려고 했어.

"나 그냥 집에 가고 싶어. 잠깐. 솔직히 말하자. 집에 가고 싶지 않아. 나도 산에 가고 싶어. 하지만 그게 문제가 아니야. 이건 내가 원한 게 아니야. 이렇게 힘들면서까지 하고 싶지 않고 아이들이 이렇게 원하지 않는데 하고 싶지 않아."

그에게 실망했는지 묻지 않았어. 아빠도 내게 묻지 않았지. 우리가 최선을 다할 때는 항상 이런 식이었어.

우리는 정말이지 무진장 노력했어. 각자 나름대로. 너희 아빠가 우리를 위해 최선을 다한 거 알아. 뉴햄프셔에서 식료품과 장비와 취침 장비와 갈아입을 옷도 모두 싣고 켄터키까지 운전해서 왔고 우리를 위해 준비를 다 해뒀어. 그날 새벽 1시까지 기다려 나와 애나와 아기들을 맞았지. 매일 요리하고 등반 장비도 준비했어. 이 모든 걸 단 한마디 불평도 없이 했어.

열심히 노력하는 건 우리에게 잘 맞는 일이야. 아니면 적어도 우리에게 기회를 줬지. 나미비아에서 우리는 45도 더위에 헉헉대면서도 북쪽 목적지까지 갔다가 나흘 동안 운전해 남쪽으로 내려와 그 나라에서 가장 높은 산인 브랜드부르크 암벽에 도전했어. 그런데 가려고 한 암벽이 진흙과 새똥으로 덮여 있어서 그걸 긁어내고 준비하는 데만 일주일이 걸렸어. 암벽 중간에서 식수가 떨어졌는데 아빠가 진흙 바위 사이에서 라쿤 크기의 움푹한 곳을 발견하고는 그곳을 닦아내 마실 수 있는 물이 떨어질 때까지 기다렸고 다행히 그렇게 됐지. 등반에서 가장 중요한 구간의 마른 새똥을 치운 건 나였어. 너희 아빠는 고마움의 표시로 가장 환상적인 구간을 내가 리드하게 했지. 190피트 높이의 기울어진 암벽의 긴 틈은 내 손과 발에 완벽하게 맞았어. 아빠도 노력했고 나도 노력했고 우리는 같이 노력했어. 우리는 서로 노력하는 모습을 봤어. 그때는 그랬어.

이제 그는 등반을 하고 나는 그 이야기는 듣고 싶지 않아. 나는 또 한 번의 비행 로데오를 시작해야 하고 너희 아빠는 검사대를 통과하기 위해 너희 유모차 다리를 분리해야 한다는 사실도, 내가 그 일을 한 손으로 하고 있다는 것도 몰라.

애나가 공항 화장실에서 돌아오는 걸 봤고 그건 곧 비행기를 타야 한다는 뜻이지. 우리가 너희를 깨워 검색대를 통과할 때까지 조금만 더 자주면 어떻겠니? 우리 거래했잖아. 그런 다음 비행기를 탈 때 너희가 다시 잠을 자준다면 너무 좋을 것 같구나. 나는 다른 거래를 위해 노력하고 있지만 우리는 이게 어떻게 될지 이미 알아.

나는 옷 여덟 벌과 물티슈 두 상자를 준비해뒀지만 그 외에는 너희에게 줄 게 별로 없구나.

노트패드 **O** 5개월

2016. 12. 7.

"다리를 뻗을 수가 없네." 너희 아빠가 전화기 너머로 말했어.

"무슨 말이야?"

"다리를 삐었나 봐."

여기 몬태나에 있는 외할머니 집 바깥에는 함박눈이 내리고 있어. 너희 아빠는 앨라배마에 있고. 나는 여기 보즈먼 근처 히알라이트 협곡에서 빙벽등반 가이드를 하고 우리 팀과 레가도를 위해 전략 회의를 열어야 해. 아빠는 미군 특수부대를 교육하러 갔단다. 아빠가 다리를 다쳤다고 했지만 당장 비행기에 태워 집에 데리고 올 수가 없었어. 내일 내가 열세 시간을 얼음 위에 있을 동안 그가 아이들에게 필요한 모유를 유축하는 걸 도와줄 수 없는 것처럼.

우리는 전화를 끊었어. 너희는 푸치 할머니와 벽난로 앞에서 까꿍 놀이를 하고 있었는데 나는 의사와 보험 회사와 병원에 전화해 월요일 아침 너희 아빠의 수술 날짜를 잡느라 그 장면은 놓쳤네.

노트패드 ○ 5개월 반

2016. 12. 11.

매일 아침 우리는 할머니와 함께 말들을 보러 간단다. 오늘은 로즈란 말을 봤어.

이레나, 네가 먼저 갔어. 푸치 할머니는 너희의 미끄러운 방한복을 잘 잡으려고 장갑을 벗고 너희를 안은 다음 로즈 코에 가까이 댔지. 너희가 숨을 들이쉬자 할머니는 너희를 말에 더 가까이 데려갔어. "아가들, 너희는 분명 말을 좋아하게 될 거야."

카즈, 너는 말을 별로 보고 싶어 하지 않았지만 그래도 할머니를 말릴 수는 없었고 나도 가만히 있었네.

8시도 되지 않은 이른 아침이었어. 이제 너희에게 젖을 먹이고 재우려고 해. 나는 다시 우리 팀 사람들과 전략 회의를 해야 해. 우리가 회의 세션에 들어간 지 만 하루가 안 됐는데 다들 이제 나 없이 회의 진행하는 법을 아는 것 같아.

편지 O 5개월 반

2016. 12. 12.

 오늘 너희는 밤 10시 15분에 울면서 가장 깊게 잠든 잠이자 그날 밤 첫잠에서 나를 깨웠지. 아빠는 지금 목발을 짚고 있고 오른쪽 다리를 똑바로 펼 수가 없어. 무릎 수술을 받았고 연골 파열을 치료할 때까지 일주일 동안은 다리를 쓸 수 없대. 나는 걸어서 너희 방으로 갔는데 우리 둘 중 누구도 서로에게 말을 시킬 수 없을 정도로 비몽사몽 상태였단다.

 너희가 태어난 이후 내가 소파에 앉아 수유를 할 때면 너희 아빠는 너희를 웃겨줬어. 하지만 지금 그는 앉아 있고 나는 너희를 하나씩 넘겨준다. 아니 그게 우리 계획이었지. 이레나, 나는 받아 안으려고 아빠 앞에서 팔을 벌렸는데 너는 내 냄새를 맡자마자 젖을 먹으려고 하더라. 내가 너희 아빠에게 안겨주니 너는 울기 시작했어. 다음으로 너 카즈에게 젖을 먹이려 준비했고 너를 안아 받으려고 너희 아빠에게 다가갔는데 부상 때문에 더 넓은 공간이 필요하다는 것을 잊고 내 다리로 아빠 다리를 밟고 말았어. 세게. 아빠는 고통에 찬 동물 같은, 신음 소리 혹은 비명 소리를 냈어.

 그다음부터 너희가 울기 시작하더구나. 너희 둘 동시에 말이야. 카즈 너를 닦아주고 앉혀서 젖을 먹이려고 했지만 내 주변 모든 사람이 울고 있었다. 나도 울기 시작했어.

"나, 이 짓 더는 못하겠어." 나는 소리 질렀어. 기분이 나아지더라. 다시 울부짖었어. 짐승처럼. 내가 지른 어떤 소리보다 더 크게. 그리고 우리 모두는 충격에 빠져 한동안 아무 말도 하지 못했지.

편지 ◯ 5개월 반

2016. 12. 16.

내 스폰서 중 한 명에게 오랜만에 이메일이 왔어. "입장권이 등록됐습니다…."

몇 시간 후 다른 스폰서에게도 왔어. "회원님 이름으로 된 입장권이…."

세 번째 편지가 왔지. "입장권이 필요하시면 저희에게 연락을…."

아웃도어 박람회 기간이 왔다는 뜻이야. 이 업계 전체와 프로 운동선수, 관심 있는 모든 이가 모여 아웃도어 용품을 사고파는 솔트레이크의 무역 박람회지.

작년에는 임신 중에 갔고 그곳에서 너희가 둘이라는 소식을 전했어. 이미 걸을 때 배가 가장 먼저 앞으로 나올 때였단다.

"임신하셨어요?" 론이라는 남자가 컨벤션 센터에서 나를 우연히 만나자마자 물었어.

"그냥 임신이 아니고요. 쌍둥이에요."

그의 첫 반응은 이랬어. "와, 완전 망했네요."

***

론만 그런 건 아니었어.

"와, 행운을 빌어요!"

"피터도 고생이겠네."

"어쩌면 오늘 마지막으로 보고 한참 동안 못 만나겠어요."

말했지만 그건 작년이었어. 올해 나는 이메일 답장을 하나 만들고 그 메일을 복사해 스폰서들에게 똑같이 다 보냈어.

"박람회에서 즐거운 시간 많이 나누세요. 저는 여기 뉴햄프셔에서 가끔 산도 타고 쌍둥이를 번갈아 업어주며 잘 지내고 있습니다."

편지 ○ 5개월 반

2016. 12. 19.

우리가 모두 소리소리 지르고 울부짖은 그날 밤의 충격으로 너희 아빠는 앞으로 저녁 수유를 도와주지 못할 것만 같아. 오늘, 그러니까 일주일 후 우리는 그날 내 발작에 관한 대화를 나눴어.

"그때 미안했어."

"괜찮아. 이해해. 그날 당신 한계에 달했었나 봐."

그는 거기서 끝내기로 한 듯했고 나도 거기서 끝내고 싶은 마음과 누군가가—나의 누군가가—나를 앉혀놓고 내 마음을 다 안다고 말해 줬으면 좋겠다고 생각하는 마음 사이에서 갈등했어. 하지만 아빠는 지금 수술 회복용 아이스 기계에 다리를 연결하고 있고 나는 엄마로서의 다음 일정으로 넘어가느라 벌써 바쁘구나.

노트패드 ○ 5개월 반
2016. 12. 20.

새벽 수유 끊기를 위한 메모

오후 6:15 수유, 기저귀, 책, 또 수유, 끝나고 노래. 저녁

오후 7:00 쌍둥이 둘 다 아기 침대

오후 7:15 아기들 울었지만 5분 기다림, 확인. "잘 자, 할 수 있어. 사랑해. 엄마 아빠가 사랑해."

오후 7:30 확인. "잘 자, 할 수 있어. 사랑해. 엄마 아빠가 사랑해."

오후 9:30 기저귀 갈기. 카즈 8분 수유하고 내려놓고. 확인 시작. 카즈가 9시 30분에도 깨어 있으면 모유 주지 말기. 그냥 확인만. 잘 때까지 기다리기. 그다음 15분 확인. 다시 들어가서 5분, 10분 동안 있지 않기

오전 8:00 한 시간 내내 울면 15분 확인. 자지 않고 한 시간 이상 울면 깨우기. 다음 낮잠까지 깨어 있게 하기. 자면 두 시간 잘 수 있지만 다음 잠이 늦게 시작됨. 두 시간 더하기. 적응하기. 12시 지났는지 확인하기. 잠을 덜 잔 아이를 낮잠 자게 내려놓기. 이레나를 옷방으로 옮기기

편지 ○ 6개월
2016. 12. 28.

카즈와 이레나에게.

낮잠 자는 너희를 깨우기까지 7분 남았다. 깨면 바로 젖을 먹여야 하고 그다음에는 이어폰을 끼고 나가서 회의를 해야 해.

그 막간에도 몇 가지 생각을 했어. 오늘로써 너희는 태어난 지 6개월 됐구나. 내가 그동안 몰랐던 걸 적어볼게.

나는 너희들 젖 먹이는 게 정말이지 참 좋아. 너희와 함께 보내는 시간, 같이 손을 잡고 서로의 귀와 눈을 가까이 바라보고 한 명씩 완전한 신뢰를 갖고 코와 눈을 부비면서 우리끼리 몸과 마음으로 집중하는 시간은 내 모든 감각을 완성해줘. 사실 나는 모유 수유에 그렇게 의지하고 싶지 않았고 할 수 없는데도 억지로 하고 싶진 않았어. 그런데 모유 수유를 할 때마다 우리가 갖는 이 끈끈한 연대에 무한히 감사해.

모유는 6개월 정도까지 먹이는 게 목표였고 다행히 내가 여기까지 왔네. 아니, 우리가 같이 왔다고 하는 편이 더 낫겠다. 여기서 멈추진 않으려고 해. 너희가 나고 내가 너희인 이 시간을 더 이어가려고 해.

지금 당장은 내 삶의 어떤 조각은 확신이 없고 이 조각을 어떤 순서로 내 삶에 배치해야 할지 모르겠어. 지금 확실한 방법은 이 조각을 분리하는 것 같구나. 너희를 오전 8시부터 10시까지 사랑할 거야. 오전 10시부터 2시까지는 일할 거고. 2시부터 4시까지는 등산을 하고 싶어. 하지만 너희, 혹은 나, 혹은 우리는 절대로 분리돼 일하지 않을 거야. 우리는 같이 일하는 거야.

편지 **O** 6개월

2017. 1. 5.

"당신 케이트, 길버트, 브리트니가 파타고니아에 간 거 알아?" 너희 아빠가 우리 집의 상석인 리클라이너에 앉아 컴퓨터와 과자를 옆에 두고 무릎에 아이싱을 하면서 말을 시켜.

나는 저녁을 차리고 있고 너희 둘은 부엌에 있어. 싱크대 위에 너희 흔들의자를 고정해놓고 올빼미 인형을 올려다볼 수 있게 너희 눈높이에 붙여줬지. 우리는 그 인형을 훗훗이라고 불러. 사실 왜 매달아 놨는지 모르겠어. 너희가 손으로 건드리는 일도 없고 거기 있는지조차 모르는 것 같거든.

"응. 나도 들었어. 토레스델파이네에 있다며." 나는 아직 안 가본 곳이야. 길버트는 예전 내 등반 파트너였지. 이제 세 명 안에 브리트니가 들어갔다는 생각을 하니 약간 마음이 덜컹했어. 브리트니는 언제나 재밌는 사람이었고 나보다 열심히 등반했지. 게다가 나는 이제 엄마니까 상황은 변할 수밖에 없고.

"그 사람들 어디 오르려는지 알아?"

나는 개수대 쪽으로 몸을 돌리고 수도를 틀어 설거지를 했어. "잘 안 들리네."

편지 ○ 6개월 반

2017. 1. 10.

나는 진입로 끝에 세워둔 밴 안에 막 앉았어. 왼쪽을 보고 오른쪽을 봐. 브레이크를 더 세게 밟아본다. 그리고 목청껏 소리 질러. 그리고 입 다물고 조용히. 다시 한번 소리 지르고. 다시 왼쪽 오른쪽을 보고 진입로에서 빠져나와. 변한 건 없어. 적어도 내게 변한 건 없지. 그런데 뭘 어떻게 바꿔야 하나.

편지 ○ 6개월 반

2017. 1. 16.

　　켈리와 나는 안 지 20년 됐는데 같이 하는 등반은 처음이야. 우리가 처음 만난 건 알래스카의 카힐트나 글래시어였는데 오늘 우리는 뉴햄프셔 우리 집에서 15분 거리 산의 암벽을 타고 올라간단다.
　　시즌일 때 리펜턴스는 그렇게 어려운 루트는 아니야. 혹은 적어도 나한테는 어려우면 안 되지. 너무 잘난 척하는 소린가. 하지만 이건 내가 바위와 얼음이 섞인 암벽 첫 피치에서 두 번째로 올라가면서 나 스스로에게 계속한 말이야. 켈리가 리드를 하고 내가 빌레이를 하면서 그 뒤를 따라갔지. 크럭스(암벽등반에서 가장 힘들고 어려운 지점_옮긴이)의 얼음은 이제 막 얼었거나 아직 얼지 않았다고 할 수 있었어. 어떻게 생각하느냐에 따라 다를 수 있지만 완전한 얼음 조각이 되기 전인 여러 개의 세로 모양 얼음 물줄기로 이뤄져 있다고 해야 할까. 아직 얼음 형성 단계에 있는 것 같아. 아주 단단하진 않지만 일시적으로 장비를 찍을 수 있을 정도의 얼음은 존재해. 아이젠도 박히고. 그렇게 장비를 이용해 천천히 따라 올라가면 점차 얼음의 세계가 나타나지.
　　켈리와는 등반 전에 이메일과 문자를 주고받았는데 둘 다 몸이 아직 회복되지 않아 등반에 자신이 없다고 말했어. 켈리는 척추유합술을 한 지 얼마 안 됐고 나는 출산한 지 6개월 지났고 아직 모유 수유 중이니까. 우리 집에서 8분 거리인 글렌의 주유소 주차장에서 만나 카풀을 했는데 켈리가 깜빡하고 물병을 안 가져왔다는 거야. 나는 그에게 나와 등반하면 좋은 점은 언제나 우유를 먹을 수 있는 거라고 농담으로 말했지. "우엑! 너무해." 그가 찡그리며 말하더라.
　　사실 등반하는 중간에 유축을 했고 지퍼를 채우면서 그에게 미니밴 열쇠를 잠깐 들고 있으라고 건네줬어.

"혹시 등반 파트너 중에 유축하는 사람 있었어?" 내가 물었어.

켈리는 여자 형제도 있고 아이를 키우는 친구도 있다고 했거든. 하지만 잠깐 멈췄다 이렇게 대답하더라. "아니."

우리는 서로의 몸이 예전 같지 않아 실력이 엉망이 됐다고 하면서 농담처럼 밧줄을 보내줄 사람을 구해야 되겠다고 했어. 모든 피치에서 리드를 해주고 우리를 위해 로프를 끌어올 사람이 있어야 한다고. 다음에는 쉬운 코스에서 천천히 올라가 보자고 했어. 하지만 사실 우리 둘 다 헛소리라는 걸 알았지. 내가 켈리의 리드를 따라 올라가면서 두 번째 피치의 빌레이 앵커에서 올려다보는데 그에게 아이스 스크루와 프로텍션을 건네는 대신 내 하네스에 걸어버렸어. 내가 그 피치에서 100퍼센트 리드하고 싶었던 건 아니야. 켈리가 더 멋진 정상에 먼저 가고 나는 뒤에서 빌레이만 하는 걸 100퍼센트 원치 않은 건 확실하지만.

***

사실 얼음은 과거의 공포를 기억나게 해. 오늘은 임신 2개월 이후 네 번째 빙벽등반이었단다. 다른 세 번은 별로 중요하지 않았는데 초급과 중급 등반 가이드로 낮은 앵글의 쉬운 얼음에서 코칭하는 일이었거든. 하지만 이번 건 진짜였어.

나는 얼음에 잘 적응하고 싶었어. 하지만 스윙을 할 때마다 장비를 너무 깊게 박아서 꺼내는 데 아주 큰 에너지를 써야 했지. *이런 바보같으니.* 다른 위치에 꽂기 위해 힘을 빼면서 나 혼자 중얼거렸지. 그러고 나면 내 몸을 다시 정렬해야 했어. 왼쪽 다리를 높이 들어 엉덩이 위로 올렸고 이건 물리치료사와 상의한 후에 절대 하지 않기로 한 자세였지. 두 번 수술한 등과 임신 이후의 몸을 지탱할 수 있을 정도로 복근이 다시 생기기 전까지는 하지 않기로 했었어. 나는 켈리를 내려다보면서 평범한 6개월 쌍둥이 엄마는 이렇게 하지 않는다고 말했지.

아니, 그들도 해야 하는 거 아닐까.

***

8년 전 잭슨의 트롤빌 절벽에 있는 어둠과 빛의 만남이라는 이름의 암벽에서 몸을 풀다가 오른팔을 휘두르는 순간 얼음덩어리가 떨어지면서 내 발을 스치고 지나간 적이 있었어. 몇 년 동안 그해 가을은 떠올리지 않았는데 오늘은 그날 생각이 계속 났어. 만약 장비를 느슨하게 꽂았다가 지난번처럼 얼음이 갑자기 떨어지면 어떡하지? 그 얼음이 날 여기서 떼어내려고 하면 어떡하지? 그렇다고 해도 이 스크루가 지난번처럼 나를 떨어지지 않게 잡아줄까?

나는 스크루를 꽂을 자리를 하나하나 검사했어. 스크루 하나는 이레나를 위해 꽂는다고 생각했어. 그리고 2피트 위에 또 하나 꽂으면서 카즈를 위한다고 생각했고.

지금 너희 아빠는 목발 신세로 집에 있지. 아빠가 회복하는 동안 그가 하기로 한 빙벽 가이드 일은 내게 넘겨주고 있고. 그리고 우리 가정, 우리 아이들, 우리 삶의 무게는 내가 인정하고 싶지 않을 만큼 쌓이고 있어. "괜찮아. 우린 잘해낼 수 있을 거야." 나는 아빠에게 말했어. 이 리펜턴스 빙벽에서 다른 스크루를 더 꽂고 내게 있는 옵션을 평가하면서 어떤 일이 있어도 무사해야 한다는 걸 깨달았지.

위를 올려다보고 나와 정상, 그 정상의 나무 사이를 가로막는 마지막 화강암 바위를 바라봤어. 나는 몸을 수평으로 눕혀 암벽 틈 바위덩어리에서 벗어나 내 아이젠을 홈에 정확하게 꽂았고 지고 있는 햇살에 의지해 내 발 위치를 점검했어. 왼손으로는 왼쪽 장비를 머리 위로

당기고 오른쪽 장비는 벽에서 떼어내 균형을 맞추고 다음 동작을 눈으로 계산했지. 이렇게 하면 되겠다. 나는 생각했어. 여기서는 장비를 절대 떨어뜨리면 안 되겠다.

그때 내 장비가 떨어졌어.

"장비!" 나는 켈리에게 소리쳤고 장비가 침니를 가로질러 350피트 밑 바닥으로 떨어지면서 금속이 튀어 오르는 걸 봤어. 이제 쉬운 지점까지 딱 15피트만 남아 있었어. 이건 절대 어려운 등반이 아니야.

"괜찮아?" 켈리가 소리쳤지.

"괜찮아. 이제 다 됐어."

***

등반가들은 필요에 의해 발명을 주도하는 사람들이야. 우리는 계속해서 생명을 보호해줄 새로운 장비와 기술을 고안하면서 목표를 달성하지. 평행 크랙에 꼭 들어맞는 장비, 돌출 암벽에서 신을 수 있는 끈끈한 고무 다운턴(아래로 휜 신발_옮긴이) 암벽화, 테크니컬 빙벽을 위한 모노포인트 아이젠.

리펜턴스에서 나는 내 필요에 의해 무릎을 꿇고 양손을 하나의 도구에 의지하면서 내 복근을 바위에서 보호하려 하지 않고 그대로 기어 정상까지 올라갔어. 멍이 드는 것과 성공을 맞바꿨다고 할 수 있지. 두렵진 않았어. 확고하기만 했어.

내가 특별히 경쟁심이 강한 사람이라고 생각하진 않아. 그럼 이 욕구를 뭐라고 불러야 할까. 이 끝내고 싶은 욕구, 혼자 해내고 싶은 이 욕구를? 정확한 시간에 정확하게 해낼 수 있다는 걸 증명하고 싶은 욕구일까?

나는 빌레이 해서 켈리를 올렸어. 네 시간 동안 유축을 하지 않아

가슴이 부풀어 오르고 아팠지. 등반 전 마지막으로 자동차에서 유축했고 이제 아드레날린이 올라가고 있었어. 켈리는 헤드램프에 의지해 피치를 따라서 갔고 그가 나와 합류할 즈음에 나는 이미 로프를 설치하고 하강할 준비를 마쳤어. 나는 어둠 속으로 몸을 던졌어. 100피트 아래에서 잠시 멈추고 로프 밑에 매듭을 만들었지. 10피트 내려올 때마다 매듭이 꼬이고 엉켜 나와 싸우자는 것 같았어. 난 그저 집에 가고 싶었을 뿐인데. 차에서 10분 거리였고 집에서는 20분 거리였을 뿐이니 30분이면 집에 갔어야 했는데. 하지만 이날 리펜턴스는 나를 쉽게 놓아주지 않더구나.

편지 ○ 7개월
2017. 2. 3.

카즈와 이레나에게.

편지를 쓸 때마다 너희 이름 순서를 바꾸려고 하는 것 알고 있니? 물론 어쩔 수 없이 잊어버릴 때도 있지만 의식적으로 노력해.

한 달 전 너희 외할머니가 우리 집에 머물다가 가셨어. 솔직히 말하면 너희 할머니가 우리 집에서 우리 옆에 있을 때 그 어느 때보다 멀게 느껴졌단다. 이런 이야기 굳이 쓰고 싶지 않고 이렇게 종이 위에 잉크로 남기고 싶지 않았지만 이 말들이 내 심장 속에서 불길처럼 타올라 어쩔 수가 없구나.

너희 할머니는 평범한 어린 시절을 보내지 못했고 순탄한 삶을 살지 못했고 너무 일찍 한 내 아버지와의 결혼 생활도, 파파D와 재혼해 여섯 아이의 새엄마가 된 일도 그 어느 것 하나 쉽지 않았어. 하지만 너희에게 그런 이야기를 하려는 건 아냐.

너희와 미래 너희 아이들에게 나누고픈 이야기는 이거야. 나는 너희를 그리고 내 손주들을 완전히 사랑하고 싶어. 내 손주들이 내 사랑을 느끼고 이해하게 하고 싶어. 나를 향한 사랑이 흔들리게 하고 싶지 않고, 그 애들의 다른 조부모, 숙모, 삼촌, 사촌에 대한 사랑 또한 위태롭게 하고 싶지 않아. 나는 우리 관계가, 아무리 짧은 시간을 함께한다 해도 옳다고 확신하고 싶어. 그거면 충분해, 라고 쓸 뻔했네. 하지만 사실은 우리가 가장 사랑하는 사람과의 관계는 결코 충분치 않을 때가 참 많아. 오히려 너무 넘쳐서 문제일 때가 더 많지.

***

너희 외할머니가 크리스마스에 우리 집에 왔을 때 할머니에게 잘해야 한다고 속으로 몇 번이나 되뇌었는지 몰라. 할머니의 살림 방식을 비난하지 않으려고 했어. 버터가 옆에 있는데 세제를 뿌리고 우리 집에 있는 가장 좋은 칼로 못을 긁어내려 하고 플라스틱 재활용품을 쓰레기통에 버리셨지만 이런 걸 잘못으로 보지 않고 할머니 성격으로 보려고 노력했어. 할머니는 바뀌지 않으니까. 누가 옆에서 싫은 소리를 한다고 노선을 변경하거나 조정하는 분은 아니니까. 할머니는 도와주려고 했지만 할머니가 도와주면 일만 더 많아졌어. 그래서 쉬라고 말씀드렸지만 할머니는 입을 꾹 다물고 몸에 힘을 잔뜩 주고 계속 싱크대를 닦고 또 닦으셨지. 어린 시절부터 충분히 배운 게 있다면 가족이 내게 기대하는 건 그들의 제스처나 행동을 넘치도록 칭찬해주는 거야. 할머니 관점에서는 당신이 최고의 엄마이고 그 역할은 계속해서 존경받아야 해. 그런데 그렇게 해주는 건 피곤한 일이야.

너희에게는 다른 유산을 물려주고 싶어. *너희* 생활 방식을 듣고 어떻게 하는지 나에게 보여달라고 할 거야. 나를 바꾸고 맞춰가는 과정도 우아하게 받아들이고 너희 인생이지 내 인생이 아니라는 걸 이해할 거야. 너희를 무조건적으로 사랑하고 싶어. 분노와 판단 없이, 나를 향한 너희 사랑의 크기를 재지 않고 너희를 사랑하고 싶어. 너희에게 평화와 휴식을 주고 싶어.

"당신, 어머니 많이 닮았어." 지난주에 너희 아빠가 그러더구나. 그 말을 듣고 깜짝 놀라 그 자리에서 멈췄어. 내가 닮고 싶지 않은 기질을 따라가고 있었을지도 몰라. 하지만 바로 뒤에 본능적이고 즉각적인 반응이 찾아왔어. 나는 엄마를 사랑한다. 엄마를 존경한다. 엄마처럼 되고 싶다. 어쩌면 내가 지금 배우고 있는 건 엄마의 닮고 싶은 어떤 부분이 아닐까. 가장 최고의 부분 말이야. 그러면서도 엄마와 내가 현재 공유하고 있고 어쩌면 앞으로 공유하게 될지도 모르는, 닮고 싶지 않은 부분을 바라볼 수 있는 용기와 지혜를 갖고 싶어. 그것들을 이겨낼 만큼 충분히 알고 싶어.

편지 ○ 7개월

2017. 2. 7.

우리 집에서 너희 울음소리가 들리지 않는 방을 하나 찾아냈어. 오늘 그 방을 버니라는 과학자와 물라고재단 연구비 지원에 관한 화상 채팅을 하는 데 이용했어. 이 재단에서 레가도 창립자로서의 내 능력을 평가하고 있는데, 버니는 심사 팀으로 가장 먼저 이분을 통과해야 물라고 지원 대상으로 선정될 수 있어. 이야기 도중 내 뒤 스카이프 화면이 클라이밍 벽이고 내가 볼더링 매트 위에 앉아 있다는 걸 잊지 않기로 했지. 알고 보니 이 방은 생각처럼 방음이 되진 않더라. 레가도의 명성, 자금, 인맥에 관해 이야기하려고 집중하면서 내가 초보 엄마라는 사실을 웬만하면 밝히지 않으려고 했어.

50분 정도쯤 버니는 내 설명을 끊고 말했어. "우리 본론으로 들어갑시다. 당신은 지금 적합한 위치가 아니에요. 인터넷 사이트 세 개는 운영할 수 있어야 하고 변화를 측정할 수 있는 지표가 있어야 하며 이 단체에서 이익을 볼 수 있는 산을 전 세계 80개 정도로 만드는 걸 목표로 삼아야 해요."

나는 동의하는 척했어. 내 속마음은 여기서 끝내고 싶다는 거였지. 솔직히 말하면 내가 레가도를 위해 이 재단의 지원을 원하는지를 잘 모르겠어. 나를 위해서도 원하고 있나?

레가도의 성공을 위해 내 모든 걸 다 쏟아부어야 할까? 내 사회적 자본, 자원과 그 이상을 남김없이 활용해 이 일이 반드시 성사되게 해야 할까? 이게 내가 하고 싶은 유일한 일일까? 아니면 어쩌다 뛰어들게 된 하나의 일에 불과할까?

나는 어디에서 영감을 받을까? 내 삶의 의미는 어디에서 찾지? 이게 나를 노래하고 싶게 하나?

나는 이 일과 (다시) 연결되려고 노력 중이야. 다른 사람을 위해서도 연결돼야 하고. 내가 원하는 건 더 쉬워지는 거야. 나물리산에 관한 일을 하고 싶은 후원자, 우리가 하고 있는 일을 믿어주는 사람, 이 모두의 사이에 선을 그려주는 게 내 역할이야. 그런데 지금은 내가 지도도 그리고, 길도 만들고, 경로를 결정하고, 그런 다음 각 단계마다 지원금을 따내는 일까지 다 해야만 하는 기분이야.

지금 당장은 완전히 확신이 가지 않아. 전혀 없다고 해야 할까. 내가 레가도를 완전히 믿지 못해서일까? 번아웃인 걸까? 두려운 걸까?

모든 것일까? 무엇이 내 관점을 바꿀까? 돈이 생기면 변화될 것 같기도 해. 돈이 따라오는 지원을 받는다면 변화될 것도 같아. 하지만 돈을 받으려면 일을 해야 해. 그런데 돈을 받기 위해서는 먼저 믿어야 한다. 열정이 있어야 한다. *믿어야만* 한다.

내가 지금 뭘 하고 있는 걸까? 왜 하고 있는 걸까? 아마도 대답을 해야 할 질문은 이것인 듯해. 나는 왜 이 일을 하고 있는가?

***

2011년 마음속에서는 수백 번 그려본 나물리산 밑에 처음으로 서 있었어. 팀원 다섯 명이 산에 올랐고 열다섯 시간 중 마지막 여섯 시간을 깜깜한 어둠 속을 걷다 나물리 롬웨족 여왕 집 앞의, 나물리산 화강암 암벽이 보이는 마당에서 잠을 자고 아침에 깼지. 우리는 그곳에서 시작을 해야 했어. 그 여왕과 그의 공동체와 함께 화강암 암벽을 타고 지역사회, 환경보호, 과학, 등반을 결합한다는 우리 아이디어가 실제로 가능한지 알아보기 위해 나물리에 사는 카멜레온도 채집해야 했어. 3년 동안 기금 모금을 한 후 우리는 모잠비크 환경보호 단체와 파트너십을 맺었고 영화 촬영을 계획했으나 모잠비크 중부의 폭력 사태로 비행기 티켓을 손에 쥔 채 잠시 여행을 보류하고 기다리다가 다시 돌아가 흩어진 조각을 맞췄어.

새로운 등반 루트를 만들고 과학자들을 위해 새로운 동식물 종을 발견하고 나물리 지역사회와 첫 공동 조사에 착수해 그들의 우선순위와 그들이 숲을 이용하는 방식도 이해했어. 그 산에서의 마지막 날 라이문도라는, 우리 캠핑지에서 가장 가까운 집에 살고 우리가 뱀과 카멜레온을 찾게 도와준 청년은 우리가 올라간 산이 자기 집에 가장 필요한 풀을 뜯어온 산이었다고 하더라. 라이문도와 다음에는 같이 산에 오르자고 했어.

12개월 후, 작년 나물리에서 475마일 떨어진 베이라의 한 호텔 콘퍼런스 룸에서 라이문도를 다시 만났어. 그와 다른 나물리 지역사회 사람과 우리 환경보호 팀은 사흘 동안 어떻게 함께 이 일을 할 수 있을지 논의했어. 라이문도는 내게 식민지라는 과거 때문에 모잠비크의 언어가 된 포르투갈어를 꼭 배우겠다는 약속을 받아냈지. 그런데 그 대신 난 아기를 갖게 됐네.

내 머릿속은 온갖 추억과 기억으로 가득하고 이 순간 내게 꼭 필요한 전율을 느낀다. 우리 행동이 중요해.

나는 모험이 없는 진공상태에서는 더는 존재할 수가 없어. 나는 모험의 땅을 봐야만 하겠어. 직접 보고 느끼고 숨이 멎을 정도로 감동하고 두려워하기도 해야겠지. 위험을 두려워한다는 뜻이 아니라 현실을 두려워해야 한다는 뜻이야. 왜냐하면 현실이란 우리 행동이 중요하다는 걸 알려주거든. 우리 모험이 영향을 미친다는 걸 알려주지. 나는 지금 내 어깨에 지고 있는 이 책임의 무게를 이해하려고 해. 처음으로 에티오피아의 대산맥을 등반했을 때 이 산 이상의 무엇과 연결돼 있다는 느낌을 무시할 수 없었어. 내 모험을 하나하나 보면서 이 모험이 과연 무엇인지, 이 실체가 무엇인지 알아내야만 했어. 내게는 단순히 산이 아니었단다.

산은 인류의 유산이야. 산을 믿는 사람, 산 안에서 종교, 영혼, 평화를 찾는 사람에게는 그래. 서구 문명의 산을 보호하기는 쉬워. 거대하고 험하고 광활한 산맥이 야생에 펼쳐져 있지. 현실적으로는 그 산이 있는 땅은 백인 정착민이 북미 원주민에게서 빼앗아 자기 땅이라고 선언했을 뿐이지만. 자연보호 구역은 황야와 비슷한 개념 아래에서 만들어졌어. 인간이 살지 않는 공간이라는 뜻이지. 하지만 융합 생태계, 즉 사람들이 사는 산과 열대우림, 경작지가 복잡하게 얽혀 있는 곳을 보호하는 건(혹은 보호의 정의를 내리는 건) 훨씬 더 어려운 일이야.

우리가 환경보호 대신 사용해야 할 단어는 연결이라고 생각해. 실제로 그곳에 사는 사람들을 위해 공간을 지켜줘야 해. 그들의 삶과 집 사이를 연결해야 하고 그들에게 실질적으로 필요한 자원이 무엇이고 그들의 유산에 무엇이 중요한지 들어야 해. 그래서 우리 사업을 레가도 버하르트라고 하나 보다. 레가도는 사실 포르투갈어로 유산이라는 뜻이야.

***

직각으로 뻗은 광활한 나물리의 암벽 사진 하나가 나를 그곳까지 데려갔어. 그곳을 둘러싼 녹음과 사람들은 나를 그곳에 머물게 했지. 그 여정 중 생각한 건, 내가 그곳에 가고 머무른 이유는 우리가 그저 쉬운 곳만 찾아다녀서는 안 된다는 사실을 알아서였다는 것. 등반가로서, 아웃도어인으로서 우리는 더 어려운 것, 더 도전할 수 있는 곳, 더 가파른 곳에 끌린다. 이곳은 환경보호 활동가에게도 가장 가파른 벼랑이지. 어떤 관점과 행동이 궁극적으로 중요해지는 곳이기도 해. 인생의 길을 통과해 나가는 더 어렵고 밀도 높은 방법이라고 할까.

나는 이 일을 할 수 있는 돈과 지원을 반드시 찾아내 필요한 방식으로 일을 해야만 하겠어.

음성 일기 ○ 8개월

2017. 3. 2.

 기분이 이상해. 너희 외할머니, 그러니까 엄마의 엄마… 왜 이렇게 내 엄마와 멀어진 기분이지? 나는 엄마로서 그 사람이 누군지 모르는 것 같아. 너희 아빠의 엄마인 할미할미를 생각하면 어떤 어머니였는지 엄마로서 어떤 사람인지 바로 알겠거든. 하지만 엄마로서의 내 엄마는 정말 모르겠다.
 알고 보니 이렇게 음성 일기를 쓴다는 것, 마흔 살에 8개월 쌍둥이를 키우고 있는 내가 이사하느라 오래된 상자를 풀고 옛날 사진부터 1998년 첫 남편과의 결혼사진까지 보면서 너희가 언젠가 볼 일기를 녹음하는 건 약간 머리가 어질어질한 일 같아.
 알고 보니 엄마가 된다는 것 자체가 머리가 어질어질한 일 같구나.
 그래도 나는 늘 똑같은 지점으로 돌아와. 너희를 너무나 사랑한다는 것. 이 세상에서 가장 좋은 일이고 한편으로는 무섭기도 한데 난 그저 너희를 사랑할 뿐이고 너희와 뽀뽀하고 같이 있고 싶을 뿐이야. 그런데 솔직히 내 엄마가 내게 이런 느낌을 가진 적이 있었을까?

음성 일기 ○ 8개월

2017. 3. 3.

 내 엄마가 그립다. 엄마는 살아 계시지만.
 나는 양쪽 끝에 매달려 있는 느낌이야. 이 중년이란 나이는 꼭대기와 바닥이 서로 잡아당기고 있는 것 같네. 한쪽 끝에는 8개월 쌍둥이가 있고 다른 쪽 끝에는 70대 부모님이 계시고. 누군가는 나를 떠나게 되겠지. 피할 수 없는 일이고.

어린 시절 사진을, 크레파스 낙서가 그려진 내 두 살 때 스케치북을 보고 한참 울었어. *이때의 나는 누굴까? 우리 부모님은 누굴까?*

옛날 사진 같은 건 얼른 치워버렸어야 했는데 그러질 못했네. 스물한 살에 간 디날리산 사진도 있어. 나는 1만 4,000피트 정상 위에서 유방암 치유 기도 깃발을 손에 들고 있어. 깃발에는 마커로 네 사람 이름을 적어놓았는데 나의 언니, 엄마, 양쪽 할머니 이름이야. 이들이 내가 대표하고 싶은 여자들이었지. 둘은 세상을 떠났어. 둘은 너무 멀게 느껴지고.

너희 친할머니 할미할미는 여자, 어머니, 할머니로서 알고 있어. 매주 한 번씩, 한 시간 걸리는 와이트필드에서 파이와 필요한 장비와 사랑과 경청할 수 있는 귀를 들고 우리 집에 오시지. 너희 친할머니를 친근하게 느끼고 깊이 알고 어렵지 않게 알고 있어. 내 엄마와는 반대 성향을 대표하는 그분의 모습을 보면서 나는 이런 어머니를 만나 운이 좋다고도 느끼고 놀라기도 해. 그러나 이런, 이른바 전통적인 어머니상에서 본다면 내 엄마는 점점 더 모르겠다는 생각만 들어.

너희 외할머니 그러니까 내 엄마에게 물어보고 싶다. "엄마 나 사랑했어요? 매일 나를 두고 출근하는 게 힘들지 않았어요? 엄마가 집에 왔을 때 내가 매달렸어요? 내가 엄마한테 껌딱지처럼 붙어서 떨어지기 힘들어했어요? 그러면 엄마 마음이 찢어질 것 같고 사랑이 더 커졌어요? 엄마 아빠는 내가 엄마 품에 안기기 전부터 조금씩 멀어졌나요? 내가 그랬던 것처럼?" 내가 내게 하는 어린 시절 이야기와 기억은 내 모성이라는 프리즘에 의해 굴절됐어. 나는 이 모든 것에 다시 접근하고 싶어졌고 *진짜* 이야기를 알고 싶어졌어. 증거, 기록, 편지, 영상을 원해.

보고 싶다. 무엇을? 사랑을? 통렬함을? 날것을? 나는 이 날것의 원초적 사랑에 의해 내가 해체된다고 느껴. 나를 만든 사람들 안에도 이것이 있었는지 알고 싶어.

내 엄마에게 묻고 싶어. "베이비시터가 우리의 첫 발달 과정을 보는 건 어떤 기분이었어요? 항상 바쁜 직장에서 돌아오면 밤에 모든 걸 내려놓고 나를 봤어요? 주말 이틀 내내 나를 봤나요? 같이 놀았나요? 나를 아기 침대에 얼른 재우고 쉬러 가버렸나요?" 나는 우리 엄마가 이 세상에서 한 일을 자랑스러워할 줄 아는 보통의 성숙한 마흔 살 여성이고 머리로는 엄마의 삶을 이해하고 있어. 그럼에도 나는 엄마가 나를 얼마나 사랑했는지 알고 싶어.

엄마 말대로 나를 많이 사랑했다면 엄마는 어떻게 그렇게 점점 내게 더 상처받고 내 사랑도 믿지 못하고 가끔은 못되게 굴기도 하는 걸까?

"엄마. 우리 애들이 엄마를 만나면 참 좋아해요." 오늘 엄마에게 말했어.

"그렇지도 않아. 아기들에게 나는 그냥 몸뚱어리 하나지. 그리고 애들 친할머니 있잖아."

"아, 엄마." 내가 한숨 쉬며 말했어. "그렇지 않아. 엄마는 엄마잖아. 아이들에게는 외할머니잖아. 그것도 특별하잖아."

"그런 말 하지 마라, 마이카. 괜히 듣기 좋은 소리 마."

나는 우리 엄마처럼 되고 싶지 않아. 이런 성격은 닮고 싶지 않아. 하지만 내 안에선 분노와 좌절이 끓어오르고 또 끓어오른다. 어쩌면 이것도 내가 엄마처럼 돼가고 있다는 뜻일지도. 그리고 언니(너희 이모)가 돼가고 있는 것도 같다. 늘 걱정스러운 목소리, 냉소적인 대답, 내가 원하는 만큼 자상하거나 따뜻하지 못하고 항상 다시 냉정해지는 성격도 닮아가고 있는 것만 같아. 가장 닮고 싶지 않은 사람이 화가 났을 때의 엄마와 언니지만 어쩌면 이 세상에서 나와 가장 비슷한 두 사람이라고도 할 수 있겠지.

우리 엄마가 나를 사랑한 것보다 더 많이 너희 둘을 사랑한다면 나는 그때의 엄마, 지금의 엄마와는 다른 사람이 될 수 있을까?

요즘 너희 아빠와도 이전과는 비교할 수 없이 멀어진 기분이야. 내 현 상태에 관해 너희 아빠만 빼고 어느 누구와도 깊은 대화를 나눌 수 있을 것 같아. 우리는 지금 서로를 향해 열린 채널이 없는 것 같아. 아니면 열려 있게 두지 않거나. 늘 불발에 그치고 있어. 누가 언제 무슨 이야기를 하고 싶은지, 누가 타자를 치고 누가 페이스북을 보고 싶은지도 이야기하지 않아. 내 결혼이 이래선 안 되잖아. 나는 이런 결혼 생활이 어떤 모습인지 정확하게 알고 있어. 우리를 다시 한 땀 한 땀 잇지 않으면 더는 이어 붙일 수 없는 지점에 도달할 수 있어. 첫 결혼의 실패에서 얻은 지혜가 이번 결혼을 살리는 데 사용될 수 있으면 좋겠다.

편지 ○ 8개월

2017. 3. 3. (이후)

카즈와 이레나에게.

언젠가 너희가 열세 살, 아니면 서른이 되면 내가 너희를 얼마나 사랑했는지 궁금할 수 있겠지. 너희도 아이를 가질 수도 있고 사랑으로 가슴이 벅차오르고 그 사랑이 너무 커서 심장이 아프고 엄마도 나를 이렇게 사랑했을까 궁금할 수도 있잖아. 아니면 너희는 나보다 훨씬 그 역할에 잘 적응해 내 사랑이 궁금하지 않을 수도 있겠다. 사실 그게 최고지. 하지만 만약을 대비해서….

　오늘 너희는 태어난 지 8개월 3일 일곱 시간이 됐단다. 이제 너희와 떨어지는 건 상상도 못 하겠어. 몇 시간은 떨어져 있겠지만 밤에는 떨어져 있을 수 없어. 여행도, 다른 시간대에 있는 것도 못 하고 비행기를 타고 다른 나라에, 바다 건너, 다른 대륙에 갈 수도 없어. 하지만 내 마음 안에도 다른 부분이 있고 너희가 태어나기 전에 내가 보낸 수십 년은 여섯 개의 시간대에 있고 7,849마일 대서양과 아프리카 대륙의 너비만큼 걸쳐 있단다.

　내가 보기에는 지금까지의 내 인생을 내가 레가도 일을 하도록, 나머지 모든 건 뒤에 두도록 준비한 것 같아. 내가 좋아하는 일이라면 진심을 바쳐 해왔어. 내 열정에 따라 내 삶의 좌표를 만들고 관심사를 더해 확장하고, 아직은 잘 모르지만 더 배울 수 있다는 사실을 힘으로 삼아 설명해왔지. 이제 너희 둘이라는 존재가 나를 집에 묶어놓고 있어. 내 일은 개념 대 실행 구도로 바뀌고 있고. 적어도 지금은 그래.

　이제 한 달 뒤면 나물리에 갈지 안 갈지 결정을 해야 해. 또 다른 것도 말해야지. 나는 이 지원금 모금 방법을 새롭게 배우고 있어. 모잠비크와 나물리와 산과의 복잡한 관계를 어떻게 종합하고 분석해 설득력 있는 프레젠테이션을 할지 고민해야 해.

　왜 이 일을 하고 있냐고? 정말 좋은 질문이네. 나도 스스로에게 계속 던지는 질문이거든. 아니면 질문을 이렇게 바꿔볼까? "지금 나는 왜 이 일을 하고 있나?"

　가끔은 이런 대답이 나오지. "내가 시작한 일이고 어떻게 그만둬야 할지 몰라서." 어쩔 때는 경외심에 젖어서, 대체 어디에 있냐며 나를 찾는 나물리 사람들의 힘에 눈이 멀어서, 이제는 떠날 수 없다는 걸 알아. 그래. 자부심 때문에 일을 한다. 이 일에는 아주 깊고 깊은 자존심과 자부심이 있어. 우리가 이 모든 지원금을 받을 때마다, 내가 연설을 할 때마다, 어떻게 열정을 갖고 경력을 쌓았냐고 묻는 젊은 여성을 만날 때마다 나는 나 자신 안으로 더 깊이 파고들고 이 일에 나를 더 밀어붙이려고 해.

편지 ○ 8개월 반

2017. 3. 14.

카즈와 이레나에게.

아직도 우리 사랑에 관해 알고 싶니? 내가 가이드를 하거나 연설을 하느라 반나절 집을 비웠다가 돌아오면 너희는 손과 눈과 입으로 나를 삼키려 하고 그제야 나는 내가 있어야 할 곳에 있다는 느낌을 받아. 너희에게 젖을 먹이고 낮잠을 재우고 내 팔에 안고 너희가 자면서 꿀 꿈을 이야기할 때면 이제까지 어디서도 느껴보지 못한 충일감을 느낀단다. 나는 흔한 최상급 표현이 게으르고 유치하다고 생각했어. 이제 나는 지속적으로 가장 행복하고 가장 사랑받는다고 느껴. 외출했을 때 너희가 최고로 보고 싶다.

너희가 어릴 때—그러니까 지금—내가 할 수 있는 만큼 너희와 함께 있고 싶어. 그러려면 많은 희생과 대가가 따른다는 것도 알아. 분명 대가가 있지. 예전처럼 일을 할 때 완전히 집중하고 있다고 느끼질 못해. 그 일을 믿지 않는다거나 관심이 덜해서가 아니야. 너희가 항상 배경에 있기 때문이야. 현실적으로도 비유적으로도 그렇지. 너희는 내가 일을 할 때 1층에서 울거나 보채거나 놀고 있지. 이레나 너는 주먹을 쥐고 기어다니려고 하고 있을 거야. 카즈 너는 처음으로 붙잡지 않고 혼자 서는 연습을 하겠지. 나는 너희 낮잠 시간을 기록하고 그 전과 후에 수유를 하고 일하러 올라오기 전에 열심히 최선을 다해 놀아준다. 이레나 너는 낮잠을 잔 다음에는 30분 동안 젖을 물고 있으려 해서 너한테는 젖 냄새가 나. 아마도 엄마를 조금이라도 더 가깝게 더 오래 붙잡고 있고 싶어서겠지.

지금과는 다르게 할 수도 있었을 거야. 사무실을 얻거나 도서관에 가서 너희와 나를 분리했겠지. 얼마나 일을 많이 할 수 있는지 보며 감탄했을 수도 있어. 하지만 그때 나는 유축기에 붙어서 너희 움직임을 그리워할 거야. 그래서 난 재택근무를 하고 있어. 너희 낮잠 시간과 깨어 있는 시간 사이, 너희가 아빠나 애나와 유아차를 타고 세상을 탐험하고 있을 시간에 일을 해. 그리고 솔직히 말하면 이 방식이 가능한 유일한 이유는 우리가 팀을 조직할 수 있기 때문이야. 특권이 나를 피해가지 않은 거지. 애나가 있잖아. 남은 시간에 라자냐를 만들어 작게 갈아 너희에게 먹이는 애나. 애나는 매일 아침 1층에 내려와서 말해. "우리 애기들 어디 있지?" 너희 아빠와 나처럼 말이야. 우리에게는 2주에 한 번씩 깨끗하게 집 청소를 해줘서 내가 숨을 쉬게 해주는 홀리도 있어.

너희를 낳기 전 너희와 수월하게 어디든지 다니는 상상을 자주 했단다. 이제 8개월 반이 된 지금 그 생각에는 확신이 없어. 우리 모두가 이동을 실행할 때의 그 복잡하고 지치는 과정을 이제는 뼛속까지 인식하고 있어서겠지. 지난가을 우리는 먼 곳으로 여행을 했고 거기에서도 나는 일을 했지. 애나도 같이 갔어. 그래야 가능하니까. 그때 우리가 해야 했던 모든 일을 생각하면 지금까지도 피곤하다. 다른 생에서 나는 지금 이 순간 따스한 봄날의 햇살을 받으며 자이언이나 인디언 크릭의 사암 크랙을 오르고 있을까? 하지만 너희의 엄마가 되고 레가도를 이끌어나가고 책을 쓰고 돈을 벌고 내 경력을 만들어가는 지금의 나는 여기가 내가 있어야 할 자리 같구나. 이 모든 일을 하면서 너희까지 자이언으로 데려간다라… 글쎄, 잘 모르겠다.

이 분열되고 혼란스러운 상황에 적응하면서 나는 점점 더 나아지려나. 일할 시간을 정확히 23분 얻어서 그 짧은 시간 안에 연간 예산 편성을 마칠 수 있으려나?

나는 해결책을 알지. 집 밖에서 일하는 것. 집중하는 것. 그러면 일을 마칠 수 있어. 그리고 집에 와서 너희에게 집중하는 거야. 하지만 난 달력에 너희와 함께할 수 없는 여덟 시간이 적혀 있는 게 싫어. 너희가 지금이든 나중에든 후유증을 느끼지 않았으면 좋겠어. 나는 너희와의 완전한 통합을 이룰 기회와 자원이 있고 지금 이 상황을 최대한 활용하는 게 오늘의 내가 엄마가 되는 방식이야.

***

너희 외할머니는 예전에 이모와 나의 엄마가 된 일이 인생에서 가장 자랑스러운 일이라고 말한 적 있어. 사실 지금 깨달았는데 그때는 할머니 말을 믿지 않았어. 엄마라는 이름은 우리 엄마가 이 세상에서 이룬 모든 일 곁에 있었고 우리 자매가 엄마의 일이나 열정을 넘을 수 있다고 생각하지 못했어. 아마 10년 전이나, 아니 1년 전인 임신 6개월 때였다면 그렇게 말할 수 있었을 거야. 그런데 지금은 새롭게 배우기 시작하고 있구나.

내 어린 시절에 관한 모든 생각을 재고해야만 할 것 같은 기분이야. 아빠의 사랑은 의문을 갖거나 재해석해야 할 필요 없어. 하지만 엄마의 사랑은 그래. 나는 지금의 엄마, 내 엄마였던 엄마와 심각하게 멀어진 느낌이야. 엄마에게 상처를 주지 않고 어떻게 가까워져야 할지 모르겠어. 가끔 너희 할머니에게 과거를 너무 자세히 물어보는 건 부담을 주는 일이야.

"어떻게 그렇게 매일 날 두고 나갔어요?" 나는 묻고 싶어. "엄마가 매일 퇴근해서 그렇게 잠깐 동안만 날 보는 게 마음 아프지 않았어요? 집에서는 우리에게 완전히 집중했어요? 나한테는 몰입했어요? 우리가 자기 전까지 우리를 안고 있었어요? 아니면 그냥 잘 자라고 인사하고 엄마 할 일 했어요?"

이 모든 것의 핵심이야. 나도 너희에게 아침 인사를 하고 너희를 한참 안아준 *다음*에는 내 할 일을 하지. 나는 부엌을 정리하고 저녁을 차리고 청소기를 밀고 빨래를 개고 너희 모니터가 켜져 있는지 확인하고 기저귀 테이블에 장난감이 있는지도 확인하고 애나의 스케줄을 조정하고 장 볼 목록을 만들고 모든 것을 치우고 또 더 많은 일을 한다. 너희와 함께 있지 않고 이 모든 일을 하다가 문득 죄책감을 느껴. 그러다 애나가 너희와 바닥에 앉아 웃긴 소리를 내며 장난치고 놀고 있는 장면, 그저 너희와 같이 있는 장면을 보면 내가 가서 그 역할을 하고 싶어. 하지만 이 집이 혼란스러워지는 걸 감수할 정도로 원할까? 어쩌면 이건 내게 던지는 질문일지도 모르겠다.

너희가 어린 시절을 돌아볼 때, 너희가 언제나 사랑받았고 가장 최우선이었다는 걸 알아줬으면 좋겠어. 내가 읽은 모든 육아책에는 엄마에게 다른 역할과 다른 정체성과 다른 우선순위가 있는 걸 보고 자라는 게 아이들에게도 좋다고 해. 아마 나도 그렇게 주장했을 거야. 하지만 지금 내 마음 깊은 곳에서는, 내가 엄마의 1순위였음을 알았다면 좋았을 것 같아.

음성 일기 ◐ 8개월 반

2017. 3. 16.

오늘 너희를 낳은 후 처음 강연을 했어. 베이츠대학이었고 질문 두 개를 받았는데 내가 거짓말을 해버리고 말았네.

"선생님 평소 하루는 어떻게 보내세요?" 한 학생이 물었지.

나는 그 여학생을 쳐다봤어. 임신하기 전 내 모습을 떠올린다면 쉽게 대답할 수 있었을 거야. 하지만 그건 이미 전생처럼 느껴지는걸. 내 인생에 너희 둘 인생도 더해야 되니까 세 번의 전생이려나.

"평소 일주일 이야기를 해볼까요?" 나는 클라이밍도 하고 레가도 론칭하면서 나름대로 조화롭게 보내려고 애쓰고 있다고 말하기 시작했어. 그러다 멈췄지. 나는 질문한 여학생과 그 강연장의 젊은 남녀를 바라봤고 이 친구들에게 진실을 말해야 한다고 생각했어.

"사실 요즘 제 전형적인 하루는 8개월 쌍둥이 위주로 돌아가고요. 엄마 노릇하며 일하고 등반하기를 어떻게 해야 하는지 처음부터 익히고 있습니다."

내가 무엇을 얻었는지 잃었는지 모르겠다. 어쩌면 위신이 무너졌을지도 모르지만 훗날에는 정직한 사람으로 기억될지도 몰라.

지금 나는 어떤 사람이어야 할까? 나는 임신한 사람을 알고 임신하기 전의 사람을 알지. 하지만 지금 이 사람은 누군지 모르겠어. 지금의 나라는 사람, 엄마라는 사람.

***

이 대학생들 혹은 나 자신에게, 지금의 내가 너희 둘이 내 뱃속에 존재하기 전의 나와 같은 사람이라고 말하는 건 터무니없는 거짓말이야. 그 시간은 버팀대였어. 임신은 내 몸과 마음과 능력에 대항한 총공격이었고 내가 이제까지 한 것과는 너무도 다른 체험이라 나를 영영 바꿔놓았다. 그다음에 너희를 이 세상에 내어놓고 그리고 8개월 반이라는 시간이 흘렀지.

지금의 나는 누구일까? 내 진북true north은 어딜까? 막연히 2년 후에는 새로운 균형을 찾게 될 거란 생각을 해. 내 중심을 다시 알게 될 거라고. 하지만 내 몸이 너희 둘이라는 생명체와 이렇게 깊이 얽혀 있는 지금은 2년 후 내가 잘 보이지가 않아. 물론 그렇다고 너희와 이렇게 깊이 얽히고 싶지 않다는 말은 아니야. 너희 젖을 언제까지나 먹이고 싶을 정도니까. 여덟 살 때까지 젖을 먹였다는 엄마들을 이해할 것만 같다. 물론 나는 너희에게 그렇게 하지 않을게. 하지만 누가 알까?

너희를 젖 먹이는 일을 내가 얼마나 좋아하는지 몰라. 원초적이잖아. 나는 너희 사람이 되는 거야. 너희에게 이걸 줄 수 있는 유일한 사람이 되는 일이고 마치 내 퍼즐 조각을 찾는 것, 두 개의 퍼즐 조각을 매번, 모든 순간 찾는 것 같다. 이곳이 내가 있어야 할 곳이라는 걸 완전히 알게 됐지. 이전에는 한 번도 느껴본 적 없는 기분.

**

그런 생각도 해. 내가 원하는 건 엄마가 되고 싶다는 것뿐이라고.
아니 잠깐만, 진심일까?
잘 모르겠다. 내가 지금 뭘 하고 싶은지도 잘 모르겠어. 전일제로 일하고 싶은지 반일제로 일하고 싶은지 아예 일하고 싶지 않은지 나도 잘 모르겠어. 다만 너희하고 같이 있고 싶고 너희와 하루 종일 떨어져 있으면 힘들다는 것만 알아.
가끔은 내가 과연 전업맘이 될 수 있을까 싶은 생각이 들어. 그 생각만 하면 숨이 막히고 속이 뒤집어지려고까지 해. 전업맘이 된다는 것을 나는 어떻게 생각하고 있길래 그럴까? 만약 내 몸에서 이런 반응이 일어나는 이유가 내가 진심으로 들여다봐야 할 문제이기 때문인지 아니면 내가 진심으로 거부감을 느끼기 때문인지 궁금해. 거부감을 느낀다면 그 이유 또한 들여다봐야겠지.

나는 여성으로서 어느 누구 못지않게 멋있고 당당하게 살겠다는 다짐 속에서 자랐어. 내 엄마에게서 그런 모습을 봤고 늘 강하다는 말, 특별하다는 말을 들었고 싸우는 여성의 발자취를 따라야 한다고 생각했어. 내가 엄마만 될 수 있다는 (혹은 될 수도 있다는) 생각은 한 번도 한 적이 없어. 이 생각도 다시 해부해봐야 할 것 같은데, 느슨하면서도 흥미롭게 내 여성됨과 여성성의 개념에 붙어 있던 생각이 너희 둘과 있을 때의 내 느낌 때문에 완전히 전복돼버리기 때문이야. 뭔가가 빠져버려.

이제는 엄마로서 보이는 게 있어. 내가 너희와 너무 깊게 얽혀 있어서 그 외의 다른 것에서는 멀어져버릴 수도 있을 거라는 걸. 왜냐하면 나는 너희 세상에서는 중심이고 가장 중요한 존재니까. 그리고 내가 너희 세상에서 가장 중요한 것이 아니게 될 때가 오겠지. 왜냐하면 너희가 자라고 친구가 생기고 많은 일이 생기면 성장이라는 면에서 그래선 안 되잖아. 그때 내가 얼마나 깊은 상실감과 슬픔을 느낄지도 알 것 같구나.

1년이 지나면 기적처럼 바뀌려나? 그래서 캐나다에서는 1년의 육아휴직을 주는 것으로 이 문제를 해결하려는 걸까? 만약 3개월 반이 흘러 너희가 만 한 살을 채우면 나도 지금과 다르게 느낄까? 모르겠다.

너희 외할머니 그러니까 엄마의 엄마가 다시 일터로 복귀하기 쉬웠을지 궁금해. 그런 엄마가 조금 밉다. 그리고 그런 엄마가 조금 사랑스럽다. 엄마의 엄마를 찾아가서 묻고 싶어. "이 일을 어떻게 했어요? 기분은 어땠어요? 정말 속마음은 어땠어요?"

나는 완전히 변했고 너희를 향한 어마어마한 사랑에 매번 경외심을 느껴. 이 사랑은 본능적이야. 너희를 먹어치우고 싶고 너희에게 키스하고 싶고 너희를 듬뿍 바르고 싶어.

우리 엄마가 단 한 번이라도 내게 이렇게 느꼈을까? 엄마는 나를 아무리 사랑해도 충분하지 않다고 느꼈을까? 그럼 어떻게 지금 나와 이렇게 멀리 떨어져 있을 수 있을까? 어떻게 내게 가끔 그렇게 못되게 굴 수 있을까? 그때 그렇게 사랑스러웠다면 지금은 어떻게 그렇게 함부로 할 수 있을까?

아이에 대한 사랑이 배우자에 대한 사랑을 반영할까? 한때 너희 아빠를 너무도 사랑했지만 이제 그 사랑은 원망과 분노로 대체되고 말았어. 지금은 두 아기를 이만큼이나 사랑하지만 이 사랑도 줄어들거나 변질돼버릴 수 있을까? 우리 엄마에게도 그 일이 일어난 걸까?

나는 엄마의 에너지를 유지할 만큼 중요하지 않았던 걸까?

하지만 어제의 나는 너희와 열심히 놀면서도 사진 촬영 일정을 조율하기 위해 정신없이 휴대폰으로 문자를 보내고 있었는데.

정말 이해가 안 되지.

음성 일기 ○ 8개월 반
2017. 3. 16. (이후)

이레나야, 엄마 이야기 들을 거니? 카즈, 너 말이야.

나는 너희에 관한 모든 것을 기억하고 숫자로 기록이 됐으면 좋겠어.

이레나 너는 5개월부터 수면 훈련을 시작했고 너희는 여전히 다른 방의 다른 아기 침대에서 잔다. 세탁실이 네가 낮잠 자는 방이었고 네 매트리스는 패드를 올려놓은 판자 조각이었지. 그 점에서는 너는 앞으로도 큰 점수를 받아야 해.

카즈, 너는 언제나 더 일찍 일어나지. 그래도 우린 너를 5시부터 6시까지 침대에 누워 있게 해.

나는 지금 메인주 시골길에서 아기 모니터를 볼 수 있는 전파를 겨우 잡아 너희를 훔쳐보고 있단다.

너희 둘과 아빠는 같이 소파에 앉아 있는데 너희가 아빠의 길고 울룩불룩한 팔 하나씩을 차지하고 옆구리에 기대고 있으니 마치 셋이 한몸 같구나.

"보라 고양이, 보라 고양이, 뭐가 보이니?" 아빠가 동화책을 읽어주고 카즈 너는 너무 좋아서 기쁨의 비명을 지르네.

저녁 간지럼 태우기 순서까지 끝까지 지켜봤어. 남편이 어떤 아빠인지 훔쳐보는 게 소름 끼치는 건가, 좋은 건가?

너희가 웃을 때 나는 조금 울었어.

우리 딸, 네가 아주 작았을 때 너희 아빠가 한 손으로 네 배를 완전히 가리고 네 몸을 흔들어줬던 걸 기억했으면 좋겠다. 아빠가 그렇게 할 때면 너는 오직 아빠만을 위한 사랑이 담긴 웃음을 방긋 웃었다는 걸.

"아빠가 우리 애기들 사랑해요 안 해요, 꼬마 원숭이들." 아빠가 그렇게 말하네. 그런데 방 조명을 어둡게 해서 그런지 모니터가 야간 모드로 바뀌었어. 계속 너희와 아빠 목소리를 들으면서 울고 싶었는데. 멈추지 않길 바랐는데. 하지만 이미 귀가가 늦어져버렸다.

이 모든 것을 적어두고 싶고 도표를 만들고 캡처를 한 다음 어딘가에 보관해두고 싶어. 너희와 함께한 시간이 나를 스쳐 지나가버리길, 서서히라도 지나가버리길 바라지 않아. 타임스탬프처럼 기록하면서 이 시간으로 뭔가를 하고 싶고 더 많은 것을 창조하고 싶다.

어쩌면 너희와의 시간을 책으로 쓸지도 모르겠어. 너희를 위해서.

음성 일기 ○ 8개월 반
2017. 3. 20.

내 의지와 상관없이 네 사람의 셀카를 보게 됐어. 바이크 헬멧을 쓰고 환희와 탐험이 가득한 삶을 전 세계와 공유하고 있네. 아니면 적어도 소셜 미디어 세계와는 말이야.

케이트와 길버트 그리고 그들의 파트너인 파크와 제이슨은 모두 쿠바에서 등반을 하고 산악자전거를 타고 있나 봐. 나도 한때 처음으로 쿠바 등반을 한 우리 친구 그룹에 속해 있었는데. 비냘레스 계곡의 석회암 암벽에 올랐었지. 그냥 속으로 생각만 하는데도 약간은 미친 사람이 말하는 것처럼 들리네. 등반과 탐험 하면 이 몸을 빼놓을 수 없다, 이런 사람 같잖아.

거실 바닥에서 다리 들기 운동을 하면서 인스타그램을 넘겨보던 너희 아빠가 말했어. "와, 쿠바 재밌겠다." 그가 무슨 말을 하는지 내가 안다는 걸 그도 잘 알지.

남편이 내 친구나 등반 파트너와도 두루두루 잘 지내는 좋은 사람이라는 사실에 행복해야 하겠지. 예전에는 그랬어.

"나도 쿠바 갔던 거 알지?"

"사일러스가 유럽에서 8주 동안 가이드 끝냈대. 말했나?" 아빠가 계속 사람들 근황을 전해.

어제는 또 한 명의 가이드이자 너희와 친한 리처드 삼촌이 아이슬란드에 막 도착했다는 소식을 전하기도 했어.

아빠의 가장 친한 친구 두 명, 자신의 분신이라 할 수 있는 친구 둘 다 아이가 없고 계속 아이 없이 지낼 계획이라는 사실을 나도 알아.

"자유롭게 돌아다니고 활동하는 사람들 보면 부럽지 않아?" 아빠에게 물었어.

그는 어깨를 으쓱해. "글쎄. 지금은 무릎이 100퍼센트 정상으로 돌아왔으면 좋겠다는 생각밖에 없는데?"

나는 그에게 앞으로 어떤 날을 맞이하리라 생각하는지 묻지 않는다. 그의 답을 듣고 싶지 않고 공동의 미래, 각자의 미래에 관한 우리 생각이 얼마나 불일치하는지 확인하고 싶지 않아. 무엇보다 그는 넓은 세상 속 케이트와 길버트를 본 내 기분이 어떤지는 묻지도 않았잖아. 그가 먼저 무심하게 군 거야.

음성 일기 ○ 8개월 반

2017. 3. 27.

내가 앉아 있는 자리 주변으로 신생아 옷들이 마치 초신성이 폭발한 것 같은 모양으로 펼쳐져 있어. 나는 지금 다락방에서 작아져 입지 못하는 너희 옷을 정리하고 있단다. 너희가 다시 이 옷을 입을 만큼 작아질 순 없겠지. 옷들을 내 배 위에 가만히 올려본다. 너희가 이 안에 있을 때 입히고 싶어서 이렇게 해본 적이 있거든.

내일이면 너희도 9개월이 돼. 보통 임신 기간이 9개월이라고 하지만 실제로는 10개월인 걸 우리 모두 알지.

***

 내 친구 세라 갈릭은 유럽 출장을 갔다가 얼마 전에 돌아왔어. 8일 동안 집을 비웠는데 돌아오니 네 살배기 아들이 엄마한테 안기지 않으려 하고 마치 복수라도 하듯이 이제부터 아빠하고만 놀겠다고 하더란다. 마치 그 시간 동안 자기 삶에서의 엄마의 부재와 엄마가 엄마 삶을 살았다는 사실에 벌을 주고 싶다는 듯이 말이지.

 그 친구는 아기가 생기기 전에는 몇 달씩 산을 오르고 지질학 현장 조사를 하던 여성이야. 또 지금의 레가도가 되기 전 준비 작업을 같이 한 친구이기도 한데 2011년 나와 함께 처음으로 모잠비크의 화강암 암벽을 탐사하면서 안전한 길이 돼줄 나물리 페이스의 크랙을 찾기도 했어. 2014년에는 개인 노동인 출산을 하느라 우리 공동 노동의 결실을 맛보러 올 수 없었지. 엄마가 며칠 없었다고 엄마를 거부하는 그 아들을 낳은 거야.

 이 모든 것을 어떻게 해낼 수 있을까? 이번 주에 새로운 오페어 플로렌시아가 집에 왔어. 애나는 체류 기간이 끝나서 독일로 돌아가야 했거든. 그런데 나는 다른 사람에게 하루 종일 거의 둘을 맡긴 걸 정당화할 정도로 일을 많이 하지 못해서 죄책감으로 좀 괴로워. 그래도 오늘의 좋은 일은 드디어 문이 있는 사무실이 생긴 건데 아래층 손님방을 플로렌시아 방으로 주고 2층 로프트의 문이 닫힌 방을 내 서재로 했어. 그 방에서도 너희 소리가 들리긴 하지만 개념상으로도 실제적으로도 분명 분리가 돼 있으니까. 화장실만 하나 더 있으면 좋을 것 같구나.

 너희가 울 때 괴롭다. 너희가 만족하지 않을 때도 괴로워. 같은 집에 있으면서 너희가 분명 힘든 시간을 보내는 걸 알면서도 내가 내려가서 끼어들고 싶지는 않을 때 정말 힘들어. 하지만 내가 끼어들면 상황이 더 악화된다는 것도 알지. 나 아닌 다른 사람이 너희를 달래려 애쓰는 소리를 가까이서 듣고 있는 것도 지치고 괴롭다.

어쩌면 어린이집에 보내는 편이 더 나았을지도 몰라. 너희를 데려다주고 문을 닫고 걸어 나와 그 안에서 무슨 일이 일어나는지 모르는 편이 우리 모두에게 더 나았을지도 몰라. 플로렌시아가 잘해낼 거라 믿어. 만약 잘해내지 못한다면 다른 사람을 찾아야겠지. 이 방식이 가장 좋은 해결책이 될 수 있게 하는 힘이 우리 안에 있다고도 믿고. 그와 동시에 지금 당장은 미칠 것 같아. 이 모든 게 미칠 것 같아.

다른 한편으로는 내가 너희에게 끌려가고 강요당하기도 하고 묶여 있다는 느낌이 들어. 또 다른 한편으로는 에너지를 어떻게 분산해야 할지 몰라 막막해. 적절한 조합을 찾으려고 노력하지. 너희와 함께 있을 때는 스마트폰을 붙들고 일하지 않으려고 해. 가끔은 너희 둘을 돌보는 데 어른 한 명이 아니라 두 명이 필요하다는 사실에도 죄책감을 느껴.

그래도 할 수 있는 일을 할 뿐이고 육아에서 옳은 선택을 하고 있다고 생각해. 계속 나 스스로에게 그렇게 말하다 보면 언젠가는 믿게 될지도 모르지.

***

너희 아빠와 나는 어떠냐고? 우린 괜찮아. 너희 아빠는 요리하고 빵을 굽고 우리 여름 정원 꾸미기를 계획하고 있어. 아빠는 산에서 일하고 온 날에도 집에 오면 저녁에 먹을 빵을 굽고 식사 준비를 하고 오븐에 파이를 넣어놓기도 하지. 오래전에 너희 아빠의 동생인 짐 삼촌이 아빠는 음식을 통해 자신의 사랑을 표현한다고 말한 적 있어. 이제 내가 너희에게만 집중하게 되니 그 말이 실감이 난다. 그럼 나는 청소와 정리를 통해 내 사랑을 표현하는 것 같네. 그러고 보니 우리는 완벽한 한 팀이구나. 지금 당장은 그렇게 느끼지 못한다는 게 문제지만. 내가 기억하는 학창 시절의 팀원은 서로를 지지하고 격려하는 사람이었어. 지금 우리는 그냥 서로를 참아주는 팀원 같네.

나는 그러면서도 아빠에게 화가 나 있어. 아주 많이 화가 나. 어떤 일을 하든 내가 더 힘든 일을 하는 것 같아. 내가 낮에 가이드를 하고 집에 오면 인정을 받고 싶은데 왜냐면 가이드를 하고 집에 와서 엄마가 돼야 하니까. 또 내가 하루 종일 집에 있고 너희 아빠가 가이드를 하고 집에 오면 나는 또 인정을 받고 싶어. 나는 하루 종일 집에 있었고 산에 가서 일하거나 놀지 못했으니까.

그래, 논리적이지도 공평하지도 않아. 알아. 내가 무슨 일을 하든 인정을 받을 순 없지만 실제로 내가 인정받고 싶은 건 그거야. 나는 무슨 일을 하든 너무나 많은 걸 하고 있다고 느끼거든. 내 친구 재닛 부부는 남편 쪽이 절실하게 인정을 원해. 우리 안에 무엇이 그 욕구를 만들까? 어떻게 하면 이 욕구가 생기지 않게 할 수 있을까?

나는 행복하고 싶어. 너희의 엄마가 되는 방식을 자랑스러워하고 싶다. 젠장, 그런데 가끔 한 번에 너희 둘을 키우기가 정말 힘들어. 이 말을 해도 되지 않겠니? 우리가 함께 있는 한 시간이 두 시간 같은데 딱 두 배라고 말하는 것도 정확하지 않아. 그 이상이거든.

어쩌면 내게 필요한 건 잠깐 쉬면서 이렇게 말하는 것일지도. "얘들아 있잖아? 너희 둘 중 하나만 데리고 잠깐 나갔다 올게."

오늘은 대단한 깨달음이 없네, 팀원들. 그냥 오늘도 이 삶을 살아가는 것뿐.

음성 일기 ● 9개월

2017. 3. 30.

뭔가를 원하고 시작하는 것은 뭔가를 갖고 있다가 끝내는 것과 달라. 마지막으로 내가 이만큼 애타게 노력했을 때 결국 얻은 건 결혼 생활의 실패였어.

옛날 옛적 엄마가 살던 집에 2층 침대가 있었다는 것 아니? 혹은 스트로베일 하우스(압축한 볏짚으로 만든 집_옮긴이) 어딘가에 에디와 나 사이 태어날 가상의 아이들이 잘 수 있게 만든 공간이었다고 해야 하나. 겨우 스물두 살 때 그 집과 그 삶을 내 손으로 지었어. 마치 볏짚을 쌓고 그 위에 벽토를 바르기만 하면 부부로서의 삶이 물리적으로 뚝딱하고 나타날 수 있을 것처럼. 나는 산악 가이드를 하는 산악인과 산악 마을에 뿌리를 내렸지만 결국 이 모든 것은 픽업 스틱(얇은 막대기 따위를 쌓아놓고 다른 것을 무너뜨리지 않고 하나씩 빼내는 놀이_옮긴이)처럼 한순간에 훅 날아가버리고 말았어.

에디와 내가 같이 산 지 9년이 돼가던 해 베일에서 열리는 결혼식에 가고 있었어. 에디는 운전을 했고 나는 말을 시키려고 노력하고 있었지. 나는 그때 스물여덟이었고 어떻게든 이 결혼 생활을 지켜야 한다고, 2주 동안의 실험이면 서서히 조각조각 완성돼온 7년 동안의 불행한 결혼 생활이라는 태피스트리를 구원할 수 있다고 생각하고 있었어.

그에게 예쁘게 말하면 이 사람도 내게 예쁘게 말해줄지 모른다. 나를 사랑해 달라고 조르지 말고 그가 어떻게 반응하는지 보자. 같이 대마초를 피워주면 그가 약에 취하려고 밖에 혼자 나가지 않을지도 모른다. 친구 결혼식이 있던 주말은 이 새로운 실험을 막 시작한 시기였어. 잘 해줘야지. 말 자주 시켜야지. 나는 나를 코치했지.

"당신 스물여덟 살 여름에 어디 있었어?" 당시 마흔 살의 남편에게 물었어.

에디는 그때 몰던 폭스바겐 밴과 찌그러진 차 문에 관한 애증을 털어놓았어. 조슈아 트리와 몇 달 동안의 요세미티 등반 이야기도 했고.

"언제 우리도 같이하자." 내가 말했어.

"그런데 난 이제 스물여덟이 아니라서. 요즘엔 집이 좋아."

고속도로는 공사로 인해 반이 폐쇄돼 있었고 우리는 1차선 도로 위 느릿느릿 가는 인디애나 관광객 차들 뒤에서 꼼짝 못 하고 있었어. 에디가 공사 표시인 콘을 돌아서 폐쇄된 차선으로 들어가 관광객을 지나쳐 속도를 내 코너를 돌 때 나는 눈을 질끈 감았어. 깜빡이는 불빛과 경적 소리에 다시 눈을 떴지. 그리고 750달러짜리 범칙금 통지서와 교통 법규 위반을 확인하고 머릿속으로 우리의 자동차 보험료에 미칠 영향을 계산하면서 또다시 눈을 질끈 감았어. 다른 사람의 사랑을 축하해주러 가는 길, 도로 중턱에서 차를 세우고 있던 그 순간만큼 우리 두 사람이 꼼짝없이 하나로 묶여 있다는 현실이 더 선명하게 느껴진 적이 없었어.

나는 결혼식 내내 그 두 사람의 결합이라는 행위를 비웃고 싶은 마음과 믿고 싶은 마음 사이에서 싸웠어. 모텔로 돌아오니 에디는 사각팬티만 입고 텔레비전을 보고 있었고 나는 밖으로 나와 검은색 포장도로를 따라 걸으며 내가 이 결혼과 사랑에서 과연 벗어날 수 있을지만 생각했어.

일주일 후, 용감한 발걸음을 내딛기로 하고 내 인생의 모든 것을 내게, 오로지 내게만 맡기기로 했지. 나. 전 세계를 여행하고 등반하는 사람인 나에게.

***

그로부터 3주 후, 나는 3마일 이상 들어가야 하는 사막의 사암 협곡을 오르고 있었고 지상에서 300피트 위에 있을 때 전자레인지 크기의 바위가 벽에서 떨어져 나오는 바람에 내 왼발을 트램펄린 삼아 튕겨져나갔어. 등반 파트너의 도움을 받아 절뚝거리며 내려왔고 큰 부상 없이 잘 피했다고 생각했지. 병원 앞에 차를 세우고 차 문을 열고 똑바로 섰을 때까지만 해도. 그다음에 바로 주저앉았지만. 아드레날린의 작용이란 참 신기한 것 같아.

내가 그때 절뚝거리면서 콜로라도 볼더의 사무실로 들어가고 싶어 하지 않고 요세미티에서 온 스카이프 전화로 이혼 조정을 했다면 지금 달라졌을까? 그 와중에도 나는 미치게 달리고 싶었지만 결국 8개월 동안 걷지 못했어.

이후 내가 감히 사랑과 결혼을 고려하기까지는 꼬박 4년 그리고 너희 아빠가 필요했단다.

편지 ○ 9개월

2017. 4. 4.

이번 주에 외할머니가 왔어. 할머니는 화요일 오전 11시 반부터 수요일 오후 3시 30분까지 계셨다. 28시간.

너희들은 잠들어 있었고 할머니는 위층에 누워 계셨고 나는 컴퓨터 앞에 앉아 있었지. 나는 위층에 있는 내 엄마와 얼마나 멀게 느껴지는지에 관한 글을 쓰고 있었단다. 그러다 올라가 할머니 곁으로 갔어.

내가 접이식 트윈 침대로 기어 올라가자 할머니는 자동으로 이불을 걷더니 머리를 베개 가장자리로 옮겼어. 아무런 머뭇거림 없이, 그 일이 세상에서 가장 자연스러운 일처럼. 나는 할머니 옆에 바짝 다가가 누웠고 할머니의 왼팔이 내 허리와 어깨에 올라왔어. 그때 내가 너희 둘을 사랑하는 것만큼 우리 엄마도 나를 사랑했었다는 걸 깨달았지.

***

오늘은 너희가 울면 더 세게 안아주고 더 세게 흔들어주고 내 엄지손가락으로 너희 눈물을 훔쳐줬어. 미래 어떤 날에 너희가 울면 나는 너희를 꼭 안은 다음 이유는 묻지 않을 거야. 내 팔 위치도 바꾸지 않고 너희가 코를 훌쩍이며 울어도 나는 움찔하지도 않을 거야. 너희 호흡이 안정될 때까지, 너희 눈물이 내가 놓아준 베개 절반을 덮을 때까지도 나는 옆에 누워서 그저 꼭 안아주고만 있을 거야.

"이렇게 나란히 눕는 거 정말 오랜만이네." 할머니 그러니까 엄마의 엄마가 말해. 그때 나는 우리가 항상 이렇게 해왔다는 걸 기억했어. 일찍 일어난 아침, 마음 내키면 나는 엄마 방으로 들어가고 엄마는 언제나 이불을 걷어 올리고 엄마 배와 그 이불 사이로 내가 들어갈 수 있는 터널을 만들어줬지. 가끔은 언니가 벌써 와서 그 반대쪽에 누워 있기도 했어. "우리 딸내미들." 엄마는 이렇게 말했지. "엄마하고 우리 딸내미들."

오늘 나는 몸 한쪽에 우리 엄마 팔의 무게를 느끼며 누워 있고 호흡은 점차 느려지며 안정되고 있어. 내 아이들이 세상에 나오던 날 병원 침대에서 엄마와 같이 고르고 주문한 선풍기가 천장에서 천천히 돌아가고 있네. 그 순간 지난 3개월 동안 우리 엄마가 나를 얼마나 사랑했었는지 꼭 알아야 했다는 걸 깨달았어.

"엄마, 나 애기 때 이야기 좀 해줘."

"낮잠 자는 거 아니었어?"

나는 엄마 품에 조금 더 깊게 파고들면서 어쩌면 생전 처음으로 나보다 엄마가 작아졌다고 느낀다는 걸 눈치 못 채는 척했지.

"엄마, 나 낳고 정말 3주 만에 일하러 갔어요?"

할머니는 내가 예정일보다 늦게 태어나서 태어나기도 전에 출산 휴가의 절반을 써버렸다고 말하네. "그때는 지금이랑 시대가 달랐어." 할머니는 직장에서 손으로 젖을 짰고 한 팔에는 모유를 다른 팔에는 서류 가방을 들고 우리가 있는 세상으로 들어왔대. 가끔은 밤늦게 서류와 보고서를 꺼내 일을 하기도 했지만 우리가 깨어 있을 때는 아니었다고 해.

"집에 돌아오면 너희한테 집중하는 게 가장 좋았어. 그게 내게는 가장 중요한 일이었어." 풀타임으로 일한 나의 엄마를 생각하니 그 말에 모순이 있지만 내가 마침내 모순까지 이해할 수 있음을 알게 돼. 나도 정확히 그렇게 느끼고 있으니까.

편지 ◯ 9개월

2017. 4. 7.

어젯밤 무겁고 축축한 빨래 한 짐을 세탁기에서 건조기로 옮겼어. 너희 아빠에게 옮겨달라고 한 지 세 시간이 지났지만 그대로였으니까. 그때 문득 전남편이 생각나 울었어.

"너로 인해 마음이 저리다." 할머니는 잘못된 일을 바로잡을 수 없을 때 엄마에게 이렇게 말했지.

불행한 결혼 생활의 엔트로피에 갇혀 점점 끝을 향해 질주해가던 한 부부를 떠올려. 그들은 아무 생각이 없었어. 어떻게 고쳐야 할지 알 길이 없었지. 어떻게 이 지경까지 됐는지, 어떻게 바꿔야 할지 몰랐지. 나는 그들 때문에, 이제는 오랜 기억 속 에디와 나로 인해 마음이 저리다.

너희 아빠와 결혼할 때 우리는 절대로 방심하지 말자고 했어. 아니, 그보다는 너희 아빠에게 방심하지 말라고 요구했고 그는 내 첫 번째 결혼 생활에 관대한 태도를 보였어. "우리가 불행해지지 않게 막는 방법이 뭔지 알아? 서로에게 중요한 이야기를 털어놓는 걸 절대 막지 않는 거야."

난 방심하지만 않으면 우리가 이 지점까지는 이르지 않을 거라 생각했지. 이제 너희 아빠와 내가 같이 이 상황을 뚫고나가야 할 때가 온 것 같아.

편지 ◯ 9개월

2017. 4. 10.

오늘은 케이트에게 전화가 왔어. 쿠바, 케냐, 파타고니아에서의 등반을 마치고 집으로 돌아가는 중이라고 했지.

나는 이번 여름에 너희들과 몬태나의 친정에 가고 케이트는 여름 별장이 있는 와이오밍주 잭슨에 있을 예정이라고 하니 시간이 맞으면 연락해서 만나자는 이야기도 했어.

"잠깐. 어쩌면 내가 그때 남아프리카에 가 있을지도 몰라." 그녀가 말했어.

친구는 의사 결정을 하기 위해 여러 가지 실행 계획과 질문을 쏟아내기 시작했고 그 이야기를 듣고 있는데 갈수록 전혀 이성적이지 않은 생각들이 나를 스쳐가기 시작했어.

사람들은 어떻게 나 없이 아프리카에 갈 생각을 하지?

내가 남아프리카를 얼마나 잘 아는데. 9년 전 한 달이나 여행했다고. 그런데 왜 이 친구나 누구도 내게 가고 싶은지 물어보지 않지?

내가 이런 생각까지 하게 하는데 왜 굳이 이 대화를 하고 있지?

나는 케이트에게 여행 재밌을 것 같다고 말했고 케이트의 트럭이 캘리포니아 구릉지대로 빠지면서 우리 통화는 자연스럽게 끊어졌어.

***

나는 알아. 내 친구들이 이제 막 엄마가 됐을 때 나도 그들에게는 케이트였던 걸.

나는 알아. 내가 지금 이 자리에, 그러니까 9개월 된 쌍둥이에게 하루에 여덟 번 젖을 먹이는—물론 행복하고 사랑 가득하지만—이 상황에 영원히 있진 않을 거라는 걸.

나는 알아. 그리 멀지 않은 미래에 시간을 내서 어딘가로 떠날 준비를 하게 될 거라는 걸.

나는 알아. 아이들과 남편 없이 남아프리카에서 30일 동안 등반 여행을 하는 것이 지금의 내가 원하는 바는 아니라는 걸.

나는 주머니에 핸드폰을 넣고 너를 안아주러 간다, 카즈. 너는 배가 고프구나. 너는 항상 배가 고프네. 네게 젖을 먹인다. 나는 여러 감정이 충돌하는 게 싫어. 내 가장 친한 친구와 이야기하고 싶지 않은 게 싫어. 이보다는 더 나은 사람이고 싶다.

내가 흔한 워킹맘의 함정과 역설과 전형성에 빠지지 않을 거라 생각한 이유는 내 직업이 남달라서였던 것 같아. 그래서인지 워킹맘의 전형적인 감정을 만날 때마다 깜짝깜짝 놀라. 순수하게 열정으로 경력을 쌓아오고 겉으로는 연결점이 없어 보이는 신념과 열정을 연결해 큰 프로젝트를 만들어온 사람이라면 뭐든 해낼 수 있다고 생각하게 되거든.

나는 솔직히 너희가 내 계획대로 내 삶에 전혀 무리 없이 자리 잡고 내가 원하는 삶에 너희도 자연스럽게 녹아들 수 있을 거라 생각했어. 물론 떨어져 있을 땐 너희들이 보고 싶겠지. 노르웨이에서 암벽등반을 한다거나 에티오피아에서 국제 콘퍼런스를 하게 될 때는 말이야. 하지만 어떻게든 해결해낼 수 있을 거야. 지금까지 내 인생에서 원하는 일 대부분을 해냈다는 생각 외에는 별다른 생각도 없었으니까. 달라도 얼마나 다르겠어?

그러다 너희 둘이 태어났다.

아무래도 내가 이 일을 해내려면, 이 삶을 유지하려면 이 삶은 내게 가장 적절한 방식으로 바뀌어야 할 것 같아. 아니, 우리 모두에게 적절한 방식으로.

***

두 달 전 매서운 바람이 불고 영하 5도까지 내려간 날씨에 가이드를 하고 있는데 내 유축기가 말을 안 듣기 시작했어. 내 고객이 전에 한 번도 등반을 해본 적이 없는 분이라 나는 거의 수직인 빙벽에서, 빌레이도 없이 로프를 잡고 따라가며 솔로로 등반하고 있었어. 그들이 빌레이를 하면 나를 안전하게 지켜주기보다는 얼음에서 끌어 내릴 가능성이 더 높다고 생각했는데 산악 가이드에게는 충분히 일어날 수도 있는 시나리오야. 그때 내가 입은 긴 속옷과 플리스, 쉘 재킷은 내 몸에 하나도 안 맞았지만 어떻게든 구겨 넣어 입었어. 나는 내 불편함은 무시하고 가능한 한 빨리 가려고 했는데 그래야 고객이 이 피치에서 두 번째로 올라간 이후에 유축할 시간을 벌 수 있어서였지.

평소에는 가이드를 할 때 중간에 앉거나 멈추지 않아. 하지만 유축을 하려면 두 가지를 다 해야만 했어. 초겨울에 미리 윗옷을 수선해두긴 했지. 짚업 터틀넥을 가위로 배꼽까지 잘라내고 그 안에 상의를 입고 수유 브라를 차고, 브라 밑의 배에 내가 필요한 걸 감았지. 착용형 유축기야.

날이 너무 추워서 지퍼와 브래지어를 열고, 유축기 파우치 구멍으로 유축기를 꺼내 딱딱한 플라스틱을 가슴에 대니까 소름이 돋더라. 잘 움직여지지도 않는 언 손에 장갑을 끼고 재킷으로 몸을 감싸려고 해봤지.

바람 속에서 고객이 땅콩버터 샌드위치를 먹는 동안 나는 등을 돌리고 앉았어. 내 가슴에서 9.5온스의 모유를 유축했는데 그 정도는 돼야 너희가 먹는 모유 양을 맞출 수 있거든. 마지막에는 펌프가 쥐어짜는 소리를 냈고 추위 때문인지 배터리도 거의 다 없어진 것 같았어.

그날 남은 하루는 보온을 위해 AA건전지가 여덟 개 들어간 유축기 배터리 팩을 내 가슴 옆에 끼워 넣고 등반을 했단다. 그래야 또 유축을 할 수 있으니까. 그날 저녁 하루 일당과 모유 26온스를 손에 넣고 집에 돌아올 수 있었어.

***

6개월 전 너희 아빠와 나는 생후 2개월 애들을 키우는 법을 배우면서 파타고니아 가족여행을 의논한 적 있었어.

"하면 하는 거지. 집을 렌트하고 우리 가족이 다 같이 가 있으면 되잖아. 나는 산에 가고 당신도…."

아빠는 말을 끝까지 마치지 못했어. 내가 말을 막아버렸거든. 머릿속에서 나는 다음 시즌에—이곳은 겨울이고 남반구는 여름에—파타고니아에 가 있는 내 모습을 상상했어. 그리고 아직 임신과 출산에서 완전히 회복되지 않은 내 몸을 생각했지.

그보다는 집에서 가까운 빙벽에서 가능성을 봤어. 파타고니아의 험준한 산을 목표로 삼으면, 일단 산까지 가는 데 9마일을 등산해야 하고 너희들을 3일 동안 떨어뜨려놔야 하지. 그 상상에서는 가능성이 전혀 보이지 않았어.

다음 선택지로 넘어갔어. 내가 파타고니아 남쪽 끝에 있는 산동네에서 전업맘으로 살고 있고 내 모든 등반 파트너와 동료가 각자의 목표를 갖고 엘 찰텐에 수시로 오가는 거야.

그때 알았어. 나는 그 여행을 감당할 만큼 관대한 사람이, 특히 내게 관대한 사람이 아니라는 걸. 파타고니아는 한동안은 우리 협상 테이블에서는 빠졌어. 아니면 적어도 우리 가족여행지에서는 제외했지. 이제 나는 내가 하지 않는 등반에 관해 이야기하는 법을 배워야 할 것 같아. 아니면 새로운 친구를 만들든지.

편지 ○ 9개월 반
2017. 4. 13.

내가 스물네 살, 에디와의 결혼 생활이 3년쯤 됐을 때 산속에 있는 우리 집에서 산악인 친구 몇 명을 초대해 바비큐 파티를 연 적이 있어. 당시 우리 집은 등반가와 가이드의 아지트였고 나는 점점 인원수도 늘고 만나면 항상 재밌는 우리만의 모임을 위해 음식을 즐겁게 준비했지. 그날 밤 모인 사람들은 모두 에디의 산악 가이드 수업 수강생이었는데 그중에는 자나도 있었어. 몇 년 후 국제 공인 산악 가이드가 된, 내 오랜 친구이기도 한 자나는 그날 에스티즈 파크에서 나를 보면서 속으로 고개를 절레절레 저었다고 하더라. "난 그때 네가 끝내주는 여성 등반가라는 소문을 무수히 들었는데 그날 저녁은 그냥 가정주부 같았어."

등반가를 초대해 대접하면 내가 더 호감 가는 사람이 될 줄 알았는데 친구는 내가 안쓰러워 보였다고 하네. 우리는 어떤 사람에 관해 아무것도 몰라.

이제 시간이 지나 나도 두 아이의 엄마가 됐다.

나는 결혼이란 서로에게 흡수되는 것이라 생각했어. 에디와 나는 서로의 이름을 합쳐 만든 이메일 주소를 공유하기도 했는걸. 그런 사람이었던 내가 어떻게 나 자신으로 단단히 서자고 다짐하는 사람이 됐을까? 어쩌면 흔들리던 결혼 생활에서 빠져나오기 위해 그렇게 애를 썼으니 이런 사람이 되지 않는 게 더 이상하겠지?

편지 ◯ 9개월 반

2017. 4. 15.

지난밤 너희 아빠에게 우리 각자가 하고 있는 집안일을 포스트잇에 적은 다음 함께 의논하고 다시 나누자고 말했어. 너희 아빠는 노란색 포스트잇에 나는 파란색에 썼지.

주간 육아 스케줄 작성, 물려받은 옷 정리, 공과금 납부, 집 유지 관리 일정 정하기, 자동차 점검 예약, 병원 예약, 똥 묻은 옷 세탁 순서 만들기….

고개를 들어보니 너희 아빠는 또박또박한 글씨로 두 개를 썼더라. 내게는 글씨를 휘갈겨 쓴 포스트잇이 서른다섯 개 있고.

"당신 거 보여줘."

내가 묻자 너희 아빠는 하나를 집어 들고 읽었어. "눈 치우기 혹은 잔디 깎기. 장보기와 요리."

나는 그렇게 두루뭉술하게 적거나 둘 다 하는 일을 적지 말고 구체적으로 자기가 하는 일만 적는 게 요점이라는 걸 설명하고 싶었지. 하지만 설명 대신 내 포스트잇 하나를 집어 들었어.

"밤에 수유하기."

아빠는 두 번째이자 마지막 포스트잇을 들었어. "여기에는, 당신이 어떤 일을 하는지 안다고 적었어."

"하지만 그게 요점이 아니라니까."

"그래도 나 착하지 않아?"

순간적으로 숨을 쉴 수가 없더라.

누가 착하고 아니고를 말하자는 게 아니야. 변화의 기미가 전혀 없이 계속 내게만 맡겨지는 이 모든 일을 말하고 싶은 거야. 나는 우리 가족의 유일한 안전망 역할은 그만하고 싶어. 나는 사회학자와 결혼하고 싶어. 우리가 이런 식으로 계속 살다 보면 수면 아래로 가라앉아버리고 다시 수면 위에 올라왔을 때는 각자 혼자가 될 수도 있다는 점을 이해하는 사람과 살고 싶다.

편지 ○ 9개월 반

2017. 4. 27.

사랑하는 우리 딸.

오늘 우리 딸은 내게 업무 중 휴식을 선사했어. 특별한 이유 없이 낮잠 자다 일찍 깨서 내 침대 옆에 눕혔더니 다시 잠이 들었지.

사실 네가 다시 잠든 줄도 몰랐어. 다음 일에 집중하고 있었거든. 그런데 네 두 손 때문에 일을 멈췄어. 네가 손가락으로 나를 잡았다가 놓았다가 손가락을 폈다가 굽혔다가 하면서 네 관절이 될 그곳에 보조개 같은 구멍을 만들었지. 그러다 가만히 있더라. 난 기다렸고 넌 잠이 들었어.

너는 끝없는 경이로움이야. 네 몸은 길고 날씬하고 강하지. 최근에는 배가 볼록 나오고 있어. 네 엉덩이 위, 네 갈비뼈 밑에 생긴 이 둥그런 언덕을 엄마뿐만 아니라 너도 자랑스러워할 거라 생각해. "아, 이 볼록한 배 좀 봐." 기저귀 갈아줄 때마다 말해. 그리고 우리는 같이 킥킥대며 웃지. 나는 손으로 너를 만지며 웃겨주고 너는 네 웃음으로 나를 웃겨줘.

네 손가락은 가늘고 튼튼해. 너는 혀로 장난을 잘 치지. 너는 입을 벌리고 내 귀에, 뺨에, 코와 입에 촉촉한 뽀뽀를 해줘. 너는 뭔가를 원할 때, 뭔가를 좋아할 때 그리고 나를 볼 때 새처럼 팔을 파닥파닥해.

오늘 오전 네가 다시 낮잠에 빠져들던 사이에 너와 함께 누워 있자니 너와 나누는 이런 순간은 몇 번 되지 않을 거라는 생각이 스쳤어. 가끔은 나도 너와 (혹은 너의 오빠와) 매일 낮, 매일 밤 같이 잠들면 좋겠다고 생각해. 그렇게 우리는 항상 같이 비비대며 같이 자는 세 사람이 되는 거야. 하지만 그보다는 너희 잠, 내 잠, 우리의 맑은 정신이 더 소중하기에 우리는 계획을 세웠지. 그리고 내가 일을 하기 때문에 그 계획에 따라 살아야 해.

언젠가 네가 엄마가 된다면 어떤 선택을 할지 궁금하구나. 아니면 어떤 선택을 할 수 있을까? 나는 너희와 함께 있을 때는 항상 거대한 실험을 하는 것 같아. 대부분 너희와만 하는 실험이지. 나는 너희를 어린이집에 보내는 대신 오페어를 고용했어. 2층 서재로 올라가 문밖에 소음기를 켜놓고 내 이어폰을 귀에 꼽고 나물리산 상류 보전 협약을 위한 민간 부분 연계 사업과 급수 시스템을 논의해. 그러고 내려와서 너희에게 젖을 먹이고 너희를 데리고 산책을 나갔다 와서 다시 2층으로 올라가 내 컴퓨터 스크린에 있는 패널에게 돌아가.

어떤 날에는 내 일, 내 정신, 내 인생에서의 성취 욕구를 충족하기에 이 방식은 최악의 아이디어처럼 느껴지기도 해. 하지만 그러다 가끔 오늘 같은 하루를 보내지. 초록색 멜빵바지를 입은 네 옆에 이렇게 누워 손으로 네 엉덩이를 감싸고 있을 수 있는 날. 잠이 들기 바로 전 네 쌕쌕거리는 숨이 생각보다 강해서 내 손을 위아래로 계속 움직이게 하는 이런 날.

"엄마가 우리 애기 얼마나 사랑하게. 여기도, 저기도, 여기도 다 사랑하지." 나는 잊고 싶지 않아. 한순간도 놓치고 싶지 않아.

10개월에서 하루 부족한 우리 딸. 기어다니고 일어나서 창틀에 손을 대고 창문을 내다보고 오븐을 들여다보고 푸들을 바라보는 너. 소파, 의자, 다리 위에 올라가 오빠를 보고 웃는 걸 특히 좋아하지. 너는 자주 장난감을 빼앗겨. 그런데 다시 찾아올 줄도 알아. 너는 빵빵 소리와 팝스와 거글과 다다스(대디)를 좋아해. 너는 아빠를 사랑해. 너는 새벽 5시 30분쯤 일어나. 너는 아침 산책을 다녀와서는 등에 가방을 멘 채로 자려고 하지만 우리가 그렇게 못하게 하지. 너는 네가 먹고 싶은 걸 먹을 때는 마치 연못 속 물고기들이 먹이를 만날 때처럼 거침없이 다가와. 네 눈동자는 파란색이야. 나를 닮아 갈색으로 변하길 바라고 있긴 하지만. 네 머리는 금발이고 직모지만 어쩌면 곱슬머리가 될지도 몰라. 네 발가락은 뾰족해. 너는 모자를 좋아하지 않아. 푸들이 네 손가락을 핥지. 네가 멜빵바지를 입으면 카즈는 그 어깨끈을 이레나 손잡이로 취급해. 너는 연어와 요구르트를 좋아해. 하지만 두 가지를 같이 먹진 않아.

편지 ○ 10개월

2017. 4. 28.

 이번 주에는 지난겨울 정원에 쌓인 눈이 드디어 다 녹았고 크로커스가 피었다가 졌는데 아마도 보라색 꽃잎을 뜯어 먹으려는 너희를 피하려고 그랬나 보다.
 우리가 함께한 첫 겨울, 너희에게 플라스틱 썰매로 크로스컨트리 스키를 태워줬고 그래서 내가 너희에게 묶여 있으면서도 독립적으로 탈 수 있었어. 우리 현관 밖 숲은 한마디로 우리 집 3관왕이었지. 내 운동, 너희 낮잠, 우리의 건강한 정신을 동시에 책임져줬으니까. 우리 셋은 같이—항상 같이—5개월 동안 뒷마당의 눈 쌓인 스키 트레일을 심층 탐구했어. 2피트나 쌓인 눈 안에도 트레일을 만들고 습기로 얼어붙은 땅을 삽으로 뚫고 발목까지 푹푹 들어가도 상관없이 놀았지. 너무 발이 시릴 때만 장화를 신었고.
 너희 아빠와 나는 합쳐서 50년 동안 인생에서, 일에서 그리고 그 사이에 있는 모든 것에서 수직의 인생을 추구해왔다고 할 수 있어. 우리가 같이 산에 있을 때는 기름을 잘 먹인 기계 같았지. 그래서 아이가 없을 때 우리가 부모가 되는 모습을 상상하면 날렵하고 효율적인 시스템으로 무장한 채 가볍고 빠르게, 무한정, 마음껏, 유연한 모험을 하는 버전의 우리 커플을 충분히 그려볼 수 있었어. 장화라든가, 각반이라든가, 무릎까지 눈에 푹푹 빠지는 일 등은 내가 그린 그림에는 없었지.

다시 말하지만 너희 둘이 동시에 생기는 건 그 그림에 없었으니까.

***

너희 둘이 내 뱃속에 살았을 때 누가 앞으로의 등반 계획을 물으면 별생각 없이 어깨를 으쓱했던 것 같아. 나 자신을 과소평가하기도, 과대평가하기도 싫었거든. 너희가 6개월일 때는 등반을 하다가 체중을 실어 몸을 앞뒤로 옮기며 아이스 스크루를 하나 더 박을지 말지 고민했고, 너희가 세상에 나온 지 10개월이 된 지금은 겨우내 너희가 기는 법을 배우는 동안 나는 두 가지 새로운 규칙을 세워 더 멀리 더 높이 올라간다. 중요한 순간 직전에 빙벽에 스크루를 하나 박고 그 뒤에 스크루를 하나 더 박는 거야. 말하자면 '쌍둥이' 스크루지. 나는 파트너와 고객에게 그리고 나 자신에게 항상 말해. "전 쌍둥이 엄마예요."

등반할 때마다 매번 너희 생각을 하거나 이야기하진 않아. 우리 모두에게 그 편이 낫거든. 우리 모두에게는 너무 길진 않더라도 떨어져 있는 시간이 필요해. 이번 겨울에 등반을 할 때 그리고 너희와 있을 때 둘 다 완전히 나 자신이 된 기분이었단다. 내가 두 가지를 다 해야 한다는 뜻이라는 걸 아는 건 어렵지 않았지. 어려운 부분, 앞으로도 어려운 부분은, 내가 두 가지를 모두 잘해내고 싶다는 사실이야.

가끔 나는 우리 모두의 생활을 더 쉽게 만들고 싶다고, 내가 덜 원하면 좋겠다고 생각하기도 해. 등반과 희열과 갈망과 그에 따르는 위험을 우리 가족 사진에서 걷어내버렸으면 좋겠다고 생각해. 우리의 시간에 케일 컵케이크를 굽고 옷을 손바느질하고 하나씩 나고 있는 너희 이빨을 닦아줄 수도 있겠지. 하지만 그 대신 우리는 하나의 가족으로서도 수직에 대한 열정을 유지하는 법을 배우고 있어.

언젠가 우리 가족 모두 같이 등반을 하게 될까? 우리가 하나의 로프 팀으로 빙하를, 뾰족한 산봉우리를, 미끄러운 얼음 틈새를 통과하게 될까? 아마 너희가 원하는 게 무엇이고, 우리가 어디까지 해줄 수 있는 지는 기다려야 알 것 같아. 너희는 우리의 연장선이지만 우리가 통제할 수는 없는 존재들이 될 테니까.

지금은, 적어도 조금 더 오래 너희를 위험에서 먼 곳인 내 품 안에 끌어들일 수 있구나. 아침 8시에 등산을 갔다가 오후 4시면 돌아오고 그때마다 두 개의 입술과 끈적끈적한 네 개의 손에 나를 맡길 수 있으니.

***

세상 모든 사람이 내가 올바른 선택을 하고 있다고 생각하진 않을 거야. 올해 3월 나는 시미라는 젊은 남성에게 4일 동안 빙벽등반을 가르쳤어. 첫날에 그는 내가 엄마라는 사실을 알게 됐고 집에 너희가 있는데 어떻게 자기를 가이드하겠느냐고 물었지. 두 번째 날에는 내가 집 근처에서는 가이드할 수 있지만 멀리 여행을 떠날 수 없다는 건 이해한다고 위로하듯이 말했어. 셋째 날에는 내가 등반 여행은 가도 되지만 너희 아빠와 둘 다 가면 안 될 것 같다고 말하더라. 넷째 날에는 내가 400피트 높이 윌러드산의 양지바른 난간 위, 그에게서 2피트 떨어진 곳에서 유축을 하고 있으니 우리 부부의 다음 등반은 어디로 계획하고 있는지 묻더라.

너희 둘을 알게 된 지도 이제 10개월이 됐고 내가 확실하게 말할 수 있는 건, 우리가 함께하는 삶은 시미와 함께한 4일과 같다고 말할 수 있어. 더 넓게 펼쳐져 있기도 하고 끝나지 않을 것 같은 아름다운 반복으로 압축돼 있기도 하지. 내가 원하지 않는 한계도 있을 것이고 네가 예상하지 못한 이해도 있을 거야. 그리고 등반이 있을 거야. 더 좋게 혹은 더 나쁘게 변하는 계획이 있을 거야. 그리고 내 방식대로라면, 우리 넷은 항상 얽매이면서도 항상 독립적인 존재로 살아갈 거야.

노트패드 ○ 10개월

2017. 4. 30.

"율리 스텍이 사망했네." 밤에 소파 구석에 앉아 있던 너희 아빠가 말했어.

"어디서?" 스위스 머신. 바로 생각났지. 율리 별명이었어. 초인적으로 기록을 단축하고 가능성의 끝까지 밀어붙이며 끊임없이 성과를 추구하는 사람이라 붙은 별명이지.

"어디서?"

"네팔 눕체산." 아빠는 깊고 무거운 한숨을 내쉬며 덧붙였어. "여러 가지 면에서 끝까지 밀어붙이고 해내는 사람들의 산 정상이지."

나는 바닥에 누워 옆으로 핸드폰을 들여다보는 너희 아빠를 바라봤어. 우리 둘 다 율리를 개인적으로 알진 않아. 하지만 만나지 않았어도 그가 최고라는 건 알고 있었지. 율리는 누가 뭐래도 세계 최강의 등반가 중 하나였어. 점점 더 험준한 코스를, 점점 더 적은 장비로, 점점 더 높은 고도로, 주로 로프 없이 맨몸으로 속도를 내며 도전하는 사람이었지. 나는 조용히 듣고 있었어. 아빠가 더 말하고 싶어 하는 것 같아서.

"절대적인 능력도 있어. 그리고 그 능력을 끝까지 밀어붙이면서 더 어려운 걸 시도해. 그 시도를 계속 쌓아올려. 그런데 결국 이런 일이 일어나는 걸까? 뭘 기대할 수 있을까?"

우리 둘 다 한동안 아무 말도 하지 않았어.

이레나가 울기 시작했네. 나는 일단 기다렸어. 그러다 카즈도 합류했고. 난 일어나서 너희들 방으로 걸어갔어.

우리 모두가 여기서 뭘 기대할 수 있을까?

***

지난주 우리가 시댁에 갔을 때 로저 할아버지—너희 아빠의 아버지—가 오토바이 한 대를 꺼냈어. "부릉부릉" 할아버지가 이레나를 보고 말했지.

"와." 이레나는 좋아서 눈이 휘둥그레졌어.

"거기까지만 해주세요." 나는 이레나를 안고 돌려세워 오토바이가 안 보이게 했어.

"진심이니? 내 입으로 꼭 그 이야기 해야겠니?"

할아버지는 가족을 위해 1년에 메이플 시럽 6갤런을 만들고 우리가 필요할 때마다 오토바이를 타고 와서 우리 집 메이슨 병에 시럽을 채워주는 분이지.

"내가 등반에 대해 그렇게 말하면 어떻겠니?"

"저는 오토바이 안 좋아해요."

"네가 하는 일의 또 다른 버전으로 생각하면 어떨까?" 할아버지는 어깨를 으쓱하며 말했어. 그리고 정원으로 들어가셨지.

***

"이번 겨울에 나 혼자 파타고니아 다녀오는 거 어떻게 생각해? 나 정말 가고 싶은데." 너희 아빠가 물었어.

당신은 거기서 뭘 기대해? 속으로 생각했어.

편지 ◯ 10개월

2017. 5. 2.

카즈.

오늘 네가 트림하는 소리를 듣는 순간 네 셔츠를 올려 그릇처럼 모으고 네가 그 안에 토하게 하는 법을 알려줬단다. 너는 내 무릎에서 자면서도 젖을 빨고 있는데 그러면 안 되는 거겠지. 하지만 네게 가장 안정감을 주는 그 행동을 못 하게 하는 건 내 능력 밖의 일이었어. 설사 네가 옷에 토를 한다고 해도 말이지.

이레나는 내가 아기띠로 업어서 집 안을 돌아다니니 그 안에서 잠들었어. 그사이 나는 너를 돌보다 네가 토하는 걸 처리했고. 오늘만 벌써 네 번째야. 몇 번 더 계속되면 의사에게 가야 할까? 네 모세혈관에 다시 피가 도는 걸 확인할 때까지 네 손톱을 꼭 쥐고 있었어.

너희가 태어난 이후 하루 24시간 동안 검은색 고무줄 머리끈을 팔목에 끼고 있다가 이 손목에서 저 손목으로 옮겨. 너희에게 젖을 먹일 때마다 이쪽에서 저쪽으로 바꿔주거든. 고무줄이 있는 팔목과 같은 쪽 가슴을 봐. 다음 차례는 이레나지. 오늘은 그 규정을 어기고 내 오른쪽 가슴으로만 네 젖을 먹이고 이레나는 왼쪽으로만 먹였어. 그래야 이레나도 토하지 않지 않을 것 같아서.

편지 ○ 10개월

2017. 5. 9.

오늘 우리는 새로운 후원자와 큰 규모의 지원금 계약을 체결했어.

또 오늘 모잠비크 주재 미국 대사에게 편지를 써서 그동안 이메일과 전화로 1년 동안 졸라 겨우 성사시킨 미팅을 하지 못할 것 같다고 말했지.

그리고 우체국에 갔다가 우연히 벤을 만났어. 우리 마을에 사는 동료 등반가이자 이제야 겨우 나를 존중해줄까 말까 하는 남자야. 그 사람한테 내가 올해는 아프리카에 가지 않겠다고 말하게 됐네.

"애기들 때문에요?" 그가 눈썹을 치켜올리고 고개를 저으며 물었고 그 한순간 내 자존감은 여섯 계단이나 하락해버렸지.

'별 머저리가 다 있네.' 친구 갈릭에게 이렇게 문자를 보냈지.

'2년 전이었다면 너도 똑같은 말을 했을걸.' 친구가 답해줬어.

'예리하네.' 나도 답했지.

노트패드 ○ 10개월 반

2017. 5. 11.

"최근에 길버트랑 이야기해본 적 있어?" 너희 아빠가 물었어. 우리는 등반 로프 양쪽 끝을 맞바꾸고 있었는데 그래야 그의 차례에 오픈북(책을 펴서 세워놓은 듯한 암벽_옮긴이) 화강암 코너로 내리고 내가 그에게 빌레이를 해주게 되거든. 아빠는 수술 후유증에서도 거의 100퍼센트 회복됐고 우리는 캐시드럴 레지에서 함께 등반하고 있었지.

"아니." 아빠의 밧줄 끝을 빌레이 장치에 끼우면서 말했어.

"알래스카 간다는데?"

"나도 알아." 그 사실을 안다고 해서 내가 뭘 어떻게 해야 할지 모르겠다. 너희 아빠는 자기도 알래스카에 가고 싶다는 걸 말하고 싶은 것 같았거든. "준비됐어?" 나는 대신 이 말을 했지.

나는 아빠를 절벽 끝으로 보내. 우리의 새로운 등반 방식이야. 정상에서 시작해 서로를 밑으로 내려보내는데 이렇게 하면 최단 시간에 가장 높이 오를 수 있지. 내가 아는 다른 등반가 부모는 이제 등반 대신 산악자전거를 택해. 어떤 사람은 볼더링을 하기도 하고. 볼더링에는 로프가 필요 없고 부모 중 하나가 아이들을 보고 있을 수 있겠지. 어쩌면 등반 같은 건 하지 않는 새로운 배우자를 만나거나. 너희 아빠가 레지로 돌아오면 그에게 어프로치화(작고 가벼운 암벽등반용 신발_옮긴이)를 건네 그의 하네스에 고정해.

"우리 이제 끝인가."

"플로렌시아가 오늘 2시 퇴근이라 가봐야 해." 내가 말했지.

아빠가 로프를 풀고 내 위로 올라가 절벽 가장자리에서 벗어났어. 내가 합류했을 때 그는 스니커즈를 신고 짐을 챙기고 있었고.

"괜찮아?"

"나야 시간이 더 있으면 했지." 너희 아빠가 말했어.

"흠, 난 이 정도 시간에도 감사하고 싶은데."

음성 일기 ◐ 10개월 반

2017. 5. 19.

"샤모니에서 우리가 엄마 아빠로, 또 등반가로도 지낼 수 있을까?" 오늘 너희 아빠가 말했어.

"나도 모르지. 하지만 알아보고 싶어."

나 혼자 프랑스에 갔다가 어딘가로 가이드 여행을 떠났다 돌아오는 너희 아빠와 공항에서 만나 하이파이브를 할 수 있겠지. 아빠는 비행기에서 내려 차를 타고 집에 가면 플로렌시아와 같이 있는 너희를 만날 수 있을 테고. 나는 또 비행기를 타고 다른 곳으로 떠날 수 있겠지. 너희 아빠가 얼마든지 나 혼자 여행을 가도 된다고 말해줬지만 지금의 나로서는 선뜻 그러겠다고 할 수가 없었어.

내가 여행을 상상할 수 없다는 이야기는 아니야. 여행을 구상하고 실행하는 일이 내 직업이었잖니. 지금은 공허하게 느껴지는데 욕망도 없고 다급하지도 않으니까. 아마도 지금은 내가 그 타임라인에 있지 않은 것 같아. 너희 타임라인에 있지. 적어도 지금은 그래. 이제 너희가 태어난 지 11개월이 돼가고 우리 셋이 하루에 여덟 번은 만나야 하는 타임라인이지.

다 같이 샤모니로 여행하기로 결정하는 데만 한 달이 걸렸어. 너희, 나, 아빠 그리고 플로렌시아까지 같이 가. 우리 가족에게 알래스카와 파타고니아보다는 샤모니가 더 맞아 보여서 결정했어.

너희 아빠는 일 때문에 먼저 여행을 시작할 거야. 두 달 동안 집을 비웠다가 갈 테고 그래서 아빠가 미안했는지 나 혼자 프랑스에 가라는 제안을 할 정도였지. 하지만 나 혼자 프랑스에 가는 대신 어떻게든 우리 가족의 다음 버전, 즉 가족여행 서커스를 시도해보기로 했어. 미네소타에서 밴프, D.C., 켄터키라는 무리한 일정을 짰다가 3일 만에 집에 돌아온 지난번 여행은 재앙이었지. 이번에는 오직 등반만 하는 여행이고 목적지도 네 곳이 아니라 한 곳이고 너희가 가는 내내 잘 수 있도록 아기용 침대 두 개도 예약해뒀으니까. 알아. 너희가 가는 내내 잘 리가 없지. 하지만 그렇게 되길 희망하고 그럴 수도 있는 척하고 있단다.

음성 일기 ○ 11개월 반

2017. 6. 18.

오늘은 내 대리인으로 일하는 우리 프로그램 매니저 에릭이 모잠비크 수도 마푸토에 도착했어. 아빠는 영국에 도착했고. 나는 여기 뉴햄프셔 잭슨에 너희 둘과 있네. 나는 다른 곳에 있고 싶지 않아. 정정하자. 아니, 다른 곳에 있고 싶어. 그렇게 되면 너희와 함께 있지 못한다는 걸 내가 이해할 때까지만.

에릭이 모잠비크에 도착하자마자 받을 수 있게 미리 이메일을 보내놨어. "에릭, 당신의 전문성, 지식, 열정이 이 프로그램의 창의력 안에서 더 크게 성장하길 바랍니다. 앞으로 몇 주 동안 하게 될 토론, 파트너십 구축 등 이 프로그램을 만들어가는 복잡다단한 과정을 모두 즐기시길 바랍니다."

"디스프루타스Disfrutas." 포르투갈어로 마저 썼지. 진수까지 즐기시길. "모든 것을."

보내기를 누르고 난 울었어.

***

이 배를 내가 직접 운영하지 않은 적은 없었어. 물론 이제는 레가도가 나 혼자 이끌지 않아도 되는 단계에 도달했다는 걸 알아. 에릭이 도착하는 장면을 상상한다. 시차 때문에 멍한 채로, 뻐근한 목으로, 세관을 통과하고 나오면 낯선 땅의 낯선 사람이 됐다는 사실을 민감하게 의식하며 전율하겠지. 이국땅을 밟는 순간 모공 하나하나가 열리는 것처럼 온몸 감각이 예민하게 깨어나겠지.

나는 그 흥분감에 중독됐었어. 원정대원과 약속한 날짜보다 며칠 전 새로운 나라에 도착해 그 느낌을 흡수했지. 남아프리카에 처음 갔을 때 요하네스버그 공항에 내리자마자 수동 기어 렌터카를 탔는데 운전석이 오른쪽에 있는 차를 운전해본 적이 없어서 역주행을 할 뻔했어. 그 이후 열여덟 시간 동안 눈 한번 붙이지 못하고 좌측으로 운전하는 법을 배웠는데 그중 네 시간은 야간 운전이었어. 자동차 납치 주의 표지판을 지나칠 때마다 내 선택이 과연 옳았는지 재고해야 했지. 하지만 계속 갈 수밖에 없었어. 그 표지판이 곧 멈추지 말고 계속 가야 한다는 의미 아니겠니?

하지만 나는 지금 여기 있다. 집에. 너희 둘과. 카즈가 자기도 모르게 물지 못하게 하고, 10킬로그램 몸으로 7.7킬로그램 여동생을 제압하지 않게 하고, 너희 둘을 쫓아다니고, 둘을 사랑해주고, 둘을 공평하게 사랑해주고 있나 끊임없이 확인하면서.

조금 더 단순해지길 원해. 더 확신을 갖고 싶기도 해. 내가 제대로 하고 있는지 잘 모르겠다고? 사람들은 웃으며 말할 거야. "원래 육아란 그런 거예요." 하지만 내가 원하는 대답은 아니지. 맞아. 육아란 그런 거겠지. 하지만 더 낫게 할 수 있을까? 어떻게 이 세상을 너희에게 최고의 세상으로 만들어줄 수 있을까?

너희는 지금 생후 11개월 21일째야. 열흘 후면 만 한 살이 되지. 사람들은 지금이 가장 힘든 시기라고 하네. 첫돌까지가 가장 힘들다고. 하지만 거의 12개월이 되었지만 달라진 걸 모르겠다.
　　너희와 함께하지 못하는 시간도 함께하고 싶어. 키스로 덮어주고 싶어. 그리고 힘들 때는 비명을 지르고 싶어. 너희가 둘 다 비명을 지르고 몸부림치는데 나 혼자 있을 때 혹은 나와 너희 아빠가 있지만 너희 아빠가 아무 도움이 되지 않을 때 나도 소리를 지르고 싶다.

노트패드 ○ 11개월 반

2017. 6. 21.

　　이레나, 만약 내가 네 오빠 손과 발에서 억지로 너를 떨어뜨려 놓으면 너를 너무 약하게 키우는 걸까?
　　카즈, 내가 개입하지 않으면 너는 제멋대로 행동하면서도 별 탈 없이 빠져나가는 게 습관이 돼버릴까?

편지 ○ 12개월

2017. 6. 28.

　　오늘은 너희 첫 생일이야. 선물로 구명조끼를 준비했는데 할아버지 할머니 집 앞 호수에서 카누를 탈 때 입히려고 해. 거창한 돌잔치는 안 했어. 너희도 기억을 못 할 테고 나도 기억을 못 할 테니. 구명조끼와 딸기 쇼트케이크면 완벽할 것 같아.

너희를 품에 안은 지 365일 됐고 내가 가장 원하는 건 시간을 되돌리는 거야. 임신했을 때로 하루나 한 주 정도만 돌아가 너희 발길질, 너희 엉덩이, 무릎, 딸꾹질을 느끼고 싶다. 그 시절은 갔지. 사라져버렸지. 처음으로 너희 손을 잡고 싶고 작은 손가락 네 개로 내 손가락 하나를 감는 너희 손을 보고 싶어. 눈을 뜨고 있기 위해 애쓰는 모습, 아직 파리하고 가냘픈 입술을 빨면서 응애 하고 우는 소리 내는 걸 듣고 싶어.

하루하루 지나가면서, 나는 그 기억을 더 잃어가고 어떤 감각이었는지, 어떤 냄새가 났는지, 어떤 느낌이었는지 잊어버리네. 왜 이런 게 내게 이렇게 지극히 소중한지, 날 하염없이 사로잡는지 모르겠다. 그런데 그 느낌을 생각하면 눈물까지 핑 돌아. 그래서 사람들이 아이를 또 낳나 봐. 나는 그 맛을 또다시 느끼고 싶어. 순수하게 에센스만 증류해 밀폐해 보관하고 싶다. 어쩌면 한 번에 한 명씩만 다시 만나보고 싶어. 이렇게 말하면 안 되려나.

인간의 필멸성 때문일까? 일시성일까? 마음이 아프다. 조금 더 천천히, 작은 양으로 나눠 내게 줬으면. 이 모든 것을 캡처해 다시 또다시 방문할 수 있게 해주길 바라. 매년 이런 기억이 쌓이겠지. 매일 더 많은 처음과 마지막이 있겠지. 어쩌면 이 마지막 순간이 나를 무너뜨리는 것 같기도 해. 앞으로 언제나 처음이 있으리라는 건 알지만 언제가 마지막이 될지는 모르거든. 명백한 사실이지. 나는 더는 너희 손가락을 처음으로 잡아볼 수 없고 너희 둘 손이 내 손바닥에 처음으로 올라오지도 않겠지. 전혀 준비하지 못했는데 갑자기 그렇게 됐어.

물론 바람직한 태도는 앞으로 다가올 것을 소중히 여기는 거겠지. 하지만 지금은 과거에 두고 온 것을 생각하지 않을 수 없네. 왜냐면 언젠가는 더 큰 이별이 찾아온다는 걸 의미하니까. 그래서 캡처하고 스냅 사진을 찍고 동영상 녹화를 하고 내 가슴에 새기려고 해. 언제든 다시 꺼내 볼 수 있도록.

***

밤에 침대에 누워 감사한 일을 하나하나 되새긴단다. 매일 그 감사 목록은 길어져. 매일 밤, 몇 가지는 필연적으로 목록에서 누락될 수밖에 없는데 모든 걸 기억할 순 없잖니.

지금 너희는 무슨 일이 있어도 나와 같이 있길 바라지. 너희의 엄마 찾기 레이더는 언제나 켜져 있어. 내게 기어올라오고 덮고 누르고 내 셔츠와 귀와 머리카락을 잡아당기지. 너희 둘은 누가 언제 내게 오고 나를 차지할지 암묵적 합의를 한 것 같아. 언젠가는 너희 둘을 동시에 안을 수 없겠지. 현 상황에서는 너희가 커질수록 나는 힘이 세지고 우리는 함께 바닥에서 일어나 하나가 돼, 내가 너희 둘을 안고 앞으로 걸어갈 수 있지. 어느 날—언젠가, 어느 순간, 어떤 시간에—너희는 콘크리트 바닥을 걷고 석재 벽난로 주변을 걷고 나는 그 모습을 지켜보겠지.

***

내가 이렇게까지 느끼는데 어떻게 살아남을까?

"당신 왜 그래?" 너희 아빠가 어젯밤 너희가 토한 자국과 빨대 컵과 그 외 많은 것으로 어질러진 소파에 앉아 물었어.

슬픔은 아니야, 행복도 아니고 그냥 감정이지. 이 감정을 더 느끼고 싶다는 감각. 이걸 모두 잡아내고 더 가까이 끌어당기고 싶다는 느낌. 왜냐면 이것이 바로 생의 느낌이니까. 진정한 생의 느낌. 우리가 주목해야만 하는 생의 느낌. 이게 아니면 무엇일까?

내가 요즘 가장 좋아하는 것들: 너희가 새로운 놀이, 동작, 장난감 갖고 노는 법을 배우는 걸 보기. 너희가 새로운 맛을 보고 그 맛이 마음에 들 때 쩝쩝거리는 소리를 듣기.

너희의 호기심을 사랑해. 어제 이레나는 내 가슴에 기어올라와 엄지를 입에 넣고 내 위에서 잠깐 잠이 들었는데 엄마 뱃속에 있을 때 카즈 목에 그랬던 것처럼 머리를 내 목에 파묻었어. 카즈, 네가 팔로 내 목을 두를 때 나는 점점 커지는 작은 소년을 느끼고 네 키스에서 사랑을 느껴. 이레나, 우리는 이제 서로 코를 부비지.

내가 원하는 더 쉬운 시간은 뭘까? 너희 둘과 한 번에 같이 있는 게 더 쉬워졌으면 좋겠어. 이런 말을 해도 될지 모르겠어. 만약 내가 인정하면 우주가 너희 둘 중 하나를 데려가버릴 것만 같아. 그런 순간에는 어느 누구도 필요한 것을 얻지 못한다고 느껴. 그리고 그것들은 순간이 아니라 우리의 지속적인 상태야.

***

어제 너 이레나를 데리고 우체국까지 산책을 나갔어. 너와 나 단 둘이서만. 너는 원래 카즈가 있어야 할 유모차 자리에 왼팔을 뻗는구나. 너의 팔이 10킬로그램 오빠가 아닌 빈 공간을 만나면 "우" 하는 소리를 내.

아빠와 카즈는 우리가 없을 때 마룻바닥에서 장애물 넘기 놀이를 했대. "재밌게 놀았어?" 집에 와서 물었지.

"최고였지. 완전히 다른 세상이었어." 아빠가 말했어.

우리 가족이 이런 시간을 더 가져야 할까 보다. 그러면 속도를 늦추고 기억할 수 있는 여유를 갖게 될 거야.

***

너희 아빠 올 시간이 다 됐으니 여기까지 써야겠다. 모유를 주고 나서 할미할미와 할아버지 댁에 갈 거야. 너희에게 구명조끼를 입히고 같이 보트를 타보려고 해. 딸기 케이크로 할 수 있는 최선의 축하 파티를 해보자.

음성 일기 ○ 12개월

2017. 7. 2.

두 두 두 두
블럽 두 두두
블럽두
덥
이레나가 하루 종일 하는 말.

음성 일기 ○ 12개월

2017. 7. 8.

오늘 나는 독박육아 중이야. 아빠는 웨일즈에서 3주째 가이딩을 하고 있는데 이번이 두 번째 주야. 그건 곧 내가 텔레비전에서 BBC 드라마 〈콜 더 미드와이프〉를 볼 수 있다는 뜻이지. 그리 좋은 생각이 아닐 수도 있지만.

어젯밤에는 또 한 여성의 출산 장면을 보고 울면서 잠이 들고 말

왔네. 아니면 아름답게 시뮬레이션한 질 분만 장면이 골반에서 아이를 밀어내는 척하는 것을 봤다고 할까. 내 친구 엘리자베스는 완전히 회복될 때까지 되도록 출산 장면은 보지 않는 편이 좋겠다고 말했어. 마흔여섯이고 20년 넘게 50여 개국을 돌며 환경보호 운동을 해온 그녀는 얼마 전 엄마가 되기로 결심했지. 앞으로 9개월 동안은 자기를 보여주지 않겠다고 했어. 나는 문자를 보내 더 긴 휴식이 필요할지도 모른다고 말했어. 나도 아직 준비가 안 됐다고.

기억하는 대로 말해볼까 해.

우리는 아침에 병원에 갔어. 스카이라인 드라이브에 있는 우리 집에서 외할머니와 푸들에게 인사를 하고 갔지. 그날 아침 내 뱃속에 있는 너희 둘과 여름 햇살을 받으며 차도를 따라 왼쪽으로 걷다가 레이철 레인까지 나갔어. 셔츠는 내 배를 덮지 않았는데 막달 2개월 동안은 어떤 셔츠도 맞지 않았고 나는 신경 쓰지도 않았어. 절반 이상 드러난 배, 그러니까 너희는 태양과 세상을 향해 당당하게 튀어나와 있었지. 그날 치마를 입었어. 날이 점점 더워지고 있었고 일요일이었어.

우리는 목요일에 너희를 낳을 수도 있었는데 (혹은 유도분만을 시작할 수도 있었는데) 38주 2일 전이었기 때문에 아빠와 나는 38주와 1일로 정했어. 그 마지막 3일이 가장 힘들었어. 너희를 품에 안을 수도 있었다는 걸 알았으니까. 너희가 움직일 때마다, 너희 발뒤꿈치가 내 배를 스칠 때마다 혹시 너희가 아무런 개입 없이 알아서 일을 시작하려는 게 아닐지 걱정됐지.

몇 달 동안 (정말이지 몇 달 동안이었어) 세상 모든 사람이 너희가 곧 나올지도 모른다고 생각한 거 아니? 그 사이 진통이 여러 번 있었기 때문에 누구도 내가 38주까지 버틸 수 있을 거라 생각하지 못했어. 나는 분만 센터에 가고 또 갔고 병원에서는 점점 커지는 내 배에 모니터 두 개를 달고 너희를 찾았어. 너희 꼬맹이들은 절대 가만히 있지 않더구나. 너희가 정상인지 보기 위해 너무 많은 태동 검사, 점강성 검사 crescendos, 가속 검사(태아의 심박 상승을 보여주는 태동 검사_옮긴이)를 해야 했어. 너희 둘 중 하나는 항상 움직이고 있었지. 의료진은 내가 확장됐는지 아닌지 검사했고 때로는 간호사 여러 명과 의사 한 명이 필요했어. 누군가 내 자궁 경부가 얼마나 짧아졌는지 알기 위해 손가락을 넣었다가 너희 둘을 그 안에 지키기 위해 조심스럽게 뺐지. 언제나 아니라고, 아직 때가 아니라고 했어.

6월 26일. 너희 아빠와 나는 우리가 너희를 품에 안을 준비가 됐다는 걸 알고 분만 센터에 갔어. 너희 때는 달라질 수도 있겠지만 의사들은 38주가 지난 후에도 내 배 위에 너희를 올리게 허락하지 않았어. 그날은 분만 센터에 가는 일이 슬프지 않았고 준비가 돼 있었어. 비교적 아무런 세리머니 없는 시작이었지. 간호사가 유도분만을 위해 내 몸에 사이토텍 질정 반 알을 집어넣었고 우리는 기다렸어.

이미 여러 번 겪은 것과 비슷한 수축이 한 시간 동안 있었는데 의사들은 '비생산적인' 수축 진통이라고 하는 이 진통이 점점 강하고 빠르고 강력하게 찾아왔어. 병원에서는 질정을 반 알만 넣었지만 이 루트대로 따르면 안 된다고 결정했어. 너희에게 안전하지 않았고 너희와 나, 우리 안전이 가장 중요하잖아.

그다음에는 유도제 피토신을 정맥주사로 맞았고 우리는 모니터에 연결돼 있었어. 나는 너희 둘과 자유롭게 움직이고 싶었는데 너희를 계속 추적해야 했나 봐. 병원에서 내가 아무데도 갈 수 없을 수도 있다고 미리 말해줬다면 좋았을 텐데. 분만 수업에서는 진통 중에 걸을 수 있는 병원 뒤 멋진 산책로, 내가 사용할 수 있는 월풀 욕조, 이동식 태아 모니터에 관해 가르쳐줬는데 쌍둥이를 분만하는 여성에게는 아무 소용 없는 편의 시설이었네.

　계속 소변이 마려웠는데 화장실에 갔다 올 때마다 6단계 과정이 필요했어. 일어나고 너희 아빠가 링거걸이와 피토신을 옮겨주고 엄마와 모니터를 분리하고 소변을 보고 다시 침대로 와서 눕고 다시 코드를 원래 자리에 꽂지. 그때쯤이면 너희 둘 하나가 움직이고 우리는 너희를 또 계속 다시 찾아야 하지.

　그때는 어떤 태동도 가능할 것 같지 않았어. 내 배 안에 많은 공간이 남아 있지 않았거든. 카즈, 너는 특히 힘들었을 것 같다. 너희 심박수가 오르락내리락해서 모니터에서 절대 떨어지지 않도록 했어.

　피토신 더.

　그날의 기억은 흐릿하긴 하네. 너희 아빠와 〈왕좌의 게임〉을 보는 동안 양수가 터졌어. 마침내 짐볼 위에 앉을 수 있었고 앞으로 몸을 숙이면 모니터에 너희 둘이 보였지. 바운스, 바운스, 바운스, 그때 양수가 쏟아져 나를 덮고 공을 덮고 공 위 시트 위에, 방에 쏟아졌다. 상상한 것보다 훨씬 많은 양수가 쏟아져 나왔어.

　피토신이 더 들어갔어.

　수축이 점점 더 빨라졌어. 하지만 아직 열리진 않았지. 글쎄 아직은 0.5센티미터나 1센티미터도 벌어지지 않았어(너희 아빠에게 물어봐야겠는데 아마 1센티미터는 됐던 것 같아).

　그러다 에피듀럴(경막외 마취제_옮긴이)을 맞았어. 마취과 의사가 마취제를 투여하러 왔을 때 나는 이제까지 느껴본 적 없는, 절대 다시 느끼고 싶지 않은 통증 속에 있었지. 강력한 진통의 파도가 밀려오고 이 진통은 절대 사라지지도 않을 것 같았어. 너희 아빠의 손을 꼭 쥐고 둘라인 캐럴의 손을 꼭 잡았는데 너무 아파 마취 주사를 맞을 때 몸을 가만히 두지 못할 것 같아 더 두려웠단다.

6년 전, 허리 수술을 두 번 받은 후에 절대 어느 누구도 내 등에 가까이 오지 못하게 하겠다고 맹세를 했는데 이렇게 돼버렸네. 그렇게 열심히 지켜온 척추에 튜브를 삽입한 채로. 움직이는 걸 포기하고 카테터를 꽂고 누워 있는 게 정말 싫었어. 하지만 다른 방법이 없지. 통증이 너무 극심했으니.

***

카즈, 너는 계속 힘든 시간을 보내고 있었어. 네가 상당히 당황한 것 같았어. 머리가 너무 아래로 내려가서 내 자궁 경부가 네 머리보다 더 뒤에 있었지. 그쯤 되니 의사와 간호사가 나를 체크하는 건 거의 불가능해졌어. 그들은 내 주먹을 위로 해서 내 몸을 고정하고 내 몸을 기울이고 너희 뒤로 손을 뻗었어. 어떻게든 우리 모두는 내 몸이 더 열려 얼른 나오려는 카즈의 속도를 따라잡길 바랐어. 그 와중에 너는 네가 있는 오른쪽으로 누울 때만 좋아하더라. 다른 자세를 취하면 네 심박수가 너무 낮아졌으니까.

그러다 내가 감염이 됐나 봐. 갑자기 열이 39도까지 올랐어. 진통제가 더 필요했지.

우리는 계속 진행했어. 로런 박사님이 세 시간에 한 번씩 와서 나를 체크했어. 여전히 변화가 없었다. 의사는 내 양막을 쓸어내렸어. 나는 4센티미터까지 열렸어.

4센티.

4센티.

4센티.

4센티.

계속 재도 똑같았어. 밤 10시. 입원 38시간째. 우리는 한 사이클만 더 기다리기로 했어. 그리고 그 시간도 지나갔지.

체크 사이사이, 카테터 교체 사이사이, 난 귀마개를 끼고 안대를 쓰고 내가 감사해야 하는 일을 생각했어. 발가락 스무 개. 손가락 스무 개. 손 네 개. 너희 손가락 발가락 숫자를 세면서 고통에서 벗어나려고 커다란 땅콩 모양 베개에 맞게 다리를 벌려보기도 했단다. 그런 다음 그 땅콩을 떼어냈지.

제왕절개 수술을 하기로 결정하고 나니 모든 게 일사천리로 진행됐어. 약을 더 줬고 너무 밝아 눈이 부신 병원 복도가 나타났어. 그리고 내가 가본 곳 중 가장 밝은 장소인 수술실에 들어갔지. 화성에 온 줄 알았네. 앞이 보이지 않았고 눈을 뜰 수 없었어.

***

엄마의 분만기가 순조로운 이야기가 됐으면 좋겠니? 나도 그래. 정말로. 내 뒤에 들어온 여성의 분만기처럼 되길 바라. 그는 유도분만을 했고 진통을 했고 열 시간 후 아기를 품에 안았지. 우리는 41시간이 흘렀지만 너희는 여전히 내 안에 있었고 로런 박사가 너희를 내 배에서 꺼내줬단다. 내가 너희를 낳을 때까지 너희가 내 안에 있었다고 말하고 싶지만 정확히 그 말이 내게는 딱 들어맞지 않지. 하지만 시간이 흐르면 내가 너희를 낳았다는 말도 자연스러워질 거야.

카즈, 네가 먼저 나왔단다. 너는 안에서의 접촉으로 조금 붉어져 산소를 약간 공급받아야 했어. 네 몸은 파랗게 질려 있었지만 금방 괜찮아졌지. 이레나, 네가 1분 후 새벽 2시 24분에 태어났단다. 하지만 내 몸 위에 먼저 올라온 건 너야. 너는 입과 눈으로 내 가슴 위에서 이리저리 뭔가를 찾았어. 그렇게 바로 너는 젖을 빨기 시작했지. 피라냐처럼 너는 보충해야 할 땅이 있었나 봐. 너는 2.8킬로그램. 카즈는 3.5

킬로그램이었어. 이레나 너는 배에서는 항상 왼쪽에 있었는데 가슴 위에서는 오른쪽이었어. 카즈, 너도 바로 합류했지. 너는 약간 더 피곤한지 몸을 웅크리고 있었지만 곧이어 네 동생처럼 내 위에서 입을 움직여 꽉 물었어. 간호사들이 너희를 내게서 떼어내 다른 침대로 옮기려고 했지. 나는 그렇게 하지 말라고 했어. 앞으로 올 수천 번의 처음처럼, 나는 너희를 꽉 붙잡고 놓아주지 않았어.

그렇게 우리는 함께 있게 됐어. 너희의 작고 꼬물거리는 발에 정맥주사 바늘을 꽂고 그 상태로 이불로 감쌌지. 너희가 감염이 됐을지도 몰라 정맥주사가 하루에 두 번씩 약을 보냈지만 감염은 아니었어. 내 태반을 검사했으니 너희도 감염될 수 있었거든. 우리 셋은 모두 약간 부상을 입은 상태라고 할 수 있었지만 바깥에, 함께 있었단다.

***

이 이야기를 하는데 너희가 깨어났구나. 카즈, 네가 먼저 깨고 이레나도 일어났다. 어쨌건 나는 할 일은 했네. 너희를 이 세상에 데리고 오는 부분까지는. 이제부터는 너희 이야기를 만들어가길.

2017. 7. 11.

음성 일기 ○ 12개월 반

2017. 7. 11.

젠장, 못 해 먹겠네.

나는 비행기의 접이식 요람, 10킬로그램 정도의 요람에 누운 10.3 킬로그램 아들에게 젖을 먹이고 있어. 내 몸의 무게까지 더해야겠지. 몸을 숙이고 가슴을 카즈 위에 내려놓을 때는 나를 지지대로 삼고 버티고 있으니까. 우리는 지금 대서양 어딘가 위의 하늘을 가로지르고 있고 내 셔츠는 겨드랑이까지 올라갔어. 내 청바지는 허리 아래로 내려갔고 내 엉덩이 일부가 노출됐고 엉덩이 골까지 보일 것 같아.

도대체 뭘 위해? 대체 왜 이렇게까지 하고 있을까? 개념상으로 내가 원하는 삶을 살기 위해서지. 하지만 현실로 닥치면 어떤가?

카즈는 이번 여행에 오기 전 52시간 동안 열이 났어. 39.6도, 39도, 38.2도. 그러다 집을 나서기 세 시간 전 37.2도로 떨어졌지. 그래도 다행히 밴을 타고 버스 터미널까지 가서 버스를 타고 공항에 도착해 비행기를 타긴 탔어. 아니, 비행기를 탈 뻔했다. 보스턴 기상 상황 때문에 비행기가 연착됐지. 기다리는 동안 너희는 공항 바닥에 앉아 슈크림빵을 빨아 먹었어.

제네바까지 가서 셔틀을 찾고 셔틀을 타고 이탈리아에서 가이드하고 있는 아빠에게 가기. 그때까지만 버티자. 계속 나 자신에게 말했어. 고등학교 때 배구와 육상 훈련을 위해 호숫가를 한 바퀴 달릴 때 내게 계속한 말이야. 조니 집까지만 가자. 안나 집까지만 가자. 조금만 더 가자.

***

지난 20년 동안 나만의 해외여행 시스템을 완성했고 몇 가지 요령을 개발하기도 했는데 너희 쌍둥이와 여행할 때는 그게 아무 쓸모없다는 걸 깨닫고 있어.

앰비엔(수면제) 복용할 시간. 선택지에 없음.

앉아서 자기. 역시 선택 사항 아님. 아이에게서 눈을 떼면 아기들이 언제라도 의자에서 굴러떨어질 수 있기 때문.

화장실 가기. 이 또한 의미가 없는데 아이만 두고서는 절대 아무데도 갈 수가 없기 때문에 완전히 새로운 시스템을 만들어야 함.

그럼에도 집에서 나온 지 열다섯 시간이 지난 지금 우리는 아브 밸리를 지나 샤모니로 가고 있구나. 드디어 너희가 잠이 들었고 과거 이 지역을 여행한 기억이 쏟아진다. 코르시카, 베르동 협곡, 샤모니.

내가 이 높은 고도 위에서 재순환되는 비행기 속 답답한 공기를, 낯선 사람 147명과 알루미늄 튜브에 갇혀 있는 것을, 낯선 이국땅에 도착할 때의 흥분감을, 매번 새로운 경험을 할 때마다 느끼는 자부심을 얼마나 사랑했는지 몰라.

마치 내가 비행기를 날게 한 장본인이라도 되는 것처럼 이 모든 여행을 하는 나를 자랑스러워했어. 어딘가를 가기 위해 자리에서 일어나는 것 자체로도 중요한 게 아닐까. 그 보상이란 낯선 장소에 생전 처음으로 가보는 것, 내가 할 수 있는 한 이해해보는 것. 몰랐던 단어와 상점 이름을 알게 되고 도로 표지판을, 당나귀를, 호수를 내 것처럼 알게 되는 거지. 이건 알아. 이건 몰랐네. 이런 경험과 감정이 내가 살아 있다고 느끼게 해.

그래서 비행기에서 내린 지 두 시간이 채 되지 않았지만 고생하며 여행 온 보람이 있다고 느끼고 있어. 어쩌면 샤모니 셔틀을 타고 고속도로를 달리는 동안 너희 둘이 카시트에서 자고 있고 내 머리카락을 잡아당기는 사람이 없어서일지도 모르겠네.

햇살과 산의 풍경이 경이롭기만 하구나.

샤모니로 가는 구불구불한 산길을 달리고 있어. 드뤼, 에귀, 몽블랑이 보이고 내가 어디 있는지 알기에 가슴이 벅차오른다. 모든 마일, 여기서는 킬로미터를 지날 때마다 이전의 내가 스쳐가네. 지금의 나는 비록 왼쪽의 카즈, 오른쪽의 이레나 사이에 껴 있고 플로렌시아는 밴 뒷좌석에 있지만 말이지.

음성 일기 ○ 12개월 반

2017. 7. 15.

2년 전 바로 오늘 독퇴르 파카르 거리의, 고리버들과 등나무 의자가 있던 레스토랑을 지나면서 너희 아빠에게 아기를 갖고 싶다고 말했었어. 그때는 아프리카를 수차례 오가는 데 지쳐 산을 오를 수 있는 그 시간이 너무도 소중했지. 그러다 갑자기 발가락에 염증이 생겨 등반가로서 기능을 할 수 없게 되니 강력한 초조함에 휩싸여버렸어. 얼마나 어리석고 멍청하고 근시안적이었는지.

그리고 지금, 2년 후 나는 쌍둥이를 데리고 샤모니에 와 있어. 관광객과 부츠를 신고 라임그린 색 내복을 껴입은 등반가 사이를 요리조리 피하면서 쌍둥이 유모차를 끌고 자갈길 위를 걷고 있지. "저도 당신과 같은 일 하는 사람이에요." 지나가는 전문 등반가를 붙잡고 말 걸고 싶지만 아무도 내게는 눈길조차 주지 않네.

내가 저렇게 쌀쌀맞고 거만했나? 어쩌면 더 심했을지도 모르지. 수직적 목표가 전부인 삶에서 너무나 멀어진 느낌이구나. 나는 여전히 경쟁심이 강하고—그렇지 않다고 주장하긴 하지만—그 목표에 집중할 수 있는 그 삶을 너무 갈망해 마음이 아프다.

밤에 아빠와 사일러스는 식탁에 앉아 무릎에 쌍둥이를 올려놓고 밥을 먹으면서 등반 계획을 짰어.

***

"당신 내일 갈래? 아니면 내가 갈까?" 너희 아빠가 물어.

"가요, 마이카. 정말 끝내줄 거야." 사일러스가 말했어. "길고 넓고 적당한 루트라면 암벽 타기에 완벽한 날이야." 사일러스는 내가 그동안 갈망해온 것이 무엇인지 정확히 알아. 그는 아빠의 오래된 등반 파트너지만 우리 둘 중 누구와도 팀을 이룰 준비가 돼 있지.

이레나가 내 겨드랑이에 코를 묻어. 카즈는 아빠 무릎 위에서 방방 뛰다가 맞은편에서 동생이 하는 걸 보더니 내게 오려고 발버둥치고 그러다 식탁에 머리를 부딪칠 뻔했지. 아빠가 카즈를 안아 올려 내 무릎에 내려놔.

"클라이밍. 너희들 클라이밍, 해봐."

이레나가 얼굴을 더 내 옆구리로 밀어넣어. 카즈는 내 접시에서 뇨끼를 집어 손가락을 오므려 더 달라고 말해.

"우리 몇 시에 출발하면 되지?" 나는 이미 알면서도 물었어.

"새벽 5시."

지금은 저녁 7시 45분. 계산을 해보니 지난 3일 동안 총 열 시간을 잤네. 오늘 밤 운이 좋으면 내일 일어나는 시간을 고려해 다섯 시간은 잘 수 있을 것 같아. 어쩌면 말야.

"하고 싶지. 하지만 못 해. 안 해야 할 것 같아."

사일러스는 아빠 쪽을 보며 말해. "5시 오케이?"

"접수." 아빠가 말해.

***

90분 후 이레나는 잠이 들었고 카즈는 오늘 저녁에만 세 번째 울고 있고 너희 아빠는 짐을 싸고 있어. 나는 카즈를 프랑스 여행용 요람에서 꺼내 우리 숙소를 비추는 마을 불빛에서 눈을 가려줘. 창문이 없는 화장실에 가서 재울 수 있는지 봐.

아기를 품에 안고 화장실 좌변기 위에 앉아 젖을 먹이고 둥개둥개 자장가를 불러. 그가 내일 등반을 위해 장비를 챙기는 소리, 금속 쨍그랑거리는 소리를 들어. 우리 장비, 내 장비. 저 카라비너들 다 내 건데. 스폰서에게 제공받은 건데.

그대로 좌변기 위에서 잠들어 내 다리가 햄스트링을 눌러. 그래도 카즈가 잠들 때까지 계속 기다리고 드디어 잠든 카즈를 침대에 눕히는데 아빠는 이미 침대에 누워 있어.

"내일 장비 가져가려면 교체해서 가." 이불을 들어 올리고 침대로 들어가며 말했어.

"뭐라고?"

"내 거잖아."

"당신 내가 등반하길 원하는 줄 알았는데."

"난 내가 등반 못 할 줄 알았어. 그건 달라." 너희 아빠에게선 대답이 없어.

"내가 당신 아기들 보는 동안 내가 쓰지도 않은 등반 장비가 낡아 버려서는 안 되는 거잖아. 이건 아니지 않을까?"

나는 다음 말을 기다렸어. 그러다 그가 벌써 잠들었단 걸 알았지. 내가 지금 당장 하지 못하는 그 일을 아빠는 하고 있네.

***

화가 나. 머릿속으로 이 말을 반복해. 너무 화가 나.

이렇게 피곤한 상태에서 내일 거대한 암벽을 오르는 게 안전하지 않다는 것도 잘 알아. 내가 하루 종일 긴 등반을 할 수 있을 정도로 너희가 준비되려면, 우리 모두 예민하고 여행의 피로가 안 풀린 상태에서 내일 내가 열네 시간 동안 나가 있으면 안 돼. 아직 할 때가 안 됐을 뿐이야. 아직은 아냐. 아예 못 하는 거 아니야? 지금만 못 하는 거야?

이 일이 쉬울 거라고 기대하진 않았어. 그래도 품위는 기대하지. 적어도 약간의 품위. 적어도 모든 게 평등하고 정상적이라고 느껴지는 순간, 평형을 이루는 순간이 오기를 기대해.

음성 일기 ○ 12개월 반

2017. 7. 17.

　밤 11시 30분. 프랑스에서의 6일째 밤이야. 카즈는 아직 안정을 찾지 못했어. 지금 65분째 울고 있는데 너무 괴롭고 슬프네. 사실 네가 이렇게 우는 건 내 책임인 것이, 원래 수면 습관이 잘 든 아이에게 강제로 이 여행을 시켰기 때문이지. 그동안 열심히 노력해 규칙적인 수면 패턴을 만들어놨는데 난데없이 여섯 시간 시차가 생기면서 90도로 바뀌어버린 거야.

　침대에 누워 네 울음소리를 들으며 수면 루틴 때문에 하지 못하게 될 모든 일을 떠올려. 바비큐, 6시부터 시작하는 저녁 식사, 브레방산 일몰을 볼 수 있는 하이킹.

　나는 어둠 속에 누워 있고 휴대폰 불빛이 내 주변의 작은 공간을 비추고 있어. 구글에서 '아기 울음 시간 최장 기록'을 검색하고 울음이 두뇌 발달을 방해한다는 기사를 발견해.

　67분째 우는 중.

　아기의 수면 교육을 하룻밤 만에 하고 다신 할 필요 없었다는 엄마에 관한 기사를 읽어. 그 엄마는 복 받았지. 부럽네. 나는 카즈가 아플 때마다, 나를 필요로 할 때마다, 여행을 할 때마다 수면 교육을 처음부터 다시 시켜야 하는데.

　어느 누구도 이게 얼마나 힘든지 말해주지 않았어. 수면을 시킨답시고 바로 달려가 아기를 달래주지 않기로 매 순간 결정하는 일. 계속 구역질이 나올 것 같고 진짜 결정타는 다시 돌아갈 수 없는 시점이 온다는 건데 이제까지 견디느라 너무 아프고 힘들었기 때문에 이 길로 죽 갈 수밖에 없어. 지금 너에게 가면 참고 참은 시간이 허사가 돼버리니까.

70분째.

지옥을 통과하는 중이라면 계속 앞으로 가야 해. 하지만 그 지옥이 아기 응가나 아기 치아 혹은 우는 아기와 관련됐다면 절대 쉽지 않지.

72분째.

이제 자나?

73분. 아직 아니야.

목표는 우리 둘 다 자는 것. 그래서 낮의 내가 카즈와 이레나에게 필요한 엄마가 될 수 있는 것.

누군가 말해줬다면 좋았을 텐데. 수면 교육이란 74분간의 울음을 의미할 수도 있다는 것을.

75분.

아직도 안 잔다.

음성 일기 ○ 12개월 반

2017. 7. 20.

에귀 드 블레티에르의 크랙을 등반하고 있어. 이름대로 첨탑처럼 뾰족한 설산으로, 내 오른 어깨 쪽 얼음이 갈라지고 부딪치면서 얼음과 바위를 쏟아낸 흔적이 보이는데 나는 그 틈에 손과 발을 끼워 넣고 올라가. 고산의 추운 공기에 이미 장갑이 얼어붙은 채로 등반을 시작했고 핸드홀드(암벽등반 시 손에 잡히는 돌_옮긴이)를 잡았을 때 느낌과 화강암을 보고 내가 안전함을 확인했어. 초반에는 조금 흔들렸지만 세컨드 리드에서는 더 나처럼 느껴졌지. 등반하고 움직이고 모험하고 프로텍션 피스 사이에 로프를 펴고 완전한 집중력을 요구하는 어려운 동작도 시도했어.

어쩌면 이 때문에 우리가 등반을 이렇게까지 좋아하는지도 몰라. 적어도 나는 그래. 이 넓은 크랙과 싸우는 순간 내 머릿속에는 오직 이것뿐이니까. 무릎을 틈새에 밀어넣고 그게 나를 충분히 오래 받쳐줘 내 팔을 더 높이 뻗게 만들어주면 슬며시 미소를 지어. 등반의 거친 생생함을 느끼고 내 몸의 힘, 내 힘을 느끼지. 등반이 끝날 때까지 이 힘을 느끼는데 빌레이로 너희 아빠를 끌어올린 다음 느끼는 힘은 깊은 사색의 순간으로 대체되기도 해. 그러다 4,000피트 밑에 있는 너희와 플로렌시아가 생각났고 나는 참 이기적인 사람이란 생각밖에 안 드는 거야.

너희 아빠에게 혹시 이기적이라고 느껴지냐고 물었더니 그냥 어깨를 으쓱하고 마네. 너희를 위해 수동 유축기로 유축하면서 물어본 거였어. 근래에는 내 존재의 생물학적 목적에서 오래 벗어나 있을 수가 없구나.

우리는 엉덩이를 맞대고 앉으면 딱 맞는, 2피트 너비 선반 같은 절벽에 앉아 있었고 우리 아래로는 수천 피트 바위가 또 다른 수천 피트 빙하 위에 솟아 있었어. 내가 유축을 하는 동안 아빠는 살라미와 피클을 넣은 바게트 샌드위치를 주고 자기도 몇 입 먹었어. 우리는 전 세계의 다양한 재료로 다양한 샌드위치를 만들어 이렇게 암벽에서 먹었지. 너희 둘이 태어난 이후 이런 시간이 줄어든 것도 사실이지만 하게 되면 여전히 똑같아. 굳이 말로 하지 않아. 육아 시간의 일부를 떼서 여기에 쓰고 집에서는 어떻게든 우리 둘이 같이 놀 수 있는 네 시간 정도를 만들기 위해 서로 문자를 주고받지. 오늘 우리는 프랑스에서 아홉 시간 동안 함께하면서 화강암 덩어리를 최대한 만끽했어.

마음 한편에서는 빨리 너희에게 돌아가고 싶어. 하지만 우리 둘은 샌드위치를 끝내고 내 유축기와 너희에게 줄 모유를 배낭에 넣고 계속 오르기로 한다.

편지 ○ 12개월 반

2017. 7. 23.

오로지 암벽등반만을 위해 이 여행을 계획했다고 하면 거짓말이야. 어떻게든 모잠비크와 조금이라도 가까운 곳에 있고 싶었어. 2주 동안 그 대륙과 같은 시간대를 공유하면서 좀 더 효율적으로 일하며 결과를 도출해내면 이 고된 일정도 상쇄될 거라 합리화했지.

나물리 팀은 점점 성장하고 있어. 현장 답사 팀을 세 배로 늘렸고 여성을 포함한 여러 신입 직원을 고용했고 산에 오르기 위해 오토바이를 구입했고 산기슭에 있는 더 많은 지역사회와 인터뷰를 하기 위해 준비하고 있지. 어느 순간부터 어마어마한 동력이 생겼어. 물론 어느 날 갑자기 이뤄진 건 아니지. 여기까지 오는 데 3년이 걸렸으니까. 가까우면서도 먼 이야기처럼 느껴져.

마푸토의 지인들에게 이메일을 썼어. "저는 아직 그곳에 없지만 내년 8월에는 함께할 거예요." 그러다 미래에 대한 확신은 현재의 부재를 더욱 드러나게 할 뿐이라는 생각에 메일을 지웠어.

음성 일기 ○ 12개월 반

2017. 7. 26.

오늘 빛난 순간은 비행기 바닥에 누워 화장실 옆에 머리를 대고 카즈에게 젖을 먹인 거였지. 내 팔에는 감각이 없었고 이런저런 냄새 때문에 입으로 숨을 쉬어야 했어. 화장실 문을 여는 딸깍 소리가 날 때마다 몸을 움찔했고.

너희가 나오기 전 내 여행에는 일정한 체계가 있었단다. 목베개, 안대, 귀마개, 노이즈 캔슬링 이어폰, 앰비엔, 발 받침대, 물병, 비행기에서 먹을 간식 등등. 20년 동안 밥 먹듯이 여행을 다니다 보니 결국 항공사 우수 고객이자 노하우 대장이 된 거지. 하지만 이 두 가지는 총 19킬로그램 아기를 각각에게 편안한 자세로 동시에 재워야 한다는 이 다급한 임무 때문에 무용해지고 말았네.

***

매사추세츠주 보스턴 공항에서 북쪽으로 달려 뉴햄프셔로 가는 길이야. 프랑스에서 집까지 열여덟 시간 걸리는 여행이었지. 너희는 잠들었고 너희 아빠는 운전 중이고 집까지 가려면 아직 세 시간이 남았어.

다시는 이렇게 하지 않겠다고 약속할게. 이제 막 걸음마를 배우는 중인 너희를 규칙에 따라야 하는 한정된 공간에 가둬 대서양을 건너게 하는 일은 없도록 할게. 하지만 물론 그럴 일도 없겠지. 우리가 앞으로 지금과 똑같은 상황에 있진 않을 테니까. 너희는 하루가 다르게 자라고 있으니까.

이런 유의 여행이 가족의 행복이나 혹은 개인의 행복을 위해 꼭 필요하다고 확신하진 않아. 너희가 나중에 프랑스를 기억할까? 알프스

산맥 그늘에서 크루아상과 라즈베리를 먹은 추억을 기억할까? 아이가 있는 내 친구들이 말하길, 멀리 보면 유아기 여행 경험이 너희를 여행을 좋아하고 잘하는 사람으로 만들어줄 거라고 해. 하지만 그건 우리가 원하는 것과 너희가 원하는 것이 완전히 다르다는 사실을 정당화하기 위해 어른이 스스로에게 하는 말이라고 생각해. 다행히 너희는 회복력이 있지. 확실히 나보다는 더 그런 것 같구나.

노트패드 ○ 13개월 반

2017. 8. 9.

 에릭이 레가도를 떠난다고 하네. 나는 지금 몬태나의 목장에 있고 에릭은 모잠비크에 있는데 얼마 후면 모잠비크에도 있지 않겠지.
 나는 연결 상태가 별로 좋지 않다는 핑계를 대고 스카이프에서 나와버렸어. 에릭과 내 동료이자 친구인 엘리자베스에게 내가 망가지는 모습을 보여주고 싶지 않았거든.
 그는 그만두고 다른 일을 할 권리가 있지.
 그 사람의 문제가 아니야.
 나는 새 창을 띄우고 나도 모르는 사이 모잠비크 남풀라 공항까지 가는 항공권을 검색했어. 왜 했을까? 정말 갈 거라서?
 예전이라면 갔을 거야.
 예전이라면 어느 전을 말하지?
 우리 가족 이전.
 예전의 나라면 어떻게든 직접 가서 문제를 해결하려고 했을 거야. 비행기에 올라탔겠지. 상황을 지키기 위해 내 인생의 방향을 잠시 바꿨겠지. 레가도를 위해서는 항상 그렇게 해오기도 했고.

하지만 지금은 아니야. 다른 방법을 찾아야 해.

음성 일기 ○ 13개월 반

2017. 8. 13.

샤모니는 갈 수 있었다 치고. 이번 겨울에 파타고니아로 가는 건 완전히 다른 문제지.

"난 빠질래." 어젯밤 너희 아빠에게 그렇게 말했어.

"당신 단유하면 가능하지 않을까?"

"그럴 수도."

마지막 파타고니아에 간 건 임신 10개월 전 피츠 로이 등반이었어. 베이스캠프에서 베이스캠프까지 루트 전체를 완등하는 데 60시간이 걸렸지. 나, 너희 아빠, 길버트에겐 시간 단축이 목표였지만 직전에 내린 1미터 높이 눈 때문에 전날 계획을 바꿨어. 슈퍼카날레타는 혼합 루트로 3,000피트 높이의 적당한 빙벽 다음에 15피치의 화려한 드라이 암벽이 이어지는 코스야. 우리 셋은 이 등반을 너무나 간절히 원했고 열악한 조건에서 해도 안전하리라는 건 알았지. 첫날 밤은 등반 루트의 베이스에서 보내고 둘째 날 정상 바로 아래 있는 4분의 3 길이의 침낭에서 함께 잤어.

그 등반의 모든 순간을 기억하지만 요즘 내 기억 창고에서 계속 재생되는 이미지는 스피드 클라이머인 채드 캘로그의 시신이 한 시간 동안 내 눈앞에 있던 장면뿐이야. 그는 우리가 등반하기 11개월 전 슈퍼카날레타를 하산하던 중 낙석에 맞아 사망했지. 우리는 채드의 시신을 발견할 가능성이 있다는 사실을 알았어. 이동과 안전 문제 때문에 그렇게 동떨어진 곳에 떨어져 있는 시신을 거두기가 힘들거든. 그래도 내가 마지막 1만 피트 빙벽을 가장 먼저 올라갈 때만 해도 살아 있는 사람이 유지할 수는 없는 모양으로 얼어붙은 시신을 볼 거라고는 상상도 못 했던 거야.

이른 아침 햇살은 그날의 슈퍼카날레타 등반만큼 찬란하게 느껴졌어. 길버트와 너희 아빠를 빌레이 하고 우리가 온 곳을 내려다보는 데만 집중했어. 내 위에는 하강 로프 때문에 분리된 돌에 맞아 사망한 시신이 있었고 그 장면은 같은 산을 등반하다가 집에 돌아가지 못할 수도 있다는 사실을 상기시켜줬기 때문이지.

피터, 길버트, 나. 우리 셋 모두 그날 채드 시신에 관해서는 한마디도 언급하지 않았어. 눈을 가린 채 우리가 열심히 싸우고 있는 우리 운명만은 보지 않으려고 한 거야.

오늘도 다르지 않아. 네 아빠가 파타고니아 이야기를 할 때 채드 이야기를 꺼내지 않았어. 지금은 그럴 때가 아니야.

내가 젖을 더는 먹이지 않을 때, 너희가 네 살 정도 됐을 때 간다면 다르다고 느낄까? 과연 그럴 수 있을까? 그래야 할까?

음성 일기 ○ 14개월

2017. 8. 29.

오후 4시 10분. 아기들 돌봐줄 사람이 있고 저녁 전 시간이 남아 뭘 할까 고민하다 잠깐 하이킹을 다녀오기로 했어. 카즈 때문에 새벽에 깬 지도 벌써 8주째야. 처음에는 열이 나서, 두 번째는 프랑스 여행하느라, 그다음에는 프랑스 여행에서 돌아온 후 내게 보상을 받기 위해 잠투정을 했지. 그다음에 몬태나에 갔고 감기에 걸렸고 이앓이를 했고 그리고 그냥 그렇게 되기도 했지. 내 인생 어떤 분야에서도 제대로 해내는 느낌이 들지 않아. 그러면서도 레가도 운영에 뛰어들어 팀 리더로서 역할을 하려고 노력하고 있지. 시간이 지나고 일은 쉬워지기는커녕 점점 더 어려워져. 나는 산길을 걷고 가쁘게 숨 쉬고 스틱을 땅에 박으며 오르막길을 올라가지. 어쩌면 이제 그만해야 하려나 봐. 어쩌면 지금 이 일은 내 인생에서 가치도 없고 현실적이지도 않은가 봐.

붉은색과 회색이 섞인 울룩불룩한 개구리가 등산로를 가로질러 점프해. 내 엄지발가락만 하네. 개구리는 쓰러진 소나무 가지 위를 뛰어오르고 나는 멈춰서 바라봐. *망할 놈의 개구리.* 나는 생각해. *저것들은 항상 거슬려.*

나는 사무직에 맞는 사람이 아닌데. 이 세상 안에서 내가 할 일은 이메일을 보내고 제안서와 보고서를 쓰는 일이 아닌데. 왜 이렇게 나 자신을 제한하고 있을까? 왜 이 일을 하고 있는 걸까? 그 순간에 보여. 나는 지금 나를 키우고 성장하게 하는 일에서 나를 차단하고 있구나.

3주 후에는 우리 팀 전체가 모잠비크 구루에 모여 12일 연수를 해. 어떻게 하면 사람들에게 영감을 줘서 행동을 바꾸게 할 수 있는가 하는 주제로 행동과학 분야에서 유명한 단체인 레어Rare와 함께 한단다. 나도 그들과 그곳에서 같이 연수를 받고 싶어. 머리로 계산도 해보고 날짜를 세어봐. 6일 안에 나물리에 다녀올 수 있을까? 나는 딱 10분 동안 현실을 유예한 채 마치 그럴 수 있을 것처럼 계획을 짜. 나물리산이 너무나 그립고 상황도 파악하고 싶고 사람들과 만나고 사람들 이야기를 듣고 싶어. 나는 직접적인 정보 없이 두 번, 세 번 건너온 정보에 의존하고 있고 관리자가 돼버리고 있어. 하지만 나는 태생적으로 관리자가 아니야.

엘리자베스는 지금까지 기록된 쌍둥이 고릴라 세 팀 중 콩고의 쌍둥이 고릴라 이야기를 해줬어. 엄마 고릴라는 태어난 지 세 시간 된 새끼 고릴라를 한 팔에 안고 한 팔로 나무를 오른다고 해. "그러면 새끼가 두 마리면 어떻게 해?" 엘리자베스에게 물었더니 그건 어떤 동물학자도 모른대. 아무도 엄마 고릴라가 새끼 고릴라 둘과 나무에 올라가는 모습을 본 적이 없다는 거야. 그래도 그들이 아는 건 쌍둥이 고릴라는 아주 잘 크고 있다는 사실이라고.

음성 일기 ○ 14개월 반

2017. 9. 9.

오늘 나는 너희에게서 멀리 떠나. 캘리포니아에 가서 파타고니아 등반가들을 만나고 등반 옹호 정상회의에 참가할 거야. 이제까지 우리는 열 시간 이상 떨어진 적이 없었는데 우리 사이에는 이제 3,500마일과 나흘 동안의 거리가 생기겠구나. 개념적으로 별일 없으리라는 사실을 알고 있지만 어쩔 수 없이 마음이 아프네.

***

너희는 걸음마를 시작했어. 카즈가 먼저 걸었지. 우렁차고 당당하게 성큼성큼 걸었지. 그리고 이레나는 한 달 뒤 더 신중하고 확실하게 걷기 시작했어. 분홍색 잇몸 사이로 이가 하나둘씩 돋아나고 입술에서는 새 음절이 나와 하얀 구슬 같은 치아 밖으로 단어가 만들어져.

나는 머리와 가슴이 반대로 움직이고 있어. 지금 당장은 너희와 떨어져 있고 싶지 않지만 예전에는 기쁘게 참여한 이런 기회를 계속 놓치면 내가 흐리멍덩한 사람이 될까 봐 두렵다. 나는 모든 걸 다 하고 싶어. 내가 원하는 건 기분이 좋으면서도 이게 옳다고 느끼는 거야. 나는 지금 이 순간, 이 순간에도 좋고 장기적으로도 좋을 결정을 내리고 싶어.

가끔은 너희와 같은 집에서 일하고 너희 소리를 듣고 너희와 있고 싶다. 가끔은 우리가 공원에 있을 때도 이메일을 확인하는데 일을 해야 하니까. 아니, 헛소리고 일을 *하고 싶어서*. 나는 그렇게 세상과 연결돼 있는 느낌이 너무 좋아. 두 장소 모두에 완전히 다 머물고 싶지만 언제나 반씩 나뉘어 있지.

***

너희는 이제 14개월 반이 됐어. 모유 수유는 하루에 6~8번 정도 해. 이건 내가 가장 좋아하는 멋진 일이야. 너희에게 모유를 주고 싶어 여행 가방에는 비닐봉투와 스티로폼이 가득한 아이스백부터 넣지. 내가 가장 끈질기게 붙잡고 있을 일이 모유 수유가 될지 누가 알았을까?

내가 너희를 낳은 게 아니야. 나는 이 문장을 그대로 두려고 해. 왠지 수정해야 하고 문맥을 새로 만들어야 할 것 같지만. 너희는 내 배를 통해 이 세상에 태어났고 모유 수유를 통해 나는 너희와 다시 연결돼. 젖을 먹이면 그 연결이 회복되지. 매번 항상 그래.

너희를 너무나 사랑해서 마음이 아파. 엄마의 엄마는 육아휴직 몇 주 후 일찍 젖을 떼고 바로 일터로 복귀해 매일 출근하셨지. 나도 엄마의 희생과 그 희생 덕분에 내 삶에서 가능했던 것들에 감사해. 그래서인지 나는 가능성에 사로잡혀 있어.

옳은 일을 하자.

제대로 잘하자.

그 일을 중요하게 만들자.

음성 일기 ○ 14개월 반

2017. 9. 9.

캘리포니아 1일 차.

오클랜드의 호텔방에 앉아 있어. 친구 케이트와 같은 방을 쓰고 있고 다카(DACA, Deferred Action for Childhood Arrivals(불법체류 청년 추방 유예_옮긴이)) 지지 행진에 나가려고 준비 중이야. 나도 알지. 굳이 따지자면 나는 등반가로서 파타고니아 등반가 회의에 참석하려고 왔지만 다카 행진 전단지를 보게 됐고 딱 한 시간만 산악인이 아닌 다른 사람들과 함께 있고 싶어 나가려고 해.

너희와 떨어진 지 33시간이 됐네. 이럴 만한 가치가 있나?

그런 생각을 한번 하기 시작하면 숨을 쉬기가 어려워.

그나저나 내가 세수도 안 하고 있다는 걸 깨달았어. 내 가방에는 모유와 내 첫 스팽스 한 벌만 있는데, 두 시간 전 다른 산악인들과 호텔 콘퍼런스 룸에 있을 때 가장 이야기하고 싶었던 건 그중 아이를 키우는 사람이 있다면 그들이 어떻게 등반, 부모 일, 육아, 파트너와의 관계를 병행하는지였어. 다음 여행을 어디로 갈지에 관한 것만이 아니라. 부분적으로는 내 자존심이 여행 관련 대화를 감당하기 어려워서일 수도 있지. 너무 벅차니까. 아무래도 다카 행진이 내 정신건강에 더 나을 것 같구나.

음성 일기 ○ 14개월 반

2017. 9. 9.

2일 차.

자유 시간인 아침 식사 시간에는 아이가 없는 동료 전문 등반가 브리트니와 케이트와 어울려. 브리트니는 아이를 가질 계획이 없고 케이트는 아직 없거나 앞으로도 없지. 토미, 조시, 딜런, 스티브와 다른 사람들은 다양한 연령대의 자녀가 있어.

점심시간에 조시, 딜런과 도그패치 지역에서 피자를 먹고 있었어. 근처 볼더링 체육관에서 재활 운동을 마친 뒤였는데 내 복근은 아직 가파른 곳을 오르거나 높은 곳에서 뛰어내릴 만큼 단단해지지 않아서 운동을 해야 하거든.

우리는 등반 계획과 우리 집 트레드월 이야기를 나눴지. 조시는 주말에 등반을 하고 수요일에는 '아빠의 날'을 갖는다고 해.

"아빠의 날이 뭐예요?"

"우리 딸과 같이 노는 날이에요."

그럼 수요일 빼고 다른 날은 모두 '엄마의 날'인지 묻고 싶었지만 참았어. 그 사람들과 적당히 어울리고 싶었거든.

조시는 아무래도 아빠다 보니 등반 계획을 더 조정해야 하고 이 부분에서 노력하는 중이라고 말해. 딜런도 고개를 끄덕여.

"피터와 나도 아직 어떻게 해야 할지 모르겠고 노력 중이에요." 내가 말했어.

그들이 고개를 끄덕여.

"남들과 좀 다른 건 우리 부부 둘 다 등반을 하고 싶어 한다는 거?"

조시와 딜런은 잠시 동안 말이 없어.

"저도 등반하는 여자 친구 사귄 적 있어요. 잘되지 않더라고요. 둘 다 같은 걸 원하는 게 의외로 힘들어서요." 조시가 말했어.

나는 씁쓸하게 웃었지. "정말 그렇죠? 혹시 두 분, 아이 낳고 나서 둘 다 등반하는 커플 생각나세요?"

딜런이 채드와 라라 이야기를 꺼냈어. "하지만 그 사람들처럼 되면 안 돼요."

"왜요? 둘이 많이 싸웠대요?" 내가 물었지.

"그렇기도 하고. 그런데 제 말은 그 사람들처럼 끝나면 안 된다는 이야기죠. 죽었잖아요."

그때 피츠 로이에서 내 위, 암석과 얼음에 연결된 로프 두 개에 매달려 있던 채드의 시신이 떠올랐어. 내 머릿속에서 그는 파란색과 노란색 옷을 입었는데 사실은 기억 못 해. 올해 초 내 친구 베른트가 제스와 벤이라는 다른 등반가와 합류해 슈퍼카날레타 빙벽 밑 꽁꽁 언 수문에 있는 채드 시신을 거둬 오기 위해 갔어. 그 전에 다른 등반 팀이 시신을 얼음과 분리해 밑으로 내려놓은 상태였지. 친구들이 마지막으로 근처 산등성이로 옮겨 묻어줬어.

채드가 세상을 떠나기 7년 전 라라가 웨이크산에서 하강 로프를 내리는 모습을 생각해. 그가 죽었을 때 동료로서 애도했지만 친구로서는 아니었어.

그래도 그들 사이에 아이들은 없었지. 하지만 오늘 피자를 앞에 두고서는 그 구분도 중요하지 않다는 생각이 드는구나.

***

두 번의 겨울 전, 내가 임신 5개월이 채 안 됐을 때 밴프 산악영화제에서 운동선수 패널로 앉아 있었어. 그때 사회자이자 산악 저널리스트인 에드 더글라스는 토미 칼드웰과 소니 트로트에게 아이들과 함께 모험하는 삶에 관해 물었어. 아이들과 함께 새로운 한계에 도전하는 것을 어떻게 생각하느냐고 질문했지. 나는 그때 일어나서 둘 다 모두 훌륭하고 멋진 아빠들이지만 그 질문을 그들에게만 하는 건 공정하지 않다고 말하고 싶었어.

거기서 끝내지 않고 덧붙이고 싶었어. 저들에게만 물어보지 마세요. 아기를 낳기 위해 자기 몸을 내준 여성에게 물어봐요. 배에는 아직 손가락 네 개 길이 수술 자국이 있는 사람, 아기에게 젖을 먹이고 다시 산을 오르는 엄마들에게 물어봐요. 그 엄마들에게 새로운 한계에 도전하는 것이 무엇이냐고 물어보는 게 맞지 않나요?

그 사람에게 물어요. 여성을 찾아봐요. 나는 엄마의 대답을 듣고 싶어요.

음성 일기 ○ 14개월 반
2017. 9. 19.

어제 등반을 하고 집으로 오는데 파트너였던 브라이언이 어릴 때 무엇이 되고 싶었냐고 묻더라.

"이렇게 살고 싶었어요." 내가 대답했지. 이렇게 살고 싶다는 건 곧 등반도 하고 엄마도 되고 모두 다 한다는 거지. 특히 나는 너희 엄마가 되는 일에 최선을 다하고 싶단다.

모든 게 마법처럼 제자리를 찾게 될까? 내가 모든 일에 100퍼센트를 쏟아붓는다고 말하고 있지만 과연 진짜 100퍼센트일까? 내 기준이 낮아진 건 아닐까? 그렇다면 '모든 일'이란 각각의 분야에서 무언가 새롭고 가능한 것만을 의미하는 건 아닐까. 마치 프린스턴대학교 매코시홀에서 거시경제학 수업을 듣고 있는 것만 같아. 존재하지도 않는 논리모델에 어떻게든 현실을 끼워 맞추려고 하는 거지.

***

오늘 나보다 한참 어린 등반 친구 마이클이 내가 21킬로그램의 너희를 밀면서 우편물을 들고 사과와 물병이 가득 든 카트를 끌며 우리 집으로 올라가고 있으니 말을 시키더라.

"암벽등반하고 계셔야 하는 거 아니에요?"

"지금 하고 있잖아."

"손이 빈 곳이 없네요."

모두가 그 말을 해.

손이 빈 적이 없었지.

음성 일기 ○ 14개월 반

2017. 9. 25.

오늘 아침에는 5시 53분에 시작했는데 내가 울음소리를 도저히 참을 수가 없었어.

***

내가 임신 중이고 너희 아빠가 3주 반 동안 파타고니아에 갔을 때, 나는 그에게 그만큼의 시간을 나를 위한 포상 휴가로 쓰고 싶다고 말한 적이 있어. 거기에 합의를 했는지는 기억나지 않지만 내 머릿속에서는 그 대화가 사라진 적이 없어. 이후 아빠는 이틀 동안의 짧은 여행도 다녀왔지. 너희 아빠가 현재 속도대로 여행한다면 내가 실제로 사용할 수 있을 즈음엔 대략 3개월간 개인 시간이 적립돼 있을 것 같네.

우리가 처음 만났을 때 너희 아빠보다 내가 더 강하고 대담한 암벽등반가라는 사실이 마음에 들었어. 특히 그가 가끔 빙벽에서 나를 물리치는 걸 보는 것도 좋아했더랬지. 이제 나는 육아 15개월과 임신 9개월만큼 뒤쳐졌어. 사실 내가 느끼는 기분은 그래. 한자리에만 고정돼 있다가 나를 이루는 기반을 잃어버린 느낌.

여러 가지 생각이 혼재돼 있어. 남편이 되고 싶다. 그렇게 쉽게 집을 벗어나면 좋겠다. 그러면서도 지금 당장은 몇 주간 등반 여행은, 설사 내가 가고 싶다고 해도 갈 수가 없네.

***

너희 외할머니가 계획 없이 우리 동네에 왔어. 우리 엄마 스타일이지. 아빠가 애리조나로 떠나고 20분 정도 기다렸다가 할머니와 이에 관해 대화를 시작했어.

"그래서 넌 어떻게 하고 싶은데?"

"그냥 그 사람이 나한테 물어보지 않았으면 좋겠어요. 아니면 그 말을 하기 전에 나에게 얼마나 고마운지 이야기하면서 먼저 내 마음을 풀어주면 좋겠지."

내가 피터의 대사를 대신 써줄 수만 있다면 우리 부부는 훨씬 더 화목할 거야. 나는 생각해.

"그가 집 비운 날짜를 다 계산하진 말자, 마이카. 별로 좋아 보이진 않아."

내가 아는 사람 중 가장 경쟁심 강하고 가장 성공했고 가장 고집 센 여성인 내 엄마가 내게 내려놓으라고 말하네.

"너는 하고 싶은 걸 하고 있잖아. 집에서 아이들을 보면서 일도 할 수 있잖니. 더 만족스러운 방식으로 두 가지를 결합하고 있어. 그런데 지금의 시간이 견디는 시간이고 그저 미래를 위한 저축이라면 그건 맞지 않는 것 같아."

나도 내가 뭘 하고 있는지 모르겠다. 지금 당장 몇 주 동안 여행하지 않는 건 분명 내 선택이지만 비프 샌드위치와 터키 샌드위치 중 하나를 선택하는 것과 같은 문제는 아니잖아. 지금은 어딘가를 몇 주 동안 떠나는 게 내 선택지에 없어. 육아 문제가 있고 아이가 둘이고 모유 수유와 내가 엄마가 되고자 하는 방식이 얽혀 있어서야. 우리 결혼 생활, 내 파트너, 이 세상으로의 내 접근 방식 때문에 내가 벌을 받고 싶진 않아.

또 내 행복 혹은 남편의 행복 혹은 우리 가족의 행복을 파괴하는 방식으로 나를 벌주고 싶지도 않고.

***

나중에 저녁으로 어린이용 타코와 어른용 타코를 만들면서 상황이 지금과 달랐다면 어땠을지 잠시 생각해봤어. 내가 산악 가이드 경력을 계속 유지했다면 어땠을까? 그랬다면 내 달력은 흥미로운 장소로의 출장으로 가득했겠지. 하지만 그게 우리 가족에게 어떤 도움이 됐을까? 내가 일하는 동안 남편이 아기들을 돌보거나 우리가 둘 다 가이드를 하면서 보육에 더 많은 돈을 쓰는 걸 의미했을 테니 아마 수입은 감소하고 스트레스는 가중됐겠지. 엄마가 되기 위해 등반이 아닌 다른 분야에서 경력을 쌓으리라고는 전혀 생각하지 못했지만 확실히 전업 가이드로 일하는 것보다는 재택근무가 더 낫긴 해.

　다만 우리 부부가 다른 선택지에 관한 충분한 대화 없이 피터만 전업 가이드로 일하고 있다는 사실을 내 머리로는 받아들일 수가 없어. 나도 인정해. 그의 경력이 성장하도록 옆에서 지원하고 싶고 그게 그 사람 혼자만의 여행을 의미하더라도 그래. 하지만 끝내 이해할 수 없고 이해하고 싶지도 않은 건 자기 개인 시간을 갖고자 하는 그의 끝없는 욕망이야. 그의 개인 등반은 나의 두뇌와 영혼을 갉아먹는 것만 같아. 개인적으로 나도 가이드 일과 개인 등반은 다르다는 걸 잘 알고 산악 가이드로 살기 위해서는 산에서 일할 수 있는 에너지도 있어야 하지만 개인 등반을 하면서 몸을 만들고 정신 건강도 유지해야 한다는 걸 알아. 개인 등반이야말로 애초에 우리가 이 일에 헌신하게 된 이유이니까. 그럼에도. 남편이 부러운 걸까? 화가 나는 걸까? 너희와 함께 있기로 한 내 결정에 만족하고 이게 옳다고 확신하면서도 왜 그럴까?

　너희 아빠와 내가 어떻게 하면 그의 입장과 내 입장을 잘 살피면서도 여전히 한 가족으로 같은 자리에 있을 수 있을까?

음성 일기 ○ 15개월

2017. 9. 30.

　오전 9시 35분. 카즈가 울기 시작한 지 32분 이후부터는 더는 참을 수가 없었어. 카즈를 아기 침대에서 끌어올려 소파에 같이 누웠지. 카즈 머리를 내 팔에 얹고 턱을 내 볼에 붙이고 함께 누우니 그제야 잠잠해져. 몸을 빼려고 할 때마다 잠에서 깨서 울고 내가 다시 젖을 물려야 잠잠해지지.

그렇게 카즈와 누워 있다가 변호사와의 회의를 놓쳐 우리 유언장 작성을 마무리하지 못했어. 만약 그 일이 벌어진다면… 그다음에 일어날 일에 대한 계획도 세우고 있었는데.

나는 여기서 핸드폰을 멀리 떨어뜨려 놓고 누워 반대편에 있는 이레나가 나를 찾지나 않을까 귀를 쫑긋 세우고 있어. 아들의 달콤한 숨결과 나를 감싸고 있는 이 완벽하고 따뜻한 몸 안에서 숨을 쉬면서 이 시간 동안 뭘 성취할 수 있었는지, 그러지 못해서 얼마나 뒤처질지 생각해.

내 휴대폰, 내 업무, 네와 아니오를 말할 수 있는 내 능력은 이 방이 아닌 다른 방에 있다. 지금 이 순간 나는 카즈의 엄마일 뿐.

편지 ◯ 15개월

2017. 10. 2.

오늘 너희의 하루 두 번 낮잠을 하루 한 번으로 바꿨어. 내가 최근 한 일 중 가장 큰 프로젝트로 느껴지는구나. 먼 훗날까지 오래 기억날 일은 아닌 것 같지만.

이레나 너는 자고 싶어 하고 카즈는 안 자고 싶어 해. 나는 한 아이에게 더 좋고 다른 아이에게는 나쁜 선택을 할 수밖에 없었어. 아마 앞으로도 이런 일이 비일비재하겠지.

모두가 불만족스러울 때 이메일로 받은 링크에는 모잠비크의 우리 팀이 작곡하고 연주한 나물리산에 관한 새 노래가 담겨 있었어. 컴퓨터에서 재생을 누르고 서정적인 멜로디를 들으며 나는 울기 시작했어. 부분적으로는 내가 도와 이뤄낸 성취가 자랑스러워서이기도 하고 부분적으로는 내가 여기 뉴햄프셔에 있을 때 그곳에서 이런 일을 하고 있는 내 팀원들이 부러워서이기도 하고.

***

오늘 너희는 처음으로 장갑을 꼈는데 내가 너희 손에 뭔가를 씌운 게 아니라 벗겨낸 것처럼 신기하다는 표정으로 무늬가 생긴 손을 바라보더라. 어제는 우리 집 마당의 작은 언덕에 서리가 쌓였지만 정원의 움푹 들어간 땅에는 쌓이지 않았어. 오늘 아침에는 밖에서 노는데 너희 뺨만 보였어. 뽀뽀하기 충분한.

너희를 향한 사랑으로 벅차오른다. 그 사랑은 거대한 파도처럼 나를 덮쳐오고 나는 그 파도와 함께 울지. 어쩌면 그래서 너희에게 오기 위해 나를 끝까지 밀어붙이면서 살았는지도 몰라. 그 대가로 이 사랑을 받는 걸지도.

음성 일기 ○ 15개월 반
2017. 10. 10.

휴대폰이 울려. 잠금 화면의 미리보기를 보니 너희 외할아버지야. 메시지를 대충 훑어봤는데 별로 읽고 싶지 않네.

할아버지는 젊은 산악인 헤이든 케네디의 죽음에 관해 이야기하고 싶어 했어. 오늘 등반 커뮤니티는 물론 주류 언론에서 그가 이틀 전 자살했다는 뉴스가 퍼져나갔거든. 얼마 전 그와 그의 파트너 잉게가 몬태나주 한 산에서 눈사태에 갇히는 사고가 일어났고 잉게만 사망한 거야. 헤이든은 몇 시간 동안 눈 속에서 그녀를 찾았지만 결국 찾지 못했지.

이럴 때 무슨 말을 해야 할까? 나는 누구인가? 누구란 누구인가?

마치 우리는 나나 파트너에게 징크스가 되기라도 하는 것처럼 친구의 죽음도, 그에 관한 구체적인 내용도 한마디도 언급하지 않아. 우리는 상실을 애도하지 않고 대신 생명만을 축복해. 하지만 우리가 뭔가 놓치고 있다면? 포기하고 있다면? 내 안의 일부는 내가—우리가—헤이든에 관해 실패했다는 기분이 들어.

내게 헤이든은 불가해한 상황 안에서 깊이 슬퍼할 수 있는 지극히 인간적인 사람이었어. 우리가 3년 전 같이 등반한 이후로 그런 모습을 보지 못했지. 아니, 다시는 보지 못해.

나는 너희 아빠에게 격한 분노가 치밀어 오르는데 그의 직업과 열정 탓에 우리가 처한 상황 때문이야. 물론 그는 내가 아는 누구보다 위험 여부를 판단하고 피하는 능력이 뛰어난 사람이지. 그럼에도 이 순간 그가 계속 산에 오르고 있다는 사실 자체가 문제고 나는 헤이든과 잉게의 죽음을 이용해 그가 어떻게, 왜 등반을 해야 하는지를 생각하게 하고 심지어 등반 자체에 의문을 제기하게 하고 싶어. 할아버지가 그들의 죽음을 이야기하는 것이 등반가로서 내 생활 방식도 재고하게 하고 싶어서임을 잘 알아. 하지만 나는 두 대화 모두 회피해. 그런 대화를 한다고 피터나 내가 등반을 중단하거나 수정하게 할 수는 없어서지.

계속 등반을 하겠다고 결심을 하다 보면 언젠가는 같은 환경과 상황에 처할 수밖에 없어. 티턴산(해발 4,197m의 거대하고 험준한 산맥으로, 로키산맥의 원줄기에 속한다_편집자)에서 내려올 때 장비가 고정되지 않아 절벽에서 미끄러지는 일도 있고 내 위에 쿨루아(암벽에 세로로 급격하게 팬 바위 도랑_옮긴이)가 너무 많아 몸이 다 쓸리기도 해. 피로와 시간의 압박 속에서 연속으로 로프 하강을 수행하기도 하고.

나는 아니야. 우리는 아니야. 이번에는 아니야. 우리는 말해. 그러면서 그 상황에서 벗어나.

헤이든은 우리 중 하나가 죽는 슬픔을 더는 견딜 수가 없었어. 그는 스물일곱 살에 이미 산에서 너무 많은 친구를 잃었거든. 그리고 바로 눈앞에서 연인인 잉게를 잃었지.

내 핸드폰에 다시 불이 들어오고 할아버지는 문자가 아닌 전화를 하고 있어. 나는 무시해. 나는 헤이든의 부모님인 마이클과 줄리를 찾아보고 이렇게 담대하고 아름다운 소년을 남자로 키운 사람들이 누군지 봐. 우리 등반 커뮤니티의 모두가 그들을 부러워했어. 그들은 무엇이 가능한지에 대한 증거였지. 우리는 등반가이고 우리도 그렇게 할 수 있어.

우리가 놓치고 있는 건 뭘까?

음성 일기 ◯ **15개월 반**

2017. 10. 13.

내가 탄 셔틀이 캠퍼스에 도착하고 나는 책에서 고개를 들어 지금 건너고 있는 아름다운 초록빛 바다를 눈에 넣어. 프린스턴 보트하우스, 테라스 클럽, 우디 우(우드로 윌슨 스쿨_옮긴이). 모두 알면서도 모르는 장소들.

난 여기 있고 싶지 않아. 모교를 다닐 때는 그렇게 생각했더랬지. 하지만 나는 그때의 그 말이 진실인지 아닌지도 몰라. 오늘도 무엇이 진실인지 모른다.

강연 전 시간이 남아 캠퍼스를 걷고 있어. 흔들리는 이를 계속 만지는 것처럼 아프면서도 기분이 좋네. 모든 발걸음마다 기억이 찾아온다. 인류학과의 에론 버 홀에 들어가 힐드레드 기어츠 교수님에게 네팔에서 공부할 수 있는지 물어본 일, 돌아와 보니 교수님 책상 위에 내 현장 노트 복사본이 담긴 서류봉투가 개봉도 안 된 채 놓여 있던 일. 문화인류학을 생각할 때마다 그 교수실의 퀴퀴한 먼지 냄새가 바로 어제처럼 기억나.

나는 대학 1학기 때 이미 400레벨 코스로 들어갔고(대학 4학년 수업을 들을 수 있는 기준_옮긴이) 그 기준으로 나 자신을 평가했어. 나는 어려운 일이라면 어떻게든 해낼 수 있었고 그렇게 하려면 먼저 내가 그걸 절실히 원해야 하고 내게 맞아야 했지.

***

20년 후 자신에게 대학이 어떤 의미였는지 이해하는 사람이 있을까? 캠퍼스에 돌아갔을 때 눈물을 흘리는 사람이 있을까? 나는 1년을 휴학하면서 이 장소를 작은 상자에 넣은 다음 내게서 멀리 떨어뜨려 놨고 다시 돌아왔을 때 어떻게 적응하고 뭘 해야 할지 알 수 없었어. 처음에는 등반을 하기 위해 떠났고 세계를 돌아다니며 등반을 하던 중에디라는 사람을 만났고 그 사람과 수직의 삶에 대한 욕망을 공유하고 싶었지. 그래서 언제나 내 것처럼 느껴지지 않던 대학 강당에 다시 돌아왔을 때 이 안에 나를 구겨 넣으려고 노력도 해보고 밖으로 터져나가는 새로운 나를 틀에 맞추려고도 해봤지만 불가능하게 느껴졌어. 나는 그저 나로서 행복하고 안정됐어. 프린스턴으로 돌아오기 전까지는 그랬지.

다시 돌아가 그 젊은 여성에게 무슨 말을 해준다면….

그에게 무슨 말을 할까? 내게 무슨 말을 할까? 이게 너의 삶이 될 거라고? 서로 맞지 않거나 관련 없는 것처럼 보이는 것들을 같이 쌓아두고 있을 거라고?

이제 나는 마흔한 살에 집에는 15개월 쌍둥이가 있어. 모유가 차올라 유방이 아픈 상태로 호텔 방에서 눈물을 흘리며 이 학교를 다닐 때 만난 심리학 교수에게 인사를 하기 위해 전화를 하고 있지.

"안녕하세요, 린드먼 교수님." 나는 지나치게 들뜬 목소리로 안부 메시지를 남긴다. "저 마이카 버하르트예요. 너무 오랜만에 연락드렸죠. 제가 프린스턴에 강연하러 오게 됐는데 혹시 교수님이 계시면 만나뵙고 인사드릴 수 있을까 해서요."

전화를 끊고 캄캄한 방바닥에 누워 숨쉬기 연습을 하는데 눈물이 볼이 아니라 눈꼬리에서부터 흘러내려 바닥으로 떨어져.

핸드폰에 문자 신호음이 울려서 일어나 앉아. 린드먼 교수님이야. '오랜만이네. 나도 꼭 만나보고 싶구나. 그런데 내가 지금 플로리다에 있어. 가능한 시간 알려주면 우리 스카이프로 통화하자.'

나는 숨을 깊게 들이쉬고 눈물이 흘리게 내버려둬. 아프다. 헤이든 생각이 계속 나. 어제는 포틀랜드 공항으로 가는 길에 케이트에게 전화를 했어. 헤이든의 장례식에 가는 중이라고 했지.

"너도 오니?" 케이트가 물었어.

나는 주차장에서 자리를 찾기 위해 몇 바퀴째 도는 중이었지. 지금 그냥 뉴워크행에서 덴버행 티켓으로 바꾸고 로키산맥을 지나 헤이든의 부모님이 계시는 카본데일에 가면 어떨까? "안 돼. 일하러 나와서 내일까지 있어야 해."

"너도 보고 싶다."

"그러게…. 다음에 볼 수 있으면 보자." 그 사람들을 언제 볼 수 있을까?

어쩌면 콜로라도에 가려는 시도라도 해볼걸 그랬나 보다. 그렇게 하도록 나를 내버려둘걸. 지금 나는 돈과 특권 냄새가 나는 원목 패널로 된 호텔 방에 혼자 있는데 눈물을 멈출 수가 없어.

우리 등반 커뮤니티는 인간 공동체로써 헤이든을 지키는 데 실패했어. 모험에 대한 우리의 끝없는 갈망 뒤에 있지만 무시되고 마는 어두운 면인 상실을 헤쳐나갈 수 있는 도구를 마련해주지 못했어. 사랑하는 사람들, 아는 사람들을 그렇게나 많이 잃는 것, 나와 추구하는 바가 동일한 사람들을 그렇게 자주 먼저 떠나보내야 하는 현실을 어떻게 소화해야 할까?

나도 이 문제와 정면으로 맞서게 된 기분이야. 내게는 이레나와 카즈와 피터가 있고 이 세 사람은 나의 행동, 남편의 행동, 아이들의 행동에 아직은 알지 못하는 영향을 미쳐. 우리가 함께하는 게 이제 우리의 삶이야. 생각해보면, 우리는 늘 조정되면서 간신히 서 있는 목각 인형 같아. 밑바닥을 살짝만 건드려도 줄이 느슨해지고 경첩이 풀리면 힘없이 꺾이고 비틀거리며 무너질 듯하다가 가만히 두어야만 제자리를 찾지.

나는 이 세상 앞에서 한없이 연약해져. 이 모든 상실과 죽음 앞에서 우리는 너무 연약해. 등반하는 삶이 치러야 하는 진정한 대가를 보고 나니—헤이든은 더는 이 슬픔을 더 견딜 수 없어서 자살을 했다—이제는 충분하다고 결정하고 그만두는 사람들도 이해가 돼.

나는 일어나. 달력을 확인하고 린드먼 교수님께 답 문자를 보내. '18일이나 20일 오후 3시 어떠세요?'

샤워를 한다. 다시 정신을 차릴 시간이야. 오늘 밤에 오는 사람들은 전문 등반가에게 영감을 주는 이야기를 듣길 원하지. 지금 나는 그런 사람이 돼야 해.

편지 ○ 17개월

2017. 12. 1.

카즈와 이레나에게.

내가 편지를 쓰고 싶은 사람은 너희가 아니야. 너희 아빠지. 어쩌면 너희 아빠와 나일지도. 어쩌면 우리 모두에게 하고 싶은 말이 있을지도.

나는 화가 났어. 너희와 있고 싶지 않다는 말이 아니라 너희와 같이 있고 싶어서야. 그러면서도 조금만 더 자유로워지고 싶어. 시간이 있으면 좋겠다. 매일 끝나지 않는 할 일 목록을 썼다가 지우기만 반복하는 기분, 정신없이 바쁜 생활에 짓눌릴 것 같은 기분으로 살진 않았으면 좋겠어.

엘리자베스는 다른 사람의 행동을 바꾸려는 의도 자체가 이미 실패한 명분이라고 해. 그럼 우리는 뭘 바꿀 수 있을까?

***

피터에게.

내가 이 편지를 사랑하는 당신에게 쓰면 우리에게 도움이 될까? 아니면 상처만 될까? 장기적으로 봐서 우리를 건강하게 할 수 있다는 희망 때문에 현재의 우리를 괴롭히는 선택을 하고 있어. 한 달 전 당신은 등반 중에 넘어졌지. 디딤돌에 발을 잘못 디뎠고, 손도 미끄러졌고, (다행히) 3미터 아래로 떨어져 옆구리로 착지했지. 고객에게 클라이밍을 가르치던 그 절벽 가장자리 바로 옆이었어. 그날 당신은 손에 진흙과 자갈이 박힌 채 싱크대 앞에 서 있었지. 우리 둘 다 얼른 이 자갈을 다 파내야 한다는 걸 알고 있었어. 상처를 치료하기 위해서는 먼저 그

부위를 자극하고 세정하고 아프게 해야 하지. 우리 공동의 마음도 마찬가지 아닐까? 요즘 내 주변에서 많은 결혼이 깨지고 있어. 사람들은 돌아올 가능성이 있던 마지막 지점을 지나쳐버려. 나는 그곳까지 가고 싶지 않아. 겪어봤기 때문이야.

우리는 내 과거를 이야기하진 않지. 나를 여기까지 오게 한 단층선에 관해 이야기한 적은 별로 없어.

나는 드디어 내 말을 경청해주고 나를 좋은 사람으로 인정해줄 사람을 찾는다는 게 뭔지는 잘 알아. 그들에게 기댈 수 있고 그들이 내게 기대는 모습을 보지. 서로가 말을 하게 하지. 마음을 나누게끔 하지. 나는 당신과 그런 사람이 되고 싶고 12년 전 결혼 생활을 끝냈을 때 나는 그럴 수 있는 확신이 없는 결혼은 하지 않겠다고 결심했어.

그런데 우리가 여기 와 있네. 우리는 서로 안 지 10년이 넘었고 서로에게 기댔다가 이제는 떨어지기 직전인 것 같아. 힘든 이야기를 꺼내면 더 서로를 밀어내게 되는 것만 같아.

하지만 우리 사이에 좋은 것도 많아. 그 일은 우리가 차 안에서나 같이 등산하면서 '말썽쟁이 쌍둥이' 이야기를 주고받을 때 일어나지. 우리가 사랑을 나눌 때 좋은 일이 일어나. 둘 다 잠시 여유를 갖고 우리 둘이 만들어온 삶을 바라볼 수 있을 때, 호숫가 옆 당신 부모님 댁에 가서 할아버지와 퍼즐을 맞추거나 할머니와 커스터드를 만드는 쌍둥이 머리 위로 우리 눈이 마주칠 때. 하지만 나쁜 일 몇 개가 이 좋은 순간을 아침 식사처럼 먹어버리는 걸 어쩌지.

나는 무엇에 이렇게 화가 났을까? 여기 있는 나를 보면서 화가 나. 나는 교육받았고 세상 물정을 알고 이혼도 해봤고 심리 상담도 받은 여자로, 풀타임으로 일을 하면서 집안 살림, 정신노동, 육아의 대부분을 감당하고 있어. 우리에게 과연 대안이 될 생활 방식이라는 게 존재할까? 노동의 분배에 대안이란 없어. 어쩌면 내가 남들과 다르다는 점에 자부심을 느껴왔기 때문에 더 충격을 받았을 수도 있지. 나는 다른 규칙을 만들고 그 규칙에 따라 살았어. 짚으로 엮은 집을 짓고 등반가이자 탐험가이자 작가라는, 결코 전형적이지 않은 직업을 가졌지. 하지만 지금 우리 가정의 너무나 전형적인 모습에 화가 나.

나는 여자 친구나 동료와 저녁 먹으며 빨래에 관한 수다나 떨고 싶지 않아. 우리 모두 여성의 분노에 관한 기사를 읽었다는 걸 인정하고 실은 나도 그렇게 느끼고 있다고 털어놓으면 좋겠어.

지금 당장은 내가 등반가 같다는 느낌조차 들지 않아. 12월 1일에 뉴햄프셔에도 얼음이 얼기 시작했지만 등반을 하고 있지 않지. 계획조차 세우고 있지 않아. 육아가 더 시급하고 내가 등반을 해야 할 필요보다 우리 아이들이 나를 (혹은 당신을) 필요로 하는 게 더 크기 때문이지. 그 점에서 내가 좋은 엄마로 느껴지긴 하지만 등반가로서는 가짜로 느껴져.

***

"글쎄. 해결책이 있지." 너희 이모가 말했어.

"정말?"

"이제 다른 직업을 구할 때도 됐다고. 너도 다른 일 해본 적 있잖아."

나는 그 말이 나오자마자 바쁘다는 핑계를 대고 전화를 끊었어.

내게 맞는 일을 하는 게 가장 어려울 때는 그게 틀렸다고 느껴질 때야.

너희 아빠가 다른 사람인 척하면 그에게 뭐가 문제인지 이야기할 수 있을지도 모르지. 그는 폴란드인 피터, 피오트르가 될 수도 있겠네.

피오트르에게.

나는 좋은 남자와 결혼했어. 나는 좋은 여자야. 하지만 우리는 지금 좋은 시간을 보내고 있지 않아.

음성 일기 ○ 17개월

2017. 12. 4.

나는 지금 등산로의 가파른 오르막길을 숨차게 오르고 있어. 너무 화가 나서 땀을 흘리지 않으면 안 될 것 같아서고 땀을 흘리지 않으면 소리를 지를 것 같아서야.

요즘 정말 많이 화가 나고 짜증이 난다. 내적으로는 내가 되고 싶지 않은 사람이, 외적으로는 너희 아빠에게 보이고 싶지 않은 사람이 되고 있어.

우리의 반복되는 일상생활이 지긋지긋해. 남녀 사이의 불평등이라는 사이클을 우리도 똑같이 따라 하고 있어서야. 마치 우리가 성 역할이라는 기계의 톱니바퀴가 돼버린 것만 같아. 나는 이렇게 되길 절대 원치 않았어. 하지만 내 분노를 분명히 잘못이 없지 않은 너희 아빠에게만 쏟아내야 할지 아니면 내 문제에 쏟아낼지 아니면 이 사회에 해야 하는 건지 모르겠다.

매일 어떻게 하면 너희 엄마가 되면서 나 자신이 될 수 있을지 고민해. 어떻게 하면 헌신적인 엄마, 국제 NGO 이사 그리고 운동선수, 이 모든 게 동시에 될 수 있을까.

내가 이해한 바는 이래. 내가 충분히 열심히 노력하고 밀고 나가면 다 해낼 수 있다고. 이제까지는 대체로 충분히 열심히 밀어붙이면 내 삶 안의 여러 조각을 하나로 모을 수가 있었거든. 지금 당장은 할 수 있을지도 모른다는 생각이 들기도 하지만 대가가 따르지. 그리고 그 대가란 내 분노야. 몸이 덜덜 떨리고 손이 부들부들 떨릴 만큼의 분노.

나는 그런 사람이 되고 싶지 않아. 분노를 품고 사는 사람이 되고 싶지 않아. 너희에게 그런 유산을 남겨주고 싶지 않아.

일곱 살 무렵부터 친구들에게 'mankind'라고 말하지 말고 'humankind'라고 말하라고 요구하고 잘못 말하면 꼬집어주기도 했어. 6학년 때는 우리 반 모든 남자아이와 팔굽혀펴기 시합을 했고 내가 1등을 했어. 내가 그들과 다르지 않다고 생각했지. 하지만 인류의 더 큰 서사는 바꿀 수가 없었나 봐. 현재의 나는, 여성을 반복적으로 성추행한 대통령이 지배하는 정치 문화에서 2년 동안 어린 아들과 딸을 키웠어. 사건마다, 에피소드마다, 순간순간마다 권력 있는 남성이 자신의 특권을, 접근성을, 지배력을 얼마나 남용했는지 드러나지.

이런 세상에서 너희 둘을 키운다고 생각하니 문득 두렵기도 해. 언제나 나는 다른 종류의 삶을 살았다고 생각했고 다른 법칙을 적용했어. 내가 치마를 입고 스타킹을 신고 출근하지 않아서, 정장을 입지 않아서, 유리 천장이나 기업 내 여성 혐오와 괴롭힘을 겪지 않아도 돼서 이 자본주의가 지배하는 세상에 있지 않다고 생각했나 봐. 하지만 아웃도어 세계에도 이곳만의 성차별과 부적절한 행동이 있었지. 내가 처음 스폰서를 받는 등반가가 됐을 때, 새로 온 선수 매니저가 내가 마티니의 이쑤시개에 꽂힌 올리브를 먹는 장면을 동영상으로 촬영해 계속해서 튼 적이 있었어. 아무렇지도 않은 듯 웃어넘겼지. 부끄러워서 여기에 쓰고 싶지도 않네. 사람들이 내가 임신한 다음 운동선수로서는 끝났다고 이야기할 때도 "앞으로 두고 봐야죠" 아니면 "내 계획은 그렇진 않아요"라며 중립적으로 말하고 넘어갔지만 사실은 구조적 편견이 깔린 부적절한 발언이라고 따졌어야 했어. 우리 사이에서는 언제나 등반가가 우선이고 사업상 동료는 그다음이라는 불문율이 있었어. 그게 우리를 '등반 부족'으로 만들었지.

물론 이 상황을 개선하기 위해 실제로 할 수 있는 일이 없다고 생각했으니 우리가 너무 순진했구나.

이 상황을 인정하면서도 이 분노가 나를 파괴하지 않고 연료가 되게 하려면 어떻게 해야 할까?

음성 일기 ○ 17개월 반

2017. 12. 10.

어제 이야기야.

나는 초경량 하네스에 몸을 기댔는데 이게 나를 나 자신과 이 산에 묶어두고 있다고 느껴. 가방에서 유축기를 꺼낼까 말까 고민했지. 유축기를 꺼내 조립하고 지퍼를 풀어 총 네 겹의 옷을 열고 수유 브라를 풀고 차가운 플라스틱을 내 가슴에 고정해야 하나. 하지만 그렇게 하지 않기로 해. 너희 아빠가 부지런히, 유연하게 움직이는 모습을 지켜보면서 키가 188센티미터인 남자가 빙벽등반을 하며 저렇게 움직인다는 건 그 위에 거의 얼음이 없다는 뜻이라는 사실을 알아채지. 나는 몸을 덥히기 위해 발을 구르면서 나사 두 개가 아니라 세 개짜리 앵커를 만들었으면 좋았을 거라며 아쉬워해.

이번 시즌 빙벽등반은 두 번째인데 너희 아빠가 지난겨울 무릎 보호대를 차고 있었기 때문에 너희가 태어난 다음 같이하는 빙벽등반은 이번이 처음이야. 캐넌산은 93번 고속도로 끝에 자리 잡고 있고 내 남쪽 아래를 내려다보면 도로에서 소리를 내며 지나가는 캠리가 보이고 1,200피트 아래에는 안전하고 건강하게 사는 주민도 있어. 그들이 이 위쪽에 있는 위험을 인식하고 살진 않겠지만 이 산 위 혼돈의 표석 지역에는 매년, 매 시즌 얇은 얼음판에 붙어 있는 거대한 암반 덩어리가 떨어지고 우리는 지금 이 얼음을 녹지 않게 해주는 구름에 감사해야 해. 여기 위에 너희 아빠에게 묶여 있으니 우리 둘 모두 산에서, 너희에게서, 우리에게서 떨어져 나온 것만 같은 기분이 든다.

아빠가 65분 동안 선등을 했고 이제 반 정도 올라왔어. 손에 경련이 일어난다. 내 왼쪽 다리는 나무토막처럼 느껴져. 나는 몸을 떨면서 펭귄처럼 어깨를 앞뒤로 움직이고 있어. 거의 1시가 다 됐네. 집에 있었다면 너희 둘에게 젖을 먹이고 자장가를 불러주면서 한 명씩 낮잠을 재우고 있었겠지. 너희는 눈을 감고 배를 나에게 밀착하고 있었을 거야. 너희 체온이 그립다. 우리의 연결이 그리워. 그런데 나는 여기서 고드름에서 떨어지는 차가운 얼음물을 맞고 재킷 안에서 몸을 옹송그리고 있구나.

지난겨울 빙벽등반을 할 때는 너희 아빠가 무릎 수술에서 회복 중이라 다른 파트너들과 등반했어. 나는 어느 누구를 위해서도 빌레이를 두 시간 동안 하지 않아. 시간이 길어질수록 너희와 떨어져 있는 시간도 길어지니까. 하지만 캐넌에 스크루 두 개로 고정돼 있을 때 너희 둘 생각을 하는 게 내게 도움이 될지는 잘 모르겠구나.

내 시스템을 확인한다. 또 한 번 해. 전에는 한 번도 하지 않았는데 새삼 자동 잠금 카라비너를 칭찬해줘. 너희 아빠가 위에서 멈추는구나. 이제 내 차례야.

나는 집으로 와, 나를 향해 달려오는 너희 발소리가 들리고 너희 팔 네 개가 나를 향해 뻗는 곳, 미소 두 개와 열네 개에서 이제 열여섯 개로 늘어난 아기 치아가 있는 곳으로.

　20분 후 저녁 먹을 때 너희는 투정을 부리더니 블루베리만 먹으려고 하는구나. 너희 둘 다 그래. 17개월 쌍둥이 논리에서는 이게 엄마에게 주는 벌인지 모르겠지만 받아들이기로 해. 너희에게 파스타, 브로콜리, 요거트를 준 다음 다시 블루베리를 준다. 나를 다시 차지하려는 너희에게 오늘은 져주기로 해.

음성 일기 〇 17개월 반
2017. 12. 22.

　1년 동안 우리 팀을 받쳐줄 지원금 기회가 있었지만 가장 두뇌가 맑은 시간을 식료품 저장실 핀터레스트 사진을 보느라 써버리고 말았어.

　레가도는 우리가 시작할 때부터의 목표를 달성하기 직전이야. 즉, 이 일을 추진할 수 있는 더 큰 환경보호 단체에 우리 일을 넘겨줄 예정이지. 우리가 동력을 만들었으니 이제 그쪽에서 레가도를 미래로 이끌어 나가야겠지. 그리고 지금은 대규모 재단 대표인 케빈이 내게 앞으로의 협업에 관해 더 자세히 이야기해달라고 해.

　20분 정도 대화한 후 케빈이 다시 전화했을 때 나는 카즈에게 수유 중이었지만 책상에 앉아 있는 척, 이 세상의 모든 시간을 갖고 있는 척했지.

　"우리는 마이카 당신이 완전히 합류하길 바랍니다. 풀타임으로요. 당신은 레가도 안에서 살았고 꿈꿨잖아요."

　나는 뮤트를 껐다 켰다 하면서 대답했어. "그럼요. 저한테는 최우선인 일이죠."

나는 뮤트를 했다가 말했다가 하면서 그 사이에 수유를 끝까지 했어. 카즈 네가 길고 조용히 젖을 먹는 아기라는 사실에 이 우주에 감사해. 너는 이 순간을 위해 이 훈련을 해온 것만 같아.

"얼마나 규모를 더 키우고 싶으신지 말해주세요."

나는 소파에 기대 카즈 몸을 내게 더 바짝 끌어당겼어. 우리 둘은 같이 한숨을 쉬었지.

앞으로 내 앞에서 어떤 일이 어떻게 펼쳐질지 눈에 선하게 보여. 나물리와 함께할 수 있는 협업 단체를 더 확보하고 지원금을 받아 레가도를 다른 여러 산에도 적용할 수 있는 단체로 성장시키는 거야. 나는 뉴욕, 샌프란시스코, D.C., 모잠비크, 프랑스와 말라위를 여행할지도 모르지. 그 여행이 어떤 기분일지도 알아. 이전에도 해봤고 나 혼자서도 해봤으니까. 쌍둥이 임신 6개월 차에도 해봤어. 순간 전율이 일고 내가 중요한 사람으로 느껴져. 여행에서 돌아와 마트에 들러 연어 한 조각, 참마, 야채 등을 사서 혼자 요리해 먹고 다음 날 남은 음식을 먹는 걸 좋아했어. 그리고 바로 다음 날 비행기를 타지.

***

며칠 후 너희 아빠와 나는 302번 도로를 타고 크로포드 노치에서 빙벽등반을 했어. 바람이 많이 부는 날이라 산속 2차선 도로 양옆 나무가 계속 요동치며 요란한 소리를 냈지. 검은색 포장도로는 돌풍 때문에 하얗게 벗겨져 있었고 우리는 제설차 뒤를 따라가는 차 스무 대 중 하나였어.

"당신 정말 하고 싶어?" 아빠가 물었어.

우리는 지나가면서 프랑켄슈타인산의 얼음을 올려다봤어. 브래그 페전트Bragg-Pheasant에도 가볼까. X, Y, Z에는 등반할 수 있을 정도로 얼음이 있을까? 아니면 이미 얼음이 너무 얼어 그리 흥미롭지 않을까? 아빠는 운전하면서 등반이 가능한지 아닌지 관찰할 수 있다고 약속했지만 내가 더 잘 알아. 나는 그에게, 내 아이들의 아빠이자 오랜 여행 동반자에게 눈을 도로에만 고정하라고 말했어.

이 협업을 하면 내 삶이 어떻게 될지 알고는 있지만 지금은 잘 상상이 되지 않는구나. 아니, 잠깐 그렇지 않아. 상상할 수 있어. 그저 내가 그 상상을 즐기지 않을 뿐이지. 그 안에는 여유라는 게 없으니까. 나는 피터와 우리 쌍둥이와 1년 동안 요트 위에서도 한번 살아보고 싶어. 가족 다 같이 캐나다 텔론강에서 카누를 타고 싶어. 아이들과 애들 할머니 할아버지가 우리 없이 오래 같이 지낼 수 있게 되면 남편과 단둘이 캠핑 밴을 타고 이틀 동안 등반 여행을 떠나고 싶어. 잭슨 학교 이사회에 참여하고 싶어. 여전히 프로 운동선수인 등반가가 되고 싶어. 협업을 하면 과연 이걸 할 수 있는 시간이 날까? 게다가 플로렌시아는 칠레로 돌아갔고 우리는 동네의 단기 베이비시터에게 육아를 잠깐씩만 맡기거나 몬테소리 프로그램의 도움을 받는데, 겨우 돌아가고 있다는 느낌을 받는데.

그러나 어떻게 감히 이 기회를 거절할 수 있을까? 이것이야말로 내가 온몸을 바쳐 일할 수 있는, 내 경력의 분수령 아닐까? *마음이 따르는 대로 하세요.* 내가 닮고 싶은 재단의 서른네 살 CEO가 내게 약간은 주제넘은 조언을 해주는 것만 같고 그의 윙크가 눈에 보일 듯해.

여기에 올인할까? 일주일이 넘도록 협업과 관련해 케빈에게 전화를 하지 않았는데 그는 언제든 전화하라고 하네. 나는 인생에 올인하고 있어. 내 가족에게도. 나는 너희 아빠에게 웃으면서 이게 바로 내가 찾으려고 했던 균형의 한 조각이라고 말했어.

***

나는 하이힐, 해외 출장, 정장, 짜릿한 직업적 흥분의 세계에서 사는 엄마를 보며 자랐어. 내 안의 일부는 그런 삶을 원해. 하지만 망할, 어쩌면 좋지? 내가 더 원하는 건 모든 걸 다 해내는 거야. 모든 걸 다.

이 환경 실천 펠로우십에 내 의견을 말할 거야. 그들에게 내가 합류는 하지만 내 시간의 100퍼센트를 다 쓸 수는 없다고 말할 거야. 그렇게 하지 않을 때 더 나은 내가 되기 때문에.

노트패드 ○ 18개월

2017. 12. 30.

오늘은 바깥 날씨가 영하 15도네.

내일은 내가 가이드를 나가.

아빠가 어제 그의 고객이 구해준 비즈니스 클래스 티켓으로 카나리아제도로 출장을 갔거든.

이레나는 방금 내 온몸에 토를 했어.

새벽 2시. 나는 침대에 누운 이후로 옷을 세 번이나 갈아입었어.

딸이 젖을 먹고 싶어 하네.

아들도 먹고 싶어 해.

카즈는 아주 많이 먹고 싶어 해.

이레나가 또 토한다.

카즈는 물을 엎질렀어.

우리 셋밖에 없다. 지원 단체에 연락해 게임에 들어갈 거라 말할 준비가 됐다고, 2주 후에 말하기로 결정했어.

과연 어떤 게임일까?

음성 일기 ○ 18개월

2018. 1. 1.

주방에 서서 싱크대 밑에 묻은 잼을 닦아내면서 외할머니가 너희와 웃으며 놀아주는 모습을 지켜보고 있어.

내 기억 속에서 우리 엄마는 저렇게 아이와 놀아주는 사람이 아니었는데. 언제나 다른 일을 하고 계셨는데.

너희는 나를 어떻게 기억할까? 나도 항상 해야 할 다른 일이 있는 엄마잖아.

내 새아버지는 내가 우선순위를 잘 정해놨다고 말하셔. 하지만 늘 밖에서 일을 하고, 아이들을 유년기까지는 직접 키운 전업주부 아내를 두신 분의 말을 얼마나 믿어야 할진 확신할 수가 없구나.

업무상 출장이 잦던 나의 엄마는 내가 할 수 있는 방식으로 여행하지 않으려는 내 선택을 존중한다고 말해. 하지만 그건 무슨 뜻일까?

두 분 다 내가 잘하고 있다고 말해.

왜 그럴까? 이분들은 뭘 보고 있는 걸까? 그리고 뭘 알고 있는 걸까?

노트패드 ◯ 18개월 반

2018. 1. 10.

"분노는 당신이 원하는 것을 주지 않는다." 린드먼 교수님과 통화하다가 이 문장을 포스트잇에 적어 내 컴퓨터에 붙여놔.

"내가 원하는 것이 뭔지 알아내기." 그 밑에 쓰고 밑줄을 그어. 두 번.

편지 ◯ 18개월 반

2018. 1. 14.

오늘로 너희는 18개월 반이 됐네. 언젠가는 주 수나 개월 수를 따지지 않겠지. 그런데 지금은 너희가 하루가 다르게 성장하고 있어서 이렇게 날짜로 표시를 해놓으려 해. 어쩌면 우리 어른도 항상 변하고 있지만 오직 어린이에게서만 그 변화를 보고 있는지도 몰라. 그러면서 어른은 영원히 부정확한 자신의 고정된 모습으로 스스로를 묶어놓으려 할지도.

우리는 셋이 같이 있고 모유 수유 중이야. 너희를 내 품 안에 꼭 끌어안을 때, 너희가 내 일부가 될 때는, 너희를 정말이지 완벽하게 사랑해. 너무 사랑해서 가슴이 아파. 전에는 알지 못한 아픔이지. 내가 완성되는 동시에 내가 찢기는 것만 같아.

하지만 이 사랑에는 또 다른 측면이 있어. 너희로 인해 완전히 벅차고 충만하기에 다른 게 들어올 공간이 없다는 거야.

어젯밤 카즈 울음소리 때문에 잠에서 깼어. 그때 너희 아빠가 코를 한 번 약하게 골았는데 나는 그를 거칠게 흔들어 코 좀 골지 말라고 했지. 짜증스러운 목소리로. 더는 참을 수가 없어서. 그는 내게서 용서와 관용을 얻어내지 못하는데 그것들은 전부 너희에게 갔기 때문이야. 나도 이 상황이 지속돼서는 안 된다는 걸 알아.

"어쩌지." 나는 침대에 앉아 다리를 흔들면서 너희 아빠에게 말했어. "정말 어떻게 해야 할지 모르겠어. 지금 가서 카즈를 달래주면 새벽에 또 울겠지. 하지만 지금은 너무 불쌍하잖아."

이 안에는 어떤 공식도 없고 어떤 이성도 없어. 어느 누구도 아기가 얼마나 많이 울지, 그리고 그 울음소리 한 번 한 번이 얼마나 가슴을 찢어놓을지, 그 울음이 심장 벽을 갉아먹고 심장 세포까지 뜯어놓을지 말해준 적이 없어. 내게 남은 건 계속해서 긁히고 있는 벌어진 상처뿐이야.

***

이틀 연속 폭우가 내려 강수량 3.5인치를 기록했어. 강의 얼음이 깨지고 범람했지. 지하 배수로가 가득 차고 넘쳐흘렀어. 병원도 침수됐고. 그리고 추위가 다시 밀려와 모든 것을 꽁꽁 언 수직의 놀이터로 바꿔버렸지. 등반가라면 돈을 내고 찾아왔을 놀이터가 된 거야. 하지만 나는 무시해. 제정신을 위해 그래야 해. 너희를 돌봐줄 새로운 도우미를 교육하는 데 집중했고 내 노력이 가치 있을 만큼 그녀가 우리와 오래 머물면 좋겠다. 오늘 나는 그녀에게 장화 신기는 법을 가르쳐 너희와 눈에서 놀 수 있게 했고 그 사이 나는 쓰레기통을 닦고 유아용 식탁 틈새에 낀 곰팡이 핀 음식 찌꺼기를 긁어냈어. 내가 이렇게 하고 있는 동안 다른 사람들은 새로 형성된 아름다운 얼음 리본에 장비를 꽂았겠지.

음성 일기 ◯ 18개월 반

2018. 1. 15.

    9개월 중 딱 두 번째로 우리 딸이 내 품에서 젖을 먹으며 잠들었는데 오빠가 깨서 울고 있네.
    엄마가 원하는 건 우리 딸에게 내 전부를 주는 거야.
    그럼 카즈는 무엇을 얻게 될까?

음성 일기 ◯ 18개월 반

2018. 1. 16.

    방금 2년 전 녹음한 일기를 들었는데 아이들이 태어나면 무엇이 힘들지 예상하는 내용이고 너희를 위해 이 일기를 녹음하고 있다고 말했더라.
    어떤 면에는 정확했고 어떤 면에서는 완전히 헛짚은 거지. 일이나 등반이 아니라 자유롭고 특별한 경력을 쌓기 위한 여력, 에너지, 욕망이 있느냐 없느냐의 문제였어.
    이 일을 하는 건 고사하고 일을 하고 싶어 하는 나로 돌아가기 위해서는 많은 단계를 거쳐야 할 것 같아. 앞으로 변할까? 변하리라고 예상은 해. 어쩌면. 엄마 되기가 더 쉬워지면 그럴 수도.
    어쩌면. 그래서 엄마들이 다시 일터로 복귀하는 거겠지. 어떻게 직업적으로 성공하는 동시에 집에서는 조그마한 인간들을 키워낼 수 있을까? 지금 당장은 일이란 잘해내야 하는 또 하나의 영역 같지만 실제로 내가 잘해낼 수 있는 건 두세 가지밖에 없어. 사실 두 가지지.

카즈와 이레나. 너희가 바로 그 두 가지야.

여기에 뭔가를 더해 이 두 가지를 못 하게 하는 건 뭔가 잘못된 것 같아.

음성 일기 ○ 18개월 반

2018. 1. 16. (이후)

이레나는 쉰내가 나는 플리스 천을 덮고 있어. 내가 건조를 잘못했거나 세탁조 청소를 못 했거나 그걸로 뭔가 닦은 건 아닌지 의심스럽다.

이레나는 내 유두를 입에 물고 잠들었어. 내 왼쪽 가슴은 달처럼 이레나에게 기울어져 있지. 다리는 얼얼하고 팔은 아프고 저린데도 이 자세에서 움직일 의지가 없어.

오늘도 나는 또다시 새로운 어린이집을 찾아야 하고 지원금을 위한 보고서를 작성해야 해. 그런데 해야 할 일을 하지 못하고 최악의 자세로 누워 창문으로 눈보라가 내리칠 것 같은 바깥 날씨만 바라보고 있네. 카즈는 혼자 자고 있고 이레나는 내 위에서 자고 있어. 너희는 음과 양이야. 적어도 이번에는 더 가벼운 녀석에게 눌려 있네.

"앞으로 밝혀질 것이다. 당신은 이미 앞으로 나아갔고 누구도 100만 년 동안 가능하다고 생각하지 않은 일을 이미 해냈다." 어제 앤 라모트의 《사용 설명서》를 읽다가 나온 구절인데 나에게 한 말 같았어. 그래서 적어뒀지. 이 문장이 계속 내 귓가에 맴돌아.

편지 ○ 18개월 반

2018. 1. 24.

　만약 셋째가 생긴다면 절대 울리지 말아야지. 정말이지 참을 수가 없구나. 카즈가 자다가도 울고 깨서도 우는 통에 몇 시간 동안 내 신경은 스트레스로 너덜너덜해졌어. 19개월치고 너무 많이 운다는 건 알겠어. 네 복사본은 30미터 옆에서 자고 있으니까.
　아이를 절대 울리지 않으려는 부모를 본 적이 있을 거야. *애한테 너무 꼼짝 못 하는 거 아냐? 애가 울 수도 있지.* 이렇게 생각하겠지. 아이를 갖기 전까지는. 그 애가 너무 많이 울고 아무리 해도 달래줄 수 없을 때까지는 그럴 거야. *너를 계속 달래줄 순 없어.* 속으로 말해. *그러면 내가 살 수가 없어.*
　내가 언제 시작하면 네가 울음을 그칠까? 언제 너를 돌보지 않고 나 자신을 돌봐 다시 너를 돌볼 수 있을까?
　우리는 2주 주기로 찾아오는 연옥에 갇혀 있어서 겨우 너를 푹 잠들게 할 때마다 또 다른 것, 이앓이, 앞니, 어금니, 콧물로 가득 찬 코, 기침 등이 다시 원점으로 돌려놔. 그렇게 우리는 너와 함께 제자리로 돌아오고 서로 씨름하는 와중에 네 의지와 성대가 내 존재의 심장과 본질에 멍 자국을 남겨. 내 인생의 어떤 선택에도 요즘 같은 밤처럼 의문을 품어본 적이 없단다. 밤마다 네 울음을 어떻게 해야 할지 고민해. 지금 가서 달래줘야 할까? 무시해야 할까? 고쳐야 할까? 너 혼자 알아서 해결하도록 놔둬야 할까? 이 질문은 내가 대답할 준비가 되지 않은 질문 위에 추가된다.

***

경멸. 결혼을 파괴하는 감정 목록에서 1위를 차지하는 것. 너희 아빠에게 그걸 느끼고 있어. 혹은 지금 너희 아빠 태도에 느끼는 감정이라고 할 수 있겠지. 타인. 나와 같은 위치에 있지 않은 사람. 네 울음소리로 들릴 만큼 큰 소리로 코를 고는 사람, 내 수면 중 무의식에 파고들 정도로 크게 코를 고는 사람. 그의 코 고는 소리 때문에 잠에서 깨는데 나는 언제나 누가 울지 몰라 잠을 옅게 자기 때문에 들을 수밖에 없어. 이제 나는 자는 사람 대신 지키는 사람이 돼서 소중한 수면 시간이 오길 기다리다 결국 포기하는데, 알고 보니 너희는 조용했고 나를 깨워 몇 시간 동안 잠 못 들게 한 범인은 내 옆에서 쿨쿨 자는 사람이라는 걸 깨닫지. 그때 내 피로는 경멸로 전환돼.

나는 이런 사람이 되고 싶지 않아. 하지만 이 감정을 어디에 둬야 할지 모르겠어. 너희 둘에게 속한 감정은 아니야. 선택의 여지도 될 수 없다는 것 정도는 알아. 하지만 이 감정, 이 의문, 이 불확실, 이 피로, 이 격렬한 감정을 어디에는 내려놔야 하잖니. 새로운 공간이나 장소를 찾고 싶다. 킥복싱을 시작해야 하나? 아니면 얼음 위에서 더 크게 장비를 휘둘러 내 경멸을 흡수시키면 나는 더 나은 엄마이자 배우자가 되려나?

***

지난주에 강연을 마치고 집으로 돌아오는 길에 뉴스를 들었어. 진눈깨비가 뉴잉글랜드 도로에 퍼부었지. 내가 크로포드 노치를 통과해 0.5초 정도 빙판 위에 미끄러졌을 때 라디오에서 미국 에이즈 연구 재단 설립자 마틸드 크림의 사망 소식이 나왔어. 기자는 그가 이 세상에서 얼마나 중요한 인물이었는지, 그의 활동과 헌신으로 얼마나 많은 생명을 구했는지 설명했어. 나는 추도사의 한 문장이 끝날 때마다 다른 문장을 기다리고 있었어. 추도사가 끝나고 나서야 나는 마틸드에게 아이가 있었는지 아니었는지 듣기 위해 기다렸다는 걸 알았지. 다음 날 새벽에 깨서 카즈가 4시 15분에 울면 어떻게 할지 고민하면서 기사를 찾았고 원하는 답을 찾아냈어. 내가 알고 싶던 사실은 부고 기사 말미에 있었는데 그에겐 딸이 하나 있다고 해.

나는 그 이야기가 그녀가 위대한 여성이자 어머니였다는 이야기가 되길 바랐어. 이 불가분의 관계인 두 이야기를 하나로 엮어 듣고 싶었지. 하지만 기자는 그렇게 하지 않았어. 어머니의 이야기는 어떻게 전달할 수 있을까? 누군가가 유전학자이고 바이러스학자로 에이즈의 오명을 바꾼 인물이라고 말할 수는 있어. 그다음에 바로 그 사람이 엄마였고 딸이 두 돌 될 때까지 매일 새벽 4시에 깼다는 문장을 덧붙일 수가 있나? 누군가가 부모라고 말하는 건 충분한 정보가 되지 못해. 어떤 유의 부모라도 될 수가 있지. 우리는 사실에 의거해 찬사를 보내. 나는 그 여성이 어떻게 모성과 일의 균형을 맞췄는지 알고 싶었어. 내가 어떻게 그 일을 해낼 수 있는지 알고 싶었다고.

나는 자라면서 우리 엄마가 공로상을 받는 걸 봤는데 대학교수협회 의장이던 엄마의 경력을 큰 소리로 읽어주는 소리를 듣기도 했어. 마지막엔 언제나 엄마가 두 딸을 키운 어머니라는 말을 덧붙였지.

그때 언니와 내가 엄마의 이력서에 올라간다는 사실이 약간은 이상하다고 생각한 기억이 나. 그건 엄마에게 별로 중요하지 않은데. 그렇게 생각했더랬지. 그때도 그건 내게나 엄마에게 굉장히 복잡한 일이고 정당하지 않다고 느꼈어.

"너희 둘 낳아 키운 게 엄마가 세상에서 가장 잘한 일이지." 우리 엄마는 항상 입버릇처럼 말했어. 나는 그 말을 한 번도 믿지 않았지. 엄마의 다른 면이 더 확실하게 보였으니까. 명패, 기사, 중요 서류가 들어 있는 서류 가방, 스타킹, 정장, 자동차, 옷깃에 꽂힌 금색 배지. 이것들은 훨씬 더 알아보기 쉽고 세기 쉽잖아. 하지만 엄마로서는 어떤 표식이 있지?

나와 언니를 키운 건 엄마가 살면서 한 일 중 가장 중요한 일 중 *하나*였어. 내게 묻는다면 가장 중요한 일은 아니었다고 말할 거야. 가장 중요한 일이 뭔지는 엄마에게 직접 물어야겠지. 이제 내가 엄마로 살아가고 있는 지금 나만의 공식을 어떻게 만들어야 할지 몰라 답답하기만 하다. 지금 당장은 모든 것이 내가 엄마라는 사실을 중심으로 돌아가고 있고 엄마 됨이 내가 세상을 보는 렌즈야. 현재는 살아남기 위해, 지금의 몇 년, 몇 개월, 몇 시간, 며칠, 때로는 몇 분까지도 내가 엄마라는 사실이 어둡기도 하고 밝기도 한 이 무지개 속에서 나를 완전히 덮어버리게 해야만 해.

편지 ○ 19개월
2018. 2. 1.

"네가 원하는 것이 뭔지 알아내. 그리고 그걸 요구해." 린드먼 교수님이 간단하게 말해. 하지만 내가 원하는 방식은 그렇게 단순하지 않아.

"남편에게 할 일을 확실히 전달해주고 내버려둬. 네게 뭐가 필요한지 명확하고 구체적으로 말해봐. 그럼 도움이 될 거야."

내가 왜 이 모든 일을 다 하면서도 다른 사람이 해줘야 할 것까지 나 혼자 알아내야 할까?

"그렇게 단순하지 않고 쌓인 게 더 있다면요?"

"단순하게 만들어 봐."

내게 더 많아진 건, 때로는 짜릿하게까지 느껴지는 분노야. 더 많아진 건, 입안에 머금다 다시 삼켜버리는 독한 말들이지. 더 많아진 건 현재에 관한 것만이 아니라는 느낌이야. 이 문제를 지금 해결해야만 우리에게 미래가 있어.

편지 ◐ 19개월

2018. 2. 8.

캐시드럴 레지의 레미션 다이렉트는 암벽과 빙벽이 혼합된 험난한 루트로, 이곳을 올라가는 건 이름과는 달리 전혀 직접적이지 않아. 3년 전에는 피치에서 최선을 다해봤지만 오버행(암벽 경사가 90도 이상 되는 어려운 지점_옮긴이) 다음에 빙벽에서 떨어져버렸어. 부상을 입진 않았고 교훈을 얻었으며 다음 주에 다시 오겠다는 결심도 했지. 하지만 뉴잉글랜드 날씨는 내 뜻대로 되지 않았고 날이 풀려 얼음은 녹아버렸고 구원의 기회는 사라져버렸어.

다음 겨울에 와야지. 내게 약속했단다. 하지만 다음 겨울에는 쌍둥이를 임신 중이었지.

어제는 산악인이 '완벽한 조건'이라고 부르는 곳에서 선등을 했어. 내가 후크를 꽂고 로프를 돌리려고 고개를 들 때마다 내 얼굴로 얼음 눈발이 내리쳤어. 아주 긴 피치가 아니라 90피트 정도였는데도 긴 리드였어. 길버트가 나를 빌레이 하기 위해선 엄청난 인내심과 관대함이 필요했지. 몇 미터 미끄러지기도 하고 나 자신을 격려하기 위해 혼잣말하고 속삭이고 다시 루트를 오르게 해주는 나만의 전략적 휴식 자세도 열심히 찾아내야 했고. 그러다 마침내 정상에 올랐어.

　빙벽등반은 너무나 근사하고도 너무나 터무니없는 도전이야. 이게 내 삶의 일부라는 점이 기뻐. 그리고 지금은 레미션 다이렉트 다음 날이고 타이핑을 하는데 여전히 팔이 아픈 상태로 여기 있을 수 있어 감사해. 19개월 된 쌍둥이를 침대에 안전하게 눕히고 따뜻하고 보송보송한 집에 있어 감사해. 때로는 할 수 있고 멀리 갈 수 있고 가끔은 제대로 해낼 때가 있구나.

***

　앞으로 누군가가 너희 둘에게 경쟁심이 강한지 묻겠지. 카즈 네겐 이 말이 칭찬이 될 거야. 이레나에게도 그랬으면 좋겠다. 물론 누가 물어보느냐에 따라 다르겠지만. 메인주 에반스 노치의 프렌치 캐내디언 리얼리티 루트에서 길버트가 나보다 훨씬 더 먼 거리에 꽂힌 아이스 스크루 사이를 움직이는 모습을 볼 때 내가 느낀 게 경쟁심일까? 나는 왜 그때 이 빙벽이 "식은 죽 먹기 코스"라고 말하고 있었을까? 그의 리드를 따라가면서 이 내면의 화자는 이 코스가 '쉽다'고, 햇살이 잘 들어와 얼음이 부드러워져서 마냥 재밌는 등반이고 도구 배치가 쉬웠다고 말하고 있었지만 나중에 올라가서 보니 햇살에 달궈진 얼음이 오히려 불안정하다는 사실을 깨달았다면?

　내 자존심을 잘 다뤄야 할 것 같아. 경쟁심일까? 에고일까? 뉴잉글랜드에 온 길버트가 각각의 등반에서 리드를 하며 천천히 움직이는 동안 이 감정이 둘 중 무엇일지 집착적으로 생각했어. 사실 그게 날 집어삼키지만 않는다면 어느 쪽이든 크게 상관은 없는 것 같지만.

***

등반가로서의 내 삶은 평범한 삶의 궤도를 따르지 않았지. 오래전 나는 질 걸 알았기에 경쟁심을 억누르는 척했어. 내가 세계 최고 산악인이 되지 않으리라는 사실은 명확해 보였거든. 그때는 전업으로 활동하는 전문 운동선수였고 등반을 하지 못할 때는 부상당했을 때뿐이었지. 하지만 부상은 일시적이고 치료가 돼. 그때와 다른 건 지금은 너희 둘과 살고 있다는 것.

오늘 새벽 6시 50분에 딸기와 아보카도가 섞인 토사물을 뒤집어썼어. 그런 다음 9시까지 아침을 먹지도 못하고 배가 고픈 너희에게 번갈아 수유를 했고. 어제 우리가 등반을 마친 다음에 길버트는 요가 매트를 들고 2층에 가서 두 시간 동안 스트레칭을 하더라. 나는 수유하고 보조금 예산을 짜고 너희 둘이 주황색 크레파스를 두고 싸우는 걸 달래고 있었지. 영원히 이 안에 머물러야만 하는데 엄마 됨에서도 회복이란 게 있을 수 있을까? 회복이 아니라 공생이겠지. 나 혼자였을 때는 어떻게 반응해야 할지 알고 있었어. 이 상황은 내가 알던 그 어떤 것과도 다르네.

***

스물여섯 살 때, 나보다 다섯 살에서 열다섯 살 많은 여성 다섯 명과 글쓰기 모임을 한 적이 있어. 가장 연장자였던 보니는 어느 날 밤 온수 욕조에서 와인을 마시면서 내가 언젠가는 그 공간에서 가장 예쁜 사람이 아니라는 걸 느낄 날이 올 거라 했지. 가장 똑똑한 사람도, 모두가 이야기하고 싶어 하는 사람도 아니게 될 거라고.

"그때 조금 충격받을지도 몰라. 아마 40대에 그렇게 될 거야."

당시에 나는 등반가가 아닌 작가들에게 둘러싸여 맥주가 아니라

248

와인을, 모닥불 주변이 아니라 욕조에서 마시는 이 신선하고 어른스러운 경험에 빠져 있느라 보니의 말을 듣고 흘렸지. 그러거나 말거나. 그때 이렇게 생각한 것 같아. *조금 꼬이신 것 아닌가.*

지금 나는 마흔하나이고 거울을 잘 보지 않고 고무줄로 머리를 하나로 묶을 때마다 머리카락이 한 줌씩 빠져. 이제 나는 더 젊고 더 대담하고 더 강한 등반가가 나와 비슷해졌다가 나를 넘어서는 것을 봐.

머리로는 충분히 이해할 수 있지. 육체적으로도 내가 어떻게 해야 하는지 알고 있고. 20개월 동안 충분히 잠을 자지 못한 생활이 내 회복에 긍정적일 리가 없다는 사실도 알아. 하지만 감정적으로는 뒤처지고 있다고 생각하면 속상하고 화가 나.

***

방금 약사가 전화해 이레나의 이부프로펜 좌약 사용법과 가격을 이야기했어. 이레나는 경구약은 모두 뱉어버리기 때문이야. 가끔은 열이 너무 올라 타이레놀과 이부프로펜을 번갈아 먹여야 할 때도 있거든. 나는 엄마라 이 옵션을 가능하게 해줄 가장 가까운 약국을 찾아낼 수 있지.

몇 분이 흘렀고 나는 중단한 지점에서 다시 커서를 움직여.

음성 일기 ○ 19개월 반

2018. 2. 11.

피터에게.

내가 왜 이렇게 화가 났는지 알아내야겠어.

나는 더 짧은 막대기를 가진 사람처럼 느껴져. 더 일을 많이 하는 사람, 우리가 더 많은 일을 하도록 만든 사람, 더 앞장서는 사람, 하지만 그에 따른 인정은 받지 못하는 사람으로 느껴져. 일부는 내가 고쳐야 하기도 하지만 일부는 결혼 생활 안에서 같이 고쳐야 할 부분이야.

내가 얼마나 화가 났는지부터 말하는 게 우리가 앞으로 나갈 수 있는 유일한 방법이라고 생각하기 시작했어. 그리고 이 분노의 일부는 당신에게 원인이 있어. 당신에게 항상 화가 나는 건 아니야. 하지만 매일 단위로 나 자신을 다독여야만 해. 미워하지 말고 미화하자. 화내지 말고 화해를 하자. 이렇게 라임이 맞는 문장을 만들어내고 노래도 만들어보고 선언도 해보지만 솔직히 말해서 아무 소용도 없어.

나는 우리 아이들을 양육하는 사람이 되고 싶어. 내 책임에 대해서는 그렇게까지 불만이 있는 건 아니야. 하지만 인정받지 못한 채 책임만 갖는 건 내게 역효과를 내는 것 같아. 이 모든 걸 원하는 내가 잘못된 걸까? 그럴 수도. 하지만 그렇게 하기 위해서는 당신 도움이 필요해. 당신이 이 문제를 열어놓고 내게 고마워하는 마음을 갖고 내가 어떤 건 열심히 하고 어떤 건 내려놔야 할지 결정하는 데 도움을 주면 좋겠어.

오늘 아침 7시 20분. 당신이 아이들을 데리고 장비실로 갔을 때 나는 그 시간 내내 집을 청소하고 옷을 정리하고 저녁에 입을 파자마를 넣어놓고 욕실 장난감을 찾아 치우고 크레파스를 찾고 빨래를 옮겼어. 그때 내가 생각할 수 있는 건 만약 입장이 바뀌어 내가 장비실에 있었다면 당신은 집에서 내내 핸드폰을 쥐고 문자를 보내고 있었을 거란 거야.

아마 90퍼센트는 내 말이 맞지 않을까? 당신도 집안일을 조금 했을지도 몰라. 그릇 몇 개 씻었을 수도 있지. 설거지를 다 해놨을 수도 있어. 하지만 바닥 청소는 하지 않았겠지. 파자마를 개놓지도 않았겠지. 집 안을 전체적으로 살펴보고 정돈하려고 하진 않았겠지.

바로 그 점에서 내가 바닥으로 가라앉고 있다고 느껴. 그 점에서 너무나 화가 나. 당신이 최대치로 하고 있다는 것 알아. 우리 둘 다 그렇지. 우리가 다르다는 것도, 우리가 다른 일에 더 신경을 쓴다는 것도, 내 성향상 지금 당장 일을 다 해놓고 싶어 한다는 것도 알아. 하지만 당신 나름대로는 최대치를 하고 있다고 해도 안쓰럽게 여기게 되지는 않고—사실 당신이 나를 안쓰럽게 여기길 바라—내가 하고 싶은 말은 이것뿐이야. "지금 장난해? 내 반의 반도 하지 않잖아."

하지만 사실은 피터, 당신은 좋은 아빠가 맞아. 당신은 매일매일 아이들에게 많은 것을 주고 아이들도 점점 많은 걸 필요로 하니 좋은 일이지. 당신은 아이들이 '천둥소리'에 맞춰 점프하게 하고 자기 전 파자마를 뒤집어쓰고 동화책을 읽어주고 아이들에게 말할 때는 아이들이 받아 마땅한 사랑과도 같은 목소리를 한결같이 내지.

당신이 몰입해서 뭔가를 열심히 하면 정말 멋져. 어쩌면 당신에 대한 판단은 결국 나에 대한 이야기일지도 모르겠어. 정확히는 모르겠지만 이 모든 게 서로 연결돼 있다는 것만은 알아. 그리고 내가 느끼는 이 감정, 내가 느끼는 이 분노가 궁극적으로 건강하지 않다는 걸 알지. 나 개인적으로도 건강하지 않고 우리 둘에게도 도움이 되지 않아.

어디서부터 어떻게 고쳐야 할지 모르겠어. 그리고 내가 얼마나 화가 나 있는지 당신에게 말하기가 두려워. 내 말을 듣고 당신이 내게 화를 낼까 봐 두려워.

음성 일기 ○ 20개월

2018. 3. 1.

　우리는 바닥에 누워 우리가 새로 좋아하게 된 놀이를 하고 있단다. 카즈나 이레나가 나를 가리킨 다음 본인들을 가리키면서 말하지. "엄마, 카즈!" 혹은 "엄마, 이레나!" 그러고 나서 너희들이 허공을 가리키면 나는 "아빠"라고 말해. 너희들은 나를 당황하게 하는 걸 좋아하는구나. "엄마, 엄마, 엄마, 카즈!" 나는 그 순간을 만끽해. 너희 손짓을 따라가고 너희 눈이 미소로 밝아지고 입술이 지금 하고 있는 일에 집중하는 것을 봐.

　전에는 눈이 웃는다는 말을 이해 못 했지만 이제 웃는 눈을 너무나 잘 알아볼 수 있어.

　나는 효율 같은 건 나도 모르겠다는 생각으로 하루에 적어도 한 번은 너희에게 젖을 줘. 그렇게 너희를 그저 바라보고 너희 중 하나를 내 온몸으로 감싸고 너희 뺨과 귀를 내게 문지르지.

　우리 엄마는 엄지손가락을 내 뺨에 대고 부드럽게 문질러줬어. 물리적으로 부드럽게 느껴지진 않았지만, 나도 지금 너희에게 그렇게 하고 있는데 너희가 내 손길을 사랑으로 기억하게 될지 궁금해.

　지난 몇 주 동안 너희는 서로를 안아주며 놀더구나. 서로를 위해 팔을 뻗으면 그 팔이 엉키지. 너희는 서로를 에워싸고 포옹을 하고 포옹을 받는 거야. 이보다 더 달콤하고 진실한 장면은 본 적 없는 것만 같아. 가끔은 둘 중 한 명만 포옹을 원하기도 해. 언젠가는 그 사람이 언제 포옹해야 하고 하지 않아야 하는지 알았으면 좋겠지만 지금은 포옹하려는 사람과 멀리하려는 사람을 분리하려고 노력은 해. 안 그러면 물고 물리는 사람이 될 수도 있거든.

아침에 일어나면 너희는 서로 대화를 나누기 시작해. 너희 속삭임에 귀를 기울이고 울기 전에 내는 골꼴거리는 소리를 음미하지.

너희는 매일 새로운 단어를 말하고 우리는 이제 계단을 처음부터 끝까지 손잡고 올라갈 수도 있어.

카즈, 너는 엄마 젖을 먹는 동안 손가락으로 머리카락을 꼬아야 마음이 안정되는 것 같아. 너는 거의 한 시간 동안 모유를 먹으며 잠에 들지. 그러면서 네 머리카락이 많이 빠졌고 때에 따라 곱슬머리도 엉망으로 엉클어져. 이제 내 머리카락에도 손을 뻗으려 하는구나.

이레나, 너는 매일 아침 엄마 젖을 먹은 다음에는 아빠를 찾아. "아빠? 아빠? 아빠?" 술 취한 선원처럼 비틀거리며 긴 복도를 내려오지. 부엌에 와서 아빠를 보는 순간 똑바로 걷기 시작하고 아빠는 너를 안아 올리며 아침 인사를 해.

너희 둘 다 잠옷 입고 벗기를 좋아하진 않아. 옷을 갈아입힐 때마다 내 머리카락을 잡아당기는 통에 내 머리카락이 빠지고 내 배는 예전 그 배가 아니고 내 몸은 모유 수유와 호르몬으로 너희에게 묶여 있지.

***

지난주에는 버스를 타고 보스턴에 갔단다. 터미널 역사 여자 화장실에서 줄을 서서 기다리면서 거울을 열심히 들여다보고 머리를 다듬고 립스틱을 바르고 화장을 고치는 여자들을 바라봤어. 난 요즘 거울을 너무 흘끗 보기 때문에 내가 어떻게 생겼는지도 잘 모를 정도야. 손은 쌍둥이 코딱지가 묻은 청바지에 쓱쓱 닦아. 그래도 청바지 뒤태는 꽤 괜찮다고 스스로 위로하며.

너희 한 명씩 젖을 먹일 때는 사진으로 남기면서 우리가 함께하는 이 달콤하고 비효율적인 순간에 감사해. 아이폰으로는 이런 육아 일기를 쓰거나 내게 이메일을 보내지.

　나는 너희 소리와 눈과 몸이 닿지 않는 위층에서 일을 해. 너희가 낄낄거리는 소리와 장난치는 소리가 언제라도 내려오라고 유혹하지. 울음소리가 나면 걱정이 되고 현관문 닫히는 소리를 들으면 안심하는데 새로운 베이비시터인 아멜리아나 아빠가 너희를 데리고 나가는 소리거든. 그럼 1층으로 내려가서 화장실에 갔다가 물을 마시고 햄 같은 걸 먹고 다시 일하러 올라와.

　오늘 내 여행 생활의 시작은 곧 우리 모유 생활의 끝이라는 사실을 깨달았어. 지금은 우리가 같이 있을 때도 수유 시간이 38분은 넘지 않아. 물론 갈 길이 멀긴 해. 내가 비행기 타고 2주 동안이나 출장 가서 우리를 하나로 묶어주는 그 중요한 일, 수유를 2주나 못 하게 되는 건 아직은 어렵지. 물론 너희는 이제는 수유 없이 지낼 수 있어. 매일 서로 네 시간, 여섯 시간, 여덟 시간을 떨어져 있을 때도 그렇게 하고 있으니. 하지만 우리가 같이 있을 때는 이게 우리 언어의 일부야. 변해야 하고 변하리라는 건 알지만 억지로 하긴 싫구나. 아직 불안한 휴전 기간에 너희가 울거나 화내야 할 이유를 만들긴 싫어.

　나와 너희의 유대가 나와 우리 엄마와의 유대보다 더 강해질까? 그래서 내게 모유 수유가 이토록 중요했을까? 지난 20개월 동안 나는 이해하려고, 그러니까 우리 엄마가 젖을 바로 끊고 직장으로 복귀한 걸 판단하고 비난하지 않고 엄마 선택의 결과를 이해하려고 노력했어. 지금은 내가 내 방식대로 하려고 죽을 만큼 애쓰고 있다는 사실도 잘 알아. 언젠가 우리도 끊겠지. 하지만 지금은 아니야. 나는 오늘 이렇게 말해.

　지금은 아니야. 이레나 앞니가 나고 있어.

　지금은 아니야. 카즈 유치 안쪽으로 상어이빨(영구치)이 나오고 있어.

　　지금은 아니야. 둘 다 감기에 걸렸어.

　　지금은 아니야. 서머타임이야, 새로운 보모가 왔어. 잠이 부족해.

　　지금은 아니야. 너희도 그렇게 말하는 것 같아.

노트패드 ◐ 20개월

2018. 3. 1. (이후)

　　"얼마 전 전남편과 점심 먹었다."

　　나는 일하다 쉬는 시간에 너희 외할머니와 통화하면서 인터넷을 검색하고 있어. 눈을 감고 내 엄마 말을 따라가. 나도 엄마와 비슷하게 무심한 척을 하기로 하지.

　　"어땠어요?"

　　"눈을 마주쳤지. 한때 사랑했지만 지난 30년 동안 서로에게 잘하지 못했다는 점에서 동의했다고 할까."

　　엄마 말 한마디 한마디를 잘 듣고 소중히 간직하려다 도중에 충분한 산소가 내 몸에 들어오지 않는다는 걸 알게 돼. 지금 우리는 어떤 주문에 걸린 것 같은데 이 주문을 깨야 해.

　　내 부모는 서로를 좋아하지 않았어. 아주 어릴 적부터 나는 둘 사이에서 조심조심 움직이며 부딪치지 않게 하려고 애썼어.

　　"아주아주 오래전에는 아빠와 엄마 둘뿐이었어. 그랬다면 어땠을까?" 엄마의 엄마가 말해.

　　엄마 생각에 더 관심을 주고 싶지 않지만 최근 내가 들은 말 중 가장 충격적인 뉴스였어. 만약 그랬다면 어땠을까? 달라졌겠지 모든 것이?

편지 ○ 20개월

2018. 3. 3.

　오늘 카즈가 낮잠에서 깬 후 45분 동안 단둘이 놀았어. 인형을 갖고 놀았지. 파란색 인형과 빨간색 인형이었는데 예전에는 남자 인형 여자 인형이라고 부르던 걸 요즘에는 파란 옷 인형, 분홍 옷 인형이라고 해. 카즈는 두 인형 다 갖고 노는 걸 좋아해서 나는 카즈에게 우리 가족이랑 비슷하다고 말했지. 언제나 둘을 데리고 다녀야 한다고. 둘, 둘, 둘이라고.

　내겐 내가 사랑하는 행복한 아기들이 있어. 지금은 같이 있지 않고 편지를 쓰고 있네. 그래서 이번 여름에는 유럽에 가지 않기로 했어. 여름이면 우리가 더 많은 시간과 공간을 함께 나눌 수 있으니까.

　내가 균형을 다른 관점에서 찾았다면 어땠을까? 거창한 삶의 목표로 보지 않고 매일 해낼 수도 있는 일 정도로 보면 어떨까? 평생 동안 균형이란 큰 스케일로 달성해야 하고 마침내 그걸 찾았을 때는 커다란 여유와 평정심이 찾아오리라 생각했어. 어쩌면 지금도 그렇게 생각하는데 그 균형을 찾기만 한다면 내 야망, 사랑, 열정, 책임이 완벽한 평형상태에 다다르고 나는 매 순간 조화 속에서 한결같은 평온함을 느낄 거라고 말이야.

　아침에 너희들과 집중해서 놀아주고 낮에는 예산 관련 일을 하고 이 글을 쓰고 있는 지금, 어쩌면 더 작은 그림을 보고 살아야 하지 않을까 하는 생각이 든다. 오늘 나는 내 인생의 중요한 부분을 모두 조금씩 건드렸어. 너희들과 하이킹도 다녀왔지.

　어쩌면 오늘을 감사하고 내가 쌓아온 걸 나를 위해 인정해야 한다고, 그게 내가 너희 아빠에게서 바라는 걸지도 모른다는 생각이 들어.

편지 ○ 20개월

2018. 3. 6.

　오늘 나는 아프고 너희는 아프지 않지. 우리는 매달 기침과 배탈을 서로 번갈아서 겪고 있네.

　어젯밤에는 내 순서였는지 속이 안 좋아 구역질을 하다가 내가 사회적 기업을 위한 액셀러레이터(창업 기업을 지원하고 성장을 촉진하는 프로그램_옮긴이)인 물라고 지원금에 선정됐다는 이메일을 받았어. 거의 1년간 우리 팀에 필요한 모든 것을 지원하고 캘리포니아에서 6일 동안 워크숍도 진행할 수 있는 기금을 지급한다고 해. 이메일을 받자마자 울음을 터트렸고 너희와 너희 아빠에게 말할 때도 울먹이고 있었단다. 세 사람 다 어리둥절해 보였어.

　15분 전에는 자리에 앉아 이게 내 인생과 우리 인생에 어떤 의미가 될지 찬찬히 숙고해봤어. 달력에 워크숍 날짜를 내 여행 표시색인 노란색으로 표시해뒀고. 그리고 집에서 떠나 있을, 일주일이 넘는 일정을 바라보고 있었지. 그러다 구글을 열어 너희들이 모유를 완전히 끊지 않고 버틸 수 있는 날이 며칠인지 세어봤어.

　먼저 너희가 엄청나게 먹성이 좋은 아이들이라는 사실을 이야기할게. 모유는 이제 너희의 생존을 위한 주식은 아니야. 생존을 넘어 심오한 인간의 유대에 관한 것, 속도를 늦추고 쉬는 것, 함께하는 것에 관한 일이지.

　지금 당장은 내가 매일 집에 있으니 하루에 네 번에서 여덟 번 정도는 수유를 해. 나는 앉아서 너희 둘을 안고 몸을 비틀면서 한 명씩 먹여. 너희 볼이 홀쭉해지고 눈이 점점 가늘어지면서 눈동자가 코 쪽으로 모이지. 초등학교 6학년 초상화 수업 시간에 그림 초보자의 생각과는 달리 눈이 얼굴 중앙에 있다는 걸 배웠는데 그때 생각이 나네.

나는 그렇게 자주 멈추는 사람은 아니야. 너희와 떨어져 있을 날을 더하고 있으니 마치 너희와 나의 경력을 한 번에 바꾸고 있는 기분이야. 너희를 만난 이후 처음으로 모잠비크 여행을 계획하고 있었는데 그보다 6주 전에 이번 여행 기회가 찾아왔네. 그건 마치 하나의 인생처럼 빠르게 느껴져.

아직 너희를 포기할 준비가 되지 않았어. 머리로는 알지. 우리는 이제 새로운 표현 안으로 들어간 것뿐이야. 하지만 모유 수유는 너희가 내 배에서 나오자마자 나와 연결된 그때로 되돌아가게 해줘. 우리의 끈이야. 난 아직 그 끈을 놓치고 싶지 않나 봐.

캘리포니아에서 유축을 할 수 있을까? 집에 왔을 때 너희가 다시 젖을 먹고 싶어 할까? 뭘 위해 그렇게 해야 하지? 내가 아프리카에 가기 전 6주 만이라도 먹이려고? 젖을 먹이지 않아도 너희가 내게 엉겨 붙을까? 아니면 너희가 아기처럼 느껴지는 건 이번이 마지막일까?

다시 일과 모성애가 서로 대립하고 있어. 혹은 내가 새로운 방식으로, 두 가지가 *나란히* 있다고 생각해야 할지도.

너희가 아기들이 아니란 걸 아직 받아들일 준비가 안 됐어. 나는 더 많은 너희를 원해. 너희를 영원히 아기처럼 안을 수 있으면 좋겠다. 나는 원래 인생의 전환성과 연속성을 이해하는 데 그리 능숙하지 못했던 것 같아. 이제는 그러지 않아야겠지. 차고 문이 열리는 소리가 들리니 너희가 아멜리아와 공원에서 돌아왔다는 뜻이고 너희는 현관을 박차고 들어오겠지. 여기서 글을 쓰는 대신 얼른 내려가 너희를 만나 사랑해줘야겠다.

편지 ○ 20개월 반

2018. 3. 20.

수족구. 잘했다, 우리 팀. 너희 둘 다 걸리고 말았구나. 최악은 이레나 네 왼손에 난 상처인데 네가 늘 엄지손가락을 빨고 있으니 자꾸 상처가 나고 주변에도 물집이 생겨 엄지손가락뿐 아니라 그 밑 여린 살에도 피가 나고 물집이 생기고 있어.

방금 주방 콘크리트 바닥에서 45분 동안 쌍둥이 합창 울음이 있었어. 어떻게 해도 달랠 수가 없었네. 너희가 아파서 우느니 차라리 너희가 1초에 연달아 두 번을 토하는 편이 낫겠어. 그건 해봤으니 다룰 수 있을 텐데. 너희가 이해하지 못하는 언어로 입에 물집이 생겼다고 설명하는 건 정말이지 어려워.

너희 아빠는 지금 샤모니로 스키 여행을 떠났는데 지금은 그가 가고 나중에는 내가 가기로 합의한 여행이야. 우리 부부를 위해, 우리 가족 모두를 위해 이 상황이 무사히 흘러가길 바라지만 아픈 아이 둘을 데리고 나 혼자 집에 있으니 나만 엉뚱한 길로 벗어나 있는 것 같아.

휴대폰을 들어 아빠에게 문자를 보내.

'내가 지금 얼마나 힘든지 당신에게 말할 수 있어야 해. 당신이 얼마나 멋진 하루를 보내고 있는지 말할 수 있어야 하는 것처럼. 당신 기분 나쁘라고 하는 말은 아니고 또 그러지 않았으면 좋겠어. 하지만 우리는 서로가 경험한 현실을 공유할 수 있어야 하잖아.'

'다른 것도 물어봐줘.' 그에게 계속 문자를 보낸다. '이렇게 답해줘: 더 말해줘. 또 무슨 일 있었어?'

너희 아빠에게서 이런 말을 듣고 싶어. 아니, 들어야만 해. 이 문자가 효과가 있을지 모르겠지만 이 순간만큼은 남편이 친구가 돼주면 좋겠다. 우리가 부부라는 사실, 죄책감, 수치심, 분노는 잠시 옆으로 치워 두고 우리가 서로를 위로할 수 있는 친구로 돌아가면 좋겠어.

지난 8일 동안 독박 육아를 했고 앞으로 3일을 더 해야 해. 우리는 어제 새벽 4시까지 잠을 못 잤어. 아침에는 5시 40분에 너희를 데리고 다시 침대로 가서 누웠고 이 '늦은' 시간에 함께 있는 게 축복인 것처럼 말했지. 그래도 나는 너희 행복에 맞추려고 노력해.

"어젯밤 우리 재밌었다, 그치?" 너희가 숟가락을 던져버리지 않고 요거트를 떠먹어줘 고맙다고 말할 때처럼 어젯밤에 감사했어. 어쩌면 우리 모두가 이렇게 감사할 일에만 집중한다면 다 같이 새로운 행복의 차원으로 올라가지 않을까.

편지 O 20개월 반

2018. 3. 27.

어제 지원금을 위한 온라인 문답을 했어. "큰 영향력을 발휘할 수 있다면 가장 얻고 싶은 것은 무엇입니까?"

2층 사무실에 앉아 있으니 1층에서 너희 둘이 아멜리아와 재잘거리고 노는 소리가 들리네. 혀 짧은 소리로 "사과 주쩨요. 감쨔합니다." 감사하다는 이야기인가 보다. 우리는 낮잠을 잔 다음 한 시간 정도 수유를 했고 베개로 요새를 만들어 놀기도 했어.

질문에 대한 대답은 간단했지. 나는 레가도가 조화로운 삶이라는 내 가치관에 부합하는 방식으로 성장하길 바랍니다.

마치 이 가치관을 이전부터 사명판에 새겨놨던 것처럼 대답했어. 우리가 벽에 붙여놓는 중요한 일 목록이 사실은 끊임없이 변하지만 그래도 몇 가지는 효과 있길 바라기도 하잖아.

　이렇게 썼다고 지원금 선정에서 날 제외할까? 만약 그렇다면 내가 이 지원금을 왜 원해야 할까?

　보내기를 누른다.

***

　모잠비크의 다른 산에 동굴이 하나 있는데 제정신인 등반가라면 절대 들어가고 싶지 않을 끝없이 이어지는 동굴이야. 오늘 아침에 젠이라는 척추동물학자가 그 동굴 중 하나에 들어가보고 싶다는 메일을 보냈어. "낮에는 동굴 틈에서 수색을 하고 고지대에서는 안개 투망을 하고 좁은 틈이 많은 암벽 근처에서는 세 배 높이의 그물을 설치하고 싶습니다." 8시 반에 너희를 어린이집에 데려다주고 8시 30분에 핸드폰으로 이 이메일을 확인했고 읽으면서 기뻐서 웃음이 나왔어. 8년 전에는 내가 어디에서 어떤 종을 찾고 어떤 과학자가 필요하고 어디서 그들을 찾아야 할지 전혀 몰랐지. 성장과 배움이란 마법인 것 같아.

노트패드 ◯ 22개월

2018. 5. 5.

　'안녕.' 길버트에게 문자를 보내. '알래스카 여행 얼마 안 남았지? 잘됐다. 안전하고 재밌게 모험하고 잘 돌아와.'

　보내기를 누르고 나는 내가 더 나은 사람이 된 것처럼 느껴.

편지 ○ 23개월

2018. 5. 31.

이레나와 카즈에게.

오늘은 모유 수유를 한 지 703일 되는 날이야. 너희에게 꼭 모유를 먹여야겠다고 결심한 것도 아니고 먹이지 않겠다고 한 적도 없지. 너희가 내 뱃속에 있을 때는 특별히 기대하거나 예상한 건 없어. 그저 이 길이 우리 길이 되도록 내버려두기로 한 것 같아.

그때는 우리 길이 이렇게 멀리 이어질 줄은 꿈에도 몰랐지. 두 돌 한 달 전까지 모유 수유를 할 줄은, 우리가 이런 방식으로 애착을 나눌 줄은 몰랐어.

임신 전에는 아이들이 말로 엄마 찌찌를 먹고 싶다고 할 수 있을 때까지 젖을 먹이는 엄마가 되진 않겠다고 말하는 사람이었어. "좀 징그럽잖아." 과거의 나는 사람들에게 이렇게 말했어. 현재의 나는 몇 개월 동안 "모유 수유해요"라고 외치는 쌍둥이 엄마가 됐네. 알고 보니 이 말이 내가 할 수 있는 가장 사랑스러운 말이었어. 부모가 된다는 건 과거 잘 모르던 시절에 무심코 뱉은 말을 돌아보고 반성할 기회를 계속 제공받는 일이었구나.

***

모유 수유를 처음 시작할 때 가능할 때까지는 계속 먹이겠다고 다짐하긴 했어. 이 모유 수유는 24시간 내내 두 시간마다 젖을 먹여야 한 갓난아기 때부터 시작해 두 번의 유방염을 거치고, 유축하며 빙벽등반을 하던 두 번의 겨울을 거치고, 네 개 주에 여섯 번 출장을 다닐 때도, 너희 이가 총 서른두 개가 날 때까지도 가능했단다. 단유를 생각할 때마다 가장 이성적인 방식은 유기적인 결말이야. 효과가 있을 때까지 이어지다 자연스럽게 중단되는 전략이지.

내일 아침 마지막으로 너희에게 모유 수유를 하려고 해. 비행기를 타고 출장을 가서 열흘 동안 너희와 떨어져 있게 되거든. 이게 바로 자연스러운 종착점일까? 내 직업 면에서 보면 그렇겠지. 하지만 우리 셋 한 팀에게도 그럴까? 잘 모르겠어.

내가 아는 건 기본적으로 이 동물적 연결이 내 인생과 영혼에 그 무엇보다 더 큰 평화와 확신을 줬다는 사실이야. 내가 해온 그 어떤 것보다 그랬어. 이런 방식으로 함께 있는 그 순간 나는 이 일을 하도록 만들어진 사람이라는 생각에 한 치의 의심도 없었지. 인생의 모든 것을 멀티태스킹으로 살아온, 속도를 전혀 늦출 줄 모르던 여성이 단 하나에 집중하며 숨을 고르고 여유를 찾는 일이었단다.

머리로는 모두가 성장하고 변화하는 궤도에 같이 올라와 있다는 걸 알아. 하지만 마음으로는 이 궤도를 벗어나고 싶지가 않구나. 내 옆에 너희를 눕히고 너희를, 나를, 아빠를, 안전하게 지키고 싶다. 우리 모두가 새로워지게 하고 싶어. 하지만 삶은 곧 움직임과 변화이고 너희 둘은 살아 있다는 게 무슨 의미인지 완벽하게 구현하고 있지. 그래서 나는 그 변화와 변화가 가져올 결과에 저항하는 대신 우리가 함께 이룬 걸 축복하고 싶구나.

이레나와 카즈, 우리 모두를 위해 건배하자. 지난 703일 동안 너희 엄마가 될 수 있게 해주고 매일 이렇게 너희와 사랑을 나눌 수 있는 기회를 줘서 고맙다. 이렇게까지 오래 강력한 외출 금지를 시켜줘 고마워. 어쩌면 이 시간이 충분히 길고 느렸기 때문에 너희와 함께하는 삶이 내가 향해 온 삶이었다는 사실을 배울 수 있었던 것 같구나.

노트패드 ⭕ 23개월

2018. 6. 7.

'정말 대단해! 두 사람 너무나 자랑스럽고 감동적이야.'

길버트와 샹틀이 디날리산의 슬로박 다이렉트 루트를 완등했다는 뉴스를 듣고 보낸 문자였어. 약 9,000피트 테크니컬 빙벽과 암벽의 혼합 등반으로 2만 310피트 알래스카 정상까지 이어지는 루트야. 최초의 여성 두 명의 완등 기록.

언젠가는 이 여성 둘이 이 루트를 완등했다는 게 그렇게까지 중요한 뉴스가 되지 않을지도 몰라. 충분히 많은 여성이 이 스포츠의 모든 단계에서 등반을 하게 될 테니까. 하지만 지금 당장은 그렇지가 않기에 이 기록은 매우 중요해.

편지 ⭕ 2년

2018. 7. 26.

나는 캘리포니아에서도 단유를 하지 못했어. 열여덟 시간 동안 유축하지 않았다가 포기하고 계속 유축을 했어. 혹시 모르니까 하면서. 그러면서도 내게 말했지. 어쩌면 아기들이 원하지 않을지도 몰라.

열흘 동안 출장을 마치고 현관문을 열고 들어와 5분 만에 나는 너, 이레나 목소리를 들었어. 너는 낮잠을 자다 깨서 내게 다가왔고 나는 아멜리아에게 내가 이레나를 보겠다고 말했어. 내가 문을 열자마자 네 팔과 내 팔이 서로를 향해 엉켰어.

"엄마 젖 먹어?" 네가 물었어.

"그럼, 우리 아기. 우리 젖 먹자."

***

지금은 5주가 흘렀고 오늘이 아마도 너희를 내 몸에 붙이고 낮잠을 재우는 마지막 시간이 될 것 같구나. 3일 후 나는 모잠비크로 가. "암비크?" 너희는 이렇게 말하지. 너희 아빠는 지금 이탈리아 돌로미티에서 가이드를 하고 있고 엄마가 출장을 가기 전 우리 넷이 3일 동안 같이 집에 있을 거야.

노트패드 ⭕ 2년 1개월

2018. 7. 28.

나라가 불타고 있어. 문자 그대로 그리고 비유적으로도. 여기서도 효율적으로 일할 수 있지만 일부러 지구 반 바퀴를 돌아가 일을 하기로 했어. 이 나라는 전쟁을 시작하려 하고 우리 지도자는 아무것도 하지 않는 시대에 살고 있구나. 심호흡을 하면서 혈압을 조절하지 않으면 뉴스를 볼 수가 없어.

편지 ⭕ 2년 1개월

2018. 7. 29.

대략 8분 전에 그 생각이 나를 사로잡았어. 3일 후면 나는 떠난다. 너희에게서만 떠나는 게 아니야. 너희 둘만 떠나는 게 아니란다. 지난

2년 동안의 내 삶을 떠나는 거야. 반복하는 나를 떠나 다른 나를 향해 떠나는 거야. 우리는 언제나 변하고 있고 때로 어떤 변화는 갑작스럽게 불쑥 찾아오지. 마치 너희를 낳은 것처럼. 혹은 단유를 한 것처럼.

한 가지 궁금한데 우리 가정에서 일이 씁쓸한 단어가 되는 걸까? 갈릭은 자기 가족에게는 그랬다고 말하더라. 일이 가족에게서 아버지를 빼앗아갔으니까. 만약 박수를 보낼 만한 일이라면 어떨까? 열정을 추구하고 자아를 가장 잘 표현하게 해주는 게 우리 일이라면?

오늘 사코 강변에서 너희들과 놀면서 너희 아빠에게 2019년에 모잠비크에 가겠다고 말했어. "내년 여름에 가고 싶어."

"내년 여름? 또? 당신 나한테 말 안 했잖아."

그의 말이 맞을 수도 있지. 나도 잘 모르겠어. 나는 말했어, 머릿속으로는. 내 머릿속에서는 레가도에 기여하고 나와 함께 모잠비크에 가게 될 사람들 아홉 명과 나눈 대화를 이미 남편과도 나눴지. 하지만 너희 아빠와 나는 예전만큼 내 머릿속에서 같이 살고 있지 않네. 그는 내 일에 관해 가장 먼저 이야기하고 싶은 사람, 내 일에 관해 가장 잘 아는 나의 거울 같은 사람이었는데.

이제 그는 내 일에 관해 가장 잘 모르는 사람이 된 것만 같구나. 이래서 사람들이 직장 동료와 외도를 하는 걸까. 서로의 일을 가장 잘 이해하고 그 맥락 안에서의 성장을 지켜보는 일이 두 사람에게 가장 강렬한 유혹이 되나? 우리는 결혼 생활에서 우리도 모르는 사이에 우선순위를 분류하지. 아이들이 가장 우선이고 아이들 일정이나 어떤 스펀지를 이용해 집 어디를 청소해야 하는지가 중요해졌어. 남편에게 말하기로 하는 건 이런 자잘하고 사소한 일상이야. 너희를 목욕시키고 물총 얼룩말과 코끼리를 두고 싸우는 너희를 중재하면서 세 번 정도 숨 쉴 수 있을 때 그나마 나눌 수 있는 이야기들이지.

강변에서 너희 아빠에게 현재 내가 아프리카의 중요한 산을 보호하는 국제 환경 단체의 운영을 맡고 있다는 사실을 상기시켜야 했어. 그래서 가끔은 아프리카에 가야만 한다고. 나는 발을 조심스럽게 움직였어. 일주일 동안 내린 뉴잉글랜드의 비 때문에 바위가 미끄러워서, 해조류 때문에 바위가 거의 물렁물렁해져 있어서. 머릿속의 나는 그에게 내 일은 이 사회에 좋은 일이고 나는 일에 진심이고 내게 필요한 일이라고 설득하고 있지만 입술을 깨물어. 자칫 힘겨울 수 있는 언쟁을 하고 싶지도 않아. 가끔은 내가 나 자신을 설득해야 하기 때문이기도 해.

***

작년에 이번 나물리 여행 티켓을 예약하면서 다른 사람에게 약속하는 방식으로 나 자신에게도 약속한 바가 있어. 연수를 받는 사람 백 명에게, 영혼과 마음을 담아 이 단체를 위해 모금에 앞장선 사람 열여섯 명에게 말했지. "여러분이 가는 곳에 저도 있겠습니다." 그렇게 말했고 이틀 후면 우리는 함께 떠나는 거야.

2013년이 유통기한이던 약이 든 의료 상자를 다시 채우고 있어. 2015년엔 유통기한이 2년 남짓 지났으니 괜찮아 보였는데 지금은 5년이 지난지라 잘 모르겠네. 이 키트 안에는 핑크색 펩토, 아스피린, 케플렉스 등이 들어 있는데 분명 복용할 약도 있고 복용하고 싶지 않은 약도 있어. 텐트가 아직 멀쩡한지 확인하기 위해 거실에 텐트를 쳐보기도 해. 아프리카에 다녀온 지 만 3년이고 비행기에서 신을 양말과 정수 필터와 베드라이너를 이렇게 오래 창고에서 꺼내지 않은 적도 처음이야. 이 기간이 이렇게 길어질 줄은 한 번도 예상치 못했거든.

***

그곳에 다시 가는 일을 자랑스러워해야 한다는 것 알아. 하지만 우리는 하나만의 감정을 가진 사람이 아니니까.

"떠나게 돼 신나니?" 너희 이모가 물어.

나는 모든 감정이야. 나는 슬퍼. 내 아이들과의 이 생활이 끝난 게 슬퍼. 다른 삶으로의 복귀를 축하해야 할 것 같지만 예전으로 돌아갈 수 없다는 것도 알아. 이건 앞으로 가는 길, 새로운 길이야. 집에 돌아오면 너희를 새로운 방법으로 안아주게 될 거라고 말하고 싶지만 이제 더는 너희에게 젖을 먹이지 않을 거라는 사실을 직접 말할 용기가 없어.

너희에게 작별 인사를 하고 가야 할지, 너희가 낮잠 잘 때 몰래 빠져나가야 할지 모르겠다. 짐은 다 싸놨어. 23킬로그램 가방 하나와 22킬로그램 가방 하나. 미리 현관 앞에 두고 대기하게 해놨지. 이렇게나 빨리 여행 가방을 싸놓은 적도 없는 것 같아. 하지만 마음속 어딘가에서 떠나기 전에 급하게 처리해야 할 일이 있을 수도 있기에 미리 준비해야 한다는 걸 알고 있지.

너희들은 무엇도 고정된 건 없다는 사실을 매일 일깨워준단다. 나 또한 고정적이지 않지. 이 변화를 끌어안아야 해. 준비가 돼야 하고 열려 있어야 하고 슈퍼우먼처럼 일어나야 해. 엄마로서, 한 여성으로서 담대하게 나아가고 있다고 믿어야만 해.

편지 ○ 2년 1개월

2018. 8. 1.

너희를 놓고 가려니 마음이 찢어지는구나. 나는 엄마여야 하나 봐. 울지 말아야지. 이 순간 너희가 괜찮길 바라는 마음이 내 눈물보다 더 커야 한다. 너희 아빠가 이 큰 변화를 조금이라도 매끄럽게 넘기기 위해 너희를 친구집에 데려가기로 했어.

작별 인사를 하지 않았어. 15일 후에 보자고만 했지. 하지만 밴의 문을 닫고 너희가 내 말을 들을 수 없는 차 뒤쪽으로 걸어간 다음 말했어. "엄마는 너희에게 젖 먹이는 게 좋았어. 모든 순간이 다." 아빠가 나를 안아줬고 나는 눈물을 터트렸어.

***

지금 내가 하는 이 일이 내가 하고 싶은 일인지, 해야만 하는 일인지 아직도 잘 모르겠구나. 언젠가는 우리 인생이 바뀌리라는 걸 어느 정도 알고 있고 그때는 너희 밖에서도 나를 표현하는 이 일이 필요하겠지. 하지만 지금 당장은 일이 너희를 내게서 떼어내는 것만 같아. 너희 아빠는 내가 뉴욕 포킵시에서 환경보호 프로젝트를 하면 모든 일이 수월하지 않겠냐고 말해.

모잠비크에는 정확히 만 3년 만에 왔어. 3년 동안 내 배 안과 밖에서 너희를 키웠지. 너희에게서 떨어져 나와 포틀랜드로 가는 길에 두 번이나 차를 세우고 울어야 했어. JFK 공항에서는 터미널까지 400미터 정도를 걸었고 걷는 내내 울었어. 이게 옳지 않다고 느끼면 되돌아가야 하는 건가?

그러다 내 항공편이 취소됐고 다른 비행기를 타고 경유해서 갈 수도 있었지만 나는 그냥 공항에, 너희와 350마일밖에 떨어지지 않은 곳에 열여덟 시간이나 앉아 있었어. 이 또한 말이 되지 않지.

다른 엄마들은 내게 문자로 일이 중요하다고 말해주네. 너희에게 나를 보여주는 일, 너희에게 내 열정과 헌신을 보여주는 게 훨씬 더 중요하다고 위로해줘. 그들의 직업과 열정을 그냥 빠져나가게 내버려뒀더니 6년 후 아이들이 학교에 입학하고 나서야 다시 찾기 위해 분투해야 했고 그게 더 힘들었다고 해.

나는 완벽한 균형을 원해. 평생 동안 내가 만약 인생의 균형을 이룬다면 항상 기분이 좋을 거라고 생각해왔어. 마치 내 안에 내재된 저울이 있어서 육아와 일, 엄마 집에 가는 시간과 아빠 집에 가는 시간, 산에 있는 것과 학교에 있는 시간을 정확히 어떻게 분배해야 하는지 알기라도 하는 것처럼 말이야. 어쩌면 잘못 생각했을 수도 있어. 어쩌면 균형이란 성취할 수 있는 것도, 축복으로 여겨지는 것도 아닐지 몰라. 어쩌면 균형이란 아픔과 갈망이 여전히 존재하는 여백 속에서 이룰 수 있는 건지도 몰라. 내가 떠나 있을 때 너희와 있고 싶다는 갈망, 산에 오르지 못할 때 산을 오르고 싶다는 갈망, 지금 순간에 더 만족했으면 좋겠다는 갈망 사이 어딘가에 있는 것 아닐까. 하지만 그걸 만들어낼 수 있는 사람은 오직 나뿐이겠지.

나는 평생 동안 최고의 조합을 만들어내기 위해 노력해왔어. 어릴 때는 이혼 가정 자녀로서 엄마 아빠 두 사람 모두 충분히 딸의 사랑을 받는다고 느끼게 만들기 위해, 내 삶을 최대한 순조롭게 흘러가게 하기 위해 노력했단다. 지금도 그래. 내 관심사를 적절히 분산하면 등반도 열심히 하고 레가도도 잘 운영하고 내 가족도 부양하고 보모를 고용할 만큼 충분한 돈을 벌 수 있을까? 어쩌면 그게 전부가 아닐지도 몰라. 왜냐하면 나는 팀원들과 아프리카에 가야 하고 우리 아이들에게 행복하고 즐거운 인생을 주기 위해서는 멋진 엄마가 되면서도 CEO도 돼야 하기 때문이야.

나는 모잠비크에 간다. 공항에서 다른 피곤한 여행자들과 이야기를 나누고 있지. 나는 다시 복잡한 조합 속에 있어.

편지 ○ 2년 1개월

2018. 8. 5.

나물리의 여왕과 우리가 만난 지 얼마나 오래됐는지 기억하려고 애썼어.

"3년이에요. 세월 빠르죠."

여왕은 고개를 끄덕여.

"그 3년 사이에 나는 임신을 했고 아기를 둘이나 낳았어요." 나는 팬터마임으로 커다란 배를 만들고 아기 둘을 표현했어.

쌍둥이 사진을 보여주니 여왕이 이 애들이 누군지 물어보네. 그제야 우리 스물다섯 살짜리 통역사가 내가 한 말 중 얼마나 많은 부분을 놓쳤는지 알았지.

***

나물리는 사실 꽁꽁 숨겨진 산이야. 남쪽에 자리 잡고 있는 무라부에산은 나물리라고 착각할 만큼 모양이 비슷하지. 처음 왔을 때는 석탄 길을 올라가 무라부에를 보고 돌아오자마자 갈릭에게 나물리를 보고 왔다고 말했어. 열 시간이 지난 후 모퉁이를 돌아 푸른 유칼립투스 숲으로 들어간 후에야 진짜 나물리는 무라부에와 완전히 다르다는 사실을 깨달았지. 무라부에는 초목으로 뒤덮인 자그마한 산으로, 나물리의 높게 솟은 200피트 화강암 암벽과 쌍봉우리, 긴 아치형 능선이 품고 있는 풍경과는 비교할 수 없었어. 7년이 흘렀지만 지금도 풍경은 다르지 않아.

물론 나물리는 변하기도 했어. 어떻게 변하지 않을 수 있을까. 하지만 이곳 주민에게 그 변화 속도는 충분하지 않아. "병원은 언제 건설되죠? 중고등학교는요. 기지국은요? 우리 주민이 이렇게 물으면 난 어떻게 대답해야 하나요?" 여왕이 물어.

"알겠습니다." 내가 말해. "변화에는 시간이 걸려요. 우리는 여러분 산의 생물다양성을 보호하기 위해 여러분과 협력하려고 합니다. 여러분이 다른 것을 원한다는 것도 이해합니다. 잘 듣고 있습니다."

나는 이 지역 대표의 집에 앉아 등을 곧게 펴고 여왕이 롬웨어로 말할 때 고개를 끄덕이고 우리 팀 현상 기술자 중 하나인 디아스가 그 말을 포르투갈어로 통역하고 농업 인턴인 앤서니가 포르투갈어를 영어로 통역할 때까지 기다렸다가 고개를 끄덕여. 여왕과 그 공간에 있는 모든 사람에게 말을 하고 얼굴을 바라보려고 해. "답답하신 거 이해합니다. 우리는 함께 일하기 위해 여기 와 있습니다. 여러분과 협력해서 일하기 위해 여기 온 것입니다."

이 회의를 기대하지 않은 건 아니지만 그런 질문에 어떻게 대답해야 할까? 나물리 지역사회에 하루빨리 해결되길 원하는 요구 사항이 있다는 건 이해해. 나도 여기 살았다면 편의시설부터 요구했을 거야. 하지만 그 요구는 우리 프로젝트가 해결해야 하는 일은 아니야. 우리 투자자가 자금을 지원하는 영역도 아니고. 내가 공유하려고 하는 내용은 우리가 다 같이 나물리의 위상을 높였다는 거야. 우리는 함께 모잠비크 정부와 국제단체의 관심을 끌기 위해 노력했고 국제단체가 합류한 이유는 사실 이 지역 자연의 희귀 동식물 때문이지. 나는 말해. "사실은 그들의 관심과 헌신을 사로잡은 것은 이곳의 숲과 자연환경입니다."

내 대답은 나를 포함해 모든 사람에게 만족스럽지 않지. "이 문제를 숲보다 더 중요한 문제로 만들기 위해 노력하겠습니다. 저와, 우리와 함께 해주시겠습니까?"

여왕과 의원들이 논의해. 나는 기다려. 고개를 끄덕이고 숨을 쉬어. 그들이 그렇게 하자고 말하네. 이제 나는 이 일을 실현해야 해.

***

내 친구 라이문도는 나물리 남서쪽 산기슭에 가족과 사는데 스즈키 오토바이 한 대가 있어. 시속 35마일로 달릴 수 있고 내리막길에서 기름을 절약하기 위해 기술적으로 운전하지. 오른쪽 동승자 발판도 빠져 있어. 내 발은 본능적으로 발판을 찾다가 배기관에 부딪쳤어. 응급 발판이 있는지 찾으니 발판 자리에 5인치 정도 너트가 튀어나와 있네. 라이문도와 나는 항상 같이 오토바이를 타. 나는 아무 말도 하지 않고 오른발을 너트에 올리고 엄지발가락을 구부린 채 화상만 입지 말자고 말했어. 먼저 차밭과 붉은 흙길이 나타나고 시원한 바람이 불면서 오토바이 라이딩은 쉬워져. 차밭을 벗어나자 나물리를 오가는 모든 오토바이가 낸 바퀴 자국이 가득한 흙먼지길이 나타났어. 하지만 오토바이만 나물리 안으로 들어갈 수 있는 건 아니고 험한 구간을 따라 콘크리트 도로가 깔려 있어. 다른 지역도 점점 길이 생기고 넓어졌어. 통나무를 쌓아놨던 다리는 이제 사라지고 콘크리트 아치 다리로 바뀌었지. 이 외딴 산도 조금씩 변화하고 있어.

편지 ◯ 2년 1개월

2018. 8. 11.

이레나와 카즈에게.

오늘은 나물리산 정상까지 올랐단다. 여왕의 루트로 올랐어.

산에 오르기 전 여왕이 직접 흰 강낭콩 2킬로그램을 주더라. 나는 울었어.

7년 전, 처음 나물리산에 왔을 때는 여왕이 나를 신뢰할 수 있을지 확신할 수 없다고 했거든. "당신이 우리 사람들과 나물리를 위해 뭘 할 수 있는지 봅시다."

어제는 산을 오르는 모든 사람을 위해 여왕의 의식을 치러주더구나. 은시마(옥수수가루로 만든 백설기 비슷한 음식_옮긴이) 가루를 손으로 한 움큼씩 여러 번 퍼서 작은 산을 만드는 의식인데 5파운드 가루를 모두 사용했어. 이전에도 몇 번 본 의식이었지만 이번에 여왕은 내게도 가루를 주면서 산을 만들어보라고 하더구나. 내가 나물리를 위해 하는 일을 조상들과 공유하길 바라면서 조상의 산과 집의 보호자로 나를 소개한 거야.

***

오늘 너희 아빠가 그러는데 너희가 엄마를 점점 찾는다고 하네. 아침에 일어날 때, 낮잠을 잘 때, 너희가 울 때 가장 힘들다고. 너희가 맘마를 원한다고. 나도 너희를 원해. 너희와 이렇게 떨어져 있을 때 기술을 활용하는 게 좋은지 아닌지 모르겠다. 너희가 페이스타임에 나타났다 사라졌다 하고 너희 모두가 전화 속 엄마를 안고 잡고 싶어 하는구나. 그건 곧 너희가 실수로 전화를 끊는 걸 의미하지만.

지난주에는 모잠비크의 미국 대사가 나물리로 오고 싶어 한다는 소식을 들었어. 이 일이 이 단계까지 왔다는 게 믿기지 않고 그와 협력하기 위해서는 두 달 안에 아프리카에 또 와야 하고 너희와 또 헤어져야 한다는 것도 믿기지 않아. 하지만 여왕이 나를 조상의 영들에게 소개해줬으니 나는 할 일을 해야 해.

사람들은 언젠가 이 모든 게 우리에게 다 좋은 일이 될 거라고 말해. 너희도 엄마가 얼마나 멋진 일을 했는지 알면 자랑스러워할 거라고. 하지만 내 생각에 사람들이 말하지 않는 것 그리고 이제야 내가 알게 된 건, 이 모든 게 내가 집에 있을 때 너희가 내 중심이 돼야 가능하다는 거야. 내가 다시 떠난다 해도 나와 떨어져 있는 시간보다는 같이 있는 시간이 더 많아야 그 좋은 미래가 가능하다는 거지. 그러니까 내가 싫어하지만 필요한 말인 이른바 양질의 시간이 있어야 해.

모잠비크에서 다양한 남녀노소 사람들과 지내고 있어. 자크는 자칭 일중독자야. 그녀의 목표는 1년 후에 은퇴하는 거라고 해. 스물일곱 살 아들이 있는데 어떻게 엄마는 아직도 저녁 10시까지 일할 수 있느냐고 묻는대. 나는 우리가 그렇게 하지 않았으면 좋겠어. 그런데 그 모자는 내가 본 어떤 엄마와 아들보다 더 친밀해 보이더라.

우리가 앞으로 함께할 수 있는 일이 너무나 많겠다. 일단 집에 가서 너희를 꼭 안아주고 쓰다듬어주는 것부터 시작해야겠지. 꿈에 카즈네가 엄마 위에 누워서 젖을 먹으려다 말고 네 머리를 내 턱 밑에 밀어 넣더니 내게 밀착하더라. 이레나 너도 똑같이 했지. 내 꿈에서 우리는 모두 바닥에 누워 있었고 너희 둘이 엄마 위에 올라와 있고 엄마와 하나가 돼 있었어. 지난 3년 동안 그랬던 것처럼. 우리는 그곳에 함께 균형을 잡고 호흡을 하고 행복하게 누워 있었단다.

***

오늘 나물리 정상에 서서 층층이 겹쳐진 능선과 숲, 집과 들판을 바라보는데 너희 생각이 났어. 하산을 하려고 첫발을 내디딘 순간 이제 곧 너희에게 가게 될 거라는 생각만 했어.

엄마 금방 간다. 내 새끼들. 우리 아가들아.

편지 ○ 2년 2개월

2018. 9. 5.

이레나에게.

이건 너만을 위한 편지.

언젠가 네게 딸이 생긴다면 어떻게 강인한 딸을 키우는지에 관해 이야기할 수 있겠지.

너는 분홍색과 보라색을 좋아해. 아마 오빠가 없었으면 더 좋아했을 거야. 넌 색깔에 상관없이 카즈 옷을 물려받진 않을 거야.

나는 카즈에게 "꼬마 청년"이라고 하고 네게는 "꼬마 아가씨"라고 해. 적어도 별생각 없을 때는 그래. 왜 카즈는 청년이 되고 너는 아가씨가 되는 걸까? 바꾸려고 노력 중이야. 너희가 아이를 가질 즈음이면 언어의 변화가 끝났길 바라지만 그 전까지는 우리가 함께 해야 할 일이 있겠구나.

편지 ◯ 2년 2개월

2018. 9. 13.

이레나와 카즈에게.

이레나, 너희 이름을 써야 할 때 카즈보다 네 이름을 먼저 쓰려고 노력하는 거 아니?

너희는 이제 26개월 반이 됐고 (사람들 앞에서) 너희 나이를 개월 수로 말하면 안 될 것 같아.

"엄마 이제 우유 없어." 내게 달려와 품에 안기면서 둘 다 말해. 카즈, 너는 정말 세게 내 품에 파고들어. 그리고 엄마 머리카락으로 얼굴을 가려버리네. "엄마 머리 내려!" 너는 내 얼굴, 내 머리를 끌어안고 거의 명령처럼 말하고 양손으로 내 볼을 하나씩 붙잡고 입술을 벌려서 내 입에 뽀뽀를 하려고 해. "뽀뽀. 안아줘. *지금.*"

***

매일, 매 시간 나는 생각해. 이럴 줄은 정말 몰랐네.

두 살이 돼도 낮잠 재우기는 정말 힘들다는 걸.

이레나가 "엄마 우유 없다"라고 말할 때마다 울고 싶다는 걸.

너희의 기저귀 연고는 너희가 직접 바르게 한다는 걸.

내가 완전히 새로운 언어를 해독하는 법을 배우게 된다는 걸. 너희 언어를.

***

"움시 데이지." 이레나가 말해. 우리 할아버지가 내게 한 말이야. 내가 네게 가르쳐줬던가? 몬테소리에 나왔을까? 아무튼 우리는 서로를 이해하기 위해 무척 노력하고 있어.

지금은 장소를 뜻하는 단어가 너희에게 매우 중요한 것 같구나. 아빠는 뉴욕에 있어. "아니야, 엄마는 아프카에." 이종사촌 지니와 소여는 "소타(미네소타)"에 있어. 우리는 이 단어들을 매일 흥얼거리고 위치를 업데이트하면서 우리 가족과 주변 사람이 지금 어디 있는지 확인하지.

너희에게 우리 셋이 꼭 붙어 있어야 한다고 자주 말해. "엄마랑 있을 때는 엄마만 불러. 너희 둘이 꼭 붙어 있어야 한다." 공원이나 시장에서 아이들을 자유롭게 놀게 내버려뒀다가 눈 깜짝할 사이 아이들이 주차장 쪽으로 달려가면 아이들 뒤를 미친 듯이 뛰어가는 여자가 엄마란다. 너희가 안전하다는 걸 확인하면 갑자기 할 일이 없어져 문자나 이메일을 해. 완전히 아마겟돈이 될 때는 핸드폰을 잃어버리기도 하지.

요즘 아빠와 엄마 사이는 괜찮아. 아주 좋다고 할 순 없지만. 내가 두 살 반 때 우리 부모님이 헤어지셨어. 너희 나이보다 4개월 더 많았는데 아직도 두 분이 헤어지던 장면을 기억해. 우리가 이 문제를 진지하게 이야기해볼 때까지 4개월이란 시간이 더 남아 있다는 뜻일까? 누가 언제 일을 하고 누가 언제 아이와 있어야 하는지 이야기할 수 있을까? 갈등과 비난이 아닌 웃음과 애정을 나누며 함께 지내기 위해서? 아니면 너희는 가끔은 사는 게 내 뜻대로 되지 않는다는 걸 이미 알고 있을까? 그 사실이 너희 정신에 새겨진 건 아닐까?

그냥 답답한 건, 이 이야기를 너희 아빠 앞에서는 하지 못하는데 나는 보통 피곤에 지쳐 9시면 쓰러져 자고 아빠는 늦게 잠이 든다는 거야. 그러니 우리 부부가 대체 언제 이 이야기를 나눌 수 있을까.

***

하루에도 몇 번씩 전 세계 몇 퍼센트 인구가 아기를 낳을까 생각해. 한 70퍼센트? 80퍼센트? 이렇게 힘든 일을 어쩌면 그렇게 많은 사람이 해내고 있을까? 아니면 내가 아직 부모 됨을 제대로 이해하거나 공감하지 못하는 걸까? 아멜리아는 지난주에 우리 집을 떠났어. 보모는 그만두고 다른 일을 할 준비가 됐다고 해. 우리가 도시에 살았다면 장기적인 도움을 받기 더 쉬웠을까? 최근에 이 작은 산속 마을에 사는 내 친구들을 둘러보면서 우리가 스스로에게 속은 건 아닐까 생각하게 됐어. 젊을 때는 뭐든 할 수 있을 거라 생각하지. 대안적인 직업을 갖고 운동선수가 되면서 유르트(몽골, 시베리아 유목민의 전통 텐트_옮긴이)에서도 충분히 살 수 있다고 생각해. 그러다 현실과 아이들이 우리 삶에 들어오고 나면 우리는 정상성과의 충돌을 전혀 대비하지 못했다는 걸 알게 되지. 부모 직업이 융통성, 여행, 장시간 작업이나 장기간 출장과 관련된 일인데 키워야 할 어린아이가 둘이고 보육 시설이 충분하지 않다면 그 직업을 유지하기가 쉽지 않단다.

노트패드 ○ 2년 2개월

2018. 9. 25.

너희에게 이렇게 글을 쓰는 것이 내가 더 나은 엄마가 되는 데 도움이 될지 안 될지 모르겠어. 많은 시간 너희에게 글을 언제 쓸까 생각해. 너희가 하는 말을 잊지 않고 모아 일기장이나 컴퓨터 안에 영구 보존해야 한다고, 영상이나 사진을 저장해야 한다고 생각하지. 영상과 사진은 바로바로 정리하려고 노력해. 그리고 한밤중에 일어나 결심해. 내일은 와인 마시지 말고 8시 45분 이후에 스트레칭과 골반 운동을 하자. 하지만 다음 날이 되면 똑같은 하루와 똑같은 다짐이 반복되는구나.

편지 ○ 2년 3개월

2018. 9. 30.

너희는 정원에서 아빠와 숨바꼭질을 하면서 뛰어다니고 나는 집 청소를 하고 있어. 항상 이렇진 않지만 이런 패턴이 자꾸 반복되니 신경이 쓰이고 우려가 돼. 너희가 보는 우리 집 패턴이 되잖아.

너무 예민하게 받아들이지 말고 흘러가는 대로 둬야 할까? 내가 그만둔다면 이 세상이 언젠가 내게 더 큰 공격을 가해올 것 같은 기분인걸.

어떤 엄마는 말해. "아들들한테 돌봄을 가르쳐야 해요", "애들이 다섯 살 때부터 동의에 관해 가르쳐야 해요."

우리 가정에서는 차례 지키기, 배려하기, '안 돼' 이해하기, 나누기, 슬플 때 공감하기 같은 걸 주로 이야기하는 편이야. 카즈, 너는 이레나에게 송아지 퍼즐을 줬는데 이레나가 받지 않으면 울어. 마치 세상에서 가장 슬프고 상처받는 일이 선물하고 싶은 마음을 거부당하는 것처럼.

아침이면 너희는 둘 다 침실로 달려와 문을 두드리고 내가 너희를 잡으려고 몸을 숙이면 카즈는 내 품에 먼저 뛰어들면서 "이레나 저리가!"라고 말해. 매일 우리는 우리 셋 포옹에 관한 노래를 만들지. 내일 아침엔 달라지자고, 엄마를 나눠 갖는 법을 배우자고 약속해. 하지만 매일 아침이면 똑같이 시작하지. 내 딸 이레나야. 내가 네가 아닌 오빠를 안고 있는 걸 보면서 뭘 배우고 있을까? 네가 바닥에 엎어져 떼를 써도 너를 안아주지 못할 때, 아니면 네가 콧김 한번 내뱉고 한숨 쉬며 복도로 나가 아빠에게 달려갈 때는? 지금 내가 너를 회복탄력성 있는 여자로 키우고 있는 걸까? 아니면 언제나 두 번째로 사랑받는 사람이라 느끼는 사람으로 만들고 있는 걸까?

오늘 새로운 계획을 세웠어. 너희 방 조명 색을 매일 바꿔주는 거야. 이레나의 날에는 노란색, 카즈의 날에는 초록색으로. 물론 이 모든 게 중요하지 않은 동굴에서 살길 바라. 그런데 그 동굴에서도 아마 문제가 생기겠지. 그 문제는 누가 엄마 옆에, 엄마 위에, 아니면 엄마 배 옆에 누워 자느냐가 될 거야.

"엄마 우유." 카즈의 말에 나도 그렇게 하고 싶다고 말해. 단유한 지는 2개월이 지났고 수유할 때는 몰랐는데 우리의 아침 상봉은 한결 더 쉬워졌지. 이제 우리 모두에게 언어가 있고 포옹이 있고 서로를 밀어내며 "안 돼"라고 말할 수 있는 힘도 있어. 물론 매일 아침 안 된다고 말할 때마다 나는 가슴이 무척 아프단다.

노트패드 ◯ 2년 3개월

2018. 10. 5.

"모든 사람 안에 분명 좋은 점이 있다는 가정에서 출발하면 의견 차이가 있어도 잘 지내기가 훨씬 수월해집니다."

오늘 프린스턴에서 열린 패널 토론에서 소니아 소토마요르 대법관이 나와 수천 명의 청중에게 이렇게 말했어. 어쩌면 내 결혼 생활과 우리나라의 나쁜 점만 눈에 들어올 때 이분 말을 기억했다가 희망의 등불로 삼아야 할까 봐.

사회자가 소토마요르 대법관과 케이건 대법관에게 자녀 관련 질문을 하길 기다렸어. 하지만 당연히 그런 질문은 나오지 않았지. 무대 뒤에서 협의한 걸까? "대법관, 프린스턴 출신, 성공한 여성이란 주제에 집중해주세요." 이렇게 결정하는 장면이 상상되네.

케이건 대법관은 치명적인 실수는 드물다고 말했지. 우리는 사실 의원 중에 한 명이 캐버너 인준의 열쇠를 쥐고 있다는 생각에 얼마나 떨렸는지 몰라. 하지만 대법관들은 우리가 지켜보지만 말고 직접 개입해야 한다고 말하기도 했어(2018년 10월 5일은 브렛 캐버너 대법관 인준 직전으로 불안과 긴장에 휩싸여 있었다_옮긴이). 우리는 사실 조마조마했어. 누군가 그 순간에 브렛 캐버너 대법관 인준 생방송을 켤 것만 같았거든. 대법관들은 그 생방송을 보기보다는 우리에게 정치적으로 더 적극적으로 참여하라고 말해.

얼마나 더 참여할 수 있을까? 모든 걸 버리고 정치에 뛰어들어볼까? 캐버너 같은 권력에 굶주린 호색한과 맞서 싸워야 하지 않을까. 그러다가는 너희와의 시간이 사라지고 말겠지.

내일 아침 무대에서는 CNBC의 줄리아 버스틴과 리더십 그리고 리스크에 관한 인터뷰를 할 예정이야. 오늘 대법관들을 만나야 해서 집에서 나오고 있는데 너희 둘은 일 나가기와 돌아오기 놀이를 하고 있더라. 둘이 마당 잔디에 있고 한 명이 일하러 간다며 언덕을 넘어 사라졌다가 다시 뛰어오면서 활짝 웃고 있는 놀이였지.

내가 그랬을까? 우리 엄마도 아이들의 이 놀이를 알아봤을까?

노트패드 O 2년 3개월

2018. 10. 9.

우리는 팀 포옹을 더 연습하고 있어. 아직도 더 노력이 필요하거든. "이레나 말구!" 내가 카즈를 안아 올리면 여전히 이렇게 소리치면서 네가 가진 것보다는 원치 않는 것에 더 집중을 하는구나.

"너희가 엄마 뱃속에 있을 때 우리는 항상 한 팀이었잖아. 너희 기억 안 나? 이레나, 네가 위에 있었지. 카즈가 발로 차는 거 느꼈니? 엄마 뱃속에 있을 때 어땠어?"

"노파 봤어." 이레나가 말해. 우리 집에서 토마토는 노파야.

"난 딸기 봤어." 카즈가 말해.

***

다음 날 아침 다시 물어봤더니 똑같은 대답이 나온다.

"그리고, 까꿍!" 웃기 시작해. "크게 까꿍."

"엄마가 울었어." 카즈가 말해. "엄마 뱃속에 있을 때."

너희 이야기 중 얼마만큼이 지금 현재의 일이고 무엇이 뱃속에서 있었던 이야기인지 모르겠어. 하지만 카즈 말이 맞지. 나는 울었다. 지금도 가끔 울고.

편지 ○ 2년 3개월
2018. 10. 18.

이번 주에 너희는 침대에서 일어나면 같이 노래를 할 수 있다는 엄청난 사실을 발견했지.

"안녕, 카즈."

"안녕, 이레나."

〈거미가 줄을 타고 올라갑니다〉는 언제나 최고의 선택이지. 카즈, 너는 이레나의 유아용 침대 밑 매트리스에서 잔다. 오늘 아침까지 이레나가 침대에서 너무 몸을 웅크리고 잔다고 생각했는데 사실은 칸막이 사이에 손을 넣어 카즈 네 손을 잡으려고 그 자세를 취했다는 걸 알게 됐어.

***

쌍둥이를 갖기 전에 사람들이 쌍둥이는 그들만의 언어를 사용하고 둘이 가장 친한 친구이고 서로의 거울이 된다고 했어. 사실 그 말을 전부 믿진 않았지. 너희는 딸/아들 쌍둥이고 (왜 다들 아들/딸 쌍둥이라고 말할까?) 일란성쌍둥이도 아니고 그저 내 뱃속에서 같은 시간에 있었던 형제라고만 생각했어.

하지만 이제 알겠다.

카즈의 왼 손바닥에 뭐가 묻으면 이레나 너는 네 손에 찌찌가 묻었다고 이야기하지. 그리고 이레나가 응가를 해서 우리가 응가를 했냐고 물으면 "카즈가 응가했어"라고 대답해. (어쩌면 쌍둥이라서 그렇다기보다 피할 수 없는 일을 조금이라도 미루려는 시도가 아닐까 싶기도 해.) 영원한 점심 데이트 상대인 너희는 식탁에 마주 앉아 식탁 밑에 접시와 포크와 냅킨을 숨기면서 끊임없이 장난치고 웃는구나.

너희의 그 인생은 이제 시작됐어.

***

오늘 밤 기온이 내려가면 내일 너희 아빠와 빙벽등반을 하기로 했어. 10월 19일이 되겠지. 아마 대부분은 이렇게 이른 계절에 빙벽등반을 가지 않거나 가고 싶어 하지 않을 거야.

"블랙 다이크의 얼리 시즌 등반은 한마디로 스턴트지." 아빠가 말해. 보통 등반가들은 얼음이 충분히 두껍게 언 한겨울에 등반을 한단다. 아마 지금 가면 이제 막 얼기 시작한 얼음만 있을 거야.

그렇지. 하지만 그게 내가 하고 싶은 등반인걸. 내 픽을 이제 새로 생긴 얼음에 찍으며 고정될지 아닐지 보고 싶어. 암벽등반이 내 파트너라면 빙벽등반은 내 애인이야. 더 흥미진진하고 더 자유롭고 나를 더 강하게 만들어주고 더 감사할 수 있게 해주지. 하지만 꽝꽝 얼지 않았을 때 수시로 화강암 조각이 떨어질 수 있는 거대한 화강암 덩어리에 오르는 건 더는 우리가 위험을 감수하고 선택할 일이 아닐지도 몰라.

"우리가 둘 다 가는 것도 사실은 논란의 여지가 있지." 너희 아빠가 말해.

그가 고민하는 지점을 같이 고려해야 할지, 아니면 이 말의 숨겨진 함정을 살펴야 할지 모르겠구나. 아빠 혼자 등반하도록 양보해줘야 할까? 아니면 "잠깐만. 화장실 다녀올게"라고 말한 다음 파트너들에게 문자를 보내 같이 갈 사람을 구해야 할까? 우리 부부는 내 오래된 멘토 수잔 콘래드의 도움을 받아 다시 가족의 비전을 세우고 있는 중이야. 사람들이 자신의 가장 좋은 자아를 찾을 수 있도록 도와주는 분인데 나는 지난 8년 동안 조언을 받았어. 그분은 "위에서 내려다보는 마음"이 중요하고 그에 따라 행동해보라고 해. 제길, 난 내게 한발 물러나라고 말해.

"하지만 같이하면 안 된다는 논리라면 혼자서도 안 해야 하는 것 아닐까?" 나는 말해.

나는 평생 사고 위험 질문을 받아온 직업 등반가이고 이제 엄마가 되고 그 질문을 더 자주 받아. 내가 가장 원치 않는 게 있다면 부부끼리 이 대화를 나누는 거야. 그래도 안전하고 꼭 가야만 하는 장소라면 어떨까? 나의 결혼 생활에서, 쌍둥이 육아에서, 또 사고 위험에서의 파트너인 이 남자와는 대화를 해야 하지 않을까?

"가장 위험한 등반 중 하나가 될지 몰라. 우리 둘이 같이 나가진 말까?" 아빠가 말해.

너희 둘을 혼자 키우는 나를 그려봐.

바람이 분다. 푸들이 짖는다.

"가보고 결정하면 어때?" 나는 더 중요한 질문을 미루고 당장의 위험만 중요한 것처럼 말해. 훨씬 더 단순하고 훨씬 더 익숙한 이야기만 하고 싶어. 하지만 머지않아 우리는 나머지 대화를 해야겠지. 지금은 너희 둘이 언젠가 스턴트 때문에 부모를 잃었다는 말을 하게 되지는 않을 거라고 나 스스로에게 말해. 하지만 어떤 사람에게는 모든 등반이 스턴트야. 어떤 이에게는 열정이고 생활 방식이고 종교이고 생계 수단이고…. 나와 너희 아빠에게 등반은 이 모든 거라고도 할 수 있지. 진자는 흔들릴 수밖에 없고 그 진자가 잘못된 곳에 떨어졌을 때 뭘 의미하는지는, 지금 당장은 자세히 보지 않으려 해.

편지 ○ 2년 3개월

2018. 10. 23.

마지막으로 보낸 편지에서의 힌트가 약했니? 적어도 결말은 모호했지. 나는 미신적인 사람이 아니지만 너희 아빠와 나의 '스턴트'가 잘못됐을 때의 결과가 너희에게 뭘 의미하는지 굳이 글로 적고 싶진 않았어. 이제 생긴 얼음 막에 빙벽등반 도구를 조심스럽게 찍기 열네 시간 전인데 그 일을 마치고 너희가 있는 집에 안전하고 무사히 돌아오는 것 외의 다른 결과를 상상하고 기억하고 인정하는 것 자체가 죄짓는 것 같았거든.

우리는 등반가로서, 부모로서, 인간으로서 게임을 해. 계속해서 위험을 합리화하지. 운전하면서 휴대폰으로 문자메시지를 확인해. 차선을 바꾸며 좌회전을 하면서도 우회전 신호를 보내는 맞은편 운전자가 당연히 우회전을 할 거라 생각해. 그러지 않으면 우리를 칠 테니까. 솔직히 말해서 나는 운전자들을 크게 신뢰하진 않아. 우리가 살고 있는 산속 마을 도로에서는 운전자들이 절경이나 얼음에 정신이 팔리거나 숙소나 햄버거 가게를 찾느라 곁눈질을 하기도 하거든. 예전에는, 사실 나를 포함해 이렇게 수많은 사람을 불신하진 않았어. 너희를 가지면서 나라는 사람이 변했어. 너희가 생후 3일 됐을 때, 너희를 안고 침실과 복도 사이를 걸어 다니는데 갑자기 문설주의 딱딱한 모서리가 너희의 연약한 두개골에 치명적일 수 있다는 생각이 들더라. 어디서나 사고의 가능성이 보이고 예전에는 그럴 때마다 내 머리 어디가 잘못된 건 아닐까 생각했지만 지금은 이런 위험에 대한 보호 본능은 우리 안에 잠재된 육아 본능이 아닐까 생각해.

너희 아빠와 내가 이 보호 본능을 잘 활용하는 것 같진 않아. 일단 암벽등반을 하고 있으니까. 어제는 식구 다 같이 독감 주사를 맞고 돌아와 서둘러 너희를 새 오페어 모니카에게 맡기고 우리는 다섯 시간 동안 뉴햄프셔의 화강암을 즐겼어. 암벽이 있는 동네에 살아서 다행이야. 너무나 소중하고 운 좋게 느껴져. 너무 소중하다는 것. 이게 문제 아닐까 싶기도 하네.

엄마 또한 아빠처럼 전업 산악 가이드가 될 수도 있었다는 이야기를 했던가? 산악 가이드이기도 했었다는 건? 사실 산악 가이드의 삶과 그 일에 대한 열정 때문에 모잠비크에 가게 됐고 그래서 지금 집에서 지원 기금 제안서를 쓰고 예산을 짜고 스카이프로 회의를 하는 삶을 사는 거야. 오지 여행을 하던 내가 책상에 붙어 일하게 될 줄은 몰랐어.

하지만 지금은 나의 여행, 너희의 좋은 엄마가 되고 싶은 마음, 우리 가족의 부양이 모두 하나로 뒤섞여 있는 듯하구나.

***

등반에 대해 해주고 싶은 말이 하나 있다면 자주 하면 할수록 더 잘하게 된다는 거야.

대체로 어마어마한 시간을 투자해야 하지. 부모로 살려면 등반을 할 때 최대한 효율적으로 하면서 가성비를 뽑아내야 해. 이 사실은 너희 엄마가 되기 전부터도 알고 있었어. 몰랐던 건 에너지 전환이 너무 크다는 것. 너희가 너희 허벅지에 주삿바늘이 들어가는 것을 보고 있을 때, 너희가 독감 약을 먹을 때 내가 너희 손을 잡고 있는 것과 부서지기 쉬운 바위 사이의 믿을 만한 작은 돌멩이를 붙잡는 것에는 어마어마한 차이가 있다는 것.

말했지만 너무나도 차이가 커.

***

"난 피터가 질투나. 너무 부러워." 갈릭과 등산하다가 말했어.

"당연히 그렇겠지. 나도 남자였으면 좋겠다는 생각 자주 해."

역시나 그는 같은 생각을 이미 했었고 그 생각과도 화해를 한 거였어. 나보다 나이가 어리지만 엄마로서는 선배니까. 갈릭이 둘째를 임신했을 때 나는 아기를 낳을지 말지 고민하다가 친구에게 말했어. "둘 다 잘해내는 여성 사례를 잘 보지 못한 것 같아." 당시 갈릭은 아이 하나를 바깥세상에 내놓고 아이 하나는 뱃속에 넣고 있으면서 이미 책 두 권을 썼고 국립과학재단 지원금도 받았는데 친구의 삶은 놓치고 있었던 거야. 그때 당시에는 내가 무례하거나 무심하다고 생각하지도 못했어. 나는 육아와 등반을 둘 다 잘해내는, 내가 원하는 여성상과 정확히 일치하는 여성만 찾고 있었으니까.

카즈와 이레나, 너희가 힘겨운 순간을 헤쳐나갈 때 옆에서 좋은 친구들이 도와줄 거야. 그 친구들은 너희를 앉혀놓고 개똥 같은 소리 하지 말라고 말해주고 왜 그런지도 설명해줄 거야. 그리고 몇 년 후 너희는 시속 5마일의 돌풍으로 갑자기 추워진 어느 가을날 같이 산에 가다 울게 될 거고 친구는 너희가 여전히 인생을 모른다는 사실을 조심스럽게 말해줄 거야.

***

어젯밤 이레나 네가 공룡 플리스 잠옷을 입고 침실에서 엄마를 따라다녔어. 방에 들어와 눈을 한번 마주치더니 나를 안 보는 척하며 몰래 나를 졸졸 따라오더라. 스무 걸음 정도 걸어와서 내 가슴에 폭 안겼어. "엄마 시간"이라고 하더니 입에 왼쪽 엄지손가락을 쏙 집어넣네.

내 얼굴 위에 네 얼굴을 올려놓고 네 검지로는 코를 감싸고 새끼손가락으로는 내 새끼손가락을 감싸 우리 숨이 통과할 수 있는 비밀 터널을 만들어. 우리는 그 안에서 숨을 들이쉬고 내쉬고 들이쉬고 내쉬지. 목욕을 했지만 네 손에서는 단내가 나네. 너와 언제까지나 이렇게 숨을 쉬고 싶지만 샤워도 하고 싶고 저녁도 먹고 싶고 네 아빠와의 시간도 갖고 싶어.

이 순간만큼은 모두가 한방에서 같이 자는 가족이 부럽구나. 우리 가족 루틴을 바꿔 너와 카즈와 한 침대에서 누워 같이 자고 싶어. 물론 시도해봤지. 카즈, 너는 고양이처럼 내 머리 위에 올라가서 자. 내 얼굴을 덮은 15킬로그램짜리 아이가 만성적으로 아픈 목에 도움이 되는 체형 교정 치료법이 아니라는 건 100퍼센트 확신하지.

그래서 같이 자는 대신에 너희들 한 명 한 명에게 "안고 뽀뽀"를 다섯 번씩 해주고 있어. 너희를 꼭 안고 볼과 입술에 키스 샤워를 해주는 거야. 아빠와 나는 그렇게 최대한 사랑을 뿌려주고 마지막으로 잘 자라고 말해준 다음 너희에게서 떨어져 나오지.

편지 ○ 2년 4개월

2018. 11. 4.

우리는 결국 블랙 다이크를 등반했단다. 너희도 놀라진 않았겠지. 지난주 지상에서 벗어나 위로 오른 경험에서의 느낌을 생각하면 등반이라는 단어는 부정확한 듯해. 지난주 10월 26일에 너희를 모니카에게 맡기고 갔어. 얼리 시즌 빙벽등반은 공중 부양 연습과도 같이 몸을 끌어당기거나 민다기보다 우리 체중을 팔다리 사이로 번갈아 옮기면서 대충 위쪽 방향으로 향하는 행위라고 할 수 있어.

"등반할 때 애들 생각나세요?" 사람들이 물어.

지난 금요일에는 분명 너희 생각이 났어. 내 위, 물로 얼룩진 검은 화강암 위로 간헐적으로 솟아오르는 투명한 얼음을 봤을 때 너희 생각이 났어. 우리는 아무도 밟지 않는 눈 속에 발자국을 만들면서 이 루트의 베이스로 갔고 바람에 뒤틀린 키 작은 나무가 가득한 숲을 지나고 암석 구역을 지나 마침내 빙벽 밑까지 갔지. 신선한 얼음을 한번 발로 차고 나서 우리는 결정했어. 너희 아빠와 내가 이번 시즌 블랙 다이크의 첫 등반인이 될 거라는 확신이 들자 터무니없이 강한 에너지가 몰려왔고 그때도 너희 둘을 생각했단다.

등반을 실행하는 순간은 지극히 개인적인 일이야. 내 앞에 순수하게 펼쳐진 구역을 바라보면서 다른 사람이 오늘 등반을 *하지 않기*로 결정했다는 사실 앞에서 흥분을 감추려고 노력해야 했지. 오길 잘했다는 생각뿐이었어. 처음 80미터 동안 안전장치 없이 발을 디딜 때도 떨어질 확률은 거의 없긴 하지만 만약이라는 매우 나쁜 결과를 초래할 가능성을 안고 가면서도 오길 잘했다는 생각만 들었어.

"저는 프리 솔로(안전장치 없이 맨몸으로 하는 암벽타기_옮긴이)는 안 해요." 사람들에게 단호하게 말해. 하지만 6인치 깊이 얼음에 픽을 꽂아 슬링을 연결할 구멍을 만들고 그다지 쓸모없는 프로텍션 포인트를 만들 때는 추락 시 내 몸이 아니라 현재 내 정신만 보호하는 것 같기도 했어. 그리고 그때 너희를 생각했지. 내 위쪽으로는 암벽과 완전히 밀착되지 않는 난간과 모서리만 연달아 보였어. 어쩌면 초겨울이라 잠깐만 얼어붙은 암석일지도 몰라.

빙벽등반은 몇 번을 해도 늘 새롭다는 점에서 흥미를 자극해. 10월 26일 20피트 구간은 충분히 차갑지 않은 바위와 새 얼음으로 돼서인지 두껍게 잘 붙어 있는 얼음이 있는 1월 등반보다 네 배나 오래 걸렸구나. 지난주의 선택은 솔직히 말하면 그렇게 철저하거나 꼼꼼한 선택은 아니었던 것 같아.

앞으로 등반이 내게 뭐가 될지 나도 모르겠어. 너희 아빠도 나도 몰라. 너희들이 없을 때는 그럴듯한 말로 포장할 수도 있었지. 하지만 현실에서는 몇 주 동안 새벽 4시 30분에 일어나 결막염이 걸린 채, 급성후두염으로 누울 때마다 기침을 하는 너희를 돌봐야 한다면, 아이를 키우는 일이 아닌 모든 일은 뒤로 제쳐두게 되지.

전에는 등반이 완전한 사치라는 걸 전혀 이해하지 못했구나.

편지 ◯ 2년 4개월

2018. 11. 6.

    너희 둘 다 만약 앞으로 아기를 갖게 되면 엄마 집 옆에 살 거라는 걸 아니? 내가 아기들을 다시 볼 수 있는 유일한 방법이 될 것 같아서 그래. 왜냐하면 나는 더 원하거든. 너희 둘에게 마쳐된 기분을 더 원해. 하지만 아빠와 내가 아이를 또 가졌다면 너희 둘을 덜 가졌겠지. 다만 각 단계를 한 번씩 더 거치면 좋겠구나. 이번엔 그렇게 길지 않게 내 배 한쪽을 누르던 느낌, 너희의 딸꾹질, 젖을 빠는 그 입술을 한 번씩 더 가졌으면 좋겠어.

    "엄마 보고 싶었져. 엄마 일은 어땠어요?" 카즈 너는 말해. 그러고는 우리 집 앞마당을 뛰어 나한테 와서 "일하러 간다"라고 말하고 얼마 있다가 다시 돌아와.

    이레나, 다음은 너야. "금방 돌아올게." 이렇게 말하고서 네 손가락 하나를 내 얼굴 앞에 보여주는데 마치 1분만 다녀오겠다는 허락을 구하거나 통보하는 것 같아.

    너희 둘이 서로에게 뭔가를 원하면 "1분만"이라고 말하는데 허가의 의미지. 최근에는 "지금만"이 새롭게 등장했어.

오디오 저널 ◯ 2년 4개월

2018. 11. 16.

    너희 외할머니에게 말했어. 내가 엄마로서 존중받거나 가치를 인정받지 못한다고 느낀다고.

"너는 뭐가 문제니?" 할머니는 나무라. "일해야지! 4시 30분이면 일이 끝났으면 좋겠다니. 난 한 번도 4시 30분에 퇴근한 적 없다."

그 대화 중 할머니는 이렇게 말하기도 했어. "우리 엄마는 그랬어. 'B가 찍힌 성적표를 들고 집에 올 생각도 말라'고."

"엄마는 나한테 직접적으로 말하지 않았지만 암시는 했어." 내가 말했지.

이게 세대를 거쳐 전해지는 유전자의 힘일까? 말로 하지 않아도 알 정도로?

오디오 저널 ○ 2년 5개월
2018. 12. 11.

오늘은 토미 콜드웰의 다큐멘터리 〈던 월The Dawn Wall〉을 봤어. 사실 계속 피하고 있었던 영화야.

토미, 그의 전 아내이자 타고난 등반가로 불렸던 베스 로든 그리고 에디. 나는 같은 시간대인 1990년대 후반으로 돌아갈 수밖에 없었어. 그때 나는 수직의 인생을 함께 추구하는 소울메이트와 결혼했었지.

지금도 생생히 기억나는 건, 등반가인 나는 남들과는 다르다, 나만의 길을 헤쳐가야 한다는 생각에 사로잡혀 있었다는 거야. 그러다 같은 열정을 추구하는 사람을 만났지. 어떤 산이건, 어떤 암벽이건, 이 세상 어떤 텐트건 함께할 수 있을 것 같던 사람. 이렇게 생각한 게 기억난다. 이런 완전한 공통점이 결혼과 삶의 기반이 될 수 없다면 뭐가 될 수 있겠어? 사람들은 이보다 훨씬 적은 공통점을 갖고도 함께 삶을 일궈가잖아. 우리 부모는 완전히 다른 종류의 사람이었고 결과가 좋지 않았거든.

너희는 함께 삶을 일구기 위해 무엇이 기반이 돼야 한다고 생각할까?

도시에서 일주일에 몇 번 누군가를 만나 데이트를 하고 한번 같이 살아볼까 생각하는 것과는 다른 일이야. 등반할 때는 24시간 7일을 작은 텐트에서 자면서 머리 바로 위에 둔 요강에 소변을 누고 다른 사람 소변이 든 통을 버리지. 그 시점이 되면 결혼은 그렇게까지 다른 차원의 일이 되진 않는 거야. 이 다큐멘터리 속 토미와 베스 커플을 보면서 나는 다르게 살고 있다고 생각하던 때가 떠오르더라. 이 대안적 삶에서 파트너를 갖는다는 게 이 다름을 일상으로 만들 수 있는 방법이 될 거라 생각했지.

물론 그렇게 되면 결혼과 그 한 사람에만 점점 더 의지하게 돼. 그래서 상대가 실망을 시키면 혹은 결혼의 실체에 실망하게 되면 삶이라는 가장 큰 암벽을, 어떤 백업도 없이 혼자 등반하게 되는 거지.

오디오 저널 ⊙ 2년 5개월

2018. 12. 16.

카즈 네가 소리를 지른다. 오늘 우리 침대와 너의 잠 사이에 벌어지는 10종 경기 안에는 이레나 의자에 찧은 내 발가락과 내 발꿈치에 묻은 끈적끈적한 뭔가가 포함돼. 시계를 본다. 새벽 3시 33분이네.

나는 그 방에 있는 귀신인 척하면서 네가 돌아다니지 못하게 해. 그런데 지금 이레나 깬 건가? 너희와 밤에 한방에 같이 있으면서, 제발 한 아이만이라도 자게 해달라고 빈 날이 얼마나 많은지 신만이 아실 거야.

이레나는 '살 부비기'를 좋아해. 내 셔츠를 내려 내 가슴에 자기 볼을 대는 거지. 카즈 너는 나를 네 안으로 흡수해버리겠다는 듯 내 머리를 네 온몸으로 덮어버린다. 그리고 이렇게 말해.

"엄마 사랑해. 우리 가족 사랑해."

***

"부처님도 젖 줘?" 이레나가 어느 날 아침을 먹다 식탁 위에 있는 석가모니상을 손으로 가리키면서 말했어. 자세히 보니 석가모니상 가슴이 조금 나와 있네.

"그러게, 어떻게 알았어? 우리 딸. 너무 멋지시네."

***

크리스마스트리 장식을 할 때 카즈 너는 장식품이 하나밖에 없을까 봐 무척이나 걱정인가 봐.

"이레나 거 토끼는 어딨어? 이레나 달걀은? 이레나 눈사람은?"
"쌍둥이처럼?"
"쌍둥이. 쌍둥이."

***

"이레나 보고 싶어!" 카즈는 낮잠에서 깰 때마다 큰 소리로 말해.
"이레나 저리 가!" 이레나가 내 품에 안겨 있으면 소리 지르지.
"카즈 저리 가!" 내가 카즈를 안고 있으면 이제 이레나가 소리쳐.

***

새벽 4시 30분. 나는 포기하고 우리 셋은 모두 부엌으로 이동해.

캐비닛에는 쥐똥과 주황색 참마 조각이 떨어져 있어. 화장실에선 오수 정화조가 새네. 개미들은 우리 집 거실이 자기 집인 양 활보하고. 캐비닛 문을 닫고 개미로 덮인 쥐덫을 바깥에 내놓고 혹시라도 한 마리라도 잡히라고 12도로 기울여 놨어.

"우리 이제 뭐 하고 놀아요?" 이레나가 묻는구나.

편지 ○ 2년 5개월

2018. 12. 23.

우리는 미네소타행 비행기 안이야. 너희 아빠는 통로 건너편에 우리와 따로, 아무 방해도 받지 않고 앉아 있고 너희 둘은 내 몸 위에서 몸부림치다가 번갈아 "엄마 내 거. 이레나 저리 가!", "카즈 저리 가!"라고 소리쳐.

아빠는 너희 둘 중 하나를 떼어내 데려가려고 해보지만 너희 둘은 그렇게 호락호락하게 아빠에게 가지 않지. 떼 쓰는 소리만 더 커질 뿐이야.

우리는 비행기 안 모든 승객이 한마음으로 싫어하는 사람들이야.

승무원이 이레나를 억지로 자리에 앉히려고 해. 이륙 시간이기 때문이지. 승무원이 자기 몸을 건드리자 이레나 너는 거의 악을 쓰며 울어.

너희 둘이 소리 내지 않게 하는 방법은 내가 희생하는 것뿐. 나는 카즈 네 쪽으로 내 목을 기울이고 내 머리카락을 내준다. 너는 내 머리카락을 한 가닥씩 잡아당기고 나는 내 머리카락으로 너를 쓰다듬지. 그와 동시에 이레나는 내 반대쪽 턱에 얼굴을 묻고 엄지손가락은 입안에 넣어 빨고 다른 손가락으로는 내 코를 동그랗게 쥐고 있어. 우리는 같은 공기를, 탁한 비행기 안 공기를 마셨다 내뱉었다 해.

너희 아빠에게 또다시 미칠 듯이 화가 나. 정확히 따지면 아빠 잘못은 아니건만 너희에게 화를 낼 순 없으므로 너희 아빠에게 화가 난다. 이레나를 내 몸에 붙이고 화장실에 가. 내 앞에는, 푹 익은 바나나 껍질을 벗겨 먹으며 네게 설탕이 첨가된 기내용 스프라이트를 주는 내 모습을 못마땅하게 바라보는 가족이 있어.

편지 ◯ 2년 5개월

2018. 12. 26.

"치타 어미는 항상 스트레스를 받고 있습니다." 내레이터가 말해.

나는 TV를 보며 코웃음을 치고 너희 아빠는 눈을 감네.

치타 새끼 네 마리가 마치 트램펄린이라도 되는 듯 어미 치타 위에 다 같이 올라가 얼굴과 엉덩이를 어미 목과 겨드랑이에 묻고 있어. 그 치타들과 우리 쌍둥이 사이의 유일한 차이점은 치타에게는 털이 아주 많다는 것뿐.

이것인가? 육아가 암컷의 일이라는 반박할 수 없는 증거?

12년 전 에티오피아의 랑가누 호숫가에서 당시 결혼까지 고려하던 한 남자 옆에 누워 일출을 바라보고 있었어. 그는 어떤 동물 종이든 암컷은 새끼를 돌보도록 설계됐다고 말했지. 그날따라 개코원숭이가 너무 시끄럽게 울어 우리를 깨웠어. 헨리는 커피 사업을 하고 있었지만 생물학을 좋아했지. 그는 내 팔을 천천히 쓰다듬으면서 수컷과 암컷에게는 각자 역할이 있다며 자연의 위대함을 설명했어. 그가 개코원숭이, 하마, 얼룩말, 사자에 관해 아는 이야기를 중얼거릴 때마다 그와 그의 트위드 양복과 함께하는 미래에서 점점 멀어졌지.

그런데 지금 동물의 왕국을 보면서 생각해. 어떻게 이걸 반박할 수가 있지? 여성으로서 이 명제에 반박할 수가 있나? 어떻게 하면 내 역할을 하면서도 평등하고 싶다는 내 요구를 조화시킬 수 있을까? 사람들도 다 이렇게 화가 나지만 인정하지 않는 걸까? 치타 어미는 스트레스만 받고 화가 나지는 않나?

편지 ○ 2년 6개월

2018. 12. 31.

요즘 내 스키 친구는 미셸 오바마야. 아니, 적어도 화이트 마운틴에서 매일 크로스컨트리 스키 투어를 하며 내 귀에 《비커밍》을 읽어주고 있는 사람이지.

"나는 할 일 목록에 체크를 해가며 사는 사람이었다. 노력과 결과라는 단호한 박자에 맞춰 행진했다."

그런데 이것 말고 또 다른 박자가 있나?

어렸을 때 빨간 색연필로 97점이라는 숫자가 휘갈겨 쓰인 시험지를 들고 와서 우리 엄마 아빠에게 자랑을 하면 언니가 자기는 똑같은 시험에서 98점을 맞았다고 말했어.

"나는 이대로 충분한가?" 오바마가 물어.

나도 물었어.

지금도 묻는다.

충분히 잘하면 이 세상에서 인정받을 줄 알았어. 하지만 한 번도 그러지 못했지. 곱슬머리, 안경, 발음하기 어려운 폴란드 이름 때문에 어릴 때부터 외톨이였고 나중에 가까스로 또래에게 인정을 받았지만 충분히 잘하고 있다고 느낄 정도는 아니었어.

얼마 전 사진첩에서 중학교 3학년 때 사진을 발견했어. 다른 모든 사람이 카메라를 정면으로 바라보고 있는데 나만 뒤돌아 어깨 너머 뭔가를 보고 있었지. 그곳에 내 미래가 있었을까?

노력과 결과. 나는 다르게 살고 있다고 생각한 적도 있어. 이제 와 보니 남들과 똑같이 살고 있고 영원히 똑같이 살 거고. 약간은 비관습적 환경에서 그렇게 살아보려고 노력하고 있을 뿐이야.

오바마의 목소리와 함께 스키를 타면서 왜 이 사람이나 나나 이렇게까지 자신을 밀어붙이는 걸까 궁금해진다. 나는 숨을 헐떡이며 오르막길을 오르고 조금이라도 더 멀리, 더 빨리, 지난번보다 더 많이 가려고 노력해.

편지 O 2년 6개월

2019. 1. 2.

나는 새해 첫날 유난을 떠는 사람은 아니야. 그럴지도 모르지만 이제는 나를 충분히 알기에 새해 소망을 빌며 마음이 부풀거나 올해도 역시 이뤄지지 않을 일에 나를 자책하지 않을 정도는 성숙했어.

하지만 너희 둘이 두 살 반이 된 올 새해에는 새로운 기분을 느낀다. 제대로 읽은 게 맞아. 느낀다. 마침표. 나는 모든 것을 느껴. 오늘은 너희와 앉아 커다란 종이 위에 마커와 크레파스로 색칠을 하고 각각 너희 이름이 적힌 폴더에 잘 끼워뒀어. 그리고 울었어. 너희가 그림을 감탄할 정도로 잘 그려서는 아니지. 하지만 너희가 얼마나 변했고 얼마나 성장했는지 보여주는 그림이었거든. 너희가 얼마나 멀리 왔는지, 너희가 얼마나 나와 닮았는지 느껴서.

날것의 느낌. 아마 이것이 엄마로 살아가는 경험을 가장 잘 묘사한 단어가 아닐까 해.

글로 쓰는 것 외에 이 벅찬 감정을 표현하는 방법이 있을지 모르겠어. 우리가 같이 이 사랑과 질문과 배움이라는 커다란 그릇 안에서 소중한 순간을 놓치지 않으려 노력하는 방법도 있으려나.

***

"왜 가야 하는 거야?" 지난주 공항에서 돌아오는 길, 도시에서 산으로 들어오며 점점 어두워지는 차 안에서 너희 아빠에게 물었어.

언니 집에 가는 게 행복하지 않은데 왜 가야 할까?

함께하는 것이 이렇게까지 힘들다면 가족이 무슨 의미가 있을까?

어떤 계획을 세우면 더 나을까?

더 많은 시간을 같이 보내 친해지면 더 쉬워지려나?

우리는 너희를 어떻게 키우고 있을까?

너희 이모 그러니까 내 언니와 있을 때는 내가 가장 좋아하는 버전의 내가 되지 못해. 더 어색하고 더 긴장하고 더 까칠하고 나보다는 언니 같아져. 그러면서 언니가 언니 본모습인 듯이 이게 내 본모습일지도 모른다는 생각에 기분이 더 나빠지지. 마치 이게 우리 DNA 혹은 성장 과정에서 새겨진 각인일지도 모른다는 생각 때문에.

편지 ○ 2년 6개월

2019. 1. 16.

　나는 걸음마하는 아이 같아. 이레나는 짜증이 날 때, 특히 여러 복잡한 감정이 휘몰아칠 때 악을 쓰며 울어. 그렇게까지 화가 안 날 때도 내게 짜증을 쏟아내지. 그리고 나는 너희 아빠에게 그렇게 해.
　가슴이 찢어져. 내 의지도 그래. 내 정신도 그렇고. 우리는 지난 11월부터 규칙적으로 잠을 자지 못했는데 이앓이와 감기와 아무리 해도 떨어지지 않는 카즈의 기침 때문이고 이제 너희는 그저 깨어 있기 위해 깨어 있게 됐는데 그럴 때마다 너희가 나를 필요로 해. 다시 갓난아기들을 키우는 것만 같지.
　내 몸은 화재 경보에 반응하며 자동적으로 다리를 일으켜 걸어 나와. 문제를 해결하고 다시 눕고 다시 일어나고 문제를 해결하고 다시 누워. 지금이 아까보다 더 힘들다고 느껴. 어쩌면 더 피곤하기 때문이겠지.
　어젯밤에는 너희 침대 옆 의자에 앉아 40분 동안 너희 우는 걸 듣고 있었단다. 프랑스에서의 어느 날 밤 카즈가 74분 동안 운 거 알고 있니? 그러다 잠들었지. 하지만 그때는 네가 고작 한 살이었고 할 줄 아는 건 우는 것밖에 없었잖아. 이제 너는 말을 할 줄 알아서 내 마음이 더 아파.
　"엄마 안아줘."
　"엄마 안아주세요."
　"손잡고 싶어요."
　"엄마, 엄마."
　"도와줘."

"나랑 같이 자."

"내 손 꼭 잡아줘."

"오늘은 꼭 나랑 같이 자."

아침 8시 40분에 세 시간도 자지 못한 채 이 글을 쓰면서 울고 있어. 우리 모두가 더 많은 잠을 잘 수 있는 방법을 찾고 있지만 나부터 그 방법을 따르지 않는구나.

***

오늘 너희 낮잠 시간에 너희 아빠가 거실에서 내게 문자를 보냈어. 너희가 15분 동안 내 귀에 대고 울어대서 달래려고 갖은 애를 쓰고 난 다음이었어. '당신 카즈랑 있어?' 그가 물었지.

나는 못된 말로 쏘아대고 싶었어. '응. 애들이 갓난아기 때부터 늘 그랬던 것처럼, 언제나 당신보다 더 많이 애들을 보는 것처럼.' 너희 아빠는 그 전날 저녁 너희를 4시 45분부터 6시까지 봐주긴 했어. 하지만 그건 밤 12시가 아니잖아.

화가 나. 정말이지 저 깊은 곳에서 화가 부글부글 끓어올라. 하지만 정확히 화일까? 그럴까?

우리는 매일 함께 너희 감정을 이해하려고 노력하지. "이레나, 네가 왜 화났는지 알겠다. 엄마가 자꾸 아몬드 더 먹으라고 해서 엄마한테 화났구나. 그럴 수 있어"라고 말해.

하지만 내 감정은 어떻게 하지? 카즈와 함께 있어야만 하는, 아이를 어떻게든 진정시켜야만 하는 40분이라는 적지 않은 시간 동안 나는 왜 남편에게 화가 날까? 어쩌면 내 이 감정에 이름이 없어서는 아닐까? 가이드가 없어서일까? 어쩌면 밀려난 느낌일 수도 있지. 불편하다. 초조하다. 너무 요구 사항이 많다. 심장이 조여든다. 이게 감정일까? 심장이 조이는 듯한 느낌이야. 뭔가가 양쪽 끝으로 나를 잡아당기고 또 잡아당기고 있는 듯해.

지금 밖으로 걸어나가 그에게 이 말을 해야겠지. 화내지 말고 이 감정에 관해 솔직히 말해야 하겠지. 하지만 내가 아는 건 화밖에 없는 걸. 화는 내가 갖고 자란 감정이야. 화는 행복 다음에 유일하게 내 손에 잡히는 감정이라고. 행복하지 않으면 화가 나는 거잖아.

하지만 이건 내게 도움이 되지 않고 우리 결혼에도 도움이 되지 않아. 우리 가족은 행복해하거나 화내는 것 이상이 필요해.

편지 ○ 2년 6개월
2019. 1. 24.

어렵게 하고 다르게 하기.
내가 만들고 나를 성장시켰다고 생각하는 내 삶의 두 기둥.

***

레이니 패스, 노스 캐스케이드, 1996년.

나는 그 무렵 이미 전문 등반가였고 그건 아무리 힘들어도, 언제라도, 항상 산을 오른다는 뜻이었지. 파트너를 찾을 수 없으면 혼자서라도 산으로 향했어. 내가 뭘 하는지 알고 있었고 내 행동에 이유를 붙였고 대부분의 목표 산은 비교적 사람들 발길이 뜸한 산이었어. 블랙 피크의 노스이스트 리지는 내 목록 중 가장 위에 있는 산이기도 했고.

4마일 정도 산길을 걷고 경사가 낮은 암벽은 재빨리 올랐고 험준한 캐스케이드로 둘러싸인 높은 산등성이에 앉아 로프 없이 올라갈 테크니컬 암벽의 피치 세 개를 위해 암벽등반 전용 신발을 신었어. 신발 끈을 묶고 배낭의 허리 벨트와 가슴 끈을 몸에 가깝게 붙여 고정하고 올랐지. 그 등반은 계단식 바위와 오르막이 있는 단순한 루트의 연속이었고 여기저기 약간 위험한 부분이 있었어. 내 몸은 튼튼하고 날렵하게 느껴졌고 내게 필요한 건 모두 있었어. 애드빌, 운동용 테이프, 경량 알파인 하네스, 하강 라펠이 필요할 때를 대비한 120피트 길이의 가는 로프. 정상에 올라 주머니에서 등반 기록장을 꺼내 "노스이스트 리지, 솔로"라고 쓴 다음 내 이름을 쓰고 밑줄을 그었어.

혼자서 하는 등반인 솔로잉은 나를 강하고 독립적으로 느끼게 해줬어. 이 단어는 혼자서 뭔가 힘든 일을 하는 것이 직관적으로 연상되는 단어지만 당시 나의 핵심 감정이기도 했지.

나는 열아홉이었고 고등학교 때 독자적으로 문학 논문을 썼고 대학에서는 개인 유학을 알아보고 있었어. 대학교 2학년을 마치고 1년 휴학한 뒤 풀타임으로 등반만 한 경험 또한 나를 또래 집단 바깥으로 몰았지. 등반 친구나 동료를 찾기도 싫었고 그런 그룹을 찾아야 하는지도 몰랐고 그런 그룹이 존재한다는 생각도 떠오르지 않았고.

등반을 할 때마다 내가 손바느질로 패치를 붙인 빨간색과 보라색의 그래니트기어 백팩을 싸는 순간부터 에너지가 전격적으로 전환됐어. 아직도 그 패치가 눈에 선해. 노스웨스트 테러토리의 이누빅에서 45일간 카누 여행을 기념하며 받은 녹색과 흰색 패치, 밴쿠버 아일랜드와 멕시코 티후아나에서 받은 패치, 엄마와 함께한 1,700마일 자전거 여행을 기록한 수첩, 두 달이 지났는데도 굳은살이 남았던 이스턴 스프린트를 마쳤을 때 프린스턴 조정 팀이 준 주황색과 검은색의 노. 이 모든 기념품은 또 다른 모험을 할 명분이었고 내 자존감의 부스터였어.

***

파이어스톤 도서관, 프린스턴, 1994년.

내가 프린스턴대학교 합격자 대기 명단에 들어 있었다는 사실은 나를 이 사회에 적응하게 해주는 버팀목으로 쓸 명예의 훈장이라고 할 수 있었어.

이 사람들은 내 사람들은 아니었어. 결국 나는 여기 있어서는 안 되는 사람이었지. 사실은 대학도 내 인생에서 다른 것을 선택해온 방식으로 선택했어. 어려울수록 정복했을 때 성취감이 느껴졌기 때문에. 모두가 내가 처음으로 선택한 시카고대학 학부 과정이 가장 어려운 학문적 도전이 될 거라 말했고 시카고가 거친 도시고 사람 사귀기가 힘들 거라고 했을 때도 나는 두렵다기보다는 용기가 생겼어. "넌 그걸 원하면 안 돼." 사람들이 이렇게 말하면 그때부터 내가 원하는 것이 됐어.

프린스턴은 그런 방식의 자기 파괴에서 나를 구해줬고 말 그대로 담쟁이ivy로 가득 덮인 아이비리그 대학이라는, 충분히 훌륭한 두 번째 선택지가 되어주었어.

어렵게 하기와 다르게 하기. 제발, 버하르트. 이걸 네 신조로 삼는 건 결혼과 가정생활을 성공으로 이끌어야 할 때는 적합하지 않아.

노트패드 ○ 2년 7개월

2019. 1. 30.

지난주 〈인간 대 곰〉이라는 제목의 리얼리티쇼 오디션을 보라는 요청을 거절했어. 그 프로그램 콘셉트는 제목과 정확히 똑같다고 할 수 있거든. 오늘은 또 다른 리얼리티 쇼 〈미들 오브 노웨어〉 촬영을 위해 워싱턴 D.C.로 가고 있어. 오늘 새벽 6시에 25번 국도에서 너희 아빠가 프리스쿨 등교가 미뤄졌다는 전화를 했을 때 정말 미들 오브 노웨어(여기가 어디인지 모를 상황_옮긴이)에서 눈앞이 하얘졌지.

"고객한테 전화해서 스타팅 시간 늦춰달라고 할 수 있어?" 나는 물었어.

"안 그러고 싶어. 그럴 필요까지는 없었으면 좋겠어."

여기서 그럴 필요라는 걸 뭘까? 덜 프로페셔널할 필요? 아빠일 필요? 진짜 사람일 필요? 나의 생각과 그의 침묵 사이 시간이 흐르고 우리의 통신은 두절됐어.

우리 집에서의 정상은 내가 모든 잘못된 상황을 해결하고 결과가 어찌되든 내 회의 시간을 조절하는 거야. 오늘은 내가 해결할 수 있는 상황도 아니지. 벌써 집에서 45분 떨어져 있고 며칠 동안 밖에 나와 있어야 하니까. 나는 음악을 틀고 통신이 끊어진 이후의 내 시간을 즐기기로 했어.

***

지난주에는 1년에 한 번 받는 골반 검사가 늦게 끝나서 중요한 지원금 회의를 미니밴에서 해야 했어. 물론 그 사정은 우리에게 지원금을 줄 수 있는 투자자와는 절대 공유하지 않았지.

우리는 일에 구획을 나누려고 하지만 그게 진정 도움이 되는지는 모르겠어.

"가정의학과 안에서 산부인과 전공의가 되려면 전업 배우자가 필요하다는 사실을 누가 말해줬다면 좋았을 텐데 말이야." 대학 동창 케이트가 이렇게 말한 적이 있어. 그녀는 가정의학과 레지던트를 마치고 고위험 부인과 전공으로 1년 더 전문의 과정을 거친 다음 자신의 고향으로 내려가 산부인과 의사로 살 수 있길 희망했지. 그러나 병원 정책 때문에 당직을 서고 심야 분만을 도와줄 의료진이 없었어. 남편은 가족 사업으로 바쁘고 자신은 유아와 신생아를 키우며 가정의학과 의사로 일하고 있었기 때문에 몸이 몇 개라도 모자랄 지경이었어.

"하나는 내려놔야지." 케이트가 말해.

그의 '내려놓음'은 산부인과 대신 가정의학과를 선택하는 거였어. 여전히 중요하고 어려운 일이지만 가정과 일의 양립은 가능했어. 전공의 1년 과정이 완전한 헛수고는 아니었다고 말하기는 해. "덕분에 우리 가족이 1년 동안 시애틀에서 살았지 뭐야! 사실 아기를 분만하는 일이 너무도 좋았어. 그런데 엄마인 내가 하기에는 너무 벅차더라. 어떤 엄마 의사들은 해내던데, 혼자 당직서면서. 어떻게 그렇게 하는지 모르겠어."

하나는 내려놔야 한다. 이 발언 앞에서 나도 모르게 발끈하는데 실은 사실이라서야. 내 머릿속에서는 내가 올해 파타고니아에 가지 않기로 한 건 내가 추구하는 등반인의 삶을 정당화하지만 사실 내가 가지 않았을 때 내가 얻는 것도 계산됐지.

워싱턴행 비행기를 타기 전 공항에서 전 등반 파트너였던 케이트가 올해 미국 알파인 클럽의 언더힐 어워드 수상자로 결정됐다는 뉴스를 봤어. "최고 수준의 역량과 용기와 인내로 뛰어난 성취를 거뒀다"고 쓰여 있었어. 나는 빠르게 넘겨버려. 부럽고 혼란스럽고 엄마가 된다는 것과 직업적으로 성공한다는 것 사이의 간극을 메우지 못하는 우리의 집단적 무능력에 상처받으면서.

***

카즈의 밤은 수면이 아닌 기침과 울음소리로 채워져 있어. 우리 가족 모두에게 그래. 다음 날이 다시 오지 않을 것처럼 밤은 길기만 하고 이런 밤들이 모여 몇 주가 되고 몇 달이 된다. 하지만 지금은 이게 우리 삶인걸.

잠깐만 이러다 말 거야. 나는 내게 말해.

"이번은 조금 힘들긴 하지만 우린 곧 이겨낼 거야." 아빠는 말해.

너희는 이제 두 살 반이야. 지금쯤이면 이게 우리가 만들고 있는 삶이라고 느껴야 하는 걸까? 어쩌면 더 나은 질문은 이거겠지. *그 삶을 벌써 만들었다는 건 언제 깨닫게 될까?*

***

평등을 위해 얼마나 더 열심히 싸워야 할까? 얼마나 내려놓으면 될까? 우리 둘 중 하나가, 나나 피터가 백기를 들고 패배를 인정한다면 더 쉬워질 텐데.

"당신은 내가 보험 설계 일만 하면 좋겠어?" 내 친구 케빈은 아이들이 어리고 자신은 가이드 일과 여행을 하고 있을 시기에 아내 클레어에게 물었다고 해.

"응." 클레어는 그때 했던 대답을 내 앞에서 다시 했어. "남편에게 말하고 싶었어. '응. 제발, 제발'."

케빈과 클레어는 국립아웃도어리더십스쿨에서 일하다 처음 만났어. 케빈은 이후 등반가이자 가이드가 됐고 클레어는 교육 분야에서 일했지. 이 부부가 아이를 갖기로 결정했을 때 클레어는 집에서 아이를 보면서 가족을 돌보기로 했고. 그들이 계획한 일이었어. 너희 아빠와 나, 우리 둘 다 이런 선택지에 관해서는 한 번도 대화해본 적이 없어.

아이와 함께 있는 시간은 어느 정도가 적당할까? 아이와 함께 있고 싶을 만큼? 나는 너희 아빠에게 대답을 요구하면서 우리 업무가 전통적인 주 5일제를 따르지 않기 때문에 우리만의 현실을 만들어나갈 수 있다고 말해.

하지만 또 다른 현실은 지금 당장은 너희들과 같이 있는 게 끝없는 즐거움과는 거리가 멀고 때로는 전혀 즐겁지 않기도 하다는 점이야. 진짜 노동이지. 계속해서 중재자가 되는 일이야. 시즌 첫 등반을 하기보다 집에서 육아를 *하고 싶어 하기*는 어려운 일이야. 한쪽은 몸이 쑤시지만 활력이 넘쳐. 다른 일은 지치고 지루하나 사랑을 받고.

내 안 어딘가에는 어느 정도가 충분한 시간인지 파악하는 공식 같은 게 있어. 내가 너무 오래 집을 비울 때 혹은 너희들이 자기 전 한 시간 정도로는 충분하지 않을 때, 쌍둥이에게 세 배의 시간이 필요하다는 걸 내가 알 때는 어떻게든 일정을 변경하고 일을 최대한 빨리 해놓은 다음에 너희들과 더 많은 시간을 보내려고 해.

너희 아빠의 공식은 뭘까?

이 생활이 장기적으로 어떤 대가를 치르게 하는 건 아닐까? 우리 결혼 생활에, 내 목적의식에, 영향력을 퍼뜨릴 수 있는 내 능력에, 너희 행복에 타격을 미칠 수도 있을 것 같아 두려워. 우리 부모님이 계속 행복하게 같이 살면서 우리를 키웠다면 나는 이 세상 안에서 더 잘 적응하는 사람이 됐을까?

오디오 저널 ◯ 2년 7개월

2019. 2. 25.

얼음 통로 사이 다른 오목한 곳을 향해 스윙을 해. 손목 스냅으로 내 장비의 픽을 얼음에 꽂아. 그리고 이레나를 생각해. 애들 *생각하지*

마, 마이카. 지금은 하지 마. 다음 발판에 발을 디딜 준비를 하고 수직 빙벽 한가운데 있는 다음 미세한 가장자리만 생각하자. 스윙, 부수기, 얼음 깨기, 소리 지르기, "얼음!", 스윙, 셋. 킥. 올라가자. 그것만 생각하자. 예전에 빙벽등반을 할 때는 무슨 생각을 했는지 기억이 나지 않네. 지금 내 아기들을 생각하는 것이 도움이 되지 않는다는 건 알겠어.

나는 지금 너희를 낳은 후 처음으로 친구와 등반 여행을 왔고 도중에 너희를 생각하는 게 도움이 안 된다는 걸 깨달았어. 퀘벡에서 아파트를 렌트해 일시적으로 아이 없이 지내니 끝도 없는 시간이 주어지는 기분이야. 매일 아침 나는 아이스 스크루와 픽을 갈고 짐을 싸고 내 이 선택이 우리 아이들에게 어떤 영향을 미칠까 생각해.

"엄마가 좋아하는 일을 하는 게 아이들에게도 좋지 않을까?" 길버트는 말해. 길버트는 아이가 없어. 지금은 그래. 나는 왜 그 말이 지나친 단순화라고 생각하는지 설명할 에너지가 없어. 이건 내가 사랑하는 것이지만 내 사랑에서 나를 멀어지게 하는 것이기도 하기 때문이야. 그리고 이건 나를 죽일 수도 있고.

암벽등반에 목숨을 걸 가치가 있을까? 거창하고 그럴듯하고 우러러볼 수 있는 목표이니 아이들과 함께 있는 것보다는 더 대단한 일이라고 말할 수 있을까? 아니, 이런 생각은 말로 하고 싶지도 않구나. 위험한 건 내 스타일의 등반이 아니야. 나는 다르게 해. 나는 안전해. 하지만 만약 어떤 일이 생긴다면?

1,000피트 정도 올랐을 때 라루트르의 마지막 얼음 기둥에 균열이 생겼어. 나는 오른쪽 장비가 기둥 하단부에 자리를 잡기까지 몰랐고 내 픽이 얼음에 부딪쳤을 때 쿵 소리가 나면서 내가 감당할 수 있는 것보다 더 큰 덩어리가 떨어져나갔다는 걸 알 수 있었어. 몸이 굳었어. 얼음을 바라봤지. 내 주먹 크기의 수평 틈새가 기둥에 생겼어. 크랙이 암

벽에서 분리된 거야. 내가 장비를 빼내면 이 깨진 얼음은 폭발할 것 같았고 내 몸으로 부딪쳐도 분명 박살날 테지. 나는 몸을 돌리고 비틀고 내 장비에 힘을 주고 아이젠을 놓을 곳을 찾고 단단한 얼음에 나사를 꽂으며 나를 보호했어.

처음 균열이 생긴 곳으로부터 얼마나 멀리 있는 얼음이 떨어지지 않고 고정돼 있을까? 내가 거기까지 도달할 수 있을까?

***

오늘은 길버트의 등반 두 번째 날이야. 우리는 라루트르보다 더 유명한 사촌인 폼 도르로 가기 위해 강 상류로 가고 있어. 나는 빌레이 중 발을 구르거나 스콧을 하면서 몸을 데우고 길버트는 파라솔처럼 생긴 얼음 위로 올라가고 있어. 내 손의 피가 따뜻해지는 걸 생각하며 의지를 다진다. 너희가 한 말 중 기억하고 싶은 말을 잊어버리기 전에 생각해봐. 두 달 전에는 갑자기 '바바'가 '블루베리'가 됐지. 그런데 나는 바바가 그립다.

"나도 엄마랑 같이 가고 싶어."

"나는 내 걸 엄마와 나눠 먹을래."

이레나는 엄지손가락을 빨면서 새끼손가락을 내게 내밀고 카즈는 소유욕 강한 연인처럼 내 머리를 먼저 잡고 입술을 내 입술에 강하게 누르지.

***

일기예보에서는 오후 5시까지 강풍이 불지 않는다고 했지만 오후 2시부터 불기 시작했어. 날씨는 자기만의 계획이 있으니까. 눈은 옆으로 위로 움직였다 다시 내려와. 제트기가 날아다니는 줄 알았는데 400미터 아래 회색 빙하인 리비에르 말베 사이에서 부는 바람소리구나. 얼마 후 길버트와 그녀의 남편 제이슨과 나는 다행히 빠르고 쉽게 내려갔어. 우리는 겨드랑이까지 쌓인 눈 속으로 뛰어들었고, 그게 작은 산사태를 만들었지. 그 밑의 눈덩이에서 2인치 정도 덩어리가 떨어져나갔어. 그에 대해서는 걱정하지 않기로 해. 내 두뇌 어딘가에서는 폼 도르에서 하산하다 죽는 건 너무 우스꽝스럽다고 생각하니까. 이 일에 목숨까지 걸 가치가 있나? 그 생각이 들자마자 얼른 지워버린다.

***

등반 마지막 날 새벽은 영하의 날씨와 시속 70마일의 돌풍이 예고됐어. 이 폭풍은 워싱턴산에서는 시속 172마일이라는 새로운 기록을 세웠고 복귀하는 동안 시속 130마일의 강풍이 계속됐지.

퀘벡에서의 등반은 이제 끝났고 발목에 은근한 통증이 심해져 집에 가고 싶구나. 우리는 오늘은 등반을 접고 한 시간 안에 집으로 떠나려 해.

내가 문을 열고 들어서면 너희는 몇 분 만에 나를 덮어버리지. 너희 둘은 내 몸이라는 부동산 조각을 차지하려고 해. 무릎 하나, 각각의 어깨 한 뼘. 이레나는 내 목을 갖고 카즈는 내 머리카락을 가져.

"엄마, 나 슬펐져. 엄마 보고 싶었어요."

"엄마, 내가 엄마 봐줄게. 엄마 머리 해줄게."

너희 하나하나를, 너희 둘 모두를 얼마나 사랑하는지.

노트패드 ○ 2년 8개월

2019. 3. 10.

카즈 그 노래 하지 마!
이레나 나는 하고 싶어.
카즈 내 집이니까 하지 마.
이레나 아니야. 내 집이야.
카즈 아니야. 우리 집이야.
이레나 그래 우리 집이야.

편지 ○ 2년 8개월

2019. 4. 17.

    너희 아빠는 나를 두고 떠났단다(이렇게 말하는 건 정당하진 않지만 머릿속에서의 나는 이렇게 말해. 실제로 그가 부재하니까). 우리 둘 다 일 때문에 집을 비우지만 아빠가 점점 더 자주 집을 비운다고 확신해. 나는 그렇게 하도록 내버려두지. 이번에는 군부대 교육을 위해 애리조나주 투손에 갔어.
    "엄마, 아빠, 나, 카즈. 우리 가족." 이레나는 말해.
    아빠가 없으면 너희들은 둘 다 아빠를 찾으며 울어. "다 같이 있으면 좋겠져."
    카즈 너는 이야기를 듣고 싶어 하는데 동화도 좋고 진짜 있었던 일도 좋지. 곰이 무스에게 바나나를 주고 쿠키를 받은 이야기를 들은 다음에는 "엄마가 어렸을 때 밤에 무서워 잠 못 잤던" 이야기를 해달라고 해.

"엄마는 어렸을 때 너무 무서워서 잠을 못 잤대요."

"근데 엄마의 엄마가 재워줬대요." 카즈 네가 이어서 말해.

"아빠가 재워줬는데?" 나는 이렇게 고쳐주지.

잠깐, 이런 말을 했다가 너희가 아빠를 더 보고 싶어 하면 어쩌지? "엄마와 아빠가 같이 재워줬어요."

언제 너희에게 이야기해줄까? 내가 기억하는 한 우리 아빠와 엄마가 같이 날 재워준 적은 없다는 걸. 언제까지 내 마음 편하기 위해 거짓말을 해야 할까?

자동차에서 이야기를 들려줄 때도 정면을 바라보고 일정한 속도로 운전만 하면 두 살 반 너희들은 엄마가 울면서 운전하고 있다는 걸 알아채지 못하지.

도움이 절실하다. 너희 아빠에게 문자를 보내. '가트만 부부 관계 연구센터에서 하는 8주 부부 데이트 나이트 플랜 신청했어. 재밌고 괜찮아 보여서.'

1분 후에 추가 문자를 하나 더 보내.

'아니, 이 말부터 해야지. 나 이거 신청해도 될까? 나는 하고 싶어. 매번 예약하지 않아도 되는 부부 상담 같은 거야.'

아빠는 바로 그렇게 하라고 답하지 않는 대신 이렇게 답해. '집에 간 다음에 이야기하자.'

결혼 생활이 힘겹다고 느껴질 때 모네 그림을 볼 때처럼 한 걸음 물러나서 보기보다는 더 자세히 들여다보고 싶어. 멀리서 보면 점과 점 사이의 음영과 균열을 볼 수가 없고 전체적인 풍경만 보고 '괜찮다'고 말하게 되기 쉽거든. 그런데 너희 아빠는 갤러리 뒤에 서 있고 싶어 해.

***

다음 날 밤 갈릭과 저녁을 먹었고 내가 아주 어릴 때 해체된 우리 가족 이야기를 나눴어. 갈릭에게 우리 언니는 굉장히 힘들어했고 나는 그렇지 않은 편이었다고 했지.

"나는 둘 중에 더 담담한 딸이었고 실제로 담담했어."

"그 생각 하면 슬프진 않고?"

내가 대답을 고민하자 갈릭이 더 풀어서 말해.

"아니, 네 안의 어린아이가 슬프진 않을까?"

레스토랑의 빳빳한 리넨 냅킨은 눈물 닦는 데는 최악이야. 내 안의 어린아이를 찾아보려 하지만 어디 있는지 모르겠네. "난 정말 괜찮았던 것 같아. 아니면 괜찮지 않다는 게 뭔지 모를 정도로는 괜찮았다고 할까."

***

이 두 가지 사실은 알고 있어. 우리 엄마는 낯선 남자에게 성폭행을 당했고 그 이후 아버지와 이혼했다는 것. 어쩌면 두 사건은 내 가정만큼 직접적 관련이 없을 수도 있어. 둘 다 내가 할 이야기가 아니고 그러면서도 내가 결국은 내 것으로 이해해야만 하는 이야기이기도 하지. 어쩌면 내 이야기가 되도록 스스로 허락했을 수도 있고.

오늘, 너희들이 두 살 10개월이 되기 11일 전, 구글에 내 엄마 이름과 '성폭행'을 입력해본다. 컴퓨터 스크린에 그 사건 기사가 올라오길 원해. 엄마에게 물어보지 않고 기사를 찾아 읽고 싶은데 엄마의 아픈 과거를 들춰내 상처 주고 싶지 않으니까.

"왜 애들이 두세 살 때 결혼이 자주 깨지는지도 알 거 같아." 주변 사람에게 이렇게 말했어. 지난 2년 동안 여러 번 털어놨는데 내 절박한 심정을 표현할 수 있는 안전한 피난처를 찾고 싶어서였지. 이제야 내 인생의 연산을 제대로 하고 있어. 깨진 건 부부 관계가 아니야. 무너진 건 우리 부모님의 관계였지. 그래서 내겐 새 가족을 어떻게 꾸려나가야 할지에 관한 모범 답안이 없는 거야.

***

엄마가 당한 성폭행에 관해 대화를 시작하기 좋은 방법이라는 게 있을까? 먼저 아버지에게 전화를 걸어 내막을 물어볼까? 그럼 엄마에게 뭘 묻고 뭘 묻지 않아야 할지 알 수 있으니 감정의 지뢰밭을 피할 수 있지 않을까? 이 이야기의 전후 사정을 이해하지 못한 채 꺼낼 수 있나? 나 자신에게도 할 수 있을까?

내가 또 결혼을 하게 될 줄은 몰랐어. 이혼 후에는 3년에서 5년마다 상대에 대한 진심을 다시 확인하지 않는 결혼은 거짓말일 뿐이라고 말하고 다녔지. 에디와의 결속력이 약해진 데는 그만한 이유가 있었으니까. 열두 개도 넘었어. 하지만 나는 다른 남자와 결혼했고 이 사람, 바로 너희 아빠는 그때까지 만난 어떤 남자보다 훌륭했고 이제 우리는 힘겨우면서도 아름다운, 아이가 있는 가족의 삶에 안착했구나. 우리 결합 안에는 단순하고 뻔한 분노와 화와 잘못된 행동이 있어. 내 것도 있고 너희 아빠 것도 있지만 대부분 내 것이라 할 수 있지.

18년 전 내 친구 리비는 자신의 첫 남편이 게이였다고 말해줬어. 당시 리비는 내가 왜 첫 남편과 결혼했는지 그리고 결혼을 지키려고 노력하고 있는지도 몰랐는데 내가 말을 꺼내지 않아서였지. 하지만 리비가 자기 결혼 이야기를 했을 때 나는 화를 냈어. 남편이 게이야? 잘됐네? 쉽잖아. 끝내면 되잖아. 두 번째 결혼 생활이 8년 정도 흐른 지금, 리비의 결혼은 파탄 내기 쉬웠으리라는 것 또한 내 섣부른 생각이었다는 걸 깨달아. 에디가 포르노와 대마초에 탐닉하면서 계속 잠자리를 거부했으니 내 결혼 생활 또한 게이 남편과의 결혼과 크게 다르지 않았던 거야. 우리 둘은 모두 감당하기 어려운 상황을 짊어지고 있었어. 나는 지금 균열은 없이 단층선만 있는 결혼 생활을 하고 있어. 너희 아빠와 함께 사는 현재, 내 앞에 할 일이 쌓여 있고 내가 이 일을 감당할 수 없을지도 모른다는 사실을 매일 단위로 깨닫고 있어.

***

"엄마, 내가 달래줄게." 내가 울면 이레나는 말해.
"엄마, 내가 달래줄게." 카즈도 옆에서 말하지.
나도 내 부모에게 이런 말을 했던가? 부모님이 법정에서 양육권 싸움을 하면서 각자의 친구에게 상대가 얼마나 형편없는 부모인지 증언하게 하고 있을 때 해야 했나? 우리 엄마는 한밤중에 비명을 지르며 깰 때가 있었고 난 성폭행의 기억 때문일 거라고 짐작했지만 만약 엄마가 실패한 결혼 생활 때문에, 그게 우리 가정에 미친 결과 때문에 그랬다면 어땠을까?

나는 사람들에게 다른 삶에서는 아이를 몇 명 더 낳았을 거라 말해. 아이를 더 낳은 다음 그 선택의 결과에 만족했을 거라고. 하지만 이 말 또한 진실일지 아닐지 나도 몰라. "아이요? 잘 모르겠어요. 제가 워낙 화가 많은 사람이라." 예전에는 이렇게 말하기도 했지. 하지만 내가 나를 객관적으로 인식한다는 사실을 자랑스러워해야 할지 아니면 냉정할 정도로 정확한 판단에 두려워해야 할지 모르겠구나.

나는 이 방정식에서 남자가 되고 싶어. 5일 동안 밖에 나갔다가 집에 와 26시간 만에 또다시 17일 동안 출장을 떠나는 사람이 되고 싶어. 그 사이 집에 있는 파트너가 다섯 가지 돌봄 선택지를 알아보고 밤에 아이들을 재우려고 하면 아이들은 "난 슬퍼. 엄마, 슬퍼. 왜 나 사랑 안 해줘"라고 울부짖겠지.

    망할. 나는 그 집에 있는 배우자가 되고 싶지 않아. 내게도 그 아내가 있었으면 좋겠어. 내가 그 아내인 게 싫고 우리 인간 집단이 이렇게 살게 된 것도, 이게 내가 맡게 된 역할인 것도 싫어. 너희가 울다 깨지 않을 때도 새벽 3시에 일어나 멍하니 누워 와인을 너무 많이 마신 건 아닌지, 너무 엄마로만 살고 있는 건 아닌지 고민해. 이 둘 중 하나도 그만둘 수가 없어. 암벽등반이 상황을 더 악화한다는 것을 알면서 그만둘 수도 없어. 이 암벽등반은 우리 부부 사이를 굴절시키는 또 하나의 렌즈, 한때 공유했지만 이제 모호해져 버린 또 하나의 사랑이 돼버렸어.

***

    엄마가 성폭행당한 날짜를 찾을 수가 없네. 그 대신 다른 진실 하나를 찾았어.

노트패드 ○ 2년 8개월

2019. 4. 21.

    카즈가 밤에 또 잠을 못 자네. 5일째, 너를 침대에 눕히고 재우기 전쟁을 하고 있어.

    오늘 밤에는 잘 시간이 이미 한 시간이 넘었는데도 칭얼거리고 있어. 네가 아기 침대에 누워 울던 시절이 그리울 지경인데 그때는 침대에 눕혀두면 너 혼자서는 나갈 수 없으니 내가 방을 나갈 수 있었거든. 하지만 오늘 밤에는 그렇게 할 수 없구나. 나는 수술한 발목과 목발 때문에 무거운 발을 질질 끌고 복도를 쿵쿵거리며 다니니까.

항상 똑같은 질문을 또 해. "괜찮아?"

"엄마 사랑해."

"엄마도 카즈 사랑해." 이때 꼭 엄마도를 강조하는데 그 부분을 빼면 이 대화가 양방향이라고 생각하지 않아 네가 짜증을 내거든.

"아니야, 엄마. 이레나!"

"우리 아가, 이레나는 자잖아."

"이레나가 나한테 '사랑해'라고 하지 않았어!"

노트패드 ○ 2년 8개월

2019. 4. 23.

우리는 가트만 부부 관계 센터에 250달러를 지불하고 첫 번째 80분 세션 중 28분을 시청했어. 부부간 애정을 되살려줄 팁이 적힌 빨간색과 노란색 카드는 집 안 곳곳에 아무렇게나 흩어져 있어. 우리보다 너희 둘이 그 카드를 갖고 놀기 때문이지. 나는 매주 목요일 밤 알람을 설정해 가트만 부부 상담을 꼭 해보려고 노력해.

편지 ○ 2년 8개월

2019. 4. 24.

나는 살덩이 1파운드(큰 희생, 과한 요구_옮긴이)를 줄 수 있는데… 누구에게 줘야 하지?

우리는 나물리산 주민에게 너무나 큰 요구를 하고 있어. 정작 미국에서는 아무것도 보호하지 못하면서 그들에게 그들 산림은 보호하라고 하는 거야.

진로를 바꿔 여기 집에서 싸워야 할지 고민하던 날도 있었어.

동네 마트에서 비닐봉지에 물건을 넣어가는 사람들과 싸울까.

한 번 쓰고 버리는 플라스틱 팩 우유를 사는 사람을 말릴까.

음식물 처리 도구가 없는 공항에 건의를 할까.

기후 변화를 믿지 않고 가속화하는 데 진심으로 앞장서는 행정부와 싸워야 하나?

오늘 나는 지원금 선정 2차 심사에 참여하기 위해 캘리포니아행 티켓을 샀단다. 그리고 마음을 다잡았지. 여기서 아주 먼 장소와 그 장소를 보호하는 사람들을 위한 이야기를 하기 위해 여행을 하는 거라고. 자신들의 가족을 부양하기 위해, 그들의 땅과 미래가 산사태로 사라지지 않게 하기 위해 싸우는 사람들에 관해 이야기하러 가는 거라고. 그래도 내 여행으로 생긴 탄소가 비닐봉지 몇 개가 남긴 탄소보다 훨씬 더 많지 않을까?

내가 살덩이를 내주듯 희생을 해야 한다면 여기 집에서 하는 편이 좋을까?

내 가족과 내 아이들을 위해 그 편이 나을까?

우리 모두를 위해 그 편이 더 나을까?

노트패드 ○ 2년 10개월

2019. 5. 17.

"리가 죽었대." 고등학교 동창 폴이 말했어.

나는 동네 도서관 주차장에서 시동을 켠 채로 서 있어.

"엄마였잖아."

"셋이었어, 마이카. 절벽에서 뛰어내렸대."

동료 등반가의 사망을 정당화하기 위해 정신을 다잡는 방법은 있어. 하지만 모든 것을 끝내버린 어린 시절 친구를 애도하기 위해서는 내 머리와 마음은 어떤 과정을 거쳐야 할까?

노트패드 ○ 2년 10개월

2019. 5. 20.

"엄마, 우리 아가였을 때 우유 먹었어요?" 이레나가 물어.

"그럼. 엄마 우유 많이 먹었지."

카즈가 끼어들어. "충분히 먹었어요?"

"충분한 것 이상으로 많이 먹었지."

"감사합니다, 엄마." 둘이 입을 모아 말해.

음성 일기 ○ 2년 11개월

2019. 5. 30.

    5일 전, 너희 아빠가 가이드하다 지름 2피트 바위가 위에서 굴러 떨어졌는데 간신히 피했다고 해. 그 낙석이 아빠를 그 자리에서 죽일 수도, 불구로 만들어 그의 인생을 그리고 우리 인생을 완전히 바꿔놓을 수도 있었지.
    아빠가 위험과 부상과 죽음에 노출돼 있다는 사실은 그것들을 간발의 차이로 피했을 때 더욱 현실적으로 느껴지는구나. 결국 거기까지 도달하는 것이 불가피한 일처럼 느껴져.
    "당신 어마어마한 상황에 노출돼 있는 거야. 언젠가는 끝내야 해. 위험해. 당신 죽을 수도 있었어." 이건 우리 둘에게 새로운 일은 결코 아니야.

***

    10년 전 나미비아에서 너희 아빠가 볼더 필드를 굴러 내려오는 화강암 바위 위에 뛰어 올라갔다가 땅에 착지하는 모습을 지켜본 적이 있단다. 만약 그 바위가 그 위로 미끄러졌다면 아빠는 아마 목숨을 잃지는 않았더라도 다리는 부러졌을 거야. 우리는 하루 반나절 동안 브랜드버그산을 올라가 그늘진 황금색 화강암 위에서 첫 등반을 시작했어. 원하던 루트의 정상까지 등반을 마친 날 저녁, 우리는 7일 동안 지낸 외딴 캠프에서 팀 동료인 케이트, 크리스와 먹다 남은 초콜릿 몇 조각으로 축하 파티를 했지.
    그날 아빠도 나도 잠을 이룰 수가 없었고 우리는 자는 대신 요란한 소리를 내는 에어 매트리스에서 누가 들을까 봐 대화를 하며 사랑을 나눴어. 서던 크로스 아래서 캠프하던 그 며칠만큼이나 누구와 그렇게 강렬하게 연결됐다고 느낀 적이 없었어. 어떤 한 사람과 그렇게 많은 것을 나누고 그렇게 노력하고 그렇게 큰 위험을 감수할 수가 있을까? 지금은 그때보다 더 많이 하고 있네.

오늘 밤 우리는 그의 사고를 소화하려고 해. 아빠는 소파에 앉아 있고 나는 바닥에서 스트레칭을 하며 말했어.

"당신 안아줄까?"

"제발 그래줘."

다음 날 너희 아빠가 내가 원하는 시간에 빨랫감을 건조기에 넣지 않는 건 커다란 바위가 떨어지는 것만큼이나 크게 다가오겠지. 나 스스로가 커다랗게 벌어진 상처처럼 느껴지겠지. 그렇게 그는 언제나 모든 방식으로 내게 영향을 미칠 수 있어.

노트패드 ◯ 2년 11개월

2019. 6. 5.

문자

나 오늘 아침 오트밀 정말 맛있었어. 당신 아침 해줄 때 완전 섹시한 거 알지?

피터 오늘 애들 어린이집 데려다줘서 고마워.

나 별일 아니지 뭐. 사랑꾼.

피터 사랑꾼?

나 그거 아니면 아기양 어때?

피터 당신 타이어 예약 다시 잡았어? 사랑하는 아내님?

나 사랑하는 남편. 나도 빨리 처리하고 싶어.

새로운 상담사 나탈리가 진심으로 서로에게 유혹적인 말을 하라고 하더라.

우리는 거미줄부터 털어내야 해.

가트먼은 서랍에 넣어놨어. 이 방법이 더 낫네.

편지 ◯ 2년 11개월
2019. 6. 26.

너희 생일이 다가오고 있어. 너희 둘 생일을 축하하는 건 이번이 세 번째고 우리는 너희의 중요한 날을 위해 케이크 두 개를 준비하고 있어.

"안 될 거 없지. 두 명이잖아." 너희 외할머니가 말해.

이레나는 '바닐라'를 원하는데 이레나 버전의 바닐라야. 카즈는 딸기 쇼트케이크를 원해.

긴 대화를 나눈 끝에 이레나는 마음을 바꿔 '바닐라 롱케이크'로 하고 싶다고 해.

***

"엄마, 사랑해."

뜬금없이 아무 때나 나오는 카즈 너의 문장. 가끔은 왜 그 말을 했는지 알 수 있지. 가끔은 그림을 그리거나 화장실에 가다가 뒤를 돌아보며 내게 받으라는 식으로 툭 던져.

"엄마, 나랑 계속 계속 있을 거지?"

15일 동안 떨어져 있어야 하는 날이 사흘밖에 안 남았으니 잘 돌려서 말해야 해.

"그럼 우리 아가 계속 계속 사랑하지." 이 대답은 내가 들어도 약하다. 너와 더 같이 있고 싶지만 벌써 8시가 넘었고 너를 제시간에 재우고 나도 자는 것이 너에게 솔직해지는 것보다 더 중요해 보여. 이렇게 쓰고 있는 내 자신이 싫고 부끄럽기도 하고.

***

이레나는 아침 조명이 켜진 지 95초 만에 내 침대로 들어와. 오늘도 침대 위에 앉아서 내가 잘 있는지 확인하고 또 하네.

"엄마, 데이트 어땠어요? 발목 아파?"

이레나는 여전히 엄지손가락을 빨면서 새끼손가락으로 내 코를 감싸 우리 사이에 손가락으로 작은 터널을 만들어.

편지 ○ 3년

2019. 6. 30.

"애들도 데려가지 그래요." 한 여자가 말해.

모잠비크행 비행기를 타기 위해 JFK 공항에 앉아 있는데 자기도 쌍둥이 엄마라 소개한 여인이 내게 말해. 그 애들은 지금 스물여섯 살이라고. 자기는 출장 갈 때 아이들을 데려갔다고.

하지만 이 여인의 기억력이 과연 정확할까?

나는 당연히 그 말에 동의한다는 듯이 고개를 끄덕여. 하지만 아이들을 데려가서 어떻게 하라는 거지? 투정을 두 배로 부리는 세 살짜리 두 명과의 시간을 마법처럼 차분한 업무 환경으로 만드는 능력이 내게는 없는데? 내가 일하는 동안 누가 아이들을 돌보지? 아이를 데려가야 한다는 말 뒤에는 나는 일을 하면 안 되고 멀리 출장 가면 안 된다는 비난이 숨어 있는 걸까? 일을 할 때 아이를 봐줄 보모까지 데려간다면 이 경험을 위해 지불해야 하는 수천 달러의 여행비와 육아 비용은 누가 감당할까?

특수 부대 교육을 위해 한국으로 떠난 너희 아빠가 공항에서 처음 만난 사람에게 아빠라고 밝혔을 때도 아이들을 데리고 가야 한다는 말을 듣게 될까? 글쎄.

***

아이들과 이동하기의 현실은 누구보다 내가 잘 알아. 너희들을 데려가면 엄마 노릇도 못 하고 일도 못 해.

발목에 무리가 가지 않도록 조심하면서 공항을 서성이고 있어. 일반적인 회복이라면 3주 후에는 활동이 가능하다고 했지만 수술 후 3개월 후에도 등반이나 하이킹은 할 수가 없다고 하더라. 비행기 경유 시간이 지금보다 더 짧았다면, 내가 8,500마일 떨어진 곳으로 날아가기보다는 다시 집으로 가고 싶다는 생각을 하지 않았을 텐데. 집에서 나온 지 몇 시간밖에 안 됐는데 되찾을 수 없는 너희들과의 시간을 잃어버린 기분이야.

***

'아이들은 분명 엄마가 일한다는 걸 고마워할 거야.' 친구가 문자를 보내. '아이들도 네가 세상에 나가 일하는 모습을 보는 게 좋지 않겠니.'

우리는 제정신을 유지하기 위해 이런 말을 쥐어 짜내는 것 아닐까? 6년 동안 집에서 육아만 하다 *그다음에* 이 일을 할 수 있다면 어떨까? 내가 볼 때 그러면 무척 훌륭할 것 같으나 불가능한 일이지. 그래서 나는 이 시스템과 거래를 해. 지금 *이걸* 하면 나중에 *그걸* 할 수 있을 거야. 그러니까 아이들이 더는 나를 필요로 하지 않거나 원치 않을 때 내 직업을 갖고 일할 수 있어. 이 망가진 미적분학을 나 자신에게 제대로 설명할 수 없으니 좋은 의도를 가진 친구들에게는 더욱더 설명할 수가 없구나.

"미래에 너희는 이 일을 해낸 엄마를 멋지다고 생각할 거야." 너희들에게 이렇게 말하는 상상을 해. "*미래. 한번 말해볼래? 미래.*"

하지만 정작 내가 우리 부모님을 떠올릴 때는 어떻지? 부모님의 업적이나 출장이나 직장에서 해결해낸 복잡한 문제 같은 것에 어린 내가 감사하다고 생각하진 않아. 물론 언니와 나는 부모님의 성공 덕분에 좋은 옷과 좋은 음식과 집과 여행과 스키장 이용권 등 수많은 혜택을 받으며 살았지. 열심히 일하시는 부모님이 자랑스러웠지만 다른 현실을 알진 못해. 부모님이 덜 노력해 덜 성취했다면 내가 그들을 덜 자랑스러워했을 거라 누가 말할 수 있을까?

편지 ○ 3년

2019. 7. 5.

내 컴퓨터 시계는 우리 집 시계로 맞춰져 있기 때문에 너희가 일어날 때까지 몇 분의 시간을 봐. 내 앞에는 무라부산이 지금은 보이지 않는 나물리를 지키고 있어. 오토바이가 그 옆을 지나가고 그 뒤로 자전거가 가볍고 경쾌한 소리를 내며 달리네.

내 속은 또 뒤집어지려고 해. 말라리아 약 때문이야. 1년에 한 번 여행으로 구루에와 나물리산에서 일하며 뿌리를 내리기에는 역부족으로 느껴지는구나. 우리 가족에게는 한 번도 너무 많게 느껴지겠지만.

우리는 도시와 시골을 한참 돌아 마침내 산으로 올라가는 구불구불한 산길에 다다랐어. 타르가 부서지면서 포트홀(도로에 움푹 파인 구멍_옮긴이)이 생겨 위험하기도 해. 핸들을 꺾었다가 차가 기울어지기 직전에 똑바로 서기도 하거든.

이곳은 정말이지 이제는 집처럼 느껴져.

이 사람들을 진정으로 어떻게 도와야 할까. 매일 내게 질문을 해. 이곳을 위해 일한 지 5년이 됐는데 이곳 주민들은 내게 그저 숲을 건강하게 지키는 것뿐 아니라 아이들이 건강해지길 바란다고 말해. 이 말은 몇 년째 듣고 있어. 하지만 그 문제를 내가 해결할 순 없어. 만약 우리가 그렇게 할 수 있다고 말한다면 어떨까? 이 환경보호 단체 일이란 오직 환경만 보호하는 분야라 생각했어. 하지만 그건 너무 편협하고 비인간적이구나. 레가도가 다른 길을 만들 수 있다면 어떨까?

노트패드 ○ 3년 1개월

2019. 7. 26.

너희는 이제 세 살 그리고 1개월이 됐구나. 너희에게 꾸준하게 편지를 쓰겠다는 목표는 방치돼버렸어. 엄마가 되기 전 아무것도 몰랐을 때 아기들에게 수면 교육을 시키던 엄마들에게 내리던 평가처럼 어디론가 사라진 것만 같아.

이레나, 너는 아직도 엄지손가락을 빨고 내가 충분히 안아주지 않왔다고 말하면서 내게 다가오지. 물건이 밖에 있으면 "바람에 날아간다"고 말해. 오늘 너는 복도로 살금살금 걸어가더니 보석 상자에 몰래 물을 넣었고 내가 화장실에 있는 널 발견하니 큰 소리로 말했어. "나 지금 명상 중이야!"

편지 ○ 3년 1개월

2019. 8. 8.

오늘은 너희 아빠와 전화 통화를 하면서 너희 둘을 "두 새끼들"이라고 부르고 말았어. 어쩌면 내 육아 인생의 새로운 저점이 아닌가 싶네.

아빠는 뉴햄프셔에서 미래의 산악 가이드들을 교육하고 있어. 아직 발목이 말썽이긴 하지만 우리가 콜로라도에 온 이유는 너희를 낳기 전처럼 모험을 해보고 싶어서지. 물론 이렇게 쓰는 것만으로도 괴롭고 너희 이전과 이후가 있다는 말을 큰 소리로 말하고 싶지도 않아. 내 인생과 우리 결혼이 어떤 연속선상에 있다고 보고 싶어. 하지만 어딘가에 선이 없다면 아무것도 없는 것이라 할 수도 있겠지.

사실 이번 '모험'은 가족과 업무 미팅을 위한 여행이야. 이제 겨우 3일이 지났는데 친구들과의 계획도, 일 관련 미팅도 모두 취소하고 말았어. 너희가 옆에 있었다가 없었다가 하는 나보다는 새로운 장소에서 너희와 내내 같이 있는 나를 더 필요로 한다는 걸 깨달았기 때문이야.

아니면 내가 다른 엄마가 돼야 하는 걸까? 우아하고 평온하게 너희의 짜증을 달래는 엄마가 돼야 할까. 처음에는 절뚝거리면서 그다음에는 지팡이를 짚고 쫓아다니면서 너희를 봤어. 그러고서는 왜 몇 주 만에 회복될 줄 알았던 발목이 4개월이 지난 지금도 탈착식 깁스 워킹

화를 신을 수밖에 없는지 더는 궁금해하지 않게 됐지.

***

오늘 너희 사촌 동생인 갓난아기를 안아봤단다. 애나는 이제 생후 6주고 내 팔뚝을 젖처럼 어찌나 세게 물고 빨았는지 빨간 자국이 생겼어. 애나의 입술과 혀가 내 피부에 닿고 움직이니 너희에게 젖을 먹인 2년이 생각나는구나. 애나를 품에 안으니 또 다른 아기를 갖고 싶다는 생각에 마음이 아팠고 그런 강렬한 유대의 기회를 갈망하게 됐어. 시간을 멈추거나 적어도 한 번 더 반복해서라도 내 마음과 심장에 쇠실로 그 추억을 새겨 넣고 싶어.

내 어린 시절 소꿉친구인 리즈는 쌍둥이를 낳고 몇 년 후 셋째를 낳았는데 '하나만' 키우는 건 어떤 기분인지 궁금하더래. "상상을 해봐, 하나만 키운다니." 셋째를 낳은 게 자신이 한 가장 잘한 일 중 하나라고 하더라.

"나 아기 갖고 싶어. 애기들 갓난아기 때가 그리워." 지난주에 너희 아빠에게 말했어.

"당신 미쳤어? 당신 아기들 있어. 지금 저 방에서 자고 있다고. 가서 깨워서 같이 놀아."

지금 있는 아이도 감당 못 하면서 어떻게 아이를 더 낳고 싶어 할 수가 있지? 내가 지금 힘들어하는 모든 것, 즉 쌍둥이 임신 이후 복벽이 분리돼 윗몸일으키기는커녕 돌출부 등반도 아직 못하는 현실, 아이들 짜증과 화를 달래야 하는 일, 피터와 나 사이 육아 불균형에 대한 불만은 애가 하나 더 있으면 악화되기만 할 거야.

이건 비논리적인 사고의 정의라고도 할 수 있겠지.

그런데, 그럼에도 불구하고 나는 아이 하나를 더 원해.

***

지난주에 이레나가 내게 소리를 질렀어. "나 엄마 말 안 들을 거야."

카즈가 와서 내 머리를 네 팔로 안아줬지. "난 엄마 말 잘 들을 건데. 내가 엄마 돌봐줄게. 여름 내내 엄마랑 있을 거야."

어쩌면 내가 어린 시절 내내 집안의 중재자로 살아왔기에 성인이 돼 내 화를 다스릴 줄 모르고 터트리게 된 건 아닐까.

너희는 서로 역할을 바꿔. 한 명이 떼를 쓰면 한 명은 의젓하게 행동하면서 반항하는 상대와는 대조적으로 순종을 선언하지. "엄마, 내가 엄마 돌봐줄게."

"아가들은 엄마 돌보지 않아도 되는 거야. 엄마가 아이들을 돌보는 거야." 나는 너희들에게 말해.

아니, 아이들이 갖지 않길 원하는 걸 내가 왜 아이들과 나누고 있지?

내가 너희 나이였을 때, 우리 엄마와 아빠는… 뭘 했지? 사실 자세히 기억나지도 않아. 다만 이 너희들을 앉혀놓고 오늘부터 엄마와 아빠가 같이 살지 않는다고 말하는 건 도무지 상상할 수가 없구나.

노트패드 ◐ 3년 1개월

2019. 8. 14.

너희 외할머니 말씀

재택 근무에 대해

"나는 재택 근무하는 사람들이 일을 한다고 생각하지 않는다. 너무 심한 말처럼 들릴지 몰라도 내 마음속 깊은 곳에서는 이렇게 생각해. 빨리 일어나서 일을 하러 가!"

모유를 끊은 4개월 새끼 말 허클베리에게
"다른 암말과 같이 두면 젖을 먹으려고 하다 발길에 채일 수도 있어. 이렇게 두면 뭔가 빨고 싶을 때 수컷 말의 성기를 빨겠지. 그러니 윈윈 아니냐."

여름방학에 같이 지내고 있는 열다섯 살짜리 조카에게
"손녀가 나랑 같이 시간을 보내고 싶어 하지 않는다는데 나도 굳이 손녀와 같이 놀고 싶지 않다."

***

내 엄마의 세상은 안전하고 말, 목장, 운동으로 구성돼 있어.

만약 내가 어린 시절로 돌아가 떼를 쓴다면 내 대사는 이렇게 되겠지. "엄마, 나랑 그냥 놀아주면 안 돼요?"

그러다 생각해. 이레나와 카즈의 대사 또한 똑같지 않을까.

편지 ○ 3년 1개월

2019. 8. 17.

오늘 케이트는 잭슨에서 결혼식을 올렸어. 이 결혼식 때문에 모험을 빙자한 정신없는 서부여행을 계획했지만 이제 사람들과 어울려야 할 때가 왔다는 것도 알겠다. 너희와도 어울리고 그 사람들과도 어울려야지. 우리 한 가족으로서.

"용케 왔네." 케이트는 날 발견하고 말했어.

"당연히 와야지."

우리는 밤에 춤을 췄는데 내 발목을 고정하기 위해 신은 부츠가 춤출 때 훌륭한 중심축이 된다는 사실을 알게 되기도 했어. 친구 재스민과 한 살짜리 쌍둥이를 만나자마자 실제 생활이 어떻고 어떤 식으로 어렵고 무엇이 중요한지 물었어. 그동안 이런 대화에 얼마나 갈급했는지. 그녀는 프로 운동선수이자 암벽등반을 하는 엄마라는 면에서 나와 도플갱어였어. 줄리 케네디를 만나고 같이 울기도 했는데 아들 헤이든을 먼저 보낸 일 때문이 아니라 결혼이란 게 얼마나 큰 무게를 의미하는지 이야기할 수 있어서였지. 너희 둘은 캠핑카 바닥에서 잤어. 밤새 내 침대에서 너희를 내려다보며 너희가 진짜인지 확인했단다.

음성 일기 ○ 3년 2개월

2019. 9. 1.

심리치료의 기본 전제는 우리가 특정 나이에 뭔가를 소화하지 못하면 우리 자녀가 그 연령이 됐을 때 그 일을 다시 겪어야 한다는 거야.

글쎄, 나는 어땠을까?

세 살 때, 그러니까 우리 부모님이 이혼했을 때 난 확실히 여러 가지 것을 소화하지 못한 것 같아. 어떻게 그럴 수가 있었을까? 지금도 제대로 다루지 못하고 있는걸. 그 분노에서 벗어나기 위해 해야 할 일들을 생각하면 화도 나고 두려워. 그리고 내가 무엇을 어떻게 하건, 40년 전 일어난 일 때문에 너희에게 내가 원하는 만큼의 좋은 엄마가 되고 피터와 부모로서 좋은 파트너십을 유지할 수 있는 열쇠가 망가져버린 것만 같아.

너희 아빠와 얼굴을 맞대고 이야기할 때마다 나는 그의 잘못을 꼬치꼬치 지적하고 싶지만 그러면서도 그는 나한테 무조건 잘해주고 사랑해주길 바라. 나도 우리 언니가 내게 지적을 하거나 어린 시절 나를 저격하려고 하면 그냥 언니에게서 멀리 도망가고만 싶었으니까.

하지만 어떻게 하면 언니처럼 행동하지 않고 그를 소외시키지 않고 나 자신을 대변해 할 말을 하고 내가 한 일을 인정받을 수 있을까?

내가 하는 일이 보이지도 않고 착취당하고 있다는 느낌이 지속적인 좌절감의 핵심이 돼 나를 산 채로 잡아먹고 있구나.

편지 ○ 3년 2개월

2019. 9. 19.

"아빠, 이혼했을 때 무슨 일 있었어요? 기분은 어떠셨어요?"

이전에는 절대 물어볼 수 없던 질문의 답을 얻는 여정 중이야.

"너희 엄마는 7시 30분이나 8시 넘어 퇴근을 했다. 회의를 했을 수도 있고 또 모르지."

나는 "또 모르지"에 담겼을지도 모를 의미를 묻지 않았어. 미끼를 물지 말아야지. 처음에 이렇게 생각했지만 두 번째에는 이렇게 생각했어. 미끼로 보지 말아야지.

"나는 항상 5시 10분이면 집에 와 있었다."

우리 아빠 말을 전부 믿진 않는데 이유는 모르겠어. 조금 더 마음을 열고 듣는 법을 배우면 달라질까?

***

"너는 늑대를 정말 무서워했지. 그건 기억난다."

늑대 같은 건 전혀 기억나지 않는데 당연히 그렇게 어린 시절의 기억은 99퍼센트는 깡그리 잊어버렸겠지.

아빠에게 너희들을 보러 가봐야겠다고 말했는데 부분적으로 사실이기도 하지만 부분적으로는 이 대화를 할 준비가 되지 않았기 때문이야. 정말로 아빠가 느낀 슬픔에 관해 듣고 싶은지, 엄마를 보호하는 기분을 느끼지 않고 이 정보를 처리할 수 있을지 자신이 없구나. 왜 그럴까? 어쩌면 엄마가 바람을 피웠기 때문에 엄마를 믿으려고 하는 걸까? 새아버지와 엄마는 엄마가 아빠와 결혼 생활을 하던 중에 만났고 가족 모두가 그 사실을 알고 있었어. 이것이 언제나 바깥에 드러나 있던 진실이었기에 우리 부모님의 결혼 생활에 관해서는 엄마의 설명이 더 믿을 만하다고 느끼고 있는 것 아닐까? 그렇다면 정당하진 않네. 내 편견을 극복할 방법을 찾아야겠지. 그래도 아빠 말을 어떻게 들어야 하는지 잘 모르겠어. 나는 항상 아빠 앞에서는 엄마를 옹호하고 엄마 앞에서는 아빠 편을 드는 식으로 가족이 해체되고 난 뒤 한참 후에도 가족의 중재자 역할을 맡았어.

그러나 누가 티끌 하나 없이 순수한 진실을 안다고 말할 수 있을까? 우리 가족의 진실에 대해 공정한 증언을 해줄 사람이 누구일까 생각하다 새벽 3시에 문득 베키가 떠올랐어. 내가 다섯 살까지 우리를 돌봐준 보모지. 연락한 지 5년도 넘은 것 같네.

질문 목록을 만들어 책상 위에 올려놨고 매일 질문을 추가했어. 질문 만들기 3일째 되던 날 언니의 문자로 베키가 사망했다는 소식을 들었어. 희귀암 진단을 받은 지 얼마 되지 않아 세상을 떠났다고 하네.

부고를 읽고 울면서 그의 가족에게 편지를 썼고 이 빌어먹을 우주와 망할 타이밍을 원망했어.

편지 ○ 3년 3개월
2019. 9. 30.

　내게는 세 살인 너희가 두 살 때보다 더 힘들구나. 세 살 아이 두 명이 엄마로서 감당할 수 있는 최대치인 것 같아.
　너희의 좋은 점이 얼마나 많은지 몽땅 쓰고 싶은데 오전 9시 21분의 난 너희를 아빠와 어린이집에 보내기 위해 현관문 밖으로 내보내고 겨우 일하러 나가는 중이야. 아침 내내 떼쓰는 애들에게 소리 지르느라 진을 다 빼고 나니 그냥 너무 힘들다는 생각밖에 나지가 않네.

***

　내가 이해하지 못하는 게 하나 있는데 부모님에게 내가 세 살 때 어땠는지 물으면 부모님은 잘 기억하지 못한다는 거야. 어떻게 이 연령대의 자기 아이를 기억하지 못할 수가 있지?
　요즘 내 감정을 더 잘 이해하고 관리하고 싶어서 다른 나이 지긋한 심리상담사, 앤지를 만나고 있어. 지금 내 시간의 대부분은 너희의 중요한 감정을 읽는 데 쓰고 있잖아. 너희가 복숭아를 더 먹고 싶은지 아닌지, 가시를 빼고 싶은지 아닌지 같은 것. 하지만 지금의 나는 너희를 도와줄 도구가 부족한데 내 감정 소화 능력이 이미 한계에 올라와 있어. 그리고 이건 새로운 파도의 시작일 뿐이라는 걸 알아.
　지금 당장은 이런 말도 쓰고 싶지 않구나. 종이에 적혀 글로 고정되고 내 눈으로 직접 보면 내가 현실 대처 능력이 떨어진다는 걸 고백

하는 것만 같잖아. 그 또한 사실이 아니지. 나는 일만큼은 잘해내고 있기도 하거든. 그래서 사람들이 일을 하나 봐. 자존감 때문에 그리고 자신과 가족을 부양할 돈을 벌어야 하기 때문에.

***

너희 아빠와 내 사이가 더 좋아지길 바라고 있는데 아직은 잘 지낸다고 말할 수 있는 단계까지는 가지 못한 것 같아.

"오늘은 나한테 친절할 수 없어?" 나는 묻고 그는 등을 돌려 가버려.

그런데 둘 사이 세 살짜리 아이 두 명이 계속해서 떼를 쓰고 물어보고 요구하고 있는데 서로에게 어떻게 자상할 것이며 어떻게 무엇이든 해줄 수 있겠어?

이 글을 쓰는 시간을 마치 맛있는 간식이라도 되는 듯 만들기 위해 노력했는데 글을 쓰면서 내게 나오는 것이라곤 분노와 좌절밖에 없네.

또 뭐가 있겠니?

***

카즈와 이레나, 너희는 자전거를 탈 수 있어. 너희는 스트라이더 밸런스바이크에 올라서서 어떤 땅에서는 발로 패들을 빠르게 돌리고 발을 번쩍 들기도 해. 이레나 너는 내리막길을 무서워해서 고관절 굴곡근에 힘을 잔뜩 주고 다리를 옆에 꼭 붙이고 있는데 그래도 속도를 줄이기는 싫어하지. 속도가 점점 느려지는 것만이 네 유일한 브레이크 방법이야. 너희는 노는 시간의 10퍼센트 정도만 산에서 놀고 나머지는 자전거 타느라 바쁘단다.

나는 발목을 다친 지 7개월째인데도 회복되지 못했고 위급 상황에서 너희 뒤를 쫓아다닐 순 있지만 보통은 너희가 뛰어다니고 통나무와 바위를 넘고 내가 통제할 수 없는 모든 행동을 하는 걸 지켜보고만 있어.

너희는 매일 아침 내 침대 안으로 쏙 들어온단다. 오늘은 자기가 떠나도 내게 슬퍼하지 말라고, 어른이 되면 결국 돌아오니까 슬퍼하지 말라고 하네.

카즈, 너는 늘 새로운 언어를 배우는구나. 새로운 문장, 새로운 시제, 새로운 스페인어 단어를 배워. 너는 방으로 뛰어들어가서 원하는 걸 말하거나 내 머리를 껴안아주기도 해. 너는 항상 여러 감정을 탐색해. "엄마 잠 잘 잤어?" 이렇게 묻기도 하지. 밤에는 네 방에 아빠나 내가 들어가거나 확인해주지 않으면 혼자 잠이 들진 않아. 가끔은 너희가 제멋대로 행동하는 건 아닌지, 우리가 충분히 통제하지 못한 건 아닌지 걱정도 되지만 사실은 저녁 8시 30분이 되면 너희에게 잔소리할 힘도 남아 있지 않아.

***

방금 무슨 일이 있었는지도 기억나질 않는구나. 예전에 너희가 밤에 우리를 불렀을 때나 너희가 젖을 먹을 때 내가 어땠는지 전혀 기억이 나질 않아. 그리 오래전도 아닌데. 지금보다는 그때 더 잠을 잘 잔 것 같아.

지금부터 뭘 기억해야 할까? 이레나, 너는 내 겨드랑이를 파고들어 엄마 살을 주라고 말하고 지퍼를 내리고 단추를 풀고 방해가 되는 건 어떻게든 내려 내 살에 부비는 방법을 잘 안단다.

노트패드 ◯ 3년 3개월

2019. 10. 15.

"나는 우리 형제자매들을 좋아하지도 않았고 믿지도 않았어. 내 인생에 그들을 위한 자리가 없었다. 만약 마이카 네가 이모 삼촌을 좋아한다면 내가 이 모든 문제의 원인이라 생각하겠지."

우리 엄마는 잠시 말을 멈췄다가 계속 이어가. "더 길게 이야기하고 싶지 않구나. 그저 네가 네 인생의 모든 나쁜 일이 내 탓이라고 생각하는 게 싫다."

"엄마, 그런 거 아니야."

"다른 사람의 잘못을 전부 내 문제라고 생각하지 않았으면 좋겠다." 엄마는 이렇게 덧붙여.

나는 엄마에게 지금 당신의 두려움을 아무 데나 던져 넣고 있다고 지적해야 할지 아닐지 모르겠어.

나의 본보기가 이런데 내가 어떻게 언니와 좋은 관계를 유지하고 결혼 생활을 잘 헤쳐나갈 수 있을까?

나는 다른 본보기가 필요해.

"결혼 생활에 신뢰 문제가 있던 사람이 이 세상에 나 혼자는 아니야. 그리고 나이가 일흔셋이 됐는데 신뢰 문제가 하나도 없었다면 축하한다고 말하고 싶구나."

엄마는 나와 전화를 끊기 전 너희와도 통화하고 너희 아빠와도 통화했어. "너희 모두 너무나 사랑한다. 피터, 그건 자네도 사랑한다는 뜻이야. 알지."

내 엄마는 이렇게 순간적으로 내 숨을 막히게 할 줄 안다.

노트패드 ○ 3년 3개월

2019. 10. 27.

"엄마, 엉덩이 아파! 크림 발라줘."

나는 아쿠아퍼 연고를 손가락에 묻히고 카즈 네 뒤꽁무니를 쫓아다녀. 겨우 붙잡아 연고를 발라주면 넌 내 머리카락을 잡아 뜯지.

"엄마, 내가 내 엉덩이에 닿은 냄새 엄청 좋아하는 거 알아요? 내 손가락처럼?"

"우리 손 씻자, 카즈."

"두 번이나 했어, 엄마."

"손 씻는 거?"

"엉덩이 만지는 거."

"네 엉덩이 좀 쉬게 해줘라, 응?"

"알았어요, 엄마. 자꾸 엉덩이 만져서 미안해요."

노트패드 ○ 3년 4개월

2019. 10. 31.

수녀원에 간 우리 엄마의 이야기.

"나는 남들과 다르고 싶었다. 나는 우리 집의 낀 딸이었고 특별히 튀진 않았지만 독실한 가톨릭 신자가 되는 걸로 다른 자매들과 달라질 수 있었지." 60년 전 이야기를 하는데도 그 말을 하는 엄마 얼굴에 결연한 의지가 엿보여.

"내가 고등학교 다닐 때 새로운 교황이 즉위했는데 정말 큰 뉴스였어. 교황에 대한 기사와 글을 읽다 보니 성경도 다시 읽게 됐고 말씀에 감명도 받았지. 착한 여학생이었던 건 아냐. 교회 헌금 낼 돈으로 담배 샀으니까. 하지만 새로운 교황이 선출되면서 내 안에 뭔가 바뀌었고 하나님의 길을 따르기로 결심했다."

사실 그 모습이 잘 상상이 되질 않아. 고집스러운 성격의 싹이 보이긴 하지만 수녀 버전의 엄마는 낯설기만 해. 엄마는 수녀원에서 나온 후 모아둔 돈으로 여름에 유럽 여행을 갔고 이름이 기억나지 않는 이탈리아 남자와 잠깐 연애도 했다고 했지.

"의사소통이 거의 안 됐다고 봐야지."

아빠와도 똑같지 않았냐고 묻지는 않았어. 달랐던 건 엄마는 아빠와 결혼을 했고 아빠는 폴란드 남자였다는 점이었지. 결혼할 무렵에 엄마는 폴란드어를 곧잘 해서 폴란드에서 정착할 생각까지 했는데 완전히 사랑에 눈이 멀었기 때문이었어.

우리 엄마는 대학교 1학년 나이에 수녀원에 있었어. "어느 날 밤 수녀복을 다리고 있었어. 수녀복도 우리가 직접 만들었지. 다리미로 주름을 펴고 젖은 모직 냄새를 맡았는데, 그때 알았어. 나는 나가야겠다. 원장 수녀님에게 말씀드리고 몇 시간 후 수녀원에서 나왔지. 그때는 수녀가 되지 않겠다는 뜻을 밝히면 곧바로 방출됐어, 다른 사람들에게 전염시킬 수 있다고. 원장 수녀님이 내 마음을 바꾸려고 설득하신 기억은 없네."

신에게 자신의 삶을 바치려는 젊은 엄마를 머리로 그려보려 하지만 잘 되지 않네. 단지 순결 문제 때문만은 아닌데 분명 내가 엄마를 스무 살에 만났다면 궁금해하긴 했을 거야. 그보다는 하나의 교리에 완전히 자신을 던지는 게 가능했을까 싶어. 자신의 삶을 언제나 새로운 방식으로 밀어붙이고 창조해온 여성이 종교에 귀의하는 모습을 상상하기 어렵구나. 정해진 길을 기꺼이 따르려고 한 그 여성은 누구였을까?

어릴 때 우리 집 부엌에는 다음과 같은 글귀가 적혀 있었단다. "이끌든가 따르든가 비키든가." 수녀원에 다녀온 이후 '따르든가'는 더는 선택지가 아니었을 거야.

"네가 정신분석학에 관심 있다면 내가 수녀원에 간 이유는 가족 안에서 내 자리를 찾기 위해서라고 말할 수도 있겠지. S.언니는 장녀고 M.오빠는 아들이었고 나는 하나님의 자식이다, 뭐 이렇게." 그러나 엄마는 엄마 밑의 동생들인 J.와 F.는 언급하지 않아.

"부끄럽지. 그렇게 나와버리다니 부끄럽다. 지금까지도 그래." 엄마는 아무렇지 않게 말해.

이 순간 더 질문하지 않아야 한다는 걸 알아. 엄마 눈빛이 바뀌었고 엄마의 신뢰가 아니라 두려움에서 답을 얻게 될 테지.

***

아, 젊은 시절의 엄마를 만난다면 엄마에게 챔피언이 됐을 텐데. 엄마의 결정을 응원하고 잘 살 수 있도록 도왔을 텐데. 하지만 엄마에게 역경이 없었다면 그렇게 투사가 돼 많은 것을 성취하지 못했을 거야. 어쩌면 자신의 길을 개척하기 위해 필요했던 긍지가 무뎌졌을지도.

내가 뭐라고 엄마에게 필요했던 게 뭔지 알까.

그런데 나는 더 많이 알고 싶어.

노트패드 ○ 3년 4개월

2019. 11. 1.

우리 엄마의 훈육 이야기.

"카즈, 그만해라. 이레나, 카즈한테 애기같이 굴지 말고 그만하라고 해라."

레스토랑이었고 테이블 위 커피잔이 흔들거려 이레나에게 쏟아질 뻔한 위험한 상황이었지. 엄마 말투, 신랄하고 쌀쌀맞고 너무도 익숙한 그 말투 때문에 순간 마음이 철렁해. *그만해라.* 갑자기 그게 내 어린 시절 만트라였음이 기억났어. 엄마는 이 말을 하고 또 했어. 더 말하지 않아도 될 때까지 했는데 이미 내가 그만했기 때문이었지.

나는 좋은 엄마지만 우리 엄마에게는 그 사실을 알아볼 만한 기준이 없어. 엄마는 내가 아이들이 떼를 쓸 수 있게, 의도적으로 내 사랑과 시간과 공간을 주고 있다는 걸 알지 못해. 엄마는 나를 아이들의 에너지를 연결하고 방향을 바꾸고 관리하는 리더로 보지 않아. 내가 하는 모든 일을 한심하고 비효율적으로 보는데 그게 내 일이 더 많아진다는 뜻이기도 하니까.

그래도 스스로 자랑스러웠던 건 내가 엄마 말에 흔들리지 않았다는 점이야. 피터가 없는 17일 중 12일째에 세 살짜리 둘이 있는 경우는 (그리고 한 아이의 어금니가 나오고 있다) 엄마가 우리 집에 오기에 최상의 환경은 아니라는 사실을 깨달았어. 엄마한테 내 육아 철학을 애써 설명하려 하지 말자고 내게 약속했지. 그냥 내 식대로 하고 말자고.

"너 어렸을 때는 어땠는지 기억이 안 나. 너는 애들을 조금 더 무시할 필요가 있어. 너무 끌려다녀." 엄마는 말해.

세 살 때로 돌아가 엄마가 날 어떻게 무시했는지 보고 싶다. 엄마와 아빠가 내가 안전해야만 하는 유일한 장소에서 불안하기만 해 내 감정을 제대로 표현하지 못했다는 걸 알아챘는지 보고 싶어.

엄마가 당한 성폭행 이야기.

"성폭행당하고 있을 때 죽을 수도 있다고 생각했어. 그렇게 철저히 다른 사람의 지배에 놓여 있으면 인생이 끝날 수도 있다고 생각할 수밖에 없지. 나중에는 그걸 핑계로 삼은 것도 같다. 나는 강간당했고 거의 죽을 뻔했고 이혼해도 괜찮아."

"성폭행당한 다음 날 심리 상담사를 만나러 갔는데 그 사람은 나한테 끝까지 싸웠다고, 충분히 노력했다고 말해줬어. 있잖아, 아직까지도 그 말이 나를 담요처럼 덮어줬다고 느낀다."

"어떻게 그렇게 좋은 남자에게 그런 몹쓸 짓을 했을까? 내가 어떻게 외도를 했을까 싶지. 너희 아빠는 참 좋은 사람이었어."

"네 아빠와 나는 정말 로맨틱한 사랑에 빠졌었다. 서로의 다른 언어, 스파이 같은 분위기 그리고 그 웃긴 폴란드 억양까지도."

***

나는 심장으로 그 이야기를 따라가고 단편적인 사건을 이어보고 엄마가 나름대로 솔직하려 노력한다는 데서 희망을 봐. 그러나 엄마가 <u>스스로를</u> 보호하기 위해 강하고 해로운 단어를 택하면 실망하지. 그러다가도 엄마는 솔직한 심정을 털어놓기도 해. "너무너무 힘들었어. 정말 힘들었다. 하지만 우리 딸들은 그러면 안 되지. 그래도 너희에게 최대한 피해가 가지 않게 하려고 우리는 노력했다."

나중에 엄마에게 모든 일이 어떻게 그렇게 빨리 진행됐냐고 물었어. 8월 말에 성폭행당하고 11월에 별거하고 4월에 이혼이 마무리됐지.

"글쎄다… 1년 반쯤 걸렸지." 엄마는 기억을 더듬으며 말했어.

새아버지 기억에 따르면 엄마가 성폭행당한 건 이미 아빠와 별거한 다음이었다고 해. 하지만 엄마는 아빠와 아직 결혼 생활 중일 때 그 일이 일어났다고 하고 나는 그 차이를 지적하지 않았어.

"그 사람이 캔자스시티에서 일자리 제안을 받아서 그곳으로 가라고 했어." 엄마는 내 새아버지가 된 파파D가 미주리에서 일하기 위해 미니애폴리스를 떠난 일을 언급했어. "나는 성폭행당한 날 그에게 전화를 걸었다. 그는 잘 받아들였어. 너희 아빠도 그랬다."

엄마에게 A부터 Z까지 순서대로 말하라고 강요하진 않았어. A부터 Z까지 정렬이 되지도 않을 거니까.

편지 ⭕ 3년 4개월

2019. 11. 17.

너희에게 감정에 관해 가르쳐야 할 것 같아. 하지만 나는 매일 내 감정도 제대로 추스르지 못하고 있는걸. 화가 나면 화를 내고 싶어. 너희가 화낼 권리가 있다고 주장하는 것처럼. 나도 소리 지르고 비명 지르고 싶어. 당연히 너희가 아니라 너희 아빠에게. 다른 사람에게 그러고 싶진 않아. 가끔 그러고 싶지만 하지 않지. 그러고 싶다는 생각 자체가 좀 무섭긴 하네.

카즈와 이레나, 너희는 인생을 대처하는 법을 배우지 못한 사람에게서 인생의 대처법을 배우고 있구나. 나는 나를 사랑하지만 차가운 언니와 자랐어. 나는 언니의 가장 절친한 친구기도 하고 샌드백이기도 했지. 내가 언니에게 안전한 사람이었을까? 그럴 수 있는 유일한 사람이었을 순 있겠지. 아무튼 내 인생에서 우리 언니는 안전한 사람은 아니었어.

어렸을 때 누군가 나를 꼭 안아주고 내 기분이 어떠냐고 물어봐줬으면 좋겠다는 생각을 항상 했단다. 감정이 생기면 감정을 소화하는 법을 가르쳐주길 바랐어. 대신 나는 감정을 억누르고 그에 대해 보상받는 법을 배웠지.

만약 육아가 우리가 어렸을 때 필요한 그 사람이 되는 기회라면 나는 이걸 정면으로 통과하는 방법밖에 없을 것 같아.

노트패드 ◯ 3년 4개월

2019. 11. 19.

"엄마, 시간 줘서 고마워." 이레나가 말해.
그러더니 너는 내 단추를 풀었어.

편지 ◯ 3년 4개월

2019. 11. 22.

이레나와 카즈에게.

엄마는 오늘 기권이야. 온몸이 쑤시고 아프구나.

카즈, 어젯밤 나를 여덟 번이나 불러 낮에 만든 요정 막대기와 펠트와 파이프 클리너 장난감을 보라고 했지. 너를 달래기 위한 갖은 방법을 동원하다 결국 나는 네 몸통을 잡고 흔들어댔어. 네 어깨를 잡고 꼭 쥐고 흔들어 침대로 밀어버렸지.

"더는 못하겠다." 너를 놓아주며 말했어.

너는 아기가 아니야. 나를 위해 적어둔다. 너는 이제 충분히 컸으니 내가 널 잠깐 흔든다고 해서 두뇌가 흔들리지도 않고 몸이 다치지도 않아. 그래도 훈육하는 다른 방법이 더 많겠지. 이런 말까지 하고 싶지 않아, 정말로 아무에게도 하고 싶지 않아. 수치스럽기도 하고 정말 외롭구나.

내 엄마가 이럴 때 어떻게 했는지 알고 싶어. 엄마는 성폭행 사건에서 회복 중이었고 이혼 중이었고 세 살과 다섯 살짜리 아이가 있었지. 어떻게 이 모든 걸 다 할 수 있었을까? 혹은 내가 엄마에게 떼쓰지 말아야 한다는 걸 오래전에 배워서 그렇게 한 걸까?

나는 도움을 받고 있어. 너희는 좋은 어린이집에 다니고 시간제 보모도 있고. 그래도 나는 카즈 네 팔뚝의 부드럽고 연약한 살을 내 손가락으로 꽉 잡고 말았어.

"엄마, 너무 공격적이에요." 너도 충분히 그렇게 말할 수 있었지.

"알아. 그런데 엄마는 너무너무 피곤해. 지금은 도저히 너랑 실랑이 못 하겠어."

아이들에게 부모도 인간임을 보여주는 것과 아이들이 우리 보호자가 되지 못하게 막는 것 사이의 선은 뭘까?

***

너희 아빠는 서부로 일하러 가고 나는 25일째 독박 육아 중이야. 오늘은 너희 아빠가 보모인 알리아에게 부탁해 내게 꽃을 사다 주라고 문자를 보냈더구나. 너희 낮잠 시간이 끝나고 내 일을 3시 30분에 끝낸 다음 너희를 만났고 너희가 나를 위해 만든 카드를 읽었고 너희는 내게 키스 세례를 퍼부었지. 울지 않으려고 노력했어. 울면 안 될 것 같아서. 하지만 실패했네.

"엄마, 내가 엄마 눈물 닦아줄게." 이레나가 말했어. 그리고 내 볼을 부드럽게 쓰다듬어줬지만 내 눈을 아주 살짝 찔렀어.

"엄마, 사랑해." 카즈가 말했어.

"우리 엄마 좋은 엄마. 근데 왜 울어?"

그 순간 울고 싶은 대로 엉엉 울고 싶었지만 그렇게 하면 너희 리더인 나에 대한 믿음이 흔들릴 것만 같았어. 엄마도 연약한 사람이라는 걸 알아줬으면 좋겠지만 너희가 나를 돌봐야 한다는 부담을 주는 건 죽을 만큼 싫구나.

***

우리 엄마의 어린 시절 이야기를 들으면 엄마의 엄마, 즉 내 할머니를 화나게 할까 봐 두려워했다는 부분이 있어. 할머니가 하루 종일 울고 또 울다가 할아버지가 돌아오기 전에 엄마를 씻기고 머리를 빗어주고 옷을 입혔다고 해. 할머니를 생각하면 이 장면부터 떠오른다는 걸 엄마가 알면 마음이 상하실 것 같아 나는 할머니의 다른 이야기에 집중하려고 노력했지. 할머니는 열한 남매 중에서 대학에 진학한 유일한 딸이었고 대학원에도 갔으며 할아버지도 대학에 가게 했고 다섯 아이들이 지역사회에서 봉사하게 하고 언제나 직접 만든 예쁜 옷을 입혔다는 이야기에 더 집중했어. 하지만 이제는 그 이면의 다른 이야기를 봐야 해. 내 엄마와 내 정서적 결핍에 할머니의 지분이 있었음을 인정해야 하지 않을까.

"엄마 오늘은 항복이야." 나는 오늘 너희에게 말했어.

"항복이 뭐예요?" 이레나가 물었지.

"우리 아가, 나한테 아무것도 남아 있지 않다고 느낄 때 쓰는 말이란다."

노트패드 ● 3년 5개월

2019. 12. 3.

여덟 살 때 나는 냉소적인 가사의 티나 터너 노래 〈그게 사랑과 무슨 상관이야What's love got to do with it〉를 외워서 불렀어. 우리 엄마와 언니와 나는 차에 탈 때마다 다 같이 합창을 했지.

너희와 나는 케이티 페리의 자신감 고취 주제가인 〈로어Roar〉를 함께 부르지.

확실히 더 낫네. 우리는 더 나아지는 길 위에 있어.

노트패드 ● 3년 6개월

2019. 12. 31.

"아빠는 엄마의 남편이야." 나는 카즈와 이레나에게 말해.

"나도 엄마의 남편이에요?" 카즈가 물어.

"너는 엄마의 아들이지."

"나는 엄마의 아들인 게 좋아…. 그런데 엄마의 달은 뭐야? 엄마의 별은?"

편지 ○ 3년 6개월

2020. 1. 11.

남편 없이 애들 보는 게 더 쉽다.

더 솔직하되 위험한 말은 절대 입 밖에서 꺼내지 않지. 나는 혼자 생각해.

아니, 더 완곡하게 말해보자. 애들 아빠가 없을 때 육아에 더 즐거움을 느끼는데 그때는 실망할 사람이 나 자신밖에 없기 때문이야.

편지 ○ 3년 6개월

2020. 1. 14.

카즈는 〈겨울왕국〉을 보고 있어. 올라프가 어두운 숲속을 뛰어다니며 이렇게 말하네. "이런 일은 항상 일어나."

나는 요즘 인후통 때문에 잠을 잘 못 자서 목에 CBD(칸나비디올) 오일을 한 입씩 떠 넣고 있어. 레드와인과 같이 삼키는데 항상 그렇게 해. 사실 최근에 너무 자주 그러는 것 같아.

"조금 더 여유를 갖고 속도를 늦춰보세요. 그러면 따라갈 수 있어요." 내 상담사인 나탈리는 내게 불안증상이 있다면서 이렇게 말하네.

이분에게 너희 아빠와 부부 상담을 받기도 하는데 요즘에는 따로 만나기도 해. 먼저 우리는 우리 모두가 괜찮은지 확인부터 하고 시작하지.

"당신도 알겠지만 말이야. 당신도 노력해야 할 부분이 있잖아." 나는 부부 상담 중 아빠에게 이렇게 물었어. 그리고 눈을 감아버렸지.

나탈리는 줌으로 나를, 우리를 기다렸어.

"두 사람이 같이 노력해야 하잖아요. 그게 제가 원하는 거예요." 나는 말했어.

나는 어린아이들이 있는 가족으로서의 내 삶과 내 원가족으로서의 삶을 결합했다 해체했다 하는 중이야. 주먹을 불끈 쥐고 똑바로 해보려고, 제대로 해보려고, 정리해보려고 하고 있어.

너도 힘내렴, 꼬마 눈사람.

노트패드 ○ 3년 6개월
2020.1.20.

"충분히 설명하기만 하면 사람들이 내 의견에 모두 동의해줄 거라고 생각했어."

나는 저녁을 만들고 있었고, 너희 외할머니는 전화로 카운티 위원회에서 받는 어떤 피드백이나 의견도 참지 않겠다고 선언한다.

"난 이제 그만둘래." 할머니는 말해.

편지 ○ 3년 6개월
2020.1.25.

고등학교 때 우리 아빠는 미네소타 학교에서 내주는 수학 문제를 폴란드에서 배운 풀이 방식을 이용해 가르쳐주려고 했단다. 그건 우리 둘 모두에게 전혀 도움이 되지 않았지.

만약 너희 아빠와 내 계산이 틀렸다면 어떻게 되는 걸까? 왜 그의 장부에는 항상 여유 시간이 남고 나의 장부는 항상 적자인지 이해할 수가 없네.

너희 아빠에게 너희들 어린이집 가방을 정리해달라고 부탁했는데 다음 날 아침 카즈 가방에는 참치 냄새가 나는 축축한 장갑이 들어 있었어.

우리는 3일간 애디론댁산맥으로 함께 등반 여행을 하기로 했는데 그때 아이 돌봄 계획을 세워달라고 부탁했지.

하지만 결국 그 일도 내가 하고 말았어.

갈릭에게 들은 이야기인데 최근에 이혼을 한 남자가 이제야, 불가피하게 자녀와 강한 유대감을 갖게 됐다고 해. 어쩔 수 없이 절반은 주양육자 역할을 하다 보니 본인에게도 좋은 아이와의 유대감을 갖게 된 거지.

우리가 잘못하고 있으면 어쩌지? *정신적 부담, 보이지 않는 노동, 2교대 근무.* 주부의 육아와 가사를 말하는 이 유명한 표현은 잘 알고 있어. 기사에서, 책에서 읽고 다른 여성에게서 듣지. 하지만 나는 여전히, 다음 해에도 어린이집에 계속 다닐 거라고 알려주는 이메일을 직접 보내. 남편에게 부탁하고 그가 하는지 안 하는지 지켜보지 않지.

"당신을 위해서는 누가 해주나요?" 나탈리가 물어.

"아무도 안 해주죠." 기계적으로 답해. 하지만 이게 맞을까? 모두에게? 나 자신에게? 갈릭의 이혼한 아빠 이야기 렌즈로 보니 우리 아빠가 우리에게 해준 일들이 갑자기 다르게 보이는구나. 공동 양육을 하며 아빠는 우리에게 더 많은 일을 해줬고 그러면서 우리를 더 사랑하게 됐을까?

***

이 악순환의 고리를 어떻게 끊을까?

나는 대가로 뭔가를 원해.

너희 아빠에게 말해. "내가 혼자 처리했어."

"당신 뭐 하고 싶은 거 있어?"

"아직 모르겠는데 생각해보고 말해줄게." 내가 뭘 하고 싶은지 알아내기가 나의 정신적 부담에 더해진다.

편지 ○ 3년 6개월

2020. 1. 27.

피터에게.

어쩌면 내가 계속해서 싸우고 있던 건 그동안 내가 글을 써야 하는 대상이었던 것 같아. 바로 당신.

나는 너무너무 열심히 하고 있어. 내 기본 상태는 분노야. 하지만 그 분노조차 표현하지 못해 내 안에 쌓여만 가고 있네. 나는 우리를 위해 싸우고 있어. 나 혼자 싸우는 것처럼 보일 수도 있겠지. 당신을 위한 싸움이기도 하다는 걸 알아줬으면 좋겠어.

편지 ○ 3년 7개월

2020. 2. 12.

"내가 로프 얼마나 남겨놨어?" 나는 아래에 있는 너희 아빠에게 소리쳤어. 그는 내 밑 어딘가에서 빌레이를 하고 있는데 내 희망으로는 내 로프 길이인 200피트가 안 되는 거리이길 바라.

"40피트."

나는 위를 올려다보며 중년의 위기(미드라이프 크라이시스)라는 너무 어울리는 이름이 붙은 마지막 빙벽 높이를 대강 계산해봐. 우리는 뉴욕 애디론댁 집에서 다섯 시간 거리에 우리끼리 있고 너희는 3일 동안 어린이집, 알리아, 할머니, 할아버지가 번갈아 보기로 했지.

하네스의 나사를 세어보니 두 개야. 가파른 곳까지 올라가 겨울 내내 해온 일을 하고 있어. 픽을 놓는 사이 더 길게 더 크게 몸을 뻗고 내 아이젠을 얼음 위에 꽂기. 이제 완전히 나은 발목은 생각하지 않고 내가 하도록 만들어진 이 일, 암벽등반 하기.

편지 ○ 3년 8개월

2020. 3. 14.

난 보모인 알리아를 대하는 것처럼 피터를 대해야 해.

한밤중에 깨서 생각해낸 최상의 해결책이야. 나는 알리아에게 인간적으로 잘해주고 그와 사이좋게 지내지.

어젯밤 카즈와 30분 동안 방에 있었는데 내가 방을 나가려 할 때마다 둘 다 점점 목소리가 높아졌어.

"도대체 어떻게 했으면 좋겠니, 카즈?"

"나도 몰라."

"나 만지지 마. 내 침대도 만지지 마." 너는 소리 질러. "날 안아줘. 만지지 마. 엄마가 나한테 더 많이 해줬으면 좋겠어." 울면서 말해.

친구야, 나도 무슨 말인지 알아.

뭔가를 기념비적으로 바꾸려고, 수 세대를 걸쳐 이어온 성 역할의 변화를 시도하려고 노력하는데 그 과정에서 내 결혼을 구하는 게 아니라 망칠 가능성만 높아지는 건 아닐까.

명상이 필요하다. 내 개인적인 문제부터 해결해야겠어. 그리고 난 다음 이 황무지를 뚫고 나가는 방법을 찾아야겠어.

***

열여섯 살 때 내 친구 스튜어트 B의 집에서 그의 엄마인 미세스 B를 봤어. 그녀는 무릎을 꿇고 넓은 거실과 러그 주변을 기어다니며 걸레질을 하고 있었지. 무엇 때문이었을까? 지금도 모르고 그때는 분명 몰랐어. 나는 역겨움에 가까운 불쾌감을 느끼며 그 아줌마를 쳐다봤어. 아줌마 스타킹 보여요! 왜 굳이 스타킹을 신었어요! 왜 미즈라고 해야 하는데 미세스라고 부르라고 하세요? 한심한 전업주부 아줌마. 나는 이 문장을 삭제하고 싶어. 하지만 남겨둬야 할 것 같구나.

어젯밤에는 나도 무릎을 꿇고 카펫과 바닥 사이 틈에 들어간 코코넛 오일을 파내고 있었어. 두 시간 전에 역시 네발로 기는 자세로 사과 케이크와 요거트를 닦아냈지. 지금은 미세스 B에게 묻고 싶어. 직업이 있으셨어요? 직장에서 일하고 경력을 쌓고 퇴근한 다음에는 별생각 없이 바닥 손걸레 청소를 하셨나요? 짜증이 머리끝까지 난 상태로 하신 건가요? 그리고 B 아저씨야, 아저씨는 왜 무릎 꿇고 걸레질 안 해요?

B 아저씨도 전날 밤에 바닥을 손걸레질 했고 두 사람은 모든 가사 노동에 평등하게 접근했다고 생각해보자. 아니, 1992년이었으니 그럴 리가 없어.

내가 문제를 명확하게 표현하고 평등한 해결책을 도출하면 해결할 수도 있을 거라 확신해. 하지만 이 일을 완수하기 위한 정신적 헌신에 관해서는 말로 풀어내기 힘들구나. 그 정신력, 타이밍, 집중력은 어떻게 얻어야 할까? 어제 가족의 날은 내가 너희를 보면서 집 청소하기로 이뤄져 있었단다. 너희 아빠가 렌틸콩 수프를 만들긴 했지만 싱크대에 눌어붙은 자국은커녕 설거지도 제대로 해놓지 않았지. 내가 무슨 말을 해야 할까? 무슨 대가를 치러야 할까?

나도 우리 언니처럼 돼가고 있어. 시시각각 경멸과 불만을 표출하는 눈빛. 나는 그런 분위기 안에 있는 게 어떤 건지 잘 알아. 결국 상대방에게서도 많은 경멸이 생성된다는 걸 알아. 하지만 어떻게 멈춰야 할지 모르겠어.

노트패드 ○ 3년 8개월

2020. 3. 20.

"엄마. 나는 엄마처럼 어른이 되고 싶어." 이레나의 말.
"좋아. 우리 같이 자라 어른이 되자."

편지 ○ 3년 8개월

2020. 3. 27.

우리는 요즘 '문 닫았어 게임'을 해. "엄마, 수영장 문 닫았어? 미술관 문 닫았어? 베이글 가게는? 학교도 문 닫았어?" 응, 닫았어, 닫았어, 닫았어.

코로나19가 발생한 지 13일이 흘렀어. 이게 우리 삶을 영원히 바꿀까?

상황이 너무 빨리 변해 따라잡기도 어려워. 3주 전에는 너희 아빠와 새로운 빙벽을 함께 탐험했고 절벽의 숲을 헤치고 내려와 나올 때 서로를 찾기 위한 새로운 요들송을 만들었어. 지난주에는 화가 났는데 아빠가 등반을 하고 싶다고 했고 세상이 이렇게 폐쇄된 상황에서 혼자 등반하러 가는 건 이기적이라고 생각해서였지. 현재는 우리 주 관광지가 모두 폐쇄됐기 때문에 법적으로 등반 자체가 가능한지 모르겠네.

만약 지금 너희에게 음식을 아껴 먹으라고 하면 너희는 평생 음식 걱정을 하는 사람으로 자라는 건 아닐까? 만약 너희가 하루에 열 번씩 실업이라는 단어를 들으면 이 단어의 뜻을 알게 될까? 이 짜증과 끊임없는 〈겨울왕국〉 캐릭터 그림 뒤에 너희가 흡수하고 있는 건 뭘까?

이번에는 너희에게 뭔가 더 거창하고 설득력 있는 글을 쓰고 싶지만 내가 하는 거라곤 인터넷을 보면서 와인을 마실 시간까지 살아남아 있다가 뉴스를 보고 눈물을 흘리는 것뿐이네. 특히 코로나19로 인해 면역력이 약해진다는 뉴스가 그래. 내 절친한 친구의 다발성경화증이 걱정되고 손을 잡아주고 작별 인사할 사람 없이 홀로 죽어가는 할머니들을 생각하기도 해.

우리 부모님을 다시 뵐 순 있을까? 두 분이 너무 극단적으로 먼 장소에 사는 느낌이야. 몬태나와 미네소타에 계시다니. 이런 식으로 생각하는 게 도움이 되진 않지만 항상 내 마음속에는 자리 잡고 있어. 내가 아는 사람이 이 병으로 죽는 것도 시간문제 아닐까? 너무 비관적이고 병적인 생각일지도 모르지. 어쩌면 이 공포 반응은 내가 본격적인 등반가로서의 삶을 시작한 지 7개월도 지나지 않아 등반가의 사망 소식을 듣던 상실의 경험에서 연유하는 것 같아. 시한폭탄이 째깍대는 것 같다고도 할 수 있겠지.

편지 ○ 3년 9개월

2020. 3. 28.

나는 내가 원하는 걸 알아내는 면에서 서툴러. 하지만 노력하고 있지.

우리 지역사회와 우리 세계를 위해 옳은 일을 하고 싶어. 락다운 지시가 해제될 때까지는 등반을 하거나 스키를 타고 싶지 않아. 이 순간을 멈춤의 시기로, 우리 가족과 함께하는 시기로 받아들이고 싶어. 우리 가족 중 유일하게 일하는 사람으로—여행과 대면 접촉이 불가능한 상황에서 가이드를 할 순 없으니까—충분한 지원을 받고 싶어. 나는 자유 시간이 많아진 너희 아빠가 더 많아진 우리 집안일과 아이 양육에 적극적으로 개입해 내가 일을 더 많이 할 수 있게 되길 바라.

그가 내가 집안일을 하는 방식으로 하길 바라.

우리 집의 균형을 위해 무엇이 가장 좋은 방법인지 어렴풋이 보이긴 해. 하지만 분명하고 확실하게 보이는 건 내가 그를 통제하고 싶다는 거야. 완전히 정확한 말은 아니지만. 어쩌면 그의 선택을 통제할 수 없다는 데서 오는 내 불편함에 관한 문제일 수도 있어. 첫 결혼처럼 실패할지도 모른다는 두려움이 도사린다.

에디는 종종 자신의 행방에 관해 거짓말을 했어. 그는 집에 늦게 들어왔고 그러면 그가 하루 종일 가이드를 했다고 생각했지만 다음 날 친구에게서 일이 끝나고 친구와 등반을 갔다는 사실을 알게 됐지. 내가 그 상황을 만들었나? 에디와 내가 어떤 식으로든 만들었겠지.

***

이건 코로나19 전 우리 관계의 핵심이었어. 만약 우리 지역사회가 팬데믹이 급격하게 확산되는 동안 마침내 이 문제를 해결하고 다른 모든 망가진 역학 관계도 해결할 수 있다면 어떨까?

내가 원하는 건 모르지만 남편이 안 했으면 하는 건 안다면, 그건 인정될까?

그렇지 않은 것 같아.

마이카, 네 자신을 봐.

남편이 뭘 하고 있는지 봐.

노력해봐.

편지 ○ 3년 9개월

2020. 4. 4.

너희가 주변에 없을 때 뉴스를 봐. 너희가 있으면 볼 수가 없지. 네 살도 되지 않은 아이들이 죽음이라는 단어를 그렇게 자주 들어야 할 필요가 없는데 뉴스에서는 1분에 다섯 번 죽음이라는 단어가 등장하거든. 한 번도 나오지 않았어야 하는데 말이지.

오늘 나는 2주 치 장을 보기 위해 차를 타고 가면서 아이들에게 죽음과 상실에 관해 가르쳐야 한다는 NPR 뉴스를 들었어. "아이들은 죽음이 무엇인지 알아야 합니다. 어떻게 죽든 죽은 사람은 숨을 멈춘다는 걸요."

이 말을 한 전문가는 유타주에서 총기 사고, 자살, 이제는 코로나19로 부모를 잃은 아이들을 치유하는 센터를 운영 중이라고 해. 그 센터에서는 아이들에게 말해. "같이 해보자. 숨쉬기. 다시. 멈추기."

"이 아이들이 상실에 이름을 부여하고 상실을 확인하고 그에 관해 이야기할 장소가 있는 시스템이죠." 전문가는 설명해. "아이들이 그에 관해 이야기한 다음에만 치유될 준비가 됐다고 여깁니다."

나는 울고 있어. 내가 유타에서 자랐다면 어땠을까 생각하고 있지. 물론 1979년에는 유타에 똑같은 시스템이 없었을 테고 그 시스템이 이혼 가정 자녀에게 적용이 안 됐을 수도 있어. 어쨌든 우리에게는 그런 제도가 필요할지 몰라.

우리 부모님이 헤어졌을 때 나는 '괜찮은 아이'였어. 그래서 괜찮은 아이가 돼야 했지. 겉으로는 영원히.

어느 누구도 내게 큰 소리로 말하라고, 감정을 소화하라고, 화내라고, 외로워하라고, 두려워하라고 말해주지 않았어. 내가 엄지손가락을 빨고 있을 때 내 세상은 폭발해버렸고 나는 괜찮아 보이는 아이라는 이유로 상을 받았어.

괜찮고 잘하고 있는 아이가 돼 쿠키를 받고 싶지 않은 아이가 어디 있겠니?

우리 언니는 '괜찮은 아이'가 될 수 없었어. 이유는 정확히 모르겠지만 언니가 그럴 수 없었다는 것만 알아. 언니가 엄지손가락을 빨지 않아서일 수도, 질문을 멈추지도 않고 슬픔을 숨기지 않아서일지도 몰라. 언니는 나보다 나이가 많으니 모든 것을 더 잘 봤고 싸우는 소리를 들었고 우리 방 뒤에서 들려오는 험한 말을 알아들어서였을 수도 있지. 그리고 언니는 내게 소리를 지르고 물건을 던지고 나를 통제하고 자신의 그림자 안에 있게 하며 자신의 고통을 표출하는 것보다 더 나은 방법을 알지 못했어. 적응이 아니고 통제였지. 이제 그 차이를 이해하기 시작했어.

***

스물두 살에 에스티즈 파크에 내 집을 거의 지었을 무렵 우리 집에서 80분 거리에 있는 윌리엄 소노마에서 일자리를 구했어. 나는 아직도 그때 산 도마와 스테이크 나이프 여덟 개와 디저트 접시, 펀치 그릇을 갖고 있어. 대체 왜 시간당 12달러를 벌어 이딴 물건을 사는 데 썼을까?

치기 어린 나는 이렇게 생각한 거야. *내가 만든다면 완벽해야만 해*. 하지만 나는 사랑과 축복이 있는 하나의 완전한 버전을 본 적이 없는데 내 세상은 언제나 두 가지 맛, 엄마 집과 아빠 집으로 나뉘어 있었기 때문이지. 그 해결책은 하나의 인생에 나를 바쳐 같은 접시를 놓고 둘이 함께 먹는 것이었어.

하지만 그러지도 못했지. 에디와 나는 서로를 알아가는 방법을 몰랐고 결혼을 악화하는 방법만 알았으니까. 여러 벌의 스테이크 나이프는 아무 소용 없었지.

그때는 내가 할 만큼 했다고 생각했어. 에디와 3년 동안이나 부부 상담을 받았고 에디 없이 4년 동안 상담을 받았어. 15년이 지난 지금 나는 너희 아빠와의 결혼을 구하기 위해 할 수 있는 건 모두 하고 있어.

시작하는 것조차 일이 너무 많다는 것을 깨닫고 있지만.

"우리는 아이들이 애도할 수 있도록 돕습니다." 라디오에서 여성이 말해.

유타의 센터에서 나를 받아줄까? 부모님 이혼 40년 후에, 내 이혼 15년 후에 어떻게 애도를 하는지 가르쳐줄까?

"엄마 아빠가 밤에 초콜릿 먹지 못하게 했을 때 이야기해줘." 이레나에게 자기 전에 화장실에 가라고 하면 이야기를 해달라고 졸라. 그래서 또 시작해. 계속 이야기를 지어내야 할까? 진실을 말할까? 단순하게 만들까? 내가 가진 적 없는 상상 속 어린 시절 이야기를 더는 지어낼 수도 없구나.

"할머니와 파파D와 내가 얼어붙은 호수를 건너는 이야기는 어때?"

"파파D가 누구지?" 이레나가 물어.

편지 ◯ 3년 9개월

2020. 4. 13.

너무 피곤하구나.

피곤하지 않은 사람이 어디 있겠니. 누가 이 코로나19의 쓰나미와 우리나라 대통령의 막말과 세상의 상처에 압도되지 않을 수 있을까?

"난 휴식이 필요해." 너희 아빠에게 말했어.

"엄마, 나는 지금 엄마가 필요해. 엄마 일 다 안 끝났어요?" 카즈가 말해.

나는 남편이 바람피우는 꿈을 꿔. 에티오피아에 가야 하는데 전 세계가 코로나19를 막지 못해 내가 우리 가족을 부양하기 위해 코로나19에 걸릴 위험을 감수하는 꿈을 꿔. 그런데 에티오피아에 같이 갈 사람과 자원이 없어져 나는 그곳에 혼자 남겨진다. 일어나 너희 아빠의 손을 꽉 잡았어. 그는 반쯤 잠든 상태에서 나를 자기 품으로 끌어당겼지.

더 쉽게 느껴졌으면 좋겠어. 어떤 것을 고민하고 그에 관해 계획을 하고 말해야 한다는 압박을 안 느끼면 좋겠어. 모든 일을 내가 해야 한다는 부담 속에 놓인 사람이, 언제나 당연하게 그런 사람이 되고 싶지 않아.

나탈리는 그 일이 간단하다고 말해.

엄마는 나와 언니를 버렸다는 거야.

나는 화났고 애정을 원했고 애정을 얻으려 언니에게 기댔지. 대신 언니는 나를 함부로 대하고 통제하려고 했고. 언니는 그보다 더 나은 방법을 알지 못한 거야.

이제 나는 상처를 받을 때, 애정을 구할 때 통제를 하려고 하는데 다른 방법을 알지 못하기 때문이야. 내 방어력이 무너질 때, 지칠 때, 가장 날이 섰을 때, 그런 행동이 나와.

내 인생의 많은 것을 통제하려고 노력해왔어. 계속해서 뭔가로 가득 채우려 하고 쌍둥이의 워킹맘이자 운동선수가 되려고 하고 집안 살림도 완벽하게 하려고 하고 결혼 생활도 잘 유지하려고 하지.

내가 왜 이러는지는 이해가 돼. 그러나 아프다. "엄마가 당신을 버렸잖아요." 나탈리가 말했을 때 나는 어깨를 으쓱하고 숨을 참았어. 우리 엄마는 그런 짓을 하지 않았어. 왜 우리 엄마와 아빠 둘 다 나를 버렸다고 하지 않고 엄마한테만 그래?

숨을 쉬려고 노력해야 했어.

느껴봐, 마이카. 안전한 장소에서 느껴봐. 그 부분이 전체 이야기는 아니야. 그렇다고 네가 엄마를 사랑하지 않는 것도 아니잖아. 엄마가 너를 사랑하지 않은 것도 아니야. 너 자신을 찾아. 나를 찾아.

편지 ◐ 3년 9개월

2020. 4. 14.

"루디는 아기 사슴. 강하고 자신감 있는 소녀."

합격. 팟캐스트를 켜고 먼 길을 달려 강으로 가. 너희들은 밴 뒷좌석에 앉아 있어.

"근데 산타할아버지, 내가 썰매 끌면 안 돼요?"

"너는 여자애잖아. 여자는 썰매를 끌면 안 돼."

불합격.

"엄마 왜 껐어요?" 카즈가 묻지.

"엄마, 나 그 이야기 재밌는데." 이레나가 말해.

"응. 잘 안 들려서." 나는 거짓말을 해.

"아닌데. 엄마가 지금 방금 껐잖아요."

지난 3년 반 동안 여성을 연약하고 집에만 있는 존재로, 남성은 아이들과 친밀하지 않은 존재로 그린 책을 집에서 없애버렸어. 여성이 스커트 입고 앞치마를 두르고 남자를 기다리는 존재로 그려진 책은 가장 빨리 치워버렸지. 나는 새아버지, 아버지, 이모, 어느 누구 앞에서건 어떤 생명체를 보면 부드럽게 (사실은 그리 부드럽지 않게) 다른 젠더를 제안해. "저기 다람쥐 보여? 그는(he) 뭘 하고 있을까?"가 흔한 프레임이지. 누구도 그녀가(she) 뭘 하고 있냐고 묻지 않아.

아마 내가 성별이 다른 두 아이를 키우지 않았다면 이렇게까지 이 문제에 집중하지 않았을 수도 있어. 속옷 매장에 갈 때 여자애들용으로는 공주와 유니콘이 있고 남자애들용으로는 트럭과 슈퍼히어로가 있는 속옷 앞에 서면 그날분 최고의 지략을 발휘해 뒤쪽 선반에서 지정 성별 메시지가 없는 무늬 없는 속옷을 찾았단다. 이레나가 유니콘을 갖지 못하게 하거나 카즈가 슈퍼히어로를 갖지 못하게 하는 게 아니야. 이레나가 유니콘만 갖고 카즈가 슈퍼히어로만 갖지 않길 바랐을 뿐이지. 결국 빈손으로 나와 메시지가 없는 컬러 속옷을 판매하는 온라인 숍을 찾기도 했어.

내가 젠더가 그려지는 방식에 불만을 가진 건 처음 있는 일이 아니야. 우먼woman이라는 단어의 철자를 처음 쓸 수 있게 되자마자 우민womyn이라고 썼단다. 하지만 학교에서는 이 방식을 고집할 수 없었고 결국에는 어휘적 반항 대신 스펠링 시험에서 만점받는 쪽을 택했지.

편지 ○ 3년 10개월

2020. 5. 5.

8년 전 너희 아빠와 나는 상담 사무실의 푹신한 소파에 앉아 우리가 갖지 않은 아이들에 관해 이야기하고 있었어. 내가 그 상담을 받자고 고집했지. 내가 아이를 원하는지 아닌지 확신하지 못했고 너희 아빠에게도 그렇게 말했지만 나는 선택권을, 아빠와 함께 갖고 싶었거든. 또 내가 아이를 키우면서 화를 내게 될지도 모른다고 두렵다고 했어.

"우리 애들에게 화를 낼 거야?"

"절대로 아니지. 하지만 우리가 원해서—내가 원해서—아이를 갖게 된다면 내가 어쩌면 아이들을 사랑하는 데 따르는 부담 때문에 당신과 세상에 화를 낼 것 같아 두려워."

그리고 이제 너희 둘이 있지. 내가 화를 내게 된다는 예상은 정확했지만 너희를 향한 내 사랑의 힘이 분노가 수시로 분출되지는 않도록 해줬어. 그리고 바로 코로나19가 왔어.

지난 한 주 동안 '섞인 퍼즐' 놀이를 했어. 우리 집의 새로운 게임인데 내가 세 가지 퍼즐을 상자에 넣고 마구 엉클어뜨려 놓은 다음 퍼즐을 맞추는 게임이야. 그리고 레가도 투자자들에게 코로나19 상황에서의 우리 대응에 관해 글을 쓰고 다섯 개 매체에서 팬데믹 시대 남성 파트너의 직업이 더 중요한 수입원이 되면서 여성의 가사 노동과 육아 시간이 증가했다는 기사를 봤지. 하지만 우리 가정에서는 그 반대 상황이 펼쳐지고 있어.

6개월째 나는 우리 가족의 유일한 수입원이고 이 점에 자부심을 느끼면서 두렵기도 해. 그리고 이런 감정과 함께 너무도 익숙한 분노와 예상치 못한 또 다른 감정이 찾아왔는데 그건 내가 더 많이 원한다는 것, 내가 더 많이 원할 자격이 있다는 느낌이야.

지난 화요일, 하루 종일 업무를 하고 보통 5시에는 마치는데 너희 아빠에게 내가 사무실에서 조금 더 일을 해야 되겠다고 말했어.

그는 한숨을 쉬었지. "하루 종일 일하지 않았어?"

하지만 나는 다시 일을 하러 갔어. 어떻게 그가 내 일을 적극 지지하지 않을 수가 있지? 결국 우리 가족에게는 현재로서 유일한 답안 아닌가.

그러다 이런 생각이 들었어. 우리 가정 내 나의 새로운 위치가 내가 원하는 모든 것을 할 수 있는 권리를 준다.

엄마가 되는 일이 복잡하다는 건 새삼스러운 사실이 아니지만 모든 지표가 팬데믹 상황에서는 더 복잡하다고 말하고 있어. 갑자기, 절실하게 알고 싶어졌지. 만약 그 가정에서 여자만 일을 할 때 가사노동, 육아, 설거지 모델은 이전과 반대가 될까?

분노는 정의상으로는 부당한 대우를 받았을 때 느끼는 나쁜 기분이라고 해. 아이가 없던 시절 내 불길한 예감은 크게 벗어나지 않았어. 8년 전 그 부부 상담사? 내가 그에게 분노가 두려워 상담을 왔다고 하자 내가 남편에게 충분한 인정과 보상을 받지 못한다고 느끼고 있어서라고 하더구나. 그러면서 내가 먼저 그를 챙겨주면 어떻겠냐고 제안했어. 남편이 퇴근하면 그에게 휴식 시간이 필요하다는 것을 이해하고 술을 한 잔 가져다주고 대화를 하고 싶은지 물어보라고. 너희 아빠가 술을 마시지 않는다는 사실은 중요하지 않았지. 우리는 다시는 그 상담사를 만나지 않았어.

우리가 다시 찾은 상담사는 분노와 싸우는 데 도움이 되는 건 공정한 느낌을 만들어내는 것임을 이해시켜줬어.

코로나19는 어떤 면에서는 우리 가족이 공평한 자리에 오도록 하는 데 도움이 됐어. 하지만 이 공평한 지점을 축하하는 걸 넘어서서 내가 일이 끝나고 가족에게 가기 전 술도 한 잔 마시고 뉴스를 볼 시간을 가졌으면 좋겠어. 이게 바로 권력의 시작일까? 너희에게 좋은 엄마이고 곁에 있고 싶지만 너희가 아빠와 숨바꼭질 등을 하면서 집 안을 뛰어다니는 소리를 멀리서 듣고만 싶기도 해. 이 만약이 일상이 된다면, 이게 내가 원하는 모습일까? 남편이 우리 집 정원에 씨를 뿌려 화초를 키우고 아침마다 물을 주고 아이들과 같이 키워나가고 나는 컴퓨터 앞에 앉아 줌에 로그인을 하고?

전 세계 사회학자들은 성 역할이 재고되고 있다고 경고해. 그들은 대체로 여성의 성 역할이 오히려 후퇴할 것이라는 경고의 의미에서 이 이야기를 하지. 여성 역할의 퇴보를 막기 위해서는 우리를 앞으로 나아가게 하는 목소리를 들어야 해. 어쩌면 지금이 우리 자신과 우리가 사랑하는 사람에게 서로의 입장을 상상할 수 있는 시간이 되지 않을까. 이렇게 집에 격리돼 서로의 현실을 극명하게 목도한 후 상상하기는 그렇게 어렵지 않을 거야. 함께 앉아서 서로의 현실에 관한 이해를 바탕으로 새로운 모델을 만들어보는 거지.

어젯밤 우리집에서 내 목소리를 더 내기 시작했어. 사실 내 분노와 억울함만 드러냈다면 너희 아빠에게 내가 더 가질 자격이 있다고 요구했겠지만 나는 그보다는 공감과 연민을 택했지. 그리고 내가 아는 가장 효과적인 쌍둥이 갈등 완화 도구를 사용하기로 했어. 바로 질문이야.

"만약 이레나가 네 이불 인형$_{lovey}$에 색칠하면 기분이 어떨 것 같아?"

"만약 카즈가 네 축구공을 묻어버리면 어떨 것 같아?"

나는 너희 아빠에게 돌아서서 지난 두 달 동안 내 마음에 쌓여 있던 짐을 말해주기 위해 크게 숨을 내쉰 다음에 물었어.

"우리는 이제는 어디로 가야 할까?"

"우리가 갈 곳은 하나뿐이지. 앞으로 나아가는 거지." 아빠가 대답했어.

노트패드 ○ 3년 10개월

2020. 5. 13.

"엄마, 내가 죽을 때까지 몇 살 더 살아요?" 카즈가 물어.

나는 손을 뻗어 차 뒷좌석에 있는 카즈 발을 잡았어. "아주아주 오래 살지."

"내가 죽기 전까지 아주 많이 크겠죠, 엄마?"

"그럼, 카즈. 우리 사는 것에 집중하자."

"엄마, 나 또 다른 엄마 있어요. 완전 늙었어. 열네 살이고 이름은 코울슬로야."

편지 ○ 3년 10개월

2020. 5. 16.

내가 사랑하는 것들….

너희가 내 몸을 너희 몸처럼 이용하는 것, 내게 아무렇게나 다가와 내 몸을 누르고 만지고 휘두르는데 언제 끝날지도 모르고 나는 언제 시작해야 하는지 모르지.

이레나, 너는 지금 이야기를 하는구나. 긴 이야기를. 저녁 시간 내내 이어지는 이야기를.

카즈, 너는 이레나 침대 밑에서 잠을 잤는데 지금은 이레나가 자기 침대에서도 너와 옆에 붙어 있지 않으면 잠을 자지 않는구나.

요즘 우리는 질문 없이는 어떤 주제의 대화에도 들어갈 수가 없어. 〈스튜볼〉은 내가 어린 시절 캠프에서 배운 노래로 요즘 우리가 가장 좋아하는 자장가인데 대화 소재가 돼.

"엄마 '곤경에 처한 불쌍한 소년'이 뭐예요? 스튜볼은 망아지인데 어떻게 와인을 마셔요?"

이레나, 너도 알겠지만 나는 요즘 네게 집중한단다. 너는 틈만 나면 여전히 엄지손가락을 빨지만 그렇다고 온순해지는 게 아니라 더 예민해져. 쪽! 너는 우리가 늘 하는 질문 대답 중 말해야 할 때면 엄지손가락을 뽑아야만 해. 쏙! 다시 엄지손가락을 입에 넣지.

카즈, 너는 터프하고 거칠고 건강하고 수줍음이 많고 다른 사람에게 너에 관해 말을 잘 안 하려고 해. 이레나에게 대신 말해달라고 하지.

"카즈. 네가 부끄럽건 아니건 이제 상관없어. 어쨌든 코로나19 때문에 아무도 만지면 안 되거든." 이레나는 오늘 네게 말했지.

나는 코로나19가 두렵지 않았었는데 지금은 두려워.

편지 ○ 3년 10개월

2020. 5. 25.

"이레나, 사람은 다 죽어. 꽃도 죽어. 하지만 이불 인형은 죽지 않아."
"그 이야기 들으니까 슬퍼."
"걱정 마. 너는 앞으로도 아주 오래 살 거니까."

너희는 내가 듣고 있는 줄 모르고 거실에서 이런 대화를 나누고 있어. 오후 4시인데 나는 옆방 침대에 누워 있지. 어젯밤 12시에 난 정말이지 죽지 않기 위해 맹장 수술을 받았단다. 하지만 너희 대화와는 아무 상관없는 척하고 있어.

원래라면 지금 모잠비크 리바우에산에 있는 1,300피트 화강암 암벽에서 새로운 등반 루트를 만들기로 돼 있었어. 만약 그날 맹장이 고장 났다면 어떻게 됐을까? 내가 기후 변화의 영향을 보여줄 수 있는 이끼와 그 산에서만 사는 박쥐를 찾고 있을 때 그랬다면?

"많이 아프진 않아요. 코로나19일지도 몰라서요." 병원 선별 진료소 간호사에게 말했어.

"입원하시는 게 어떨까요?"

"어느 쪽이든 검사만 받으면 돼요."

지갑과 보험증을 꺼내려고 일어났다가 그대로 주저앉아 몸을 동그랗게 말고 있어야 했어. 간호사는 걱정스러운 얼굴이었지. "원래 가끔 이래요. 네 살 다 된 애들 두 명 키우거든요."

지난번 복통으로 병원에 왔을 때 응급실 의사가 이제까지 본 것 중 가장 꽉 막힌 장이라고 말한 적이 있어. 너희 아빠는 그 후로 몇 주 동안 장에 똥이 가득 찼다고 놀렸지. 내가 병원에 온 이유는 코로나19에 걸리고도 몰라서 너희 할머니 할아버지에게 옮길까 봐서야.

"그런데 지금 애들 둘 보실 수 있겠어요?" 간호사가 물었어.

나는 눕고 싶다고 생각했어. 링거도 맞으면 좋겠지. 얼마나 호사일까.

그로부터 다섯 시간 후 맹장 수술을 받았고 머리부터 발끝까지 보호 장비를 착용한 의료진에게 둘러싸여 있었어. 두렵기도 했지만 희망이 차올랐고 도움을 받아 감사했어. 오늘 아침에 집으로 돌아왔고 아마 며칠 동안은 침대에 누워 있어야 할 거야. 그래도 지금 너희가 걱정하는 죽음과는 상관없는 일이니 너무나 다행이지.

편지 ○ 3년 10개월

2020. 6. 8.

"그 사람 죽었대요." 이레나, 너는 일어나자마자 우리 보모 알리아에게 말하는구나.

"경찰이 그 남자 목을 무릎으로 눌렀대요. 조지 플로이드. 그건 친절하지 않아요."

"경찰은 보통은 친절한 분들이야." 내가 말해. 어쩌면 백인 자녀에게 말하는 백인 엄마기 때문에 이렇게 말하고 있을지도 모르지.

"사람들은 친절해야 하니까. 우리는 시위에 나가야 해요. 어떤 강아지만 아이스크림을 먹지 못하는 건 친절하지 않아요. 모든 강아지는 아이스크림을 먹을 수 있어야 해." 너는 말해.

너희 아빠는 이제 점점 더 많은 일을 하고 있고 이제 우리는 이 모든 것을 가능하게 하기 위해 알리아와 더 협력하고 있어. 알리아는 굉장히 현명하고 눈치가 빨라서 너희가 밖에서 자전거를 타고 뛰어놀 때도 몸으로 놀아주고 너희가 세 살짜리 눈으로 세상을 볼 때도 옆에서 이해해주는구나.

"맞아, 그래야 해. 이레나, 우리 같이 포스터 만들까?" 알리아가 말해.

"포스터가 뭐예요?"

"이리 와, 내가 보여줄게."

***

어제 43세 특권층 백인 여성인 내가 너희에게 인종주의를 설명하려고 노력했어. 너희는 자동적으로 인종 문제를 푸들 타미건과 리트리버 옐로와 연결 지었지. 어쩌다 보니 아이스크림이 소재가 됐네. 하지만 너희가 틀린 건 아니야.

이전에도 피부색 이야기를 많이 했지만 이번에는 달라. 이번에는 작은 실수가 아니야. 한 생명을 잃은 일이고 이 문제를 너희에게 어떻게 끌고나가야 할지 모르겠다. 우리가 시작을 해야 한다는 것만 알아.

나는 바닥에 조지 플로이드와 브리오나 테일러의 이름을 썼어.

"엄마, 왜 이 사람들 이름을 바닥에 써요? 엄마 친구들이에요?"

"이 사람들은 흑인이라는 이유로 경찰에게 죽은 사람들이야."

"엄마, 그 이야기 해주세요."

편지 ○ 4년

2020. 6. 28.

너희는 네 살 생일을 비대면 생일 파티를 한 해로 기억하게 될까? 너희는 생일 망토와 왕관을 쓰고 우리 트럭 뒷문을 열고 앉아 있었고 너희 친구들이 차를 타고 지나가면서 손을 흔들었지.

"브룩 아줌마가 와서 너무 좋아요." 다음에 바로 이 말이 나왔어. "브룩 아줌마한테 너무 가깝게 가면 안 돼."

또 한 번, 또 한 번, 다시 한 번.

이것만 있었던 건 아니야. 오늘은 너희가 생전 처음으로 로프를 타고 스퀘어 레지에 올라간 날이란다.

"우리 아빠가 하는 일이래." 이레나가 말했어.

"우리 엄마도 하는 일이야." 카즈가 말했지.

***

너희를 재우면서 침대에서 특별히 자장가를 여러 개 더 불러주고 이레나에게 키스를 해주고 카즈의 머리 냄새를 맡았어.

"생일 축하해. 우리 아기들."

"나는 엄마가 있어서 참 좋아요."

"나는 이제 네 살이에요. 앞으로도 나는 오래 산대요."

나는 웃으면서 밖으로 나가려고 했어.

"잘 자, 카즈, 이레나."

"얼마나 더 나이가 많으면 죽어요?"

"아, 카즈."

"조지 플로이드는 몇 살이었어요?"

노트패드 ○ 4년 1개월

2020. 8. 21.

"나는 배우자에게 내 꼬투리 잡힐 정보를 주는 게 싫다." 엄마의 엄마가 말해.

내 엄마에게 조금 더 다정하고 사려 깊은 내가 되기 위해 노력 중이라고 설명하려 했는데, 내가 말하기도 전에 엄마는 말해. "상대가 너와 싸울 때 이용할 수도 있는 건 처음부터 안 주는 게 좋아."

나는 너희 아빠에게 내가 가진 패를 보여주지. 하지만 나는 속으로 세. 모든 것을. 아닌 척하면서 하나하나 점수를 매기고 있어.

그렇게라도 하지 않으면 내가 가진 통제력을 잃어버리는 것 같아.

나는 우리 부모님의 이혼도 계산해. 누가 뭘 가졌지? 누가 우리를 키웠지? 우리는 뭘 얻었지?

내 이혼 다음에도 계산을 했어.

나는 살아남기 위해 계산했지.

힘을 갖기 위해.

진행 상황을 살피기 위해.

하지만 내가 지금까지 뭘 계산하고 있었는지도 잘 모르겠어.

내가 뭘 재고 있었을까? 그게 정말 합산됐을까?

노트패드 ○ 4년 2개월

2020. 9. 23.

"당신, 정자 은행에 정자 보관해도 돼. 혹시 내가 죽은 다음에 다른 사람과 더 아이를 낳고 싶을 경우를 대비해서."

"나를 그렇게나 몰라." 너희 아빠는 대답해.

나는 열세 가지 정도 더 적절한 답을 생각하지.

"아이를 낳고 싶지 않다면 정관수술 하면 되잖아." 지난 2년 동안 그에게 정관수술을 해달라고 말해왔는데 이제는 이 대화를 시작할 방법도 다 바닥났구나.

"난 불필요한 수술은 하고 싶지 않아." 아빠가 말해.

필요와 불필요를 누가 결정하나? 지금도 제자리 뛰기를 하면 절대 사라지지 않을 늘어진 뱃살이 흔들리는데. 내 배 주름 사이에 이레나의 주먹 하나가 들어갈 지경인데.

노트패드 ○ 4년 3개월

2020. 10. 8.

수영, 자전거, 강에서 조약돌 던지기, 클라이밍. 너희가 재밌게 하는 야외 활동을 좋아하는 순서대로 적어봤어. 이보다 더 나은 걸 바랄 수 없겠지.

2주 전에는 우리 가족 모두 아카디아국립공원에 갔고 아빠와 나는 너희를 비하이브에 데리고 갔단다. 왕복 1.5마일 루트로 보통은 등산객이 밧줄 사다리와 레일을 이용해 올라가는 곳인데 우리는 하네스,

헬멧, 로프를 이용해 올라갔어. 너희에겐 생애 최초의 등반이었겠지. 정상에서 우리 가족은 사워패치키즈 젤리를 먹으며 축하했고 너희가 뒷길로 걸어 내려갈 때는 하네스를 벗어도 된다고 말했어.

"그냥 차고 내려가고 싶은데. 클라이머들은 다 그렇게 하던데." 카즈가 말했어.

내가 좋아하는 운동 순위는 너희와는 정확히 반대야. 코로나19 시작 후 몇 달 동안 등반을 하지 않다가 요즘 다시 매주 하고 있어. 오늘은 우리나라 최고의 스포츠 클라이밍 지역 중 하나인 럼니에 갔는데 우리 집에서 90분밖에 안 걸려. 그런데 어떻게 해도 나는 검은색과 회색 편마암의 둥근 모서리를 잡고 블랙 맘바(매 동작마다 고급 암벽 기술을 총동원해야 하는 18미터 높이의 가파른 암벽_편집자)에 붙어 있을 수가 없었어. 손가락을 다르게 쌓아보고 발뒤꿈치를 사용해보고 내 발뒤꿈치에 대고 욕도 해보고 내 몸을 위로 던져보려고도 했지만 아무 소용없었고 결국 다시 로프에 매달려야 했어.

4개월 전 맹장 수술을 받은 뒤에 그 어느 때보다 열심히 등반하고 있는데 바위 안으로 더 깊게 뚫고 들어가는 확장 볼트 때문에 안전함이 확보돼 가능한 것 같아. 등반 파트너인 아트와 테리가 내 밑에 있었고 6피트 간격으로 떨어져 있다가 로프 끝을 교환했어.

너희를 어린이집에 데려다주고 칸카마구스 고속도로를 타고 여기 와서 등반을 한단다. 산을 오가면서 왓츠앱으로 아프리카 팀원들과 회의를 하고 낮이 되면 차를 타고 집으로 돌아가면서 너희 외할머니, 이모, 외할아버지와 통화를 해. 화이트 마운틴이 통신을 끊을 때까지는 3차원의 핵가족을 오가지. 그리고 이 모든 걸 있는 그대로 받아들이려 해.

편지 ○ 4년 3개월

2020. 10. 17.

'우리 엄마 내가 어릴 때 성폭행당했어.' 내 등산 친구에게 문자를 보냈더니 친구는 페미게와셋산의 성폭행 핫라인에서 자원봉사를 하고 있다고 해. 그 답을 읽으며 내가 이 내용을 다른 사람이 읽도록 의도하고 쓰지 않았다는 생각이 들었어. 우리 엄마 내가 어릴 때 성폭행당했다. 이 문장의 주어는 누구일까? 누가 돼야 할까?

우리 엄마에게 일어난 폭력적 사건이 나와 내 언니에게 어떤 영향을 미쳤을까? 내가 10대 때 누구한테도 휘둘리지 않고 원하는 사람과 자유롭게 성적 탐험을 했던 것과 20대 후반 다시 한번 자유로운 성생활을 한 이유가, 그래야 엄마의 성폭행이 나의 서사가 되지 않을 수 있다고 생각해서였다면 지나친 확대해석일까? 엄마는 엄마의 성폭행을 어떻게 이해하고 나의 성적 선택과 관계 선택을 생각해야 할지 한 번이라도 내게 말한 적 있었나? 왜 나는 내 방식으로 왜곡되고 언니는 언니 방식으로 왜곡됐을까? 우리 언니는 어릴 적부터 사귄 한 사람과 오래 연애하다 결혼했어. 이 모든 게 강간 사건과 관련 있다고 말한다면 과잉반응처럼 느껴져. 하지만 어떻게 그렇지 않을 수 있을까?

엄마는 강간을 엄마 인생에서 가장 결정적인 사건 중 하나로 생각할까? 잘 모르겠어. 엄마는 그 강간 사건을 엄마의 이혼과 불륜과 그 이상의 것과 연관 짓거나 융합할까? 만약 성폭행이 내 역사의 일부라면 그 일에 큰 의미나 지위를 부여하지 않으려고 노력할 것 같아. 거기에 힘을 주다 보면 더 힘이 실릴 수도 있지 않을까.

우리 엄마가 피임 외에는 내게 성에 관해 이야기해준 기억이 없어. 또 남자가 내게 무력을 행사할 수 있다는 이야기도 일절 하지 않았지. 아니, 엄마는 했지만 내가 기억하지 못하나? 만약 하지 않았다면 왜 하지 않았을까? 고등학교 졸업 무렵 엄마가 성폭행당했다는 사실을 알았던 걸로 기억해. 하지만 그때 내게는 여성의 권리를 위해 싸우는 게 중요했지, 그 일이 내가 당시에 나를 위해 만들어가던 성정치에 영향을 미치게 되리라고는 생각하지 못했어.

이제 이 문제를 이야기해도 될까?

편지 ○ 4년 5개월
2020. 11. 12.

"네 성장기에 언니가 네게 가장 중요한 사람이었지." 우리 엄마는 오늘 전화로 내게 이렇게 말해.

엄마는 원래는 그러면 안 되는 것이었다는 말도 덧붙이지 않아. 나도 엄마에게 왜 그런 식으로 일이 일어났는지 이해한다고는 말하지 않았고 언니와 아빠가 내게 한 부당한 일 때문에 얼마나 화가 났는지 이제야 깨닫고 있다고도 말하지 않았어. 부모님은 언니와 내가 잘 지낼 수 있도록 도와주지 않고 정해진 관계 패턴 속에 내버려뒀거든.

너희가 부모가 됐을 때도 부모는 어떻게든 아이를 망칠 수밖에 없으니 지금부터 상담사 비용을 저축해둬야 한다고 말하는 사람이 있으려나?

있다면 너희는 꼭 헛소리하지 말라고 말해야 해.

나는 다른 버전의 육아를 할 거고 내 임무는 너희가 인생을 설계하기 위해 필요한 최고의 도구를 주는 거야.

나는 우리 부모님이 내게 한 행동에 화가 나면서도 그들에게 얼마나 힘겨웠을지를 이해하는 이중의 덫에 갇혀 있어. 연민과 분노가 번갈아 가며 겹겹이 쌓이는데 나아지기보다는 더 혼란스럽기만 한 방향으로 나가네.

어떻게든 화를 참고 이해하려 해보지만 어떻게 해야 하는지 모르겠어. 어렸을 때 가장 좋아한 칭찬은 내가 어른스럽게 말한다는 거였는데.

너무 애쓰지 마. 그 어린아이에게 말해주고 싶어. 너는 모든 사람의 핵심 부품이 돼서 그들을 행복하게 해줄 필요 없어. 네 분노를 느껴. 슬픔을 느껴.

노트패드 ◯ 4년 5개월

2020. 11. 19.

줄리엣. 내가 열 살 때부터 열여덟 살 때까지 우리 집에서 날 돌봐주신 줄리엣은 이렇게 말했지. "나는 너를 키우는 걸 도와주려고 왔다. 너는 양육이 더 필요해."

카즈는 말해. "엄마는 언제 아빠만큼 커질 거야?"

평생 처음으로 나는 내 엄마에게 말했지. 언니에게 이제 내게 말을 가려서 하라고 말할 거라고. 그랬더니 우리 엄마는 이렇게 말했어. "엄마 지금 바쁜데. 너한테 그게 중요하지 않다는 말이 아냐. 나는 그 문제에서는 멀어져 앞으로 나가고 싶다."

음성 일기 ○ 4년 5개월

2020. 11. 21.

　미래의 언젠가 너희가 네 살짜리 아이를 (혹은 네 살짜리 두 명을 동시에) 키우게 된다면 어떨까. 너희 삶에 무슨 일이 일어나고 있는지, 너희 엄마가 너희 네 살 때 어떤 삶을 살았는지를 이해하느라 감정적으로 지쳐 있으려나.

　나는 지금 내 모든 시간을 이 생각만 하는 데 보내고 있어. 아이러니한 건 이 주제에 집착하면서 내가 더 감정적이 되고 엄마로서 덜 기능적이게 된다는 거야. 그러면서도 항상 바쁘지. 내가 지금처럼 상담에 몰입하고 내 감정을 처리할 공간을 필요로 하지 않았다면 너희와 더 많은 시간을 보낼 수 있었겠지. 우리는 더 많은 추억을 쌓고 있었으려나.

　그래도 우리 확실히 하자. 너희가 네 살 반이 된 지금 너희 엄마는 매우 힘든 시간을 보내고 있어.

　너희와 보내는 시간이 어느 정도여야 적당한지 잘 모르겠다. 어느 정도가 충분할까. 너희와 관련해서는 너무 많은 건 없을지도 몰라. 하지만 내가 관련됐을 때는 너무 많은 시간이란 있지. 나는 항상 우리 곁에 계시지는 않았던 엄마와 아빠 밑에서 자랐다는 사실을 이제 배우고 있단다. 아빠에게는 그다지 집착하지 않는데 내가 엄마가 되는 길에서 아빠는 그리 중요하지 않아서야. 그래서 내 엄마만 생각하고 있어. 나는 조금 더 강경한 언어로 부모님 손을 벗어난 버전의 양육이 초래한 피해를 전하고 싶기도 해.

　하지만 그 말을 하면—메인에서 뉴햄프셔 사이 113번 도로를 달리는 미니밴 안에서 녹음을 한다 해도—그 말이 어떻게든 다시 나를 물까 봐, 내 엄마를 물까 봐 두려워. 연관된 사실을 선으로 연결하면서 설명할 수 있으면 좋겠다. 우리 엄마의 성폭행 사건으로 엄마가 일에 더 의지하고 육아와 멀어지게 됐음을 명확하게 보여주는 선을 그리고 싶어. 엄마에게 육아는 훨씬 더 많은 감정을 일으켰을 것이고 육아란 곧 아빠를 항상 상대해야 한다는 뜻이기도 하잖아. 그래서 엄마는 가장 합리적이면서도 우리를 지원하는 데 필요한 일을 했어. 일을 열심히 한 거지. 엄마는 일을 통해 확신을 얻고 승진을 하고 논리적인 퍼즐을 풀고 도전 과제를 해결했어. 그러면서 육아는 점점 더 하기 어려운 일이 돼갔고.

우리 엄마가 자기 인생을 이렇게 바라본 적이 있는지는 나도 몰라. 이렇게 단순하게 설명할 수 있는 일이 아닐 수도 있지. 1980년대에 엄마 같은 직업을 가지려고 노력한 사람에게 정말 다른 선택권이 있었는지 모르겠어. 엄마가 그렇게 훌륭한 경력을 쌓을 수 있었기 때문에 나는 좋은 학교에 다니고 강한 여성인 엄마를 본받고 리더가 되고 평등을 위해 싸우고 나서서 말할 수 있게 됐지.

직선성(원인과 결과가 직선인 경우_옮긴이)과 인과관계 다이어그램을 보고 싶은 이유는 이 모든 것이 계속해서 겹친다는 것을 알기 때문이야. 어쩌면 나의 이야기를 우리 엄마의 이야기로 만들고 있는지도 몰라.

내가 알아야 할 건 결혼을 유지하고 너희 아빠와 좋은 부부가 되는 게 내가 할 수 있는 다른 어떤 것보다 너희에게 더 도움이 되는가야. 우리가 결혼을 유지한다면 나중에 너희는 부모님과 보내는 시간 양에 그렇게 집착하지 않아도 되겠지. 너희는 나를 항상 보고 있을 테고 다른 선택지는 나를 절반밖에 보지 못한다는 걸 몰랐을 테니까.

그전에는 이 문제를 한 번도 생각해본 적이 없어. 나를 위해서도, 너희를 위해서도, 우리 엄마를 위해서도.

***

나는 요즘 두 배로 슬퍼. 나도 슬프고 우리 엄마를 생각해도 슬퍼. 어쩌면 이건 너희에게 해줄 이야기는 아닐지 몰라. 우리 엄마에게 해줄 이야기지.

어쩌면 모두에게 해줄 이야기가 될지도 모르고.

엄마에게 전화해 이 모든 질문을 하고 싶어. 하지만 엄마 마음을 아프게 할까 봐 하지 못하겠다. 엄마 마음을 아프게 해야 할 만큼 내가 이 답을 반드시 알아야 하는 건지도 모르겠고.

음성 일기 ○ 4년 5개월
2020. 11. 21. (이후)

엄마에게.

내가 과연 용기를 내 엄마에게 이 편지를 보낼 수 있을지 아닐지 잘 모르겠어. 혹은 전화로 이야기할 용기를 낼 수 있을지도 모르겠고. 하지만 우리가 서로 수천 킬로미터 떨어져 있고 내가 언제 엄마를 보게 될지 잘 모르는 상황에서 어쩌면 편지가 좋은 수단이 돼줄지도 몰라.

엄마는 매일 아침 이레나가 내 침대에 올라오는 거 알아? "껴안기!"라고 말하면서 침대를 탁탁 치고 올라와 이불 안으로 쏙 들어와. 이레나는 엄지손가락을 빨면서 내 겨드랑이에 코를 집어넣어. 정말로 내 겨드랑이에. 이레나가 내 몸에서 이름을 부르며 찾는 곳이 겨드랑이라서.

내가 네 살 때, 우리를 안아줬을 때, 엄마는 어떤 느낌이었어?

***

나는 우리가 엄마를 많이 만질 수 없던 때가 기억나. 엄마와 나란히 침대에 누워 있던 기억과 엄마가 악몽을 꾸고 있을 때 현관에 서 있던 기억이 있어. 엄마를 보면서 어떻게 해야 할지 몰랐어.

여덟 살에서 열 살 정도 됐을 때 나는 이미 이야기를 지어내고 있었어. 아니면 우리가 엄마 목을 만지는 걸 엄마가 좋아하지 않는다고 내면화했을지도 몰라.

그게 사실일까? 아니면 나 혼자 만들어낸 이야기일까?

그 남자가 엄마 목에 올가미를 걸었다는 걸 알아.

얼마나 조였을까?

너무 단단히 둘렀을까?

엄마 목에 빨간 자국이 남았을까?

엄마는 그걸 잊었을까? 아니면 나중에 목에 초커 목걸이를 할 때마다 생각이 났을까?

나는 우리 아이들을 껴안는 걸 무척 좋아해. 엄마에게는 그게 어떤 느낌이었을지 상상할 수가 없어.

하나만 말하자면 나는 어쩌면 엄마가 당한 성폭행에서 엄마보다 더 많은 것을 끌어내고 있는 것도 같아. 엄마를 이해하고 엄마와 이야기해야 할 일 같지만 엄마에게는 이미 오래전에 감정을 처리해 다시 상기하고 싶지 않은 일인데 내가 끌어내는 걸까 봐 걱정이 돼. 어쩌면 그 사건이 모든 것의 중심에 있거나 중심에 있었던 일 아닐까. 만약 그렇다면 모든 일이 더 선명해져. 나의 논리는 이렇게 흘러.

엄마와 아빠 사이가 그리 좋지는 않은 상황이었고 엄마는 회사에서는 승승장구하고 있었지. 그때 한 남자가 숲에서 튀어나와 엄마 목에 올가미를 걸고 엄마를 바닥에 눕힌 후 엄마 목에 칼을 대면서 거칠게 강간을 했어. 엄마는 결국엔 그의 손에서 빠져나와 도망쳤지만 그 전에… 아, 뭐라고 해야 하지. 그가 폭력을 끝까지 마치기 전에는 도망가지 못했어.

맙소사.

엄마는 바로 병원에 갔어. 성폭행 검사를 받았어. 그리고 다시 회사에 일하러 갔어.

세상에 그런 사람이 어디 있지?

그게 엄마가 내가 아는 사람 중 가장 용감한 사람이란 뜻인지 아니면 극기심이 강한 사람이라는 뜻인지 잘 모르겠어. 다시 말하지만 나는 1979년에 살아 있었을지 몰라도 그 일을 겪은 사람은 아니니까.

엄마 분야에서 성공을 향해 나아간 사람은 내가 아니야. 무시당하지 않기로 결심한 사람도, 능력 없는 여성으로 취급받고 싶지 않았던 사람도 내가 아니야.

그런데도 내 마음속에서 그 사건 이후 4년 동안 일어난 모든 일을 결정하는 사건으로 자리 잡았어. 엄마와 아빠가 이혼한 것, 엄마가 D에게 돌아간 것, 우리가 부모님만큼이나 우리에게 중요해진 보모 밑에서 자란 것. 아, 망할. 너무 복잡해. 이 중에서 어느 것 하나도 엄마와 따로 떨어져 있는 건 없지 않을까.

음성 일기 ○ 4년 5개월

2020. 12. 3.

이레나와 카즈에게.

오늘 깨달은 게 하나 있어. 내가 지금 하고 있는 건 내 감정을 푸는 노하우를 알아내려는 노력이기도 하지만 너희가 앞으로 겪을 동요를 의연하게 헤쳐나갈 수 있게 안내하고 너희가 감정적으로 힘과 지식을 가질 수 있게 격려하는 일이기도 하다는 거야.

나도 너희처럼 바닥에 누워 발로 차고 소리를 지르면서 어떻게 하면 결혼 생활을 잘 유지하고 어떻게 하면 좋은 엄마가 될지 알아내고 싶구나. 나는 이 둘을 직접 목격하지 못했으니까.

내가 아는 건 사실들이야. 아니면 사실에 대한 내 해석이지. 엄마와 아빠의 힘든 결혼 생활, 엄마의 외도, 엄마의 강간, 엄마와 아빠의 이혼, 그들의 끔찍한 양육권 싸움, 나를 감정적으로 괴롭히는 언니. 그 시절을 기억하다 보면 내게 안전한 부모님이, 그 힘든 시기에 관해 믿고 털어놓을 수 있는 부모님이 있었으면 좋겠다는 생각도 들어.

하지만 내가 가진 전부는 우리뿐이네. 함께 이 길을 배우려고 노력해야겠어.

음성 일기 ○ 4년 5개월

2020. 12. 4.

피터에게.

어젯밤 나는 이틀 연속 당신 위로 올라갔어. 당신 목에 얼굴을 묻었는데 당신은 거부했지.

우리 계약상으로 서로가 원할 때 절대 거부하지 않기로 한 거 몰라?

그 사람도 내게 싫다고 했었어. 다른 사람 말이야. 당신 전의 다른 남편. 다른 산악 가이드. 키가 180이 넘는 또 다른 남자. 그는 싫다고, 싫다고 말했어.

당신이 피곤한 건 이해할 수 있어. 하지만 남편의 거절에 대한 나의 두려움이 생각보다 훨씬 커.
　당신이 너무 피곤하다고 말하거나 당신이 우리가 사랑을 나눈 이후 에너지가 남아 있지 않다고 말할 때 내 어른의 두뇌는 받아들이고 사랑하라고 말해. 나의 파충류 두뇌는 도망가라고 말해.
　한편으로는 혹시 내가 너무 강하게 밀어붙였거나 잘못된 방법으로 요구한 건 아닐까 싶기도 해. 말의 뉘앙스를 좀 더 바꾸면 도움이 될까? 좀 더 가볍게, 더 장난스럽게 혹은 덜 장난스럽게, 더 빠르게, 더 낮게 말하면 도움이 될까? 그럼 당신에게 욕구가 생길까?
　50퍼센트 정도는 이 일이 당신과 나와 이 순간과는 관련이 없다고 확신해. 그리고 나머지 50퍼센트 정도는 모든 것과 관련이 있을까 봐 겁이 나. 지금 말하지 않고 우리 스스로를 바로잡지 않다가 점점 소통하지 않게 돼버리면 어쩌지?
　우리는 드라마를 보거나 영화를 반 정도 보다가 싸움이나 폭력 장면이 나오면 바로 무음으로 해버리잖아. 소음 없이 장면만 나오면 그 장면을 받아들일지 반응할지 결정을 할 수가 있으니까.
　우리도 힘들 때 볼륨을 꺼버린다면 어떨까? 파트너 입을 다물게 하기 위해서가 아니라 침묵 속에서 우리 사이에 지금 무슨 일이 일어나는지 마음으로 들은 다음 목적을 생각하면서 우리만의 길을 찾아보면 어떨까?

음성 일기 ◯ 4년 5개월

2020. 12. 5.

아온 본에게.

언니를 아온 본이라고 불러도 돼? 언니한테 붙인 별명인데 우리가 갖지 못한 친밀한 관계를 상징하는 이름이라고 할 수 있어.

언니에게.

내가 마법의 지팡이를 언니에게 흔들면 전부 다 쉬워졌으면 좋겠다.

지금의 언니가 아니라 다섯 살 때의 언니에게. 언니는 세 살의 나보다 더 키 크고 더 나이도 많고 더 잘 알고 있잖아.

'우리가 혹시 천직을 놓친 건 아닐까.' 나는 언니에게 문자를 보내.

'알고 보니 우리는 여행하면서 기타 치고 노래하는 가수 자매였다면 어떨까? 우리 삶이 갑자기 바뀌어버려 억지로 어른스럽게 행동해야 하던 어린 소녀가 아니었다면 우리 삶은 어땠을까?'

***

만약 내가 언니를 앉혀놓고 어떤 감정이든 털어놓게 하고 괜찮다고 말하는 엄마라면 어떨까?

내가 화를 전혀 내지 않는 엄마라면 어떨까?

내가 어릴 때부터 봐온 엄마가 아니라 내가 되고자 하는 엄마라면 어떨까?

편지 ○ 4년 5개월

2020. 12. 11

"난 어른 되면 아기 서른 명 낳을 거야."

"정말?"

"응. 그리고 한꺼번에 두 명씩 젖을 줄 거야, 엄마처럼."

"좋은 생각이네, 이레나. 엄마도 도와줄게."

"엄마가? 근데 내가 아기를 낳으면 아기들이 내 질로 나오는 거예요?" 이레나는 배에다가 손을 얹고 아래쪽으로 뭔가를 내리는 동작을 하는데 마치 아기들을 아기집에서 질로 옮기는 것 같아. 이때 마음대로 되지 않는 자궁경부는 문제가 되는 것 같지 않네.

네 살짜리 딸과 자연분만 이야기를 하다가 울진 않을 거야. 지금은 제왕절개에 부끄러움을 느끼지도 않아.

"네 아기들이 질로 나오면 좋겠구나, 이레나. 엄마도 너와 카즈를 꼭 그렇게 출산하고 싶었는데. 그래도 우리 모두 이렇게 안전하게 이 세상에 함께 있을 수 있어서 얼마나 감사한지. 로렌 박사님이 널 나와 분리해서 가능했던 일이야."

"푸치 할머니 배에도 자국 있어요?" 카즈가 물었어.

잠시 눈을 감고 있다가 눈을 떠보니 이레나는 우리 사이 걸리적거리는 것을 없애기 위해 내 네글리제를 옆으로 밀고 뺨을 내 어깨에 갖다 대며 말해. "엄마, 우리 몬태나 언제 가요? 나 푸치 할머니 꼭 안고 싶어."

너희 둘은 내가 울고 있다는 걸 눈치챘지. 너희는 내 폐 안에서 공기가 바뀌고 내 목에서 숨이 차는 것까지 느끼는 것 같아. 이번에 이레나 너는 고개를 들어 축축한 엄지손가락을 내 뺨에 대고 손가락으로는 내 턱을 잡아. "엄마 아빠도 가끔은 엄마 아빠 생각하면 슬퍼." 너는 고개를 끄덕이며 말해.

나도 고개를 끄덕이고 너는 다시 엄지를 입에 넣고 네 자리인 내 겨드랑이로 돌아가.

내가 지금 우리 부모님을 얼마나 그리워하는지 너희에게 솔직히 말하는 게 도움이 되지 않을 것 같구나. 나는 지킬 수 없는 약속을 해. 우리 금방 몬태나에 갈 거야. 우리 할아버지 할머니 안아주러 가자. 너희는 알게 되겠지. 우리가 함께할 수 있는 해가 점점 줄어들긴 하겠지만 올해와는 다를 거라는 걸.

노트패드 ○ 4년 5개월

2020. 12. 13.

쿵 소리.

기다린다.

"어어어어어어."

가본다.

"무슨 일이야, 우리 팀원들?" 나는 침실에서 거실로 모퉁이를 돌기도 전에 말했어.

"이레나가… 나를… 밀었져." 카즈가 눈물을 흘리고 딸꾹질을 하며 말해.

"카즈가 먼저 내 배를 주먹으로 쳤져." 이레나도 울며 말해.

누가 먼저 때렸는지가 중요할까?

내가 바닥에 앉아 양팔을 벌리자 너희가 자동적으로 다가와 안겼어. 내게는 아직 힘이 있다.

"이 녀석들아. 우리는 서로에게 친절하기 위해 계속 노력해야 하는 거야."

"미안해!" 이레나가 소리쳐. 주먹을 불끈 쥐면서.

"미안해!" 카즈는 눈을 흘기고.

내가 화해 과정을 더 잘 가르친다면 너희들은 내 언니와 나보다 더 친해질 수 있을까?

"공감 말할 수 있는 사람?"

"감." 이레나가 엄지를 입에 넣고 말해.

"공감이지, 이레나." 카즈가 고쳐줘.

"너희 둘 다 잘했어. 이제 우리를 위해 엄마 말에 대답해볼까?"

나는 깊은 숨을 쉬고 우리 셋의 포옹은 점점 커졌다 작아져.

"만약에 엄마가 아빠를 밟으면 어떨까? 그런 다음 엄마가 '미안'이라고 말하면 아빠는 기분이 어떨까?" 상상할 수 있는 최대한 냉랭한 목소리로 말했어.

너희는 겁에 질린 표정을 하더니 조용해졌어.

"아니면 엄마가 '미안해, 여보. 괜찮아?' 이렇게 말하면 좋을까?" 이번에는 부드럽게 말해봤어.

이레나가 손을 들어. "두 번째요. 엄마."

"그래. 우리도 그렇게 할 수 있지? 엄마와 아빠는 항상 옆에서 너희가 잘 지내는 법을 가르쳐주고 싶어."

노트패드 ○ 4년 5개월

2020. 12. 15.

 오늘 우리 모두에게 도움이 될 여성을 만났어. 보모는 아니고 침팬지를 전문으로 연구하는 생물학 박사인데 내가 우리가 가진 카드를 잘만 활용하면 이분이 우리 팀과 레가도에서 일하면서 함께 성장할 수 있을 것 같아. 더 좋은 건 그가 생물 다양성을 보호하려면 이제까지 해온 전통적인 보존 활동보다는 더 많은 게 필요하다는 사실을 아는 생물학자라는 거야.

 다음 우리 목표는 케냐야. 케냐에서 새로운 파트너십을 맺고 현지 주민 그리고 숲, 강, 하천을 지원할 수 있는 계획을 실험해보려고 해. 그 지역 어린이, 보건, 문화를 우선으로 지원하면서 생물 다양성을 보호하고 싶어. 지난 1년 동안 이렇게 주민 위주로 확장하기 위해 열심히 노력해왔고 이제 꿈속에서도 줌 회의를 하고 있지. 나는 환경보호만으로는 충분하지 않다고 말하는 나물리 사람들을 생각했어. 그들의 생계와 삶이 동식물보다 중요하잖아. 우리 뒤에서 이사회와 후원자와 많은 사람이 우리를 받쳐주고 있어. 우리와 함께 이 실험을 해보고 싶어 하는 케냐의 파트너도 있고. 번영하는 미래Thriving Future. 우리가 운영하는 모델과 프로그램을 그렇게 불러. 우리는 번영하는 장소에서 사는 번영하는 사람들을 지원하니까. 너희 엄마는 번영하는 미래를 만들고 있고 만드는 법을 더 배워가고 있어. 왜냐하면 내가 더 잘할 수 있다는 걸 알기 때문이야. 하지만 지금은 일단 침팬지 박사님 소냐에 대한 기대가 커. 비로소 내가 한발 물러서서 일을 줄여도 될 만큼 레가도가 커졌다는 생각이 들어서.

편지 ○ 4년 5개월

2020. 12. 18.

지금은 너희 둘에게 편지를 쓰고 싶지 않구나. 오늘 너희 둘의 몸무게를 합친 무게의 40배쯤 되는 얼음덩어리가 세상으로 폭발해 잠시 내 위에 있었다는 이야기를 하고 싶지 않아.

평범한 하루가 될 예정이었어. 친구 로리와 클로포드 노치의 프랑켄슈타인 클리프에서 얼리 시즌 등반을 하기로 했는데 이미 다른 사람이 많았지. 말하자면 얼음 위가 붐볐어. "괜찮아. 완전히 얼진 않았어도 그래도 펭귄까지 올라가자." 내가 말했어. 이전에 열두 번도 더 와본 루트였는데 세 번째 피치에서 내가 리드를 했을 때 이제 얼기 시작한 얼음은 등반하기 어렵고 안정감이 없고 말랑하고 부서지기 쉽다는 걸 발견했지.

올라가다가 첫 번째 작은 권곡벽에 스크루를 꽂고 위를 올려다봤어. 많이 잡아도 네 번이면 틈까지 올라가겠더라. *수없이 해본 일이야.* 나를 코치했지.

숨을 깊이 쉬었는데 나 스스로도 약간의 망설임이 느껴졌어. 밑에 있는 로리를 봤어. "나 하는 거 봐. 보통은 이렇게까진 하지 않아." 나는 소리쳤어.

그리고 그다음 스윙에 얼음이 부서져버린 거야.

***

병원에서 너희 아빠에게 문자를 보냈지. '크기가 냉장고만 했어.' 그 말을 쓰면서 순간 숨을 멈췄어. 사실 이 단어는 콜로라도 베일에서 로드 윌러드를 죽인 얼음덩어리를 묘사할 때 쓴 단어였거든. 18년 전 비슷한 크기의 덩어리가 그의 생명을 끝냈지. 이 덩어리는 내게 뭘 했을까?

어쨌든 병원까지는 내가 직접 운전해서 간 거야. 너희에게 그 이야기를 하는 게 중요한 것 같구나. 만약을 대비한 건데 나는 엄마이니 그렇게 하는 게 옳은 일 같았어. 내 몸에 이상이 없는지 확실히 해야 하잖아. 사실 걸을 때 조금 아팠거든. 엑스레이로 엉덩이를 찍었고 주사를 맞았고 병원에서는 가도 된다고 했어.

나는 지금 굉장히 열심히 합리화를 하고 있구나. 얼음덩어리가 떨어질 때 나는 자세를 잘 유지하고 있었어. 왼손의 장비와 벽은 잘 연결돼 있었고 다리는 기둥 두 개 사이에서 균형 잡혀 있었는데 내 아이젠이 고정돼 있었기 때문이지.

지금 내게는 두 선택지가 있고 이 선택지를 둘 다 인정하고 싶지 않아.

첫 번째 선택지는 내 잘못을 인정하는 거야. 얼음이 완전히 형성되기 전에 펭귄에 오른 게 잘못이지.

두 번째 선택지는 첫 번째 사실을 인정한 다음 어깨를, 문자 그대로 그리고 비유적으로 어깨를 으쓱이고서 이 이성적으로는 말이 안 되는 일을 계속하는 거야. 너희에게 편지를 쓰는 내 존재를 끝내버릴 일을 하는 거야.

바깥세상에서는 빙벽등반이 별 의미가 없겠지. 사실 클라이머 세계인 이쪽에서도 그래. 인생을 암벽등반에 바친 이들 중에서도 수직의 빙벽등반은 고려하지 않는 사람이 많거든. 너무 춥고 너무 느리고 장비에 너무 의존해야 하고 한마디로 너무 위험해서야. 그리고 바위는 얼음보다 훨씬 더 영구적이잖아. 그래도 나는 너희가 6개월이 채 되기 전에 빙벽의 세계로 돌아갔어. 그래. 말할게. 나는 위험을 통제할 수 있다고 생각하거든. 여전히 그렇다고 생각했어.

"이번 일은 어디에 저장해둘 거야?" 너희 아빠가 집에 와서 평소보다 더 길게 꼭 나를 안아주면서 물었어.

아빠에게 한 대답을 너희에게도 알려줘야겠구나. 나도 잘 모르겠어. 그런데 한 시간이 지날 때마다 1인치씩 더 가까이 가고 있어. 등반을 다시 하는 쪽으로.

편지 O 4년 5개월
2020. 12. 25.

"이건 당신 거야." 너희 아빠가 거실에 쌓인 상자와 양말 사이로 과꽃 무늬 카드를 살짝 끼워 넣었어. 보자마자 뭔지 알았고 나중에 읽으려 내 로브 주머니에 넣어뒀지.

나중이 됐어. 밤 10시면 평소 잠드는 시간보다 늦었어. 그리고 아빠의 편지를 세 번째 읽을 때는 그보다 더 늦어 있었지.

메리 크리스마스, 마이카.

사랑해. 2020년은 직업적으로도 부모로서도 도전과 기회가 많은 해였지. 몇 년 전이라면 상상도 못 했을 거야.

당신이 자랑스럽고 우리가 자랑스러워. 여러 가지 방향으로 노력해야 했지만 우리는 최선을 다해 해냈잖아. 당신이 어려운 결정을 내리고 주어진 기회를 진심과 열정으로 대하는 모습을 존경해. 당신이 가족, 사랑하는 사람, 친구를 얼마나 아끼는지 잘 알고 그 사이에서 균형을 유지하려는 당신을 존중해.

2021년에는 우리가 부부로서 더 강해지길, 더 많이 웃고 서로에게 더 편해지고 이 결혼과 육아라는 팀 스포츠를 너끈히 해낼 수 있었으면 좋겠다.

나는 카즈와 이레나에게 훌륭한 본보기가 되고 싶어. 호기심, 사랑, 감사, 존중이라는 우리 가족 문화를 계속 만들고 지키고 싶어. 의미 있는 방식으로 우리 가족 곁에 있어주고 싶어.

사랑과 응원을 담아,

피터가.

그는 내 말을 듣고 있었어. 언제나 듣고 있었어.

노트패드 ○ 4년 6개월

2020. 12. 29.

코로나19 아기와 코로나19 강아지. 우리는 둘 다 없네. 둘 다 가질 수도 있었지. 하지만 이 결혼에서는 아니야. 너희 아빠는 다른 결혼에서라면 뭘 가질 수 있을까? 예스라는 말을 더 많이 말하는 아내?

이번 주는 세 시간 동안 줌으로 팀원들과 통화를 했어. 그 통화 내내 레가도의 커뮤니케이션을 담당하는 리는 화면에서 한발 물러나 갓난아이를 안고 흔들고 수유하고 재우기를 반복하고 있었지. 나는 리의 줌 창을 내 윈도우 화면 상단에 고정하고 보다가 숨겼다가 했어.

"나 아기 갖고 싶어." 너희 아빠에게 다시 말했어.

"나도 알아." 그의 다음 대사를 기다려. "당신 아기 둘이나 있잖아. 저기 저 방에." 하지만 이번에는 그렇게 말하지 않고 소파 옆자리로 옮겨 내가 앉을 자리를 만들더니 "안아줄까"라고 묻네.

(이레나가 쓴) 편지 ○ 4년 6개월
2020. 12. 31.

와일드 크래츠에게.
모든 동물이 남자(그)는 아니야. 근데 너는 언제나 남자(그)라고 해.
잘 모를 때 그 남자라고 하지 않는 게 더 친절해.
넌 잘 알잖아.
더 친절해지길.
이레나로부터.
여자(그녀).

편지 ○ 4년 6개월
2021. 1. 2.

내가 냉장고 사이즈의 얼음덩어리를 엉덩이에 맞고서 2주가 지났어.
"당신 알아?" 나는 오늘 등반을 하며 너희 아빠에게 물었어. "이번 리드를 하면서는 얼음이 떨어지는 상상 세 번밖에 안 했어. 나 많이 좋아졌지?"
이걸 자랑스러워해야 할지 무서워해야 할지 모르겠구나.
지상에서 120피트 높이에서 빌레이를 하며 아래를 내려다봤어.

스크루 여덟 개가 마지막 프로텍션 포인트에서 정확히 12피트씩 떨어져 있었는데 마치 그걸 꽂을 때마다 알람이 울린 것만 같았지. 아빠가 재빨리 내 자리까지 올라오는 걸 봤어. 마치 스크루 없이도 피치를 선등할 수 있는 것처럼 보였어.

그는 마음이 급해 보여. 나의 좋았던 마음이 짜증으로 변해. "당신이 나보다 잘하는 거 알아. 그래도 한 번쯤 '당신 잘하네' 하고 칭찬해 주면 안 돼?"

"당신이 올라갈 때 다섯 번이나 그렇게 말했는데?"

정말? 나는 생각해. "그렇다면 뭐. 빌레이 할 때는 꼭 말해줘."

***

등반을 마치고 내가 왜 너희 아빠처럼 돼야 한다고 느끼는지 생각해봤어. 그는 나처럼 돼야 할 필요가 있다고는 전혀 느끼지 않는 것 같거든. 예전에는 우리가 똑같다고 생각했고 어쩌면 실제로 그랬을지도 몰라. 우리는 처음부터 완벽한 동지로 서로에게 도전하고 서로의 발전을 반영했어. 바위 위에서는 그랬어. 하지만 빙벽등반가로서는 동등한 척하고 싶어 했지만 한 번도 그런 적은 없고 앞으로도 그럴 수 없을 거야. 얼음 위에서 킥과 스윙을 하면서 두 번의 등 수술과 쌍둥이 임신과 제왕절개와 맹장 수술을 생각했어. 전부 내 몸의 코어에 일어난 일이었지. 그는 무릎 수술을 한 번 받았는데 그 어느 때보다도 건강해 보여. 이러니 우리가 어떻게 같을 수 있겠어?

지상으로 돌아왔을 때 내가 배낭을 쌀 동안 너희 아빠는 또 등반을 하기 위해 몸을 풀기 시작해. 우리는 한 팀이어야 하는데 우리 둘 중 누구도 왜 서로가 반대 방향으로 가는지 의논하지 않아.

"이제 애들한테 가봐야지."

아빠는 한숨을 쉬어.

그가 원하는 건 아주 멋진 날, 자신을 잃을 정도로 등반에 빠질 수 있는 날이라는 걸 알아. 내가 원하는 건 등반을 하면서도 너희가 필요한 방식으로 엄마가 되는 거야. 너희 아빠는 아빠가 되기 위해서는 자신의 얼마나 많은 부분을 쏟아야 하는지 질문하지 않아. 그는 그냥 아빠가 되지. 그는 일주일이나 한 달을 불규칙하게 보낼 수 있어. 어떤 날은 집에 일찍 오다가 열네 시간 내내 밖에 나가 있을 수 있어. 나는 매일이 리셋돼. 너희 둘에게도 마찬가지지. 우리가 서로에게 이 현실을 가르쳤던가? 우리가 다르게 할 수 있을까?

집에 오니 너희가 내 몸을 타고 올라와 농장 동물을 키우고 싶다고 조르네. 한 시간 실랑이 끝에 이레나 너는 소리 지르기와 울기와 네가 할 수 있는 가장 커다란 감정 분출을 하고서는 내 위에서 지쳐 잠들었어. 내가 등반을 더 하고 왔다면 이런 시간을 놓칠 수도 있었겠지. 내가 등반을 하고 오는 다른 타임라인이 내게는 좋았을 수 있지만 너희에게는 나빴을 거라 생각해.

노트패드 ◯ 4년 6개월

2021. 1. 5.

"오늘 영화의 밤으로 하자." 나는 너희에게 말하고 너희 아빠는 너희에게 채소 스틱을 잘라주고 충분히 우유를 부어주고 한 시간 정도는 너희끼리 있을 수 있게 해줬어.

"상담 잘하세요." 카즈가 2층으로 올라가는 우리에게 말해.

편지 ○ 4년 6개월

2021. 1. 5

    오늘 나물리의 여왕과 이야기를 나눴어. 대리인이 했다고 해야 하나. 내 동료인 필리파, 스테파니, 엘리자베스, 소냐와 나는 레가도 2.0을 구축하기 위해 노력하고 있고 우리가 코로나19 때문에 떠나지는 못하지만 여왕이 알아야 할 게 있었거든.

    9개월 전 우리는 나물리 지역사회의 코로나19 대책 기금을 마련해 더 많은 의료진을 고용하고 교육하기도 했어. 그건 시작일 뿐이었지.

    지역 주민이 우리에게 수차례 말한 우선순위에 따라 작업 지도를 그릴 수 있었거든. 주민의 토지권, 생계, 보건과 의료 등도 고려했지.

    이 접근 방식으로 우리는 케냐에서도 사업을 론칭하려 해.

    "저도 그곳에 가서 이 이야기를 여왕에게, 모두에게 직접 전달하면 좋겠네요." 나는 팀원들에게 말했어.

    "하실 수 있어요. 저를 통해 하시면 돼요." 수석 프로그램 매니저인 필리파가 말해. 그는 곧 모잠비크에 가기 때문에 내 편지를 대신 전달해줄 수 있지.

    레인하, 우리가 이제 케냐에서도 일하고 있다는 사실을 제가 말씀드리고 싶어 편지를 씁니다. 당신과 당신의 지역사회가 큰 영감이 돼줬기에 가능한 일이었습니다. 당신이 불어넣어 준 영감으로 우리는 더 많은 일을 더 잘해낼 수 있었습니다. 이 유산을 위한 일이 곧 우리 모두를 위한 일이라는 것을 알고 계신가요? 당신의 유산, 당신의 가족, 당신의 지역사회이면서 우리입니다. 이것이 우리가 만들어가고 있는 일입니다.

노트패드 ○ 4년 6개월

2010. 1. 10.

"네가 대통령이 되면 잼에 절대 덩어리를 넣으면 안 된다고 선포할 수 있어." 오늘 아침 6시 12분에 아빠가 두 번째로 준비한 샌드위치를 이레나가 거절하자 아빠가 말했어.

"아빠, 난 대통령 안 될 건데."

"왜 안 되고 싶은데?"

"나는 엄마 될 건데?"

휴, 숨을 들이쉬고 내쉬자. 나는 내게 말했어.

"이레나, 엄마가 굉장한 사실 하나 알려줄까? 넌 엄마도 되고 대통령도 될 수 있어."

"엄마! 근데 우리 아가들은 내가 엄마가 돼주길 바랄 텐데."

노트패드 ○ 4년 6개월

2021. 1. 12.

'네 엄마와 금요일에 백신 접종을 하기로 했다.' 파파D가 보낸 문자야.

울음이, 내 안에 있는 줄 몰랐던 터널에서 갇혀 있다가 빠져나온 공기처럼 터져 나왔어.

"엄마 왜 울어? 행복해서 우는 거예요?" 이레나가 물어.

"안심돼서 우는 거야." 나는 말했어.

이제야 숨을 쉬고 있는데 그전에는 숨을 쉬지 않았다는 사실을 몰랐거든.

편지 ◐ 4년 6개월
2021. 1. 20.

　오늘 아침 정확히 48시간 동안 이레나 너는 〈겨울왕국〉 엘사 드레스 때문에 울었어. 그 드레스는 사실은 지나치게 시중에 많이 나와 있는 화려한 공주 옷에 대한 전반적인 불만을 무시하고 딱 한 벌만 사준 거였어. 오늘은 편하게 지나가야 하는 날이야. 너희 아빠는 등반 중이고 나는 오늘 너그러운 기분이니까. 엘사 드레스가 문제가 될 거라고는 예측하지 못했지.

　너희 둘이 어렸을 때는 너희를 카시트에 앉힌 다음 그날 하루 할 일을 한 적이 있어. 너희를 고정해놓고 집 안으로 뛰어들어가 내 폰으로 너희에게 들려줄 음악을 틀어놓고 화장실에 갔다 오고 뭐든 집어먹고 설거지하고 이메일 보내고 외출 전에 싱크대 밑 아보카도 얼룩을 닦았지. 그 8분에서 10분 동안의 축복. 비로소 숨을 쉴 수 있는 순간, 내가 너희 둘을 카시트에 앉히고 두 번째 카시트의 여섯 번째 끈 중 마지막 끈을 채우는 순간 몸의 긴장이 풀렸지.

　오늘 그때 기분을 느꼈어. "얘들아, 엄마 조금 짜증 나기 시작하는걸."
　이레나 너는 엘사 드레스를 꼭 쥐고 말해. "엄마, 차분하게…."
　카즈가 말해. "엄마 저기 마음 진정하는 코너로 가야겠다."
　이레나가 이어서 말해. "물 한잔 마시세요."
　"심호흡을 깊게 두 번 해요."
　"아니면 그림 그리기."

"잠깐 휴식하기."

어린이집에 가는 내내 너희는 내게 차분해지는 방법을 제안하는구나. 나는 잠깐 기다린다. "있잖아, 얘들아. 엄마가 이런저런 기분을 느끼면 그건 엄마 감정이야. 너희 감정이 아니야."

"나도 알아요!"

"너희는 안전해. 엄마는 너희 사랑해."

"당연하지. 엄마는 우리 사랑하지."

"카즈, 나도 너 사랑해." 그러더니 이레나 너는 키득키득 웃어.

"나도 너 이레나 사랑하고 엄마도 사랑해." 너 카즈도 키득대.

"그래, 우리 곰돌이들. 하나 더 물어볼까. 이레나, 오늘 아침에 마음 진정시키는 데 뭐가 도움 됐을 것 같아?"

자동차 안이 조용해졌어. 나도 가만히 있지.

너는 엄지손가락을 입에서 쏙 빼더니 말해. "엄마, 아무것도 도움이 안 된 것 같아. 나는 너무 슬펐어요. 너무 슬플 때는 어쩔 수가 없어."

"알아, 우리 애기. 엄마도 그래. 너무 슬프거나 너무 화가 날 때…"

"아니면 불안할 때?" 너희가 끼어들었어.

"맞아. 우리가 그런 기분을 느낄 때 어떻게 차분해지는지 배우면 되겠지."

"나 알아, 엄마. 다음에는 눈송이를 나무에 아주 세게 던지면 돼요. 아니면 하늘에다가." 카즈가 말해.

편지 ○ 4년 6개월

2021. 1. 23.

　빠지직, 딸깍, 쿵, 삐걱. 빙벽등반을 할 때는 얼음이 이 모든 소리를 낸단다. 오늘은 약간 속삭이는 듯한 치직 소리를 냈지. 손목 스냅만으로 장비를 꽂았는데 내 픽은 내가 붙어 있는 이 얼음에 꽂힐 만큼 그러나 이 얼음 패널을 부수지는 않을 정도로 들어갔어. 나는 크로포드 노치의 드롭라인 아래 있고 얼음판을 타고 올라가 관 모양 기둥 쪽으로 가고 있어. 이번 겨울 시즌에 빙벽등반을 한 지는 6주밖에 안 됐지만 내 몸이 벌써 이 빙벽에 익숙해졌구나.

　가끔 마지막 출구라는 이름의 루트가 나타나면 오른쪽으로 움직여. 이 패치들을 연결할 수 있을지 궁금하지만 고개를 흔들면서 탐욕스러운 생각을 몰아내지. 프로텍션을 만들어 안전한 선택지로 만들 기회가 충분하지 않네. 그래서 하지 못하고 하지 않기로 해.

　어쩌면 나는 빙벽등반가로서 이 정도로만 만족하기 위해 너희를 낳은 건지도 모르겠어.

편지 ○ 4년 6개월

2021. 1. 26.

　내 스키는 화이트 마운틴의 로키 브랜치 트레일헤드의 높은 곳에 있는 크로스컨트리 트랙의 얼어붙은 수로를 미끄러져 내려가. 발목이 꺾이고 바위를 피해 가고 머릿속에서는 굉음 소리가 터지는 듯해.

　이 소리는 왼쪽 어깨에서 나. 스키를 타지 않은 남자가 성큼성큼

무거운 발걸음을 떼며 내게 다가오네.

손을 흔든다.

얼어붙는다.

숲속의 남자라니.

나는 내가 어디 있는지 아무에게도 말하지 않았는데, 사실 거의 그러지 않거든.

우리 엄마는 15년 전 콜로라도 볼더에 나를 만나러 왔는데 우리는 그중에서 가장 사람의 발길이 잦은 등산로를 올랐어. 사니타스산을 중간쯤 올랐을 때 내가 혼자 내려오는 한 남자에게 고갯짓으로 인사를 했지.

"마이카, 안 무섭니?" 엄마는 물었어.

나는 볼더에서 백주대낮에, 사람이 많이 다니는 등산로에서 무슨 일이 생길 거라 상상한 적이 없었어. 하지만 엄마에게 그렇게 말할 수는 없었어. 우리는 최악의 상황은 상상하지 않으니까.

앞에 제설기가 보인다. 남자는 나무를 자르는 직원이네. 나는 다시 스키를 타.

예전에는 내가 숲을 사랑해 숲으로 피신한다고 생각했지. 그런데 어쩌면 엄마와 나, 우리 둘의 공포를 극복하기 위해서는 아니었을까?

엄마는 지금도 숲이 두려울까? 76세의 엄마는 혼자 말을 타고 압사로카산맥에 올라. 엄마는 성폭행당한 뒤 며칠 후 달리기를 하러 나갔고 마라톤에 참가했고 철인 3종 경기에 나가고 미 대륙 횡단 자전거 여행을 내가 고등학교를 졸업하기 전에 했지. 어쩌면 엄마가 이 모든 걸 한 이유는 자신의 신체와 정신에서 느껴지는 운동선수로서의 긴장을 사랑하기도 했지만 물러서지 않겠다는 마음에서였는지도 몰라.

***

엄마는 그날 일을 하러 가는 선택을 할 수 있었어. 하지만 그렇게 하지 않았지. 엄마는 이미 성공으로 가는 길 위에 있었고 엄마의 야망은 엄마를 차별화했어. 그 사실을 자각할수록 그 길에서 멀어지기는 더 어려운 선택이 됐을 거야. 우리는 쓰러지고 문자 그대로 다시 일어나.

일어나는 것 외에도 무언가를 더 하지.

노트패드 O 4년 7개월

2021. 2. 9.

"상상할 수 있어? 엄마? 엄마가 아이가 없었다면 어땠을까?"

"그랬으면 어땠을 것 같아, 카즈?"

"엄마는 슬펐겠지. 엄마는 아이하고 아내가 필요해." 카즈는 말해.

"엄마는 푸치 할머니 필요해." 이레나가 덧붙여.

"다양한 몸과 체격과 다양한 타입의 엄마가 있다는 것 알고 있니?"

"응, 알아요. 엄마."

"엄마는 어떤 타입일까?"

"엄마 타입."

편지 ○ 4년 7개월

2021. 2. 9.

    너희 둘이 문을 여는 방식이 다르구나. 카즈 너는 문이 옆벽에 닿을 정도로 거세게 열어젖히지. 이레나 너는 살짝 밀어 문소리를 은은하게 내면서 네 존재를 알리고 그 틈 사이로 눈이 나타나. 오늘은 너희가 엄마를 사무실에서 어떻게든 끌어내려 하는구나.

"엄마, 뭐해요?"

"일하지."

"레가도하고 산에 관한 일이요?"

"사실 너희에게 줄 책을 쓰고 있어. 이레나, 카즈 그리고 아빠도 조금 등장하는 책이야."

"엄마, 읽어주세요." 이레나 너는 손가락을 입에 넣고 내 무릎 위로 올라가려고 해.

"이레나, 우리는 같이 컴퓨터 앞에 앉지 않기로 했잖아."

"그래도 책 읽어주면 좋겠어."

"지금 읽어줄 수 있는 책은 아니야. 나중에 보여줄게."

    뽁. 엄지손가락을 입에서 빼낸다. 너는 내 허벅지를 턴테이블 삼아 몸을 돌려 내 얼굴을 바라봐.

"하지만 엄마." 너는 양손으로 내 머리를 잡고 내 눈을 똑바로 보면서 말해. "난 엄마를 지금 원하는데."

"나도 너를 지금 원해." 나는 컴퓨터를 끄기로 해. 이번은 나도 놓치고 싶지 않구나.

노트패드 ○ 4년 7개월

2021. 2. 19.

이레나 너 정말 올리랑 결혼할 거야?
카즈 정말.
이레나 근데 너는 나랑 결혼한다며.
카즈 너랑 그리고 올리랑 결혼할 거야.
이레나 네가 올리랑 결혼하면 나는 아리아나랑 결혼할 거야.
카즈 네가 아리아나랑 결혼하면 똥은 누가 치워?

너희 둘은 키득거리면서 소리를 지르고 복도를 달려가 너희의 이불 인형을 돌봐. 나는 너희를 따라가며 말하지. "우리 모두가 똥을 치우면 어떨까?"

노트패드 ○ 4년 7개월

2021. 2. 20.

"아빠와 엄마, 저녁 차려줘서 감사해요." 카즈가 말해.
"아빠가 만들었지, 아가. 엄마는 말하자면 보이지 않는 노동을 했고."
모두가 나를 쳐다봐.
"엄마는 공과금 내고 너희 가방 밑에 깔린 마스크 꺼내서 내일 사용할 새것으로 바꿔주고 너희 의사선생님에게 너희 겨드랑이 발진에 대해 문자를 보냈어."

"보이지 않아주셔서 감사해요." 이레나가 말해.

너희 아빠와 나는 그 말 때문에 저녁 내내 웃는다.

편지 ◯ 4년 7개월
2021. 2. 23.

"피임이요." 무슨 이야기를 하고 싶냐는 나탈리의 물음에 이렇게 대답했어.

정관수술이라는 주제로 세 번의 발리가 이뤄진 후 너희 아빠는 말했지. "지금 하고 싶은 일은 아니야. 앞으로도 그럴지 모르고."

그다음에는 침묵만이 흘러. 나는 입을 열었지만 아무 말도 나오지 않았어. 숨을 내쉬려고 했지만 중간에 숨이 막혔지. 눈을 감자 가슴이 무너지고 내 몸이 흔들리기 시작했어.

"당신 왜 그래? 어디 아파?"

그의 목소리가 멀어지더니 점점 희미해지고 내 머릿속 질문들이 나를 공격했어. 병원에 얼마나 빨리 갈 수 있을까? 가벼운 공황 발작이라면 병원에 얼마나 오래 있을 수 있지? 더 심각한 문제인 척할 수 있을까? 병원에서 약을 먹이고 마취하고 마비 상태로 만들어줄까? 이것도 하나의 방법이라 볼 수 있겠지. 바닥에 쓰러지고 항복하며 이 모든 것에서 한발 멀어지는 것.

하지만 그럴 수 없어. 나는 나를 끝까지 데려가는 길을 원하거든. 숨을 쉬고 마음을 가라앉힌 후 내 숨소리 사이, 아래층에서 너희 둘이 누가 마지막 당근을 먹을지 이야기하는 소리가 들려와.

"나 괜찮아요." 나탈리와 아빠에게 말했어.

"잘됐어요." 나탈리가 말해.

너희 아빠가 내 손을 잡는다.

편지 ◐ 4년 7개월

2021. 2. 25.

받은 편지함에서 알람이 울려. '우리 가족의 중독과 정신 질환.' 우리 엄마가 보낸 이메일 제목이야.

알고 보니 우리 가족 모두가—언니, 엄마, 나—몬태나, 미네소타, 뉴햄프셔 이렇게 각각 몇 천 킬로미터씩 떨어진 곳에서 동시에 같은 일을 겪고 있었어. "내가 아는 걸 말해줄게….'

엄마가 쓴 편지를 더 읽어 내려가기 전에 지난 몇 달간 밤마다 마시던 와인 한잔을 끊은 일에 대해 우주에 감사를 드리고 싶었어. "코로나19를 통과하기 위해"라는 핑계를 만들었지만 사실은 점점 술에 의존하고 있었거든.

왜 이 불운한 이들의 명단에서 나만 빠질 수 있을 거라 생각했을까? 우리 가족 여자들이 미치기 전에, 그전에 화를 내봤다면 어땠을까? 혹시 너무 화가 나서 정신병에 가까이 간 건 아닐까? 남자들은 전부 회피하려고 하다가 미친 거라면? 그런데 이 모든 게 누가 망할 집안일을 얼마만큼 하느냐의 문제로 귀결되는 거라면?

만약 이 문제를 해결한다면 다른 모든 것에 대한 부담을 덜고 우리에게 가능한 더 나은 삶을 살 수 있을까?

***

　　동네 엄마인 코트니와 비대면 등교를 하며 지나치다가 잠깐 이야기를 나눴어. 그 엄마의 네 살짜리 딸은 3일 동안 결석했는데 집에는 두 살배기가 또 있고 코트니 직장은 대면 근무라 출근을 해야 한대. 그래서 남편이 집에서 아픈 아이 둘을 돌볼 수밖에 없었지. 그녀에게 어땠냐고 물어보니 고개를 절레절레 흔들더라. "매일 퇴근하고 집에 오면 남편 기분이 너무 나빠 보이는 거예요. 어제는 혹시 나한테 화난 거 있냐고 물어봤잖아요."

　　"뭐라셔요?"

　　"화났대요. 두 번이나 그러더라고요."

　　코트니나 나나 잠시 아무 말도 할 수 없었지.

　　그를 잘 모르기에 솔직하게 말해도 되는지 알 수 없어서 하지 않았어.

　　하지만 이렇게 말하고 싶었어. 아빠에게 잘됐네요. 이제 집에서 아이 보는 게 어떤 건지 제대로 아셨겠네요.

　　하지만 너희 아빠가 안다고 해서 우리 상황이 더 좋아질까? 아니면 더 나빠지기만 하는 걸까?

편지 ○ 4년 7개월

2021. 2. 27.

　　"엄마 어렸을 때 할머니 아프신 거 알았어요?" 오늘 전화로 내 엄마에게 물었어. 엄마가 먼저 중독을 언급하고 특히 할머니 이름을 언급하긴 했지만 할머니의 알코올의존증과 우울증에 관해 묻기가 조심스러웠지.

"내가 기억하는 건 우리가 완벽해야 했다는 거지. 동등하고. 가끔은 네 할머니가 아이를 낳기 전에 어떤 사람이었는지 생각해. 고등학교 때 전교 회장이었고 대학교, 대학원을 우등으로 졸업하고 남편도 대학을 보낸 사람이었지."

"그런데 그 할머니의 첫 직업은 토스트를 굽는 거였죠." 나는 할머니가 미네소타에서 몬태나의 글래시어국립공원까지 혼자 기차 여행을 떠난 것과 대학교 여름방학 때 레이크 맥도날드 로지에서 손님용 아침을 만든 일을 기억해.

"하지만 우리 아버지가 돈을 충분히 벌고부터는 일은 그만뒀지. 애도 다섯이었고."

우리는 한동안 아무 말도 하지 않았어.

"할머니가 당신 인생에 무슨 일이 일어났는지 생각해봤을까요?" 내가 침묵을 깨기 위해 물었어.

"잘 모르지. 행복하지 않으셨던 건 알아."

할머니가 다섯 아이들이 명절에 입을 옷을 만들고 모두 학교에서 A를 받아오게 하면서 가끔씩 커피잔에 보드카를 넣어 마시는 장면을 상상해봐. "아마 할머니는 자기 상황에 붙일 언어가 없었을지도 몰라. 1950년대에 더 원하는 여자에 대한 문화적 기준은 없었을 테니까요."

"1970년대에도 딱히 있었던 건 아니다." 엄마가 동의했어.

"엄마는 새로운 기준이 돼야 했죠." 나는 엄마가 잘 들을 수 있게 큰 목소리로 말했어. 머릿속으로도 한 번 더 말했어.

***

어젯밤에는 먼지 날리는 주차장에 캠핑 의자를 내놓고 갈릭과 자넷과 12피트 떨어져 앉아 있었어. 우리는 그동안 맥주를 마셨고 아무 데도 가지 않았지. 우리 셋에게는 12개국 이상의 국가에서, 모든 유형의 알파인 환경에서 첫 등반을 해낸, 도합 60여 년의 세월이 있었어. 하지만 코로나19를 통과하고 있는 올해는 크랜모어 스키장 주변의 먼지 날리는 주차장에서 검은색, 회색, 빨간색 미니밴을 타고 나와 진눈깨비, 비, 검은 파리를 맞이하고 있네. 상황은 변했지만 우리는 언제나 같은 대화를 나눠. 어떻게 하면 직업을 갖고 이 세상에서 의미 있는 일을 하면서 좋은 부모, 좋은 파트너, 좋은 등반가가 될 수 있을까?

우리 부모들도 1970년대와 1980년대에 우리와 비슷한 버전의 도전을 시도했지만 그들의 결혼은 실패했어. 현재 우리는 적어도 겉으로는 단념하지 않고 이 등식에 더 많은 요소를 추가하고 있지. 새로운 육아 기준을 세우면서 실제로 자녀의 정서적 욕구를 충족해주고 취약성을 인정하며 파트너 곁에 있어주고 생산적이고 주도적인 커리어를 쌓으려고 노력하는 동시에 모험과 등반에 대한 열정도 포기하지 않으려고 해.

"우리는 모델이 필요해."
"우리가 그 모델이 되면 어떨까?" 나는 물었어.

편지 ○ 4년 8개월

2021. 3. 4.

너희가 태어났을 때 누군가 너희 손톱과 발톱은 내 이빨로 깎아줘야 한다고 했었어. 몇 주 동안 계속해서 너희의 손발톱 마흔 개를 물어주려고 시도한 결과 그 말을 한 사람은 쌍둥이를 키우지 않았다는 결론을 내렸지. 오늘 카즈 너와 나는 손톱을 물어서 다듬는 대신 머리카락 끌어안기를 교환해.

"엄마, 오늘 어린이집 끝나고 누가 데리러 와?"

"아직 잘 모르겠네. 누가 데리러 갔으면 좋겠어?"

카즈는 깊고 크게 바람을 훅 내 머리카락에 불어. "엄마."

"왜 엄마가 데리러 갔으면 좋겠니?"

"그냥 엄마가 보고 싶으니까."

"닉이 데리러 가면 어떤 기분인데." 닉은 우리 집 보모야.

"엄마가 보고 싶은 기분."

***

"엄마, 난 엄마 시간이 더 필요해." 이레나가 등교하는 자동차에서 말했어.

내가 우리 엄마에게도 같은 걸 요구한 적 있었나?

아마 그건 중요하지 않을 거야. 어쩌면 중요한 건 내가 대답한다는 것일지도.

"엄마도 노력할게."

노트패드 ○ 4년 8개월

2021. 3. 10.

너희 아빠는 새벽 5시에는 일어나지 않아. 일어나는 건 나지. 하지만 그는 오늘 새벽 5시 12분에 일어나 내 옆에 앉았어.

"당신 뭐 해?"

"일하지."

"요즘은 '책 쓰기'를 그렇게 불러?"

고개를 들고 놀라지 않은 척했지.

"당신이 그동안 종일 뭐 하는지 내가 모를 줄 알았어?"

"종일 하지는 않았으니까."

"하루의 일부만?"

"하루의 일부지." 나는 동의했어.

"《더More》라는 제목의 책을 쓰기 위해서 더 많은 일을 하는 게 아이러니라고 생각하지 않아?"

"재밌군요." 하지만 맞는 말인 걸 알아.

"이제 끝이 보여?"

"거의."

"끝이 보이는지 어떻게 알아?"

"그냥 알지."

"당신 혹시 《덜Less》이라는 책을 쓰려고 생각해본 적은 없어?"

편지 ◐ 4년 8개월

2021. 3. 15.

"빈스가 헌팅턴에서 가이드를 해. 저스틴과 다른 친구들은 네아콜라산맥으로 떠난다고 하네." 조수석에 앉은 너희 아빠가 말해.

우리는 크로포드 노치에 이번 시즌 마지막 남은 빙벽 아래 오른쪽으로 꺾이는 도로를 따라 집에 가고 있었어. 오늘은 빙벽은 지나치고 암벽등반만 하고 오는 길이었지.

"당신 정말 알래스카 가고 싶어? 정말 가고 싶은 거야 아니면 가고 싶은 척하는 거야?" 내가 물었어.

"지금 당장이라도 가고 싶기야 하지."

나는 핸들을 왼쪽으로 꺾었다가 다시 똑바로 놓았어.

"어떤 등반을 하고 싶은데?"

"저스틴이 하는 등반 정도는 아니고. 두 단계 낮춰서?"

생각만 하고 말은 하지 않았지만 이렇게 조정했다 해도 여전히 많은 사람은 우리 모험이 부모가 해야 하는 것보다는 159단계 높다고 생각할 거야. 너희 아빠와 내가 한 수많은 등반도 같은 범주에 들어간다고 할 수 있겠지.

마지막으로 아빠가 알래스카에, 나는 몬태나에 갔을 때를 떠올렸어. 오지의 텐트에서 문자를 보낼 수 있는 모바일 기기가 나오기 전이었지. 비상용 위성 전화기가 전부였는데 우연찮게도 한밤중에 유령 전화가 걸려왔고 며칠 동안 전화기는 침묵이었다가 마침내 아빠에게 성공했다는 전화가 걸려왔는데 그사이 내내 불안에 떨어야 했어.

"나는 이제 위험한 등반은 하고 싶지 않아. 언젠가는 할 수도 있겠지. 하지만 지금은 우리 애들과 함께해야 한다는 책임이 더 크게 느껴져. 빙벽도 암벽도 타긴 할 거야. 하지만 먼 나라에 있는 거대한 암벽을 오르는 알파인 등반은 앞으로 할 수 있을지 모르겠어."

나는 계속해서 같은 속도인 시속 55마일로 안전하게 운전했는데 그렇게 해야 이 대화를 가능하게 하는 주문을 깨지 않을 수 있을 것 같았거든.

"나는 건강하고 싶고 내 몸을 원하는 모든 일에 사용할 수 있기를 바라. 지금은 내게 그 정도면 충분해."

"응, 말해줘서 고마워." 아빠가 말해.

"하지만 당신에게 하지 말라는 말은 아니…." 나는 말끝을 흐렸어.

나는 노치 사이로 스르르, 카즈와 이레나에게 자석처럼 끌려가. 나는 내 진실을 말했고 편안한 숨을 쉬고 있어.

편지 ○ 4년 8개월
2021. 3. 20.

'이제 일주일만 있으면 너도 안아주고 고놈의 쌍둥이들을 안아줄 수 있다니!' 너희 외할머니 문자야. '애기들한테 꿈틀대지 말라고 해라!'

마지막으로 할머니가 왔을 때는 15개월 전, 코로나19 전, 코로나19 백신 전, 내가 너희와 너희 아빠와 여기 집에서 꼼짝없이 붙어 우리끼리 뭔가를 해야만 하기 전이었지.

문자로 답장하는 대신 전화를 해.

"엄마, 나도 안아줄 거예요?"

"당연하지." 할머니가 말해. "너도 꿈틀대지 마라."

편지 ○ 4년 8개월
2021. 3. 25.

오늘은 내가 레가도의 새 이사회 멤버가 돼달라고 조르고 있는 아일리스에게 11월에 케냐 여행이 가능할 것 같다고 말했어.

"나한테는 그렇게 말 안 했잖아." 너희 아빠는 저녁을 먹다가 말고 나를 바라보며 말했어.

"우리 나중에 이야기할까?"

***

"당신 간다고 말 안 했잖아."
"그래도 1년 동안 이 이야기 나왔었잖아."
둘 다 말을 멈췄어.
"당신 기분이 좀 그래?" 내가 물었어.
"무섭지. 아무래도."
"나 아프리카에 가는 거야. 알래스카에서 등반하는 건 아니라고. 미안해. 그 기분 나도 알아. 왜 두려운지 말해줄 수 있어?"
"당신이 그랬잖아. 작년에 그곳에서 맹장이 터졌다면 죽을 수도 있었다고…. 거기에는 커뮤니티가 없어. 당신 나이로비에 가본 적도 없고. 정말 지금 꼭 가야 하는 거 맞아?"
우리는 이 문제를 하나씩 하나씩 해결하려고 해.

2021. 4. 1.

편지 ◯ 4년 9개월

2021. 4. 1.

카즈와 이레나에게.

하루 종일 너희에게 편지를 쓰려고 했는데 왜 그랬는지 나도 모르겠네. 오늘이 내게, 우리에게 중요한 날이라 할 말이 있었나. 날짜를 보고 알게 됐어.

내가 네 살 반 때, 우리 아빠가 언니와 나를 아이스크림 가게로 데리고 갔어. 아마도 슬픈 소식을 달콤한 초콜릿 아이스크림으로 덮어보려고 한 건 아닐까 싶어.

"오늘 엄마 아빠 이혼했다." 아빠는 말했어.

4월 1일이었고 나는 그날 물풍선을 만들어 친구들에게 던지고 언니가 의자에 앉을 때마다 방구 소리를 내며 놀고 있었지. 너희가 오늘 하루를 너희 식대로 재밌게 놀면서 보낸 것처럼.

"혹시 만우절 거짓말이에요?" 내가 물었어.

만약 내 기억이 맞는다면 나는 그날 내 아이스크림뿐만 아니라 아빠 아이스크림의 반을 먹었던 것 같아.

***

이 책, 이 편지들, 내 몸 안과 밖에서의 너희를 키운 지난 5년. 이제야 이 모든 게 너희에게 하는 약속이었음을 알게 됐단다. 앞으로는 너희에게 이 4년 반을 넘어 다른 인생을 주고 싶어.

아이가 꼭 있어야 하는지 모르겠다는 말을 자주 했어. 이제는 그 거짓말에 숨겨진 커다란 진실을 알 것 같아. 나는 엄마가 되는 게 두려웠던 거야. 엄마가 된 후에도 이 사실을 깨닫기까지 오랜 시간이 걸렸어. 내 열정, 추진력, 많은 일을 빨리 해내려는 성격이 내가 되고 싶은 엄마로 조금 만들어주긴 하지만 완전히 만들어줄 수 없을 것 같았거든. 완전하지 않은 그 엄마, 즉 *나의* 엄마는 분명 최선을 다했어. 하지만 그의 자식으로서 내 삶은 그 결과로 인해 매우 혼란스러울 수밖에 없었지.

매일 내 어린 시절의 잔상을 느껴. 내 성장 과정에서 남겨진 공백을 느껴. 내가 만든 가족의 어려움에 직면했을 때 이게 어떻게 메아리로 돌아오는지도 느낀단다.

하지만 엄마의 엄마는 어떻게 일어나야 하는지도 가르쳐줬지. 계속 다시 일어나야 한다고, 무슨 일이 있어도 그래야 한다고 했지.

나도 너희에게 같은 교훈을 가르치려고 해. 앞으로 너희는 외롭고 혼란스럽고 상상한 것보다 훨씬 상처를 받을 때가 있을 거야. 그래도 너희는 일어나 계속 갈 수 있어.

내가 너희와 *같이* 더 많이 있을 수 있다는 걸 배우기 위해 너희 둘이 필요했던 것 같구나. 분명 힘들면서 멋지고 거추장스러우면서 아름답지. 그리고 결국에는 이것 외에는 다르게 할 수 있는 방법이 없는 것 같아.

하지만 내가 '더$_{more}$' 원한다고 해서 내게 전권을 위임할 수는 없어. 나는 모두 다 할 수가 없어. 그렇지만 '더' 많은 것을 위해서 앞으로도 죽을 만큼 노력은 할 수 있을 것 같아. 너희 둘과 너희 아빠를 가장 중심에 두기만 한다면 해낼 수 있어.

내가 닮고 싶은 부모나 커플을 찾을 수가 없어서 너희 둘을 갖지 않을 뻔했어. 하지만 이제는 생각해. 내가 그 부모가 되면 된다고. 더는 두렵지 않다고.

이제 이 무수한 편지에 적힌 말을 넘어 행동할 시간이야. 너희와 함께. 너희를 위해 그렇게 하려고 해.

후기

피터와 엄마에게.

뉴햄프셔 다락방에는 내 일기장이 든 상자가 몇 개나 쌓여 있어요. 카즈와 이레나가 지금 나이가 될 때까지 쓴 일기인데 이제는 쌍둥이들 글씨가 내 글씨보다 더 알아보기 쉽네요. 글을 쓰지 않은 기억이 없습니다. 글쓰기는 언제나 진정한 나 자신이 되는 것, 나를 찾는 방법이었어요.

처음 임신 사실을 알았을 때도 가장 먼저 한 건 글을 쓸 방법을 찾는 거였어요. 이동 중에는 핸드폰으로 녹음해 음성파일로 저장해놨고 컴퓨터가 앞에 있을 때는 끝없이 쏟아지는 말을 적어 내려갔습니다. 책을 쓰고 있었던 건 아니에요. 나를 쓰고 있었죠. 2020년 12월 연말에 이것들을 바라보면서 뭐가 될까 생각해봤어요. 이 책이 됐네요.

내 인생에서 엄마가 되는 경험보다 더 빛나는 경험은 없었습니다. 아직도 엄마가 돼가고 있죠. 이건 한순간의 전환이 아니라 평생에 걸친 이해와 발견의 과정이니까요.

이 과정 또한 남편인 당신과 내 어머니와 필연적으로 연결돼 있죠. 두 사람이 아니었으면 나는 엄마가 아니었을 겁니다. 당신 두 사람

없이는 나도 내가 아니었을 거예요. 그 어떤 사람보다 둘은 내가 된 이 사람, 즉 여자, 딸, 파트너, 리더, 운동선수를 형성한 사람이죠.

두 사람에 대한 내 경험일 뿐이라는 사실도 이해하고 있습니다. 두 사람의 경험은 다르겠죠. 부분 혹은 전체에 관해 다른 버전으로 기억할 거예요. 내가 기록한 삶의 어떤 순간은 생생하게 기억할 수도 있고 다른 기억을 보면서 의아해할 수도 있겠죠. 어쩌면 어떤 기억은 불태워버리고 싶을 수도 있습니다. 그렇게 하기 전에, 내가 우리 이야기를 세상에 알리기 위해 얼마나 노력했는지 알아줬으면 합니다.

먼저 이 책은 카즈와 이레나를 위한 책입니다. 그들을 위한 타임캡슐을 만들고 싶었고 성장 후 과거를 들여다볼 창이 필요할 수도 있을 거란 생각을 했어요. 아이들이 자신만의 길을 만들어 미래라는 미지의 위대한 세계로 나아가면서 자신들이 어디에서 어떻게 형성됐는지 알고 싶을 때 이 책을 펴보는 모습을 상상합니다.

이 책은 피터와 엄마를 위한 책이기도 해요. 우리가 과연 끝까지 잘해낼 수 있을지 궁금한 순간이 몇 번 이상은 있었습니다. 내가 인정받지 못한다고 느낄 때 감정적으로 어두웠던 순간들. 내가 그 시간 내내 나 자신을 찾기 위해 싸웠다는 걸 알아줬으면 합니다. 더 나은 내가 되기 위해, 우리 모두를 위해서였습니다.

마지막으로 이 책은 이 세상의 다른 여성을 위해, 외롭고 혼란스럽고 각자 '내가 바라는 더 많은 것'을 두려워하는 여성을 위해 썼습니다. 내가 만약 단 한 명의 여성에게라도 용기를 준다면, 자기 자리에서 일어설 수 없고 미래를 위해 싸울 수 없다고 느끼는 여성의 손을 잡고 일어나게 할 수만 있다면 이 책의 가치가 충분하다고 믿습니다.

그들 한 사람 한 사람을 위한, 우리 모두를 위한 책으로 이 책이 존재할 수 있길 소망합니다.

감사의 말

피터. 난 당신을 보고 있어. 그동안 내내 당신을 봤지만 충분하지 않았지. 지금은 알아. 당신이 용감하게 이 책을 집어 들어 끝까지 읽어본 후에도 여전히 나를 사랑하기 때문에 알아. 지금까지도 여전히 나를 사랑하기에 알아.

실은 분노에 가득 찬 채로 이 책을 썼어. 5년 반에 걸쳐 쓴 책이지만 펜을 잡을 수 있을 때 내 폰에 대고 말을 할 수 있을 때 소중한 순간을 쪼개서 쓴 글이지. 지난 시간을 되돌아보면서 이 책을 썼다면 우리 인생은 아마 훨씬 균형 잡히고 더 아름답고 너무 날것의 이야기는 빠져 있겠지. 하지만 그 책은 이 책이 아닐 거야. 이 책은 그야말로 실시간 기록이고 그게 내가 생각하고 살아가는 방식이지. 어린 쌍둥이를 키우는 부모가 사랑과 요구로 인해 여기저기 끌려다니는 이야기이고 이게 바로 현실이지 않을까.

이 책은 나처럼 열렬해. 일곱 살 때 콜린 데이비드라는 같은 반 남자아이를 좋아했는데 그 아이는 내 애정이 너무 부담스럽다면서 나를 멀리한 적이 있었거든. 그 당시에는 '열렬하다'가 무슨 뜻인지도 모르면서 그 자리에서 결정했지. 앞으로 콜린을 도구로 삼아 더 열렬해지

자. 내 곱슬머리, 안경, 이상한 폴란드 이름처럼 열렬함도 내 것으로 만들겠다고. 피터 당신은 그 여자애의 서른다섯 살 버전과 결혼을 했어. 물론 어떤 여자인지 잘 알고 결혼을 했고.

당신이 이 책을 처음으로 읽고 한 말은 마음이 아프다는 거였어. 언제나 내 옆에 있었고 당신 나름대로 최선을 다했는데도 내가 얼마나 외로웠는지 몰랐고 글로 읽으니 마음이 아팠다고 했지. 그 말을 들었고 아직도 듣고 있어. 당신은 항상 그 자리에 있었고 지금도 여전해. 당신은 우리와 아기들, 내게 인생을 바치는 사람이야. 하지만 그것보다 훨씬 더 의식적인 일이기도 했어. 당신은 이 삶을 만들었어. 매일 이 삶을 택했어.

이 책의 페이지마다 담긴 질문, 의심, 분노, 상처는 내가 몇 년 동안 이 불타는 공을 들고 다니면서도 이게 우리를 태우지 않도록 노력한 내 이야기를 담고 있어. 내가 결혼해서 같이 살기 힘든 사람인 것도 알고 이 책이 그걸 더 힘들게 한 것도 알아. 이 책이 인쇄돼 이 세상에 나왔다는 건 우리에게 이 길을 함께 걸어갈 수 있다는 능력이 있다는 증거야. 또 당신이 남편으로서 어떻게 사랑을 거듭 보여줬는지에 관한 증거이기도 해.

우리는 아이들이 태어난 직후, 6개월이었을 때, 두 살이었을 때, 네 살이었을 때와 달라. 물론 다르지. 이 책은 그 사랑, 그 아픔, 당신과 나의 힘, 우리가 함께 만들어온 힘을 다시 방문하는 책이기도 해.

고마워, 피터. 내 파트너로 이 여정을 함께해줘서, 이 책을 쓸 수 있도록 물리적, 감정적 공간을 내줘서 고마워. 이 책을 쓰는 걸 이해해줘서, 다른 사람이 읽을 수 있도록 세상 밖으로 나올 수 있게 해줘서, 내 성장의 일부가 되게 해줘서 정말 고마워.

***

엄마. 엄마는 나를 강건하게 만들었어요. 나를 용감하게 만들었어요. 사랑하고 돌보고 시도하게 만들었어요. 어쩌면 가장 중요한 건 멈추지 말라고 가르쳐준 것이겠죠.

내가 엄마에게 이 책을 쓰고 있다고 말했을 때 그랬죠. "잘됐구나. 꼭 써야지. 그 안에 나도 나왔으면 좋겠구나."

"아, 엄마 그런데…." 대답하려고 했지만 엄마가 가로막았어요.

"엄마도 많이 나왔으면 좋겠다."

정말로 엄마에 관한 내용이 많습니다.

아주 많아요.

많이 부족하다는 것도 알고 있습니다.

내가 이 감사의 말을 쓰고 있는 지금 엄마는 2층에서 세 시간째 카즈와 이레나와 레고 마라톤을 하고 계십니다. 또 뉴햄프셔에 계시는 동안 셋이 같이 석고 핸드프린트를 만들 계획도 세웠고 몬태나 목장에서 함께 지낼 때 같이 만들 목공예 작품 프로젝트 도면도 몇 장씩 그렸어요. 엄마는 늘 사랑이었어요. 엄마는 늘 사랑을 하고 이 아이들에게 매일 그 사랑을 주고 있습니다. 제게도 평생 그래오셨죠. 이 책에서 엄마의 사랑의 숨결을 전달하는 걸 놓친 것 같아서 지금 이야기합니다. 내가 이 책에서 쓴 내용을 직접 경험할 때 인생은 그 순간순간 생존의 문제처럼 느껴졌어요. 엄마의 사랑과 엄마는 나를 혼란스럽게 하지 않고 내적인 생각으로 끌어당겨줬습니다.

우리의 어머니(혹은 아버지)가 진정 어떤 일을 하고 있는지 영원히 알 수는 없을 거라 생각해요. 우리가 자라면서 놓친 게 너무나 많죠. 몰랐던 것, 몰라야 했던 것, 알 수가 없던 것이 많겠죠. 그 이해에 도달하기까지 지난 6년이 필요했고 그 과정에서 가장 도움이 됐던 건 가장 어려웠던 것을 글로 써보는 일이었어요. 이 책을 읽고 내가 엄마 딸이라는 사실이 자랑스럽다고 한 말을 기억해주셨으면 좋겠습니다. 이제는 부모가 된다는 게 어떤 의미인지 알 것 같아요. 아이들이 하루하루를 헤쳐나가는 데 필요한 힘과 확신과 흔들리지 않는 사랑을 주는 것이죠. 엄마가 나를 위해서 그 일을 해왔고 지금도 해주고 있다는 걸 알아요.

나와 내 글을 모든 단계에서 믿어주셔서 감사합니다. 나를 사랑해주고 내가 길을 찾을 동안 아무렇게나 부딪혀도 되는 거대한 풍선처럼 나를 안아주셔서 감사합니다. 먼저 길을 터줘서, 내가 엄마의 길을 따라가면서 나만의 길을 만들 수 있게 해줘서 감사합니다.

***

내 확장 가족이며 나를 형성해준 감사한 사람, 새아버지, 새어머니, 우리 버클플레이 팀원, 언니에게. 내가 심장을 갖게 해주고 내게 든든한 지지대가 돼줘서, 인생에서 많은 걸 배울 수 있게 해줘서 감사합니다. 당신들이 나를 아끼고 사랑해주지 않았다면 이런 책을 쓰면서 한 단계 도약할 수 없었을 것입니다. 사라와 로저, 가족에 대한 이해를 넓혀주고 사랑이 어떤 모습이어야 하는지 생각하게 하고 그 사랑을 더욱 크고 강하게 만들도록 도와줘 감사합니다.

***

이 책은 친구인 리 슈만 덕분에 책의 모양을 갖출 수 있었습니다. 이 원고를 한 페이지 한 페이지 읽으며 잠재력을 봐준 친구에게 영원히 감사할 것입니다. 리, 나와 이 책을 믿어주고 사실상 모든 단계마다 내 곁에 있어줘서 마음 깊이 감사드립니다.

***

세라 갈릭. 당신은 친구이자 동료, 엄마로서 내 버팀목이자 거울이었고 모든 것을 이해하기 위해 죽도록 노력하는 내 동지였습니다. 항상 계속 나아가라고 말해주고 이 책을 일찍부터 읽어주고 가치가 있다고 말해줘 감사합니다.

스콧 굴드, 전화로 요청할 때마다 적절한 조언을 해줬습니다. 친구이자 코치가 돼주고 할 수 있다고 말해줘 감사합니다. 초고의 일부를 읽어주고 현실로 만들어보라고 말해준 나탈리 바질레, 너무나 오래 제겐 작가로서의 잠재의식이자 제 글쓰기 멘토인 맷 샤머에게 감사합니다.

엘리자베스 오닐, 11년 전 세상이 우리를 만나게 해줘 얼마나 감사한지 모릅니다. 당신은 친구이자 멘토, 공명판이자 여성, 엄마, 아내로서의 내 도덕적, 정서적 나침반을 교정하는 데 도움을 주는 사람으로 전 과정을 함께해줬습니다.

사샤 트레이시, 당신은 내 거울입니다. 당신은 여기에 한 번만 등장하지만 당신과의 대화에서 우리는 어디로도 갈 준비가 돼 있었고 그 안에서 돌봄과 노력의 복잡함을 안고도 계속 앞으로 나아가는 법을 배웠습니다.

샐리 라벤처와 캐머런 엘멘도르프, 일찍부터 책을 읽고 지혜와 우정을 나눠주셔서 감사합니다. 케이트 러더퍼드와 앤 길버트 체이스, 나와 함께 전 세계를 여행하며 등반을 하고 모성이 아닌 다른 면에서 우정을 지켜줘 감사합니다. 재닛 윌킨슨, 한 걸음 한 걸음, 실수도 하면서 여기까지 우정을 만들어줘 감사합니다. 낸시와 웨인 호수에서 함께한 시간과 언제나 팔을 벌리고 맞아준 큰 사랑에 감사합니다. 수전 콘래드, 제 스승이자 친구가 돼주셔서 감사합니다.

레가도 팀원인 스테파니, 필리파, 소냐, 모니카, 티타, 아나, 맷는 책의 출간이 가까워진다는 소식을 전할 때마다 저를 믿고 지지해 줬습니다. 이 책의 모든 것을 이해하는 아름다운 사람들로 이뤄진 팀입니다.

제 에이전트인 에드몬드 하스워드에게. 이 책을 읽고 또 읽고 더 많이more 부탁해주셔서 감사합니다. 이 이야기를 전할 필요가 있다고 판단하고 세상에 전할 수 있도록 도와준 제시카 케이스와 페가수스 팀에게 감사합니다.

이 책에 담긴 수많은 분, 이름을 사용해도 되냐고 물었을 때 단박에 허락했을 뿐 아니라 사랑과 격려로 저를 응원해준 모든 분에게 감사합니다.

이 세상의 모든 산에 감사합니다. 산은 곧 나를 찾을 장소, 내가 되는 장소였고 성장하는지 몰랐을 때에도 날 성장시켜줬습니다.

마지막으로 이레나와 카즈에게. 엄마가 엄마가 될 수 있도록 너희가 돼줘서 고마워. 나를 여기로 데려다줘서, 지금 이 순간 엄마로 살게 해주고 이 책과 함께 있을 수 있게 해줘 고맙다. 앞으로 이보다 훨씬 더 많은 일이 우리를 기다리고 있을 거야.

이토록 완벽한 불균형

초판 1쇄 발행 · 2025년 8월 28일

지은이 · 마이카 버하르트
옮긴이 · 노지양
발행인 · 이종원
발행처 · (주)도서출판 길벗
출판사 등록일 · 1990년 12월 24일
주소 · 서울시 마포구 월드컵로 10길 56 (서교동)
대표 전화 · 02)332-0931 | **팩스** · 02)323-0586
홈페이지 · www.gilbut.co.kr | **이메일** · gilbut@gilbut.co.kr

기획 및 책임편집 · 이미현(lmh@gilbut.co.kr) | **편집** · 황지영 | **마케팅** · 조승모, 이주연 | **유통혁신** · 한준희
제작 · 이준호, 손일순, 이진혁 | **영업관리** · 김명자, 심선숙, 정경화 | **독자지원** · 윤정아

디자인 · 여만엽 | **인쇄** · 상지사 | **제본** · 상지사

- 잘못 만든 책은 구입한 서점에서 바꿔 드립니다.
- 이 책은 저작권법에 따라 보호받는 저작물이므로 무단전재와 무단복제를 금합니다.
- 이 책의 전부 또는 일부를 이용하려면 반드시 사전에 저작권자와 출판사 이름의 서면 동의를 받아야 합니다.
- 인공지능(AI) 기술 또는 시스템을 훈련하기 위해 이 책의 전체 내용은 물론 일부 문장도 사용하는 것을 금지합니다.

ISBN 979-11-407-1508-4 03840

(길벗 도서번호 050212)

독자의 1초까지 아껴주는 정성 길벗출판사

(주)도서출판 길벗 | IT교육서, IT단행본, 경제경영서, 어학&실용서, 인문교양서, 자녀교육서 www.gilbut.co.kr
길벗스쿨 | 국어학습, 수학학습, 어린이교양, 주니어 어학학습, 학습단행본 www.gilbutschool.co.kr